华章经管

HZBOOKS | Economics Finance Business & Management

综指、道琼斯数据对比

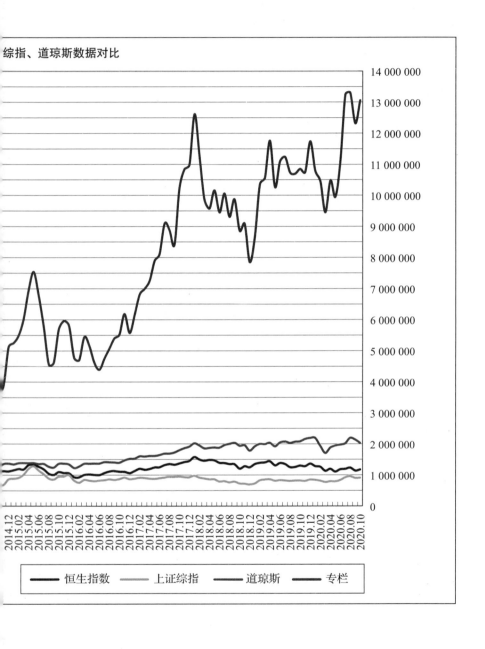

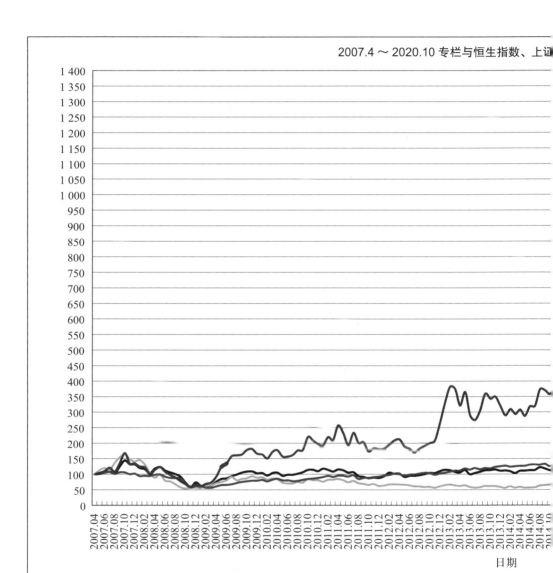

2007.4～2020.10 专栏与恒生指数、上证

日期

杨天南◎著

一个投资家的20年

上

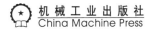

机械工业出版社
China Machine Press

图书在版编目（CIP）数据

一个投资家的 20 年：典藏版，上册 / 杨天南著 . -- 北京：机械工业出版社，2021.7
（2022.2 重印）
ISBN 978-7-111-68492-3

I. ①一… II. ①杨… III. ①投资 – 基本知识 IV. ①F830.59

中国版本图书馆 CIP 数据核字（2021）第 116898 号

一个投资家的 20 年 典藏版（上册）

出版发行：机械工业出版社（北京市西城区百万庄大街 22 号 邮政编码：100037）
责任编辑：顾 煦 殷嘉男   责任校对：马荣敏
印　　刷：文畅阁印刷有限公司   版　　次：2022 年 2 月第 1 版第 2 次印刷
开　　本：170mm×230mm 1/16   印　　张：22.5（含 0.25 印张彩插）
书　　号：ISBN 978-7-111-68492-3   定　　价：138.00 元（上下册）

客服电话：(010) 88361066 88379833 68326294   投稿热线：(010) 88379007
华章网站：www.hzbook.com   读者信箱：hzjg@hzbook.com

■ 我们的使命是帮助那些可以帮助的
  人取得投资成功，而不是帮助他们
  成为投资家。

                              ——杨天南

| 目　录 |

金融有道，一二之外

杨凯生[⊖]

2018 年 1 月

对于在股票资本市场已有 25 年经历的杨天南先生，我并不熟悉。但他的父亲是金融界的老人了，一直为我所尊敬。最近有朋友将杨天南新版《一个投资家的 20 年》的书稿转来，请我为其写个序言。我大半生从事的是银行业，对投资尤其是股票投资不太在行，但对再版的这本书的内容还是很有兴趣。

一提起股票，人们多会想起"炒股票"一词，将股市与赌场画上等号的人也不在少数。但杨天南在他的文章中提出，投资不是炒股票，他说投资是要"解决问题"。他明确提出："投资的真正意义在于优化社会资源配置，通过支持优秀的企业，为社会创造就业机会，为国家增加税收，为大众提供满意的产

⊖ 全国政协委员、中国工商银行原行长。

品或服务，为投资者实现价值最大化。"这些观点在今天看来似乎已是我们耳熟能详的了，但天南应该是较早认识到这个问题的。据说这是他从《巴菲特之道》一书中悟出的道理。

其实看过各类投资大师、大鳄传记和文章的人不在少数，还有一些人曾花费不菲争相出席这些投资家的早餐会或晚宴，以获得一张与他们的合影为荣，其实仅此是不够的。杨天南的长处在于他虽然是在美国读的金融MBA，但他并不为西方的经济学、金融学观点所羁绊。他扎根于中国市场，致力于研究、探索中国这个正处在不断发育、成长过程中的巨大市场，并且他还努力将投资知识传播于社会，帮助他人达到财务自由的境界。我以为本书就是一个例证。

这本书中的内容，并不是匆忙急就的新篇，而是过去十多年来发表在财经媒体上的专栏文章的集合。杨天南作为私募基金管理人，在工作之余，坚持撰写财经专栏，传播有意义的投资理念，每月一篇，已经持续了126个月之久[⊖]。这可能是迄今为止中国媒体连续撰写专栏最久的纪录。

据介绍，杨天南开设这个专栏的初衷，是想验证中国投资者是否可以从那些比较成熟的投资理念中受益。所以，他的专栏文章的特别之处是在每期的文字之后，附上一个以100万元为起点的模拟实盘投资组合，并规定了极为苛刻的交易条件，以期验证。

现在，十多年的时间过去了，这期间包括了2008年全球金融危机等一系列经济、金融重大事件在内，其间的曲折与表现正如本书中一篇文章的题目——《艰苦卓绝 & 硕果累累》。可见在充满危机与挑战的金融世界里，也有大道可循。成功最终固然需要坚韧不屈、敢于胜利，更需要理念正确、敬畏规律。

本书随着月份的推移，记录了一个个历史的细节画面，文字也十分流畅，深入浅出地解析了金融投资的枯燥理论，展示了很多鲜活的案例。这些多彩的

⊖ 截至典藏版付梓之际，已持续了162个月。

拼图正是构成我们金融历史宏大画卷的要素。

　　我应朋友之邀答允为本书作序，当然不可能意味着对杨天南先生的一切投资活动表示赞同，我看重的是他这么多年来未停止过在这条道路上的探索。他在繁忙工作之余，除了笔耕不辍定期撰写专栏文章之外，还翻译了诸如《巴菲特之道》《巴菲特致股东的信》《戴维斯王朝》等书籍，并在大学商学院中兼职教授投资学课程。晚辈的这种不懈努力的精神是值得肯定的，也是值得我们正在老去的这一代学习的。

　　是为序。

每个家庭都财务健康了，社会就更和谐了，这便是我们的愿望。

一个投资家的 20 年[⊖]

2012 年 6 月～2012 年 10 月

"知不易，行更难"是我们对于投资的描述。

小时候，我经常听收音机中提到"据美国《幸福》杂志报道"，后来很少听到《幸福》杂志了，倒是常常看到美国的著名杂志中有《财富》（Fortune）杂志，隔了许久才知道《财富》杂志就是从前的《幸福》杂志。原来，英文"fortune"一词兼有财富和幸福之意，可见幸福与财富是如此的密不可分。

2012 年夏初的 5 月是我给《钱经》杂志撰写专栏 5 周年的那段日子，有心将过去的文章整理成册，以便于翻阅，顺便将过去 20 年的投资经历做个回顾。

对于写这样一个题目，我一直斟酌踌躇、心存顾虑，因为英文中

⊖ "前言"为专栏 2012 年 6 月～2012 年 10 月文章之合集，具体投资组合请见相应正文。

"investor"这个词可以翻译为投资人、投资者，也可以译为投资家，但在中文的语境里，投资人和投资家存在着巨大的差别。

反复考量之后，我认为如果一个人以投资为主业，在经历了市场周期性考验之后，依然能战胜大盘、绝对盈利，并且以此解决了生活中的财务问题，同时将投资知识传播于大众，使之造福社会，并帮助一众社会家庭通过投资达至财务自由的境界，为社会的和谐稳定做出一份贡献，那么这样的人被称为投资家应是无可厚非了。

（一）辨材须待七年期

自 1993 年算起，我进入投资这个行业已有 20 年了。一直以来，多会遇见一些朋友关心"今年回报多少"或"去年回报多少"之类的问题，在回答了很多次之后，最终得出的标准答案是：我在这个行业里干了 20 年，现在还在。

明白的人在见了上述答案后自然就会明白，无须再多问，因为凡是经历了过去 20 年资本市场变幻的人都知道其间的风风雨雨。这里虽然没有伏尸千里、流血漂橹的触目画面，却有不亚于取人性命于千里之外、消敌于无形之中的惊心江湖，其间的惨烈最终多表现为**青春过后，反而与当初财务自由的目标背道而驰**，更不用提那些失去自由乃至生命的曾经的"牛人"。可惜的是，答案往往只有在事情过后，才能被揭晓，这便是常言的"不确定性"。

由于早期没有刻意做记录，这 20 年（1993～2012 年）来，我估计自己的投资回报累计大约为 200 倍，也就是百分之两万（+20 000%）。而 1993 年春到今年（2012 年）春，上证指数从 1550 点到 2300 点，仅仅上涨不到 800 点，累计升幅仅为 48%，折合年复利约 2%。股市的涨幅远远跑输同期的通货膨胀率，也低于同期的银行定期存款利率。如果再考虑到 80% 的市场参与者甚至都跑不赢指数，那么由此可见，过去20年选择证券投资作为职业并不是一个好的抉择。

截至2012年5月，《钱经》杂志专栏投资组合部分显示，过去5年（2007年4月～2012年4月）的累计回报率为112.92%，而同期上证指数则下跌32.20%。由于杂志出版的固定性，这个"戴着镣铐的舞蹈"比我们实际的投资运作要差。例如，我们现实中的儿童财商教育账户在过去两年（2010年4月～2012年4月）中的累计回报率为63.2%，而同期杂志专栏的回报率仅为19.8%。

通常考察投资水平仅看单边的牛市或熊市表现不足为凭，以**经历完整周期**的记录为佳，犹如白居易诗云："试玉要烧三日满，辨材须待七年期。"恰好今年（2012年）5月整理了一个投资个案，2005年5月～2012年4月底整整7年，其间5年熊市、2年牛市，经历了"熊—牛—熊"的市场循环，表现如下：

2005年5月～2006年4月，回报率为+21.88%；

2006年5月～2007年4月，回报率为+208.00%；

2007年5月～2008年4月，回报率为+22.69%；

2008年5月～2009年4月，回报率为-31.73%；

2009年5月～2009年12月，回报率为+58.52%；

2010年1月～2010年12月，回报率为+23.87%；

2011年1月～2011年12月，回报率为-5.60%；

2012年1月～2012年4月，回报率为+20.77%。

上述7年间，在遭受了火山爆发、海啸、地震、暴风雪、核泄漏、大旱、洪水、金融危机等种种打击，以及疯狂、惊慌、恐惧、绝望等非人境遇之后，每一个当初的100万元最终都成长为703万元，累计回报率为+603%，折合年复利回报率为+32%。同期上证指数累计涨幅为112%，香港恒生指数累计上升51.82%，美国道琼斯指数累计上升28.89%。

这个案例仅仅是现实的大致反映，因生活中每个投资案例的起止时点、市场配置都不同，人们的投资理念认知度、配合默契度不一，导致的结果并不完全一致，这已经构成了我们日常资产管理工作的重大挑战。

最早读到的关于投资的书，是我父亲买的《在华尔街的崛起》⊖（*One Up on Wall Street*）。1990年，此书中文版由经济日报出版社出版，标价4.90元，作者之一是美国传奇的基金经理人彼得·林奇。这本粉红色封皮的书历经20余年的时空变迁，如今仍奇迹般伫立在我的书架上。当时读的时候，我对于里面说的很多东西都不太懂，印象最深的是，林奇买的第一只股票叫飞虎航空，该股票在两年时间内从7美元涨到32美元，这解决了林奇的学费问题。他自豪地写道："可以说，我是靠飞虎公司的'奖学金'读完了沃顿商学院的课程的。"没想到在仅仅时隔8年之后，我有了与林奇近乎相同的经历。

（二）股市提供的留美奖学金

与今日争相报考公务员的风气截然相反，20年前社会流行的是"下海"，很多热血青年辞去公职、跳出体制追寻理想。1991年，我也加入了"10万人才下海南"的大军。

到达椰风海韵的海口，第一天晚上遇到一个个子不高、戴眼镜的书生模样的人，给我讲《易经》，他叫潘石屹——后来的SOHO中国董事长。老潘精于数字与市场，口才绝佳，好交友，跟他走在大街上，常是三五分钟就能遇到个熟人。后来老潘推荐了一个戴眼镜的瘦瘦的年轻人，是人大的研究生，当时研究生还是很稀少的。他坐在院子里简易的凉椅上，守着陈旧的机器，对我谈中国的未来，他叫易小迪，现在是阳光100的董事长。再后来，见到理想丰满的冯仑（后来万通的董事局主席）、目光深邃的王功权（日后著名的风

⊖ 此书现译为《彼得·林奇的成功投资》，已由机械工业出版社出版。

投大佬）。总之，当时他们没房，也没有什么钱，不确定未来在哪里，有的只是青春、热情、干劲与理想，但是年轻的他们仅仅是暂时的"贫"，却不"穷"，虽然没有钱财，但胸怀远大。在之后的20年中，他们将理想演绎成了现实。

与热血青年的交往对于我后来投资水平的提升几乎没有什么帮助，因为当时中国的股票市场还仅仅局限于深圳、上海两地，其他地方的人很少了解。第一次股票启蒙应该是听当时海南证券董事长张志平讲股票，他后来在中国证监会任职。当时令我印象深刻的关于股票的书是水运宪写的《股票，叩击中国大门：深圳股市大震荡》，但他日后并不以财经文学闻名，很久以后才知道《乌龙山剿匪记》是他的代表作。

我实际进入股票市场的时间应该是1993年，北京投资者成规模地接触股市基本上是从那个时候开始的，因为当时北京的天龙、天桥公司上市了。我最初入市，实际的原因与所有人都一样：能在股市投资赚钱，还不需要特权，不需要关系，不需要送礼，实在是太好了。股票投资的"低门槛"让包括我在内的几乎所有人都能没有阻碍地进入股市。

很多年以后，我才逐渐明白，股市的"看似低门槛"其实害了很多人，并令许多人前赴后继、执迷不悟。在这个方面，股市的确与赌场有相似之处。视股市如赌场却还在里面掺和的人本身就是赌徒，小赌怡情倒也罢了，想通过赌博取得财务成功无异于缘木求鱼。

最初开户是在华夏证券东四十条营业部，当时经常见到的负责人之一是范勇宏（他后来是华夏基金的老总），还有忙碌的著名股评家赵笑云，那里还有当时籍籍无名、日后却名满江湖的人——姓王名亚伟。

当年入市并不是个好时机，1993年春天上证指数达到1500点，相隔12年之后的2005年上证指数为998点，跌了1/3；相隔19年之后的今年（2012年）春天，上证指数也不过才2200点。当时，整个社会都在摸索中前进，大家实际上都不明白股票到底为何涨跌，于是，各种今天看来甚至莫名其妙的理论活跃于媒体及市井。有兴趣的读者如果翻阅1996年之前的证券类杂志，会发现当年的振振有词在今日看来多是妄言与臆断。

A股在1993年春天达到1500点之后，次年悲惨地跌至300点，这是个近乎浑浑噩噩的阶段。1993～1995年，我也像现在很多人一样处于"玩一玩"的阶段，没有多少钱可用于投资，跌了固然不高兴，但不至于跳楼；涨了兴奋一下，也解决不了问题。

像很多年轻人一样，我通过认真工作积累着日后被称为"本金"的东西，同时继续如饥似渴于各种可能得到的关于投资的书籍、文字。在互联网尚未出现的日子里，文字信息的获取成本比今天高很多，去新华书店看书，常会舍不得买，为了省下存自行车的2分钱存车费，需要将自行车停在远远的不要钱的地方，再折回书店，好在那时已经开架售书了。即便去图书馆，基本上也是站着看书，舍不得从书架走回座位的时间，这也渐渐养成了我飞速阅读的习惯。

这种黑暗中的摸索持续到1995年，那时有关巴菲特的文字首次出现在我的生命中，如同黑屋中忽然射进一道灿烂的日光，又如茫茫暗夜中的航船发现了指路的明灯。这本书就是后来的《巴菲特之道》（又译为《股王之道》等），他的诸如"买股票就是买企业""好企业好价格"等投资理念，现在尽人皆知，但当时简直是天外来音，闻所未闻。时至今日，关于巴菲特的书籍占据着我的书架，达百余本之多，中英文皆有。多年后，我将对巴菲特的景仰之情融入了我写的《巴菲特，生日快乐》一文中。

乘着来自巴菲特投资思想的灵光，我于1996年初倾尽所有，播种于股市。当时在给友人的信中，我写道："在春节休市前几乎将所有的资金都投入了，看来收获季节只需要耐心等待即可。"其后的两年我采取"买入并持有"的方式，仅仅持有两只股票，分别是长虹和兴化，取得约10倍的回报，奠定了后来的财务基础，同期指数大约上升了2倍。这里，重要的并不是"赚10倍"，重要的是"全部身家赚10倍"。

我当时将这段经历写进了"关于股票投资的通信"系列，分期发表于《金融时报》，以至于时隔10余年后，还有人因此寻找我。在1996年初时，静态数据显示，即便股价不涨，长虹的派息率也能达到10%，当时的1年存款利率为10.98%。之后的20个月长虹股价涨了十几倍，再之后我决定去美国读书，可以说我是用长虹的"奖学金"读了美国的MBA。

如何在远隔重洋、没有互联网信息、没有网上交易的年代，决胜万里之外，这是个从未有过的挑战。

（三）危机之后的两年40倍

1997年，《中国经营报》恰巧将我的专访照片与一张有关巴菲特报道的照片刊登在同一个版面上，我兴奋地简略翻译了一下，寄了一份到遥远的美国奥马哈。不久收到巴菲特办公室寄来的感谢信，也令我许下"有朝一日能亲见巴菲特一面"的愿望。

在人地两疏的异国他乡，重拾英文，应付托福、GMAT，直至去圣迭戈大学（University of San Diego）商学院读MBA。这已是巨大的挑战，而生活也需要代价，那时的美元汇率是1：10。我相信很多伟大投资家的种子，被扼杀在了人生早期的生活重压之下。当时我唯一的财务来源就是已有的资本以及由投资产生的或有收益。我对美国市场还有待熟悉，主要的投资仍然在国内。

当时，亚洲金融风暴已愈演愈烈，市场上无数财富随风而逝，忍至次年又遭遇百年不遇的特大洪水。总之，打击连着打击，我就像一个溺水者，每当想喘息一下就再被灌进一口浑水。那是一段没日没夜焦虑不已、只许成功不许失败的日子。

危机自是有危有机的，我在1998年写给国内友人的信中就提道："以现在的价格买万科B股，即便其股价不涨，分红也有20%的收益。"但当时没有网上交易，B股甚至不能电话交易，只能派人天天去营业部下单。市场极其萧条，有时接连下单数日竟然没有交易成功，因为整个市场这只股票的成交量为零。

当时互联网上的中文信息非常有限，为了取得国内资本市场的信息，我在洛杉矶的华文书店花高价订阅了海运而来的《上海证券报》，每月取一次，而且这些报纸在时间上是滞后三个月的。这恐怕会令天天盯盘的炒股者难以置信，大家通常都认为股票市场瞬息万变、机会稍纵即逝，但我的确是凭着过期的报纸，在远离祖国三年的时间里，取得了A股投资翻番的业绩，投资对象有东大阿派、清华同方等。

2001年秋季，我们在A股市场上遭遇欺诈，遭到较为严重的打击，同时发现很多香港H股价格远低于A股，于是清空A股转战境外，这也是我们进行港股投资的开始。2001年秋天，我在给投资人的信中总结道："这是我自1996年以来，第一次看淡（A股）后市。"没想到此举使我们幸运地避开了2001~2005年的A股大熊市。移师香港后，我们购买了一系列具有高派息的股票，其中包括后来被巴菲特相中的中石油，当时每股价格1港元多，仅派息就有10%的回报。

2001年美国"9·11"事件发生，喧嚣已久的科技股泡沫开始无可阻挡地大崩溃，股价的坠落如同天上掉下的利刃，令所有敢于中途接手的人鲜血淋漓。在一年的时间内，许多公司跌得面目全非，缩水90%以上。搭上末班车的中国网络股，例如新浪、搜狐、网易，也没能逃脱厄运。新浪从每股55美元跌到每股1美元，网易更是惨跌至每股0.60美元，印象中依稀记得首富丁磊的身价从70亿元跌至0.3亿元。换位想一想，如果自己的财富在下跌99%之后，再下跌一半，怎不让人胆战心惊、形销骨立？！这时，一些有胆有识的人开始出击，其中最为著名的是段永平。在受到巴菲特投资理念的启示之后，他全力以赴投资网易并最终获得超百倍的收益，成就了其一生中最为伟大的经典投资案。

在这期间，我投资了新浪、搜狐，并在之后的两年取得了约 40 倍的回报，这段历史后来被记录在一篇名为《让钱努力地工作》的文章中。但眼见太多的惨烈，这次冒险并不敢倾尽全力，心境已不复当年"大漠沙如雪，燕山月似钩"的侠偶快意。

也是在这一年（2001 年），我终于实现了一个怀揣已久的梦想——亲见巴菲特。初次见面时，巴菲特说："你可能是我第一个来自北京的股东。"多年之后，我将和巴菲特、芒格的合影放大后挂在办公室里。这张三人照片在六年前被媒体首次采用时，被裁成两人照发表，芒格的身影很不幸地被裁去了，原因是"不知道这个老头是谁"。

身在国外，才能感受到埋藏在内心深处的对于祖国的眷恋已渗透到生命中的点点滴滴。当相隔数年首次飞在首都机场上空，隔着舷窗望见祖国的大地时，我耳畔回旋的满是歌曲《我的祖国》的旋律："这是强大的祖国，是我生长的地方。"我忍不住热泪盈眶，在心里说："祖国啊，我再也不离开你了。"

在海外这些年，认识到财务自由的意义，上至民族尊严、国家统一，下至家庭和睦、安居乐业，多与经济基础相关。钱不再仅仅是钱，它是过去的青春与岁月、奋斗与汗水、勤劳与智慧的结晶，它是未来幸福的保障、家庭和睦的源泉。

2004 年已是 A 股下跌的第四年，在温哥华纷飞的大雪中，我意气风发地给国内投资人写信，题目是《播种季节》。

（四）财富管理者的唯一美好结局

其实早在 1996 年，我就开始接触日后被称为投资管理（或称资产管理、财富管理）的行业。当一个人管理自己的投资时，投资人与管理人角色是合一的。当投资成为职业时，便产生了投资人与投资管理人的分离。

2001年秋，由于认为A股被高估，我专门从国外回来将众人的委托解散。当年正经历呼机升级为手机的时代，时隔三年，一些人已经联系不上，辗转之下才将翻了番的资金各归其主。这个与当时社会上流传的"携款外逃"完全相反的事迹，竟为我日后留下了意想不到的好名声，更让人相信：社会需要有能力的好人。然而证明这一点需要时间，一个好名声的建立需要很多年，如果一年不行就用五年，如果五年不行就用十年，如果十年不行就用二十年，如果二十年不行就用一辈子，几无捷径。

"就资金运用而言，我比你自己更关心你的钱。" 这是我在2004年给投资人的信件中说的话，但这并不表明在特定的历史阶段投资没有损失。实际上，在帮助一众家庭达到财务自由境界的同时，失败的案例也是有的，而失败的原因总结到最后只有一点：没有按照规矩办事。

在付出青春和资本的代价后，我们最终总结了16字的工作原则以提高胜算：**理念认同、资金合适、沟通顺畅、配合默契。** 通常而言，投资知识、经验等仅仅占投资成功因素的1/3。很多投资之外的因素，例如坚韧、毅力、资金性质、投资规划、沟通能力等，这些看似与投资无关的因素，却可能决定最终的投资命运。

我自己的投资风格可以概括为"守正出奇"，大约是希望在物有所值的基础上还能有所增长，如果全是"守正"可能平稳有余而增长不足，皆为"出奇"可能过于冒进而风险太大。但是任何方法与体系，均利弊共存，没有完美的世界。

对于投资对象的选择，我们渴望"好企业好价格"，即能以合适的价格获得运营优秀的企业。至于何为优秀的企业、何为合适的价格，每个投资者都有自己的解读，就像一千个《红楼梦》的读者心中会有一千个不同的林黛玉一样。

必须承认，我有很多的不擅长，例如判断 ST 之类的企业如何能起死回生、判断短期大势走向等，但我们最大的擅长在于避免做不擅长的事。我们喜欢的企业类型至少具备以下条件：①盈利；②持续性盈利；③可增长的持续性盈利。我们较为重视的指标有净利润率、净资产收益率、市盈率、市盈增长比率等，以及管理者的品质。但现实总是较书本复杂得多。

在实际的操作中，通常采用持仓为主、集中投资的方式，根据市场变化不断选择性能价格较优的对象。这种方式在具有优点的同时，面临两大风险。

持仓通常表现为重仓或满仓，这种行为源于受到现实中最为成功的财务阶层的启发。在福布斯财富排行榜上通常只有一类人——优秀企业的持有者。观察这个财务上最为成功的阶层，会发现成功的企业家在面临经济困境时通常会选择坚守，他们很少有"在经济不好的时候先止损，等好了再说"之类的态度。其中大部分还有一个特点——使用负债，即财务杠杆。

集中投资是达成投资目标的重要手段，否则仅以 1/100 的资本，即便抓住了上涨 10 倍的股票，也于事无补。了解对象的集中投资较之不明就里的分散投资，实际上更具安全性。

持仓为主的风险在于系统性风险，例如 1998 年的亚洲金融风暴、2008 年的全球金融危机都造成了严重的负面影响。应对这种系统性风险需要的是合适的人和合适的资金，而不是所谓的"止损"。

在我的投资体系中，没有通常而言的基于股价变动的所谓止损概念，因为无法认同 10 元的物有所值的东西，跌到 7 元反而要卖掉。我早在 1997 年发表于《金融时报》的文章中就提出过自己卖出股票的三个原因：目标公司质量恶化，价格高估，有更好的选择。多年以来，我所坚持的这三个原因依然没有改变。集中投资的风险在于投资对象货不对板，控制这一风险的手段是勤奋工作，别无他法。

投资目标的线索通常源于阅读与生活细节。我主要的工作方法就是阅读，感谢互联网带来的巨大便利。大量的阅读可以让我进行横向与纵向比较，以去芜存菁、去伪存真，正如林肯曾言："没有谁能在所有的时间欺骗所有的人。"

长期阅读的习惯使我觉得，看文字甚至比见面能得到更多有用的信息。热爱生活应该也是发现好目标的方法，一些投资对象的线索完全由生活细节引发而来，例如谈天中确定百度，看冯小刚的电影后投资中联重科，街头闲逛发现谭木匠。投资过程大体是搜集、研究、判断、执行、忍耐以及再重复的过程。我的整个时光基本上处于这种不断的阅读与热爱之中。

对于那些"崽卖爷田心不痛"的胡乱花钱行为，我也是常有腹诽的，这几乎成了职业病。除了间或参加一些股东会，我很少做所谓的实地调研，这与很多机构喜欢花费巨资进行上市公司实地调研不同。唯一的例外是我在中国香港市场上投资的一家加拿大公司——历史跨三个世纪，涵盖银行、投资、保险业务，为了了解该公司，我甚至到该公司工作了一段时间。

在投资过程中，我们不怕遇到不懂投资的人，最怕的是总有主意的人。这种半信半疑往往在市场走牛时演变为全信（或导致高点入市的风险），在熊市中演变为全疑（或导致底部清仓的遗憾）。

找到合适的投资方法或合适的管理人是投资成功的法门。但在投资的过程中，无论我们付出多少努力，也只能增大胜算，无法消除风险。

公募基金中初出茅庐的年轻人，突然有了合法募集的数十亿元陌不相识的投资人的资金，做坏了拿固定管理费，做好了成为"大佬"，这样的好机会就连巴菲特年轻时也是难以想象的。

无论是在公募基金还是在私募基金，一个合格的财富管理者，应该是责任与能力的结合，他们最终的美好结局只有一个：在经历周期之后，战胜大盘并取得绝对盈利，如果能解决问题就更好了。这种"不负如来不负卿"的两全其美的投资成功像所有成功一样，因稀缺而令人着迷。

（五）信念的好处

金秋十月是《钱经》杂志创刊整 100 期，这期间我有 5 年多时光与它的"青春月月"交织在一起，这是我之前没有料到的。

我原本每年会给投资人写一两篇投资回顾，日常也多会遇到需要解答的投资问题，多有重叠之处，为了提高效率，渐渐以文章的方式统一答复，一来二去便有了写财经文章的习惯。这种理念的传播无意中起到了对投资者进行教育的作用，在日后一次次经济危机中起到了坚定人心的效果，信念的好处在于它能让人度过艰难的时光。

写这个专栏的本意是希望让人们知道，即便在没有内幕、不听黑嘴、不跟庄家，甚至不懂投资、不天天炒股的情况下，也可能实现投资成功。这些看似轻松的文章，本来兴之所至地偶尔写写倒也罢了，可每个月还需要固定交稿，开始时多有令我痛苦不堪的情况，时常想到放弃。我原本答应写一年，不期与 2008 年全球金融危机撞个正着，于是咬着牙坚持到现在，没想到倒是渐渐得了一些读者的嘉许。

尽管我一直有"文章合为时而著，歌诗合为事而作"的写作习惯，但在 2007 年牛市行将终结之际答应写这个每月专栏，终究是个极其错误的决定。在这个"牛尾巴"时刻做出的决定令我日后懊悔不已，自己经历悲惨也就罢了，还要将这悲惨展示于人前，实在是有苦难言。这再次证明没有人可以预测市场，我也不例外。好在有足够长的时间，让我有机会证明，长期而言，我们并不需要靠运气胜出。

生活中的点滴或多或少地成为文字素材，在某种程度上记录了所见所闻，这些所见所闻是如此受欢迎，以至于我被称为"投资界写文章最好的人"。甚至在发表《第一最好不炒股》之后，有人认为我是搞文艺的，而非投资业人士。我也常回顾一下过去的写作，原本是怕写重复的内容，却发现有些文章确实悦目，就如同不经意间翻出 10 多年前在美国读 MBA 时写的论文，看着大篇流畅的英文，心中竟升起自豪之情："这竟是曾经的我亲手写的？！"

　　我较为中意的文章有《桨声灯影里的秦淮河》《彩色的经济学家》《秋凉中寻桂花香》《投资的目标》《巴菲特，生日快乐》，文采与理念俱佳。至于被广泛关注的《15 年 1000 万》，应该是无意中切合了许多人心中的愿望，但这个目标的实现，需要理解之后全力以赴的执行和义无反顾的精神，"知行合一"绝非易事。

　　我尤为喜欢的是 2009 年 4 月专栏两周年时的《有人夸我文章好》，题目潜在本意是想说除了文章好之外，我们实际上投资干得更好。我清楚地记得，在整个写作过程中，身体像是燃烧了一般激动地发抖，这才明白老一辈作家所言"如果想感动读者，需先感动自己"的含义。这篇文章至今读来仍然觉得清新无比，其中一段"春天来了，去年的樱花再次盛开，窗外是一株大大的樱花树，一束束粉色的花朵竞相地开着。早晨起来，窗外透过繁花，印着清澈蓝天的背景，刚刚割过的草地散发出清新的青草的味道"，本是源自我在海外时写给北京亲人的信。

　　当时正值温哥华的春天。时隔 3 年，前不久（2012 年）再次旧地重游，坐在同一片草地前，樱花盛开的季节已过，满目青翠依旧。老友相对，仍然记得 2009 年 4 月的对话："再过 3 年，也就是 2012 年 4 月，估计这次金融危机应该就过去了。"但是残酷的世界告诉人们，我们实在低估了本次危机的长度与烈度。一如当年所言：**"即便我们的精神可以穿越眼前的迷茫而窥见未来的锦绣美好，我们沉重的肉身仍然要留在此刻的时空，历经必要的磨难。"**

　　这个 10 月（2012 年 10 月）正值本次金融危机整整 5 周年，自 2007 年 10 月上证指数 6100 点跌宕直下到如今的 2100 点，累计跌去约 2/3，市值缩水 7 万亿元。而相形之下，本轮危机的发源地美国，其股票市场在经历危机之后，却已几乎完全复原，这之间的反差确实令人深思。

这5年以来，眼见了太多的生离死别，打开媒体至今仍是不断跳入眼帘的悲惨。面对萧索零落的市场，有谁知道是满地鸡毛还是黄金遍地？想起麦克阿瑟著名演讲中的名言："老兵不死，只是凋零。"（Old soldiers never die. They just fade away.）我想说："投资不死，只是凋零。"（Investors never die. They just fade away.）即便是过往失去的5年，人们也见到有沙漠之花的盛开。

已有的日子，唯一遗憾的是，在证明每个人都有达成财务自由可能的同时，却没有过多地提醒其间的艰难与残酷。不要指望每一次努力都有正向的回报，我翻阅10多年前的笔记，见上面有一段文字："**我们今天播下的种子，在未来的道路上，如果能有80%发芽，60%开花，30%结果，我们的幸福就已经足够了。**"

（六）投资成功的策略与道路

过上衣食无忧的日子是绝大多数人的追求，这种境界被称为"财务自由"（financial freedom）。多年以来的所见所闻告诉我们：如果人们过得富裕一些，通常他们会更幸福些。查理·芒格说："有智慧的人可以用金钱获得幸福。"曹仁超说："85%的幸福可以用金钱获得。"诚哉斯言！

财务自由的境界如果没有前人荫庇，通常需要一砖一瓦地建立并认真地加以呵护。社会人群大致可以分为两类：正在奔赴成功的人和已获成功的人，而并非常言的穷人和富人。

前者以职场白领"杜拉拉"为代表，应在关注自身的工作之外，通过执行适当的财务规划达到财务自由的境界。这个阶段约用三个经济周期的时间完成，在资产配置策略上需要注重适当"集中"，集中火力，才有可能打翻身仗，可参阅《一场战斗和战争的区别》《李牧之战》。

后者以成功企业家为代表，目标应是财富的保全和增值，因为从"有"到"无"的例子并不鲜见。这个阶段资产配置的策略应是适当"分散"，可参阅《写给潘石屹的信》《奋斗8年却或许少了300亿的企业家》。

"杜拉拉"们往往因为目标太过遥远而放弃；企业家们往往由于过于自信、囿于已有成就而坐失良机。这两类人在现实中可能会互换。

对于认为目标太过遥远的人，我们将目标分解一下，将财务自由的初级阶段称为"财务健康"。我们认为一个普通家庭通过15年的执行规划，应可以达到财务健康乃至财务自由的目标。运气好的话，时间可能会缩短，但运气不在努力范围内，可参阅《15年1000万》。

达到财务健康的标准是一个人或家庭，其财产性收入达到或超过其日常工作所得。如果一个人上班每月赚8000元，有朝一日即便不用上班每月也有一万元收入，心里会安稳许多。这种安心的感觉就如同在想喝一杯水时，有一整桶水放在旁边；在要开车出门时，看到油箱是满满的。我至今尚未遇到因为有了财产性收入而虚耗时光的人。相反，就所见而言，没有一个成功的人不勤劳，没有一个成功的人不用心思考。

中国文化中有"耻于谈钱"的传统，但同时也有"君子爱财取之有道"的古训。对于财富构建和保全，我们这里所探讨的"道"就是投资成功之道。投资可以涵盖诸如创业、房地产、古董收藏、私募股权投资（PE）、风险投资（VC）、股票等。鉴于创业的高风险性，PE、VC对于社会关系的高强度要求，古董收藏的专业性和不动产较差的流动性，我们的着重点最终较多地落在资本二级市场上，也就是通常而言的股票市场。但这些并不互相排斥，它们在生活中有机地交织在一起。势变事易，随机而化，"变"才是唯一不变的。

而今"理财"一词已深入人心，但大众很少能窥其全貌。理财实际上由四个部分组成：银行、保险、税务、投资。理财的核心简言之就是：增收节支、开源节流。在这四个部分中，就根本目标而言，银行提供的是便利，保险提供的是保障，税务指的是节流，而增收的责任主要由投资完成。投资是一个家庭财富增长的主要因素，同时也是最难、风险最大的部分。

普天之下，投资的成功道路只有两条：一是成为像巴菲特那样的人；二是找到像巴菲特那样的人。根据社会分工的原则，绝大多数人并不必亲力亲为。

追求财务自由的种子，实际上深播于每个人的心中。在投资的过程中，或有挫折，或有跌倒，或有寂寞，或有嘲讽，以金石可镂的坚忍和宁静致远的心态或可令人接近最终的胜利。再多的困难都值得去努力，因为这是我们自己要的幸福。

人生如此飞快，故事尚未完结，我们都在路上，希望再过 20 年，你我都还在！

学习可以学习的，努力可以努力的，

帮助可以帮助的，得到可以得到的。

| 引言　传说中的一万天 |

天南致投资伙伴书 100 条

2012 年 5 月初稿，2021 年 02 月修订

时至今日，我踏入股市已经整整 28 年了。28 年，也就是传说中的"一万天"。在这样一个波谲云诡、跌宕莫测的市场中，这么多年，我还在！也算是一个小小的奇迹。

《一个投资家的 20 年》（典藏版）是我 13 年半财经专栏文章的合集，这种伴随时光不断增厚的"活的书"并不多见。近年来，随着我翻译的投资经典《巴菲特之道》《巴菲特致股东的信》《戴维斯王朝》《巴菲特的第一桶金》《巴菲特的投资组合》陆续面世以及专栏读者日众，社会上慕我虚名而来者日渐增多。为了不浪费彼此时间，最大限度减少摩擦成本，在此将 2012 年所写的"天南致投资伙伴书 100 条"更新于此，供有兴趣的朋友参考。

没有任何方面要求我写这样一篇文字，我将其视为对自己过去的一个回

顾、总结与反省。目的是，将来万一成功了，让我们知道并不是偶然的运气；万一失败了，也让我们"死"个明白。

在这个篇章中，本人独自经历以及需要个人承担责任的地方，使用"我"；他人智慧融会其中的地方，使用"我们"。实际上，二者在现实中常常合二为一，融为一体。

由于早期没有刻意记录，这一万天估计累计回报为 1300 倍左右。这样的回报虽然听起来不错，但这一万天中约有 80% 的时间段不赚钱，也就是说五年中有可能四年不赚钱。股海行船，颠簸起伏乃至惊涛骇浪在所难免，所以，我们也是有失败案例的。这种二八法则的显现，在本书中也有专门的篇章记述。

最近完成的 2020 年年度回顾，题为《三千天、五千天、一万天》，其中披露了一些信息：

三千天　我们国内基金产品迄今最长的纪录已经有整整八年，也就是约 3000 天。八年费后年化复合回报率为 14.3%，累计费后回报为 191%，也就是每一个当初的 100 万元成长为 291 万元。

五千天　在杂志上连续刊载的专栏"杨天南财务健康谈"，至今已有 13 年 8 个月，也就是 165 个月，约 5000 天，是国内连续最久的财经专栏。当初的 100 万元成长为 1320 万元，年化复合回报率为 20% 左右；由于使用了一些融资杠杆，去杠杆后，年化回报率为 15% 左右。

记录显示，上述期间 80% 的时间在忍耐与等待中度过，也就是说 80% 的时间不赚钱，所有盈利来自其余的 20% 的时间段，但事先无人能够确定哪些时间段属于这"赚钱的 20%"。

一万天　自从 1993 年春踏入股市，距今已 28 年，经过最初 3 年混沌中的摸索，有幸于 1995 年秋天遇见第一本将巴菲特理念带入中国的书——《巴菲特之道》，加之恰好遇上随之而来的 1996 年、1997 年 A 股大牛市，以全部身家大赚 10 倍，解决了财务自由问题。自 1995 年至 2020 年这 25 年，回报大约 1300 倍，年化复合回报率 33% 左右。这 25 年，由前 2 年与后 23 年两部分构成，除了前 2 年赚 10 倍之外，后 23 年累计 130 倍，相当于年化回报 23% 左右。⊖

近年来，我们愈加追求有知的坚持，走在追求人生综合回报最大化的道路上。管理投资基金、大学授课、翻译经典、传播太极、撰写专栏、师友会，等等，各条战线看似繁复，但实际上都围绕"一个中心，一个原则"展开。一个中心就是以投资管理为中心，一个原则就是以边际成本增量不大为原则。

迄今为止，已经没有什么投资智慧没有被写在书本上了。因而，在此我先以愧疚的心情说声抱歉，那些"阅书万卷，学富五车"的人就没有必要接着读了，省下你的时间，也省得读完之后再抱怨。

1. 我们投资的目标是取得投资成功，而绝大多数市场参与者仅仅是打算"玩一玩"。所以，尽管二者外在的表现方式都是"股票买卖"，但就本质而言，我们根本就不是一路人。

2. 个人认为，普天之下，投资成功只有两条道路：一是成为像巴菲特那样的人；二是找到像巴菲特那样的人；换言之就是，成为成功的投资家，或追随成功的投资家。别无他途。

3. 衡量投资成功的三个标准是，在经历周期之后，①跑赢大市；②绝对盈利；③解决问题。

根据二八法则，以及从历史经验看，三条全部通过者甚至不到 1%。好消息是，中国有 1.8 亿股民，1% 就是 180 万人。

4. 我们的使命是帮助可以帮助的人取得投资成功，而不是帮助他们成为投资家。

⊖ 该数据的得出有两个前提：①基金产品存在管理费；②基金产品没有使用融资杠杆。

5. "投资成功的人"和"成功的投资人"，这两个词虽然字数一样，仅排列不同，但其内涵相去甚远。就身边的现实而言，前者远远多于后者。

6. 定义投资家的五个要素。关于投资家的定义，我认为一个投资家应该在穿越周期的情况下，跑赢指数，绝对盈利，解决问题，并将投资知识传播于社会，帮助他人达到财务自由的境界。

简而言之五个要素是：在穿越周期的前提下，跑赢指数、绝对盈利、解决问题、传播知识、泽被他人。

7. 知不易，行更难！知行合一难上难！这就是我们对于投资的描述。

投资是件有风险的事情，无论我们做怎样的努力，都只能增大胜算，却无法消除风险本身，换言之，我们依然有可能失败。

8. 过去的成功未必能在未来重现。我们唯一可以承诺的是，继续秉承一贯的道德良知，一如既往地努力工作，运用已有的知识、经验，并不断以开放的心态与时俱进，坚忍前行。

你见不见我的面，听不听见我的声音，这些都没有什么不同。

9. 我们的时间与精力都有限，因此"座位"也有限。那些认为"出钱就应该是大爷"的人应该明白：在这不易的世间，德才兼备的人也是稀缺资源。

当财富管理1.0时代渐渐进入2.0时代，也就是从"钱选人"到"人选钱"的时代，投资管理人也要想一下"你出钱，我们为什么要替你管"这个问题。

我们对于仅有资金的所谓客户并无兴趣，我们希望的找到是理念认同、志同道合的同路人。

能遇见"人很好、钱很好"的情形固然好，但如果必须在"人很好、钱一般"和"人一般、钱很好"二者之间做出一个选择，我们宁愿选择前者。

10. 多年以来，我自己一直是自己最大的投资人。通俗点讲，我是用自己的钱练出来的。

11. 当人们亲自管理自己的投资时，可能面临的双重损失是：一损失金钱，二损失青春。后者往往被人忽视。

伴随着本金损失的流逝的青春时光，本可以成就另一番事业。这一点对于绝大多数人而言，是更为重大的损失，却几乎是注定的命运。对于青春资本多于金钱资本的年轻人而言，从事有兴趣且擅长的工作而取得一番成就的胜算大于学习如何炒股。

我们希望我们的合作伙伴在投资之外，都有自己的社会岗位，以便随着历史进程的发展，在社会财富再分配过程中受益，获得源源不断的现金流，然后进行定投。

12. 我们对于大众投资建议的完整表述：

股票投资是通向财务自由的道路之一，但大多数人应该将精力集中于自己擅长的领域，将合适的资金交予德才兼备的专业人士进行投资管理，这样更有利于自身利益的最大化，也符合社会分工的法则。

13. 据多年以来的观察，投资管理失败的根本原因可以归结为两个错配：人的错配，资金的错配。

14. 不合适的人合作将增大"双输"的可能性。双输就是：你输钱，我输名声。

有人或认为金钱较之名声更重要，我不敢苟同，因为钱或许一年即可赚得，而一个好名声的建立需要很多年。

15. 某一年度的投资表现，无论是单边熊市的亏损，还是单边牛市的获利，都不足以用于对投资管理人投资能力的判断，最好能有穿越周期的记录。

衡量投资管理者的方法，以"周期滚动收益率"为佳，通常以五年为周期。

但过去的业绩不能作为未来表现的保证，这是真的。

16. 根据记录，我们有 80% 的时间不赚钱。凡是慕我们的业绩，而不是因理念认同而找我们的人，多会得到令双方都失望的结果。

17. 在股市上，我见过三种谈理想的人：

第一种谈着谈着，他和你的钱都越来越多；

第二种谈着谈着，他和你的钱都越来越少；

第三种谈着谈着，他的钱越来越多，你的钱越来越少。

我喜欢并希望学习第一种人，虽然这不代表我们注定会成功。

18. 投资的真正意义在于优化社会资源配置，通过支持优秀的企业，为社会创造就业机会，为国家增加税收，为大众提供满意的产品或服务，为投资者实现价值最大化。

19. 投资管理的意义在于，即便是在盈亏相同的情况下，投资管理也替出资人节省了时间，让他们有机会去完成应该做、擅长做、喜欢做的事情，这也符合社会分工的规律。如果能取得令人满意的投资回报则更是一举两得的双丰收。

节省时间，就意味着"赚命"。

我们希望所有的合作伙伴不但赚钱，还能赚命。这也就是我们提出"追求人生综合回报最大化"的根本原因。

20. 出资人和管理人之间的社会分工是，我负责打造一个以承担合理风险、取得合理回报的复利机器，你负责做好擅长的工作，然后将合适的资金投在这个机器里。

21. 在这种合作中，出资人只需要考虑两件事：

第一，投资资金的性质是否合适？简言之，不要用短期资金或负债进行投资。

第二，选择的管理人是否合适？每个人都有选择的权力。其方法是：听其言，观其行，假以时日。

22. 理财的核心简言之就是：增收节支，开源节流。

理财实际上由四个部分组成：银行、保险、税务、投资。这四个部分，就根本目标而言，银行业务提供的是便利，保险提供的是保障，税务指的是节流，而增收的责任主要由投资完成。

23. 投资是一个家庭财富增长的主要手段，同时也是难度最大、风险最大的部分。

24. 所有股市参与者大约分为两类：有人仅仅是"玩一玩"，有人打算"解决问题"。前者在数量上占绝大多数。这也就解释了绝大多数炒股者的命运。

绝大多数人投资失败的原因在于，从根本上而言，很多人并不真正关心结果，只是"玩一玩"而已。抱着"玩一玩"的心态，如果失败了叫"正常"，如果成功了叫"意外"。

25. 认真尚不能保证成功，随便几乎注定失败。随便的人只应该得到随便的结果，无所谓的人也不应该有成功的报偿。我们努力成为认真的人，并珍惜那些与我们相遇的认真的人。

26. 我们属于打算"解决问题"的少数人，也就是希望取得投资成功的人。

27. 投资管理成功的两个标准：在经历周期之后，①跑赢大市；②绝对盈利。

请一定看清"经历周期"的前缀。

但是，投资管理成功未必等于投资成功，因为后者需要出资者的默契配合与忍耐坚持。

28. 我们希望追求的是双重胜利的双赢结局，希望每一个参与者都有好结果。双重胜利，又名"职业与世俗的双重胜利"，即跑赢大盘并且绝对盈利。

这是个非常高、非常难的目标。过去的很多年我们做到了，但不保证未来一定能重现过去。

29. 我们的愿景。

每个家庭都财务健康了，我们的社会就更和谐了，这就是我们的愿望。但理想很丰满，现实很骨感，有时理想与现实未必能时时合一。

30. 投资或许很简单，但投资成功却很难。

投资成功是如此之难，放眼望去，好像没有什么行业有 1.8 亿个参与者。股市里，没有谁缺少精彩的炒股故事，没有谁打算进来亏钱，没有谁承认比别人笨，但最终没有多少人解决问题。过去如此，现在如此，未来改变的可能性也不大，这令人深思。

31. 这里所言的投资，特指在资本二级市场，也就是通常所说的股市上的投资。我多年的投资经验主要集中于二级市场，我对于不能产生现金流的对象不感兴趣。对于玉石、古玩等所谓收藏投资，个人的看法是，我从来没见过谁靠收藏致富，见到的都是致富之后搞收藏。

32. 幸福总是要有人付出代价的，唯一不同的是，这代价由谁来付出。

人们相信美好的事情终将发生，但美好不会无缘无故地发生。过去的 28 年，我累计投入本业的时间超过 10 万小时。

33. 管理新钱是难的。

通常，历时五年、十年、二十年的投资，已经累积了相当的安全垫，无须过多担心短期股市涨跌。而一笔新投资分分钟可能产生账面亏损。如果这笔资产关系到一个家庭的身家性命，我们的责任则更为沉重。

34. 我是一个投资者。足矣。

感谢欣赏我的人给予我"价值投资者"的称号，但在我所读到的文字中，从来没有见到巴菲特声称自己是个价值投资者，倒是听他说过"投资之前根本没有必要加上价值二字"。我今天不以"价值投资者"自居，也省却了一些无聊者证伪的麻烦。

35. 世上再无巴菲特，我也不会是。

36. 我们对于"炒"股票毫无兴趣。我们的逻辑是："炒"股票就是投机，投机就是赌博。从来没有靠赌博而上福布斯的人。

认为股市是赌场却还在里面掺和的人，本身就是赌徒。想通过赌博取得财务成功无异于缘木求鱼。

37. 价格是得到价值和实现价值的出入口。价值与价格在现实中常常混为一体，密不可分。投资者关注价值多些，投机者关注价格多些，纯粹的两个极端并不多见。

38. 我们的工作是与资本即金钱打交道。我知道对于绝大多数人而言，钱来之不易。钱不仅仅是钱，它是过去的青春岁月、奋斗与汗水、勤劳与智慧的结晶，它是未来幸福的保障、家庭和睦的源泉。我早在 1995 年就提出过"尊重资本"的说法。

39. 就资金运用而言，我比你自己还关心你的钱。

40. 我喜欢看着钱增长，即便不是我的钱。

41. 投资是分享伟大企业的成长。但我们所选的对象是否能成为伟大企业，事先具有不确定性。这需要时间验证，这愿望甚至有落空的可能。

42. 我主导的投资风格为守正出奇型，也可以称为价值成长型、收入成长型。

大约是希望在物有所值的基础上还能有所增长。如果全是"守正"可能平稳有余而增长不足，如果皆为"出奇"可能过于冒进而风险太大。但是任何方法与体系，均利弊共存，没有完美的世界。

43. 我们的投资对象不拘泥于特定的行业，主要是看目标公司本身是否物有所值。相对于各种热门的概念而言，我们更关注企业基本面。

44. 投资对象的选择标准是"好企业、好价格"，即能以合适的价格获得运营优秀的企业。

我们喜欢的企业类型至少是：①盈利；②持续性盈利；③可增长的持续性盈利。我们较为重视的指标有净利润率、净资产收益率（ROE）、市盈率（PE）、市盈增长比率（PEG）等，以及管理者的品质。但我们受骗上当和看走眼也是常有的事。

45. 没人喜欢为别人的愚蠢付出过于高昂的代价，尽管这样有时也会被人讥为愚蠢。

46. 为了避免"被愚蠢"以及误导他人，我们通常避免谈论个股。过多地谈论个股、股市短期表现、股评、推荐等基本上是浪费时间且容易误导他人，也与我们的使命不符。我们同时认为理念重于个股。

47. 在投资成功的道路上，通常而言的投资知识、经验等并不是最重要的。很多投资之外的因素，例如坚韧、毅力、资金性质、投资规划、沟通能力、善良人品等，这些看似与投资无关的因素，却可能决定最终的投资命运。

48. 投资过程大体是搜集、研究、判断、执行、忍耐，再重复的过程。这个过程重复再重复，很多时候我们需要在无聊与寂寞中坚持不懈地前行。

衔枚不懈，戒急用忍，也是很难的，因为在艰难困苦的大部分时光里，常常伴随着内心的绝望与挣扎、外部的指责与嘲讽。坚韧不拔、百折不挠虽然是所有成功者必备的素质，但并非所有具备这样品质的人最终一定能成功。

49. 投资是在正确方向上的忍耐。但是忍耐是难的，而且方向是否正确，事先也通常不能百分之百确定。

忍耐与等待是投资中的美德，巴菲特曾经比喻："屁股赚的比脑袋多。"在我们的实际工作中，两个月赚的超过两年以及一年收益超过四十年总和，这样的事发生不止一次，相信以后也会再次重演。

50. 一个成功的投资者应该具有比上市公司 CEO 更长远的眼光，在喧嚣的时候需要冷静，在绝望的时候需要勇气，在低迷的时候需要忍耐，视涨跌如无物，闻毁誉于无声。

51. 我负责金石可镂的忍耐，你负责宁静致远的等待。这也是金石致远的由来，所谓金石致远就是关于忍耐与等待的故事。

52. 我们主要的工作方法就是阅读。如果用四个字的话，就是"阅读一切"，当然，阅读之中伴随着思考。大量的阅读可以进行横向与纵向比较，以去芜存菁、去伪存真，林肯曾言："没有谁能在所有的时间欺骗所有的人。"

53. 热爱生活也是发现良好投资对象的好方法，我的整个时光基本上处于这种不断地阅读与热爱之中。

这使得我们的选股具有"自下而上"的特征，始终选择性价比合适的对象，不拘行业。

54. 在实际的操作中，我们通常采用持仓为主、集中投资的方式，根据市场变化不断选择性能价格比较优的对象。这种方式在具有优点的同时，面临两大风险——系统性风险和非系统性风险（即个股风险）。

55. 持仓通常表现为重仓或满仓，这种行为是受到现实中财务最为成功的阶层的启发。

在福布斯排行榜上，无论何种行业，实际上只有一类人——优秀企业的持有者。也就是公司的股东。

56. 观察这个财务上最为成功的阶层，会发现成功的企业家在面临经济困境时，通常会选择坚守，他们很少有"在经济不好的时候先止损，等好了再说"之类的抱怨。

在我的投资体系中，没有通常而言的基于股价变动的所谓"止损"概念，因为无法认同价值 10 元的东西，跌到 7 元反而要卖掉。

在现实中，如果我们认为物有所值的对象下跌了，通常会买入更多。如果资金耗尽，我们至少会选择持有。至于何时卖出股票，请见"卖出股票的三个理由"。

57. 坚持定投通常是获得更多收益的重要手段。尤其是在市况艰难的情况下，不但要坚持，最好能买入更多，因为我们终究会回来。

58. 关于控制"回撤"。

在熊市横行的日子里，净值"小回撤""不回撤"已经成为吸引眼球的噱头，甚至成为衡量基金管理人水平高低的标杆。但试想一下，下跌的时候你不在，凭什么上涨的时候有你？有时候，简单的常识胜过故作高深。

59. 很多人仰慕低买高卖、先知先觉的能力，遗憾的是，我们不具有这种能力，也没有遇见过真正具有此种能力的人。我"宁可要波动的15%回报，也不要四平八稳的7%回报"。这实际上更符合投资人的根本利益。

换言之，我们认为"结构化"基金产品有悖于出资人的根本利益，这也是我们从来不发行结构化产品的原因。⊖

60. 关于"绝对收益"。

在备受股市跌宕的煎熬之后，人们往往偏爱所谓"绝对收益"的投资。但按年度衡量的绝对收益投资，往往是以损害投资人根本利益最大化为代价，只不过这一点也少有人向大众普及。

相对于单一年度的绝对收益，我们更关心的是跨越周期的绝对收益。

61. 关于负债投资。

大部分成功的企业家几乎都有一个特点，就是在企业运营中使用负债，即财务杠杆。回顾过往的投资生涯，在合适情况下，我们并不反对使用融资。但是毫无疑问，杠杆的使用可能增加投资收益，同时可能也增大了投资风险。

我们所有的基金产品都没有使用融资杠杆。

62. 持仓为主的风险在于系统性风险，例如1998年亚洲金融风暴、2008年全球金融危机、2015年之后的熔断、2020年的新冠肺炎疫情等都造成了严重的负面影响。应对这种系统性风险的手段是合适的人和合适的资金，而不是所谓的"止损"。

63. 集中投资是达成投资目标的重要手段，否则仅以百分之一的资本即便抓住了上涨十倍的股票，也是于事无补。深入了解的集中投资较之不明就里的分散投资，实际上更具安全性。

64. 集中投资的风险在于投资对象"货不对板"，应对该类风险的手段是

⊖ 更多请见《如何在一只不盈利的基金中赚钱》。

勤奋工作，别无他法。

65. 卖出股票的三个理由：目标公司本身运营恶化、价格高估、有更好的选择。这样的表述首次出现在我 1997 年《关于股票投资的通信》系列文章中，多年以来没有改变。

66. 我们很少对市场展望发表预测性看法，但这不代表我们没有看法。

我对股市的短期涨跌并不在意，也没有能力预测。顶在顶上，底在底下。这是常有的事。

67. 我们对过多的争论毫无兴趣，也从未见过与莫名者的无聊争论使人进步。老子言："夫唯不争，故天下莫能与之争。"

68. "投资是一个人的事。"——巴菲特。

多元化的信息源，三两人进行讨论，一个人扣动扳机。这是我们大致的工作状态，你可以理解为我们是团队工作，也可以理解为一人独断。

过去二十年，我们的"独断模式"战胜了无数"团队"。在未来，我们肯定不会战胜所有团队，但我们同样不能肯定哪一个团队会战胜我们。

69. 现今，基金管理人和基金投资人大多处于相互双盲状态，在强调所谓团队精神、集体负责的市场上，我们见得太多的是"集体不负责"。

70. 人工智能（AI）的兴起的确会替代很多传统的工作岗位，凡是简单重复、能输入算法的工作均有被替代的可能，但原创不可能被取代，在投资领域也是一样。相对于"AI 会战胜人类"的观点，应该问一下"AI 会战胜 AI"吗？

71. 对于热衷于打听"为何今天涨 / 跌""你对大势怎么看"之类的问题，在这里预先答复："我也不知道。"

我们真的不知道，至于别人是怎么知道的，我们也不知道。

72. 我们对于宏观经济也不太关心，因为在经济形势良好的时候也有经营不善的企业，在经济形势恶劣之时也有沙漠之花盛开。

73. 我们很少做所谓上市公司"实地调研"，以后也不打算刻意做，但并不反对这种做法，时移世易，与时俱进，我们并不固执己见。

我们过去很少做实地调研，最早是因为没什么钱，后来是发现益处有限。我的意思是，这种方法对于我们没什么用，至于为何有人喜欢花巨资调研，应该问他们。

74. 由于我在国外的经历，我们目前的投资涉及 A 股、港股、美股市场，但投资对象依然多以中国公司为主。

对于汇率的变动，我们认为大国之间的汇率变动相对于投资的升跌幅度而言，可以忽略不计。

75. 当今的股市，已经不缺股评家、预测家、分析家，我们没有兴趣凑热闹。对于社会上各种观点，我们会兼容并蓄、综合考虑，但这些人通常都不是成功的投资者。我的意思，你懂的。

76. 我们成功的经验之一是：向成功的人学习成功的经验，向失败的人汲取失败的教训。

77. 我们没有将合作伙伴培养为投资家的目标。所以，我们不会刻意讲解股票分析、交易之道等，也没有关于股评、证券分析之类的互动与操作指导。多年以来，我们的伙伴中间有不止一个例子证明，一个不懂投资的人也可以取得令人称羡的投资成功。

78. 绝大多数人投资失败，并非由于信息过少，而恰恰是因为信息过多。在信息的海洋中，解析信息的功力才是关键。

我们对于合作伙伴的日常建议就是：用心做好自己的本职工作，对于每天的股市信息，就当什么都没看见，什么都没听见。历史证明，这就是最好的策略。因为没看见、没听见，就不会心慌意乱、提心吊胆，就不会胡乱决策，也就减少了犯错机会。建议阅读《第一最好不炒股》一文。

79. 我们不打算打败谁，只想做好自己。我们不知道，也没兴趣打听所谓机构、主力、庄家的动向以及它们有何想法。

80. 迷恋内幕消息的人，恐怕是没有听说过"认识 CEO 亏 50%，认识董事长亏 100%"的股市谚语。

81. 我们追求长久的存在。不过，这一要求好像也不低。

从过去的经验看，我应该属于马拉松型的选手，虽然偶尔也会在短跑比赛中名列前茅，但对于是否能经常出现在各种排行榜上毫无把握。我们也不打算成为风云人物——风一阵，云一阵，然后如青烟般消散。

82. 我们只想和"全信"的人成为合作伙伴。一个初次谋面、连我的文章都没有认真看过便说相信我，这话谁信？

相信也是有差别的，半信半疑通常会有麻烦。半信半疑，往往会在市场走牛时演变为全信，可能会导致高点入市的麻烦；在熊市中会演变为全疑，可能会导致底部清仓的遗憾。

83. 在付出青春和资本的代价后，我们最终总结了十六字的工作原则以提高胜算："理念认同、资金合适、沟通顺畅、配合默契"。

84. 关于"理念认同"，我的文章记录了方方面面，能认真阅读、理解并认同的人可以达到这一条件。

85. "资金合适"包括两部分：资金的时间和资金的数量。

我们认为过于短期的资金和负债不适合用于投资。立意长远、不急功近利的资金反而有可能取得更佳的结果。

在经历同样时间、同样回报率的情况下，较大的资金更能接近投资的目标，较小的资金需要更久的时间，而在这更久的时间过程中，人们常常因为市场煎熬与诱惑而忘了初心，进而丧失认真坚忍的态度。

86. 沟通顺畅。是指发出信息有所反馈，而不是泥牛入海、音信皆无。

我们最痛恨的商务习惯是收到信息不回复，因为"没收到不回复，收到也不回复"这种行为大大增加了摩擦成本、降低了工作效率。良好的商务流通习惯包括及时回复、同介质回复、有效回复。

87. 关于"配合默契"，在管理范围内，我们不希望有两个指挥官。

我们不怕遇到不懂投资的人，我们最怕遇到总是有主意的人。我们建议"有主意就自己干"。

88. 在事业做大还是做好之间，我倾向于选择后者。

89. 长期而言，我们不仅希望成为一个赚钱的圈子，更希望成为一个有社会荣誉感的圈子。

90. 世间最佳的捷径就是按规矩办事。因志同道合相聚，按市场规律办事。这便是最好的合作之道。

我们是有失败的案例的，虽然很有限。所有的失败总结起来只有一条：没有按规矩办事。多是碍于人情。

91. 每个人的时间与精力都有限，在有限的范围内"尽人事"已是不易。正如天南四句所言：学习可以学习的，努力可以努力的，帮助可以帮助的，得到可以得到的。

92. 每个人都走在自己选择的道路上。我们的成功或失败，也是你今天的选择之一。

投资是件有风险的事，你们选择了我，也就选择了由此带来的可能的幸福或悲伤。幸运的是，在过去的 28 年中，我们度过了一段以幸福为主的时光。

93. 我遇见过很多素昧平生却一见如故的人，也遇见过一些相识已久却从未相知的人。

94. 人们找到我们，并非为了投资，而是为了投资成功。我们不是为了在一起而在一起，我们是为了彼此更好而在一起。

茫茫人海，能否相遇？倘若相遇，能否相知？倘若相知，能否相信？倘若相信，能否执行？倘若执行，能否坚守？倘若坚守，这坚守能有多久？没有谁和谁注定要一起，遇见了，请一定要彼此珍惜。

95. 尽管世事多艰，我仍然相信"世道必进""后胜于今"，这是我们今天还打算继续投资的根本原因之一。但如果中国未来二十年的发展与我们的推断相反，我们的投资目标就存在落空的可能。

尽管我们不认为股市投资是赌博，但在国家前途、民族未来这一层面上，我们承认是在赌国运。

96.长期而言，我们靠能力而不是靠运气胜出。过去的三年、五年、十年、十五年、二十八年的历史已经证明了这一点，我们推断这种趋势未来还将继续存在。

97.总结过去，我们最大的擅长，在于尽力避免做自己不擅长的事情。

98.我们不打算也没有能力改变他人，但可选择做好自己，可以选择与什么样的人打交道。我们不打算将遇见的人改变为合适的人，我们只打算遇见合适的人。

99.希望成为合作伙伴的人，在满足法规的要求之外，至少还有一条，就是证明自己是个"合格的、理想的投资伙伴"。至于如何证明，那是自己应该动脑筋的事。阅读我所有的文字，然后写一篇文字打动我，就像我的文字打动你一样，这或许是成本最低的方法。

100.我们喜欢与那些我们喜欢、尊敬、信任的人打交道。他们：

既关心财务投资，又不沉迷于短线涨跌；

既谨慎选择，又充分相信；

既懂得人情冷暖，又尊重市场规律；

既明知晦暗，又心怀光明。

这样的人才是我们的理想伙伴。

沉静安舒，严肃活泼，从心所欲不逾矩，与喜欢的一切在一起，令人安心又有价值，这是我们的向往。一万天过后，我还在！看似云淡风轻，实则豪气干云。感谢您的欣赏，如有意相逢，让我见到一个令人欣赏的、认真的你。我们喜欢那些喜欢我们的人，我们喜欢那些令我们喜欢的人。

2007

　　投资不是一个神话和演义的江湖，不需要
内幕和消息，也不同于麻将和赌博，是一个可
以通过正常途径实现财务健康的工具。也许，
这就够了。

2007年4月我应《钱经》杂志之邀，每月写一期专栏，内容包括投资理念与100万元起步的模拟实盘投资组合，以期验证股票投资是否能成为普通人实现财务自由的可行之道。不料与2008年全球金融危机撞个满怀。这里记录的所有故事构成了一部关于忍耐和等待的连续剧……

最好的时候是现在

2007年4月20日

一个月前，我与《钱经》的记者谈到开设一个国际化的投资专栏，希望给读者一个了解全球投资市场的窗口。但是一个月来，原本希望放在组合里的股票，有些已经有了百分之十几甚至20%的涨幅，这令人很为难，因为谁不想买东西时价格低一些呢？

在这个投资组合中，设计的初衷是为某个家庭的100万元人民币金融资产投资给出建议，其投资目的为准备退休养老金、重大疾病医疗费或者将来子女出国上大学的学费，这些均为中长期的家庭财务目标。所选择的股票可能涉及中国内地、中国香港、美国、加拿大四个证券市场。

考虑到刊物的印刷，我们以最为接近出版日期的股票价格为准，取每个月20日的各证券当日交易的中间价。如遇到节假日，则取最近交易日数据。由于可能涉及美元、加元、港元等币种，我们将统一折合成人民币结算，以当日中国银行外汇牌价的中间价为准。由于按这种方式一年只有12天的时间可以交易，次数有限，交易的成本将不被计算在内。

我们的投资风格定为价值成长型，所谓"价值"就是做物有所值的投资，所谓"成长"就是希望所投资的企业赚钱一年比一年多。

本期留出 15% 的现金，留作下次使用，说不定可以低价进货。事实上没有人可以预测股票市场的涨跌，近来，中国股票市场的单边上扬，的确有高估之嫌，4 月末的震荡已经说明了问题。但问题是，如果市场一直被高估，怎么办？这个问题几乎在近 20 年中，始终困扰着专业人士，这也是段永平花了 62 万美元同巴菲特吃顿饭最想问的问题。历史的经验显示，股市有时候高的可以更高，低的可以更低。

不管那么多了，按照我们的原则现在就出发吧。投资要趁早，也许最好的时候就是现在。

对于招商银行，大家并不陌生，它是我国仅次于中、农、工、建、交的第六大银行，素以人员效率高见长，对于它在过去 10 年的发展人们有目共睹。上证红利 ETF 的投资标的是上证红利指数，从历史上看国际上的经验，高派息公司的表现令人满意。中国铝业是国内制铝行业的老大，市盈率也不高。中保国际旗下的太平人寿（注意：不是太平洋保险）发展迅速，价格较中国人寿、平安保险要低。宏利金融是加拿大历史最为悠久、盈利最为丰厚的公司，其历史本身就是一个传奇，目前在加拿大、中国香港地区、美国、菲律宾四地上市，在香港市场有"股王"之称，与内地也有缘分，它是内地第一家合资保险公司的合作伙伴，在内地的企业名为中宏保险。丰收能源信托是一家位于加拿大卡尔加利的关注于石油钻探的企业，这类证券品种是加拿大独有的，它们一边钻出石油一边卖，将赚的钱每个月分给投资人，目前丰收能源信托的年化现金分派率为 15%，但是它的风险与油价的变动密切相关。对于网易，大家一定不陌生，很多人在使用该公司的门户网站，包括网易提供的电子邮箱，另外网易的游戏产品也颇受欢迎，我认为这家公司算得上是投资者的赚钱机器。空中网就是最近在北京、上海广播里经常听到的"手机上网就上空中网"的主角。

模拟实盘投资组合展示（2007 年 4 月 20 日）[⊖]

中国内地市场	股数	成本	市值
招商银行（600036）	5 155.968	19.395	100 000
上证红利 ETF（510880）	34 674.063	2.884	100 000

中国香港市场	股数	成本	市值
中国铝业（2600）	11 186.716	9.045	100 000
中保国际（0966）	10 529.016	9.610	100 000

加拿大市场	股数	成本	市值
宏利金融（MFC）	357.772	40.86	100 000
丰收能源信托（THE.UN）	486.071	30.075	100 000

美国市场	股数	成本	市值
网易（NTES）	695.585	18.615	100 000
空中网（KONG）	2 820.988	6.885	150 000

现金			150 000
净资产总值			1 000 000

备忘

2007/4/20 中国银行外汇牌价中间价：美元 772.30，加元 684.06，港元 98.83。

专栏本期（2007 年 4 月 20 日）开启，

上证综指自 3525 点起；

香港恒指自 20 520 点起；

道琼斯自 12 923 点起；

专栏投资组合起点为 100 万元。

⊖ 在本书"模拟实盘投资组合展示"中，"股数"的单位为"股"，最后一列"市值"的单位为"元"，其他几列的单位为各市场货币单位。

我们今日的工作构成他人未来幸福的一部分。

勇于不敢

2007 年 5 月 20 日

中国股市在过去的 20 个月上升了 300%，人们蜂拥地寻找着相对的估值洼地，然后迅速填平。五一以后的 10 个工作日，B 股新增户数是 2006 年全年的 9 倍。大众的勇敢精神令人想起 2000 年的美国股市，以及中国 1996～1997 年大牛市中"不怕套，套不怕，怕不套"的口号。

作为专业的资产管理者，面对这样的情况确实有些为难，一方面是职有所专的工作要求；另一方面是相对的资产高估。通常而言，战胜高估市场最好的办法是时间，因为时间是好企业的朋友。这也是我们提到投资的中长期财务目标的原因，1997 年犹在眼前，一晃已是 10 年。2017 年你想成为什么样的人，由今天的你决定。

我们知道 ST 近来涨幅惊人，我们也知道得到内幕消息的人尝到了一些甜头，但是我们不敢这样做。古语有言："勇于敢则杀，勇于不敢则活。"短期的表现和长久的存在相比，我们选择后者，因为我们今日的工作构成他人未来幸福的一部分。

5 月 20 日是周日，我们的组合取 18 日的数据为准。在过去的一个月里，我们投资的丰收能源于 5 月 15 日每股分派了 0.38 加元现金，合计 184.68 加元，折合人民币 1290.47 元。宏利金融发布了第一季度的报告，宣布将季度股息提高 10% 至每股 0.22 加元，将在 6 月 19 日到账。

4月底，中国铝业在上海证券交易所上市，再次演绎了一场王者归来的大戏，至此，公司实现了在美国、中国香港以及上海三地上市。中国铝业在行业中的地位就像中国移动之于通信、中国人寿之于保险一样，是无法忽视的龙头老大。中国铝业在 A 股市场上是 19 元 / 股，在香港市场上是 10 元 / 股，如果有人觉得 19 倍市盈率并不高的话，10 倍市盈率应该更是物有所值。付出价格，得到价值，我们倾向于用低价得到同样的东西。

本期我们用 10 万元现金购买中国香港市场汇丰银行的股票（0005），该公司目前的市盈率为 13 倍，股息率为 4%。汇丰的历史演绎了一家伟大企业的成长，若 30 年前投资其中 100 万元，则现在价值约 1.5 亿元，年度分红有 500 万元，且年复一年地增长。

组合中的宏利金融是一家有着悠久历史的加拿大公司，成立于 1898 年，其第一任总裁是加拿大国家历史上第一任总理。它原来是一家人寿保险公司，现在已经是一家综合性的金融企业，业务覆盖北美和亚洲，在北美和中国香港地区仅次于 AIG。目前它在香港市场的股价为 280 元 / 股，为该市场单股价格最高，2006 年一分为二（相当于 A 股的 10 送 10）之前更高达 500 元 / 股，故有"股王"之称。有别于国内的金融分业经营，西方多为混业，即在银行可以买保险，在保险公司可以做投资，在投资公司可以存款。该公司目前在美国、加拿大、中国香港地区、菲律宾四地上市。中国第一家合资的人寿保险公司就是中化和宏利成立的中宏保险，现在已经在国内有近 20 家分公司。目前市盈率为 16 倍，派息率为 2%。

模拟实盘投资组合展示（2007 年 5 月 20 日）

中国内地市场	股数	成本	市价 （5 月 18 日）	市值	市值
招商银行（600036）	5 155.968	19.395	20.845	107 476.15	107 476.15
上证红利ETF（510880）	34 674.063	2.884	3.450	119 625.52	119 625.52

中国香港市场	股数	成本	市价 （5 月 18 日）	市值	市值
中国铝业（2600）	11 186.716	9.045	10.540	117 907.987	115 797.434
中保国际（0966）	10 529.016	9.610	9.380	98 762.18	96 994.327
汇丰银行（0005）	704.167	144.60	144.60	101 822.548	100 000

加拿大市场	股数	成本	市价 （5 月 18 日）	市值	市值
宏利金融（MFC）	357.772	40.86	39.71	14 207.126	99 273.714
丰收能源信托（THE.UN）	486.071	30.075	32.48	15 787.586	110 317.336

美国市场	股数	成本	市价 （5 月 18 日）	市值	市值
网易（NTES）	695.585	18.615	17.885	12 440.538	95 548.31
空中网（KONG）	2 820.988	6.885	7.105	20 043.12	153 939.18

现金（余额＋丰收能源的现金分派）50 000＋1 290.47（184.68 加元）	51 290.47
净资产总值（总市值＋现金）	1 050 262.44

备忘

2007/5/18 中国银行外汇牌价中间价：美元 768.04，加元 698.76，港元 98.21。

专栏自 2007 年 4 月开启至今，

上证综指自 3525 点到 4025 点，+14.18%；

香港恒生指数自 20 520 点到 20 837 点，+1.54%；

道琼斯自 12 923 点到 13 533 点，+4.72%；

专栏投资组合自 100 万元到 105.03 万元，+5.03%。

对于许多人而言，"炒"股票只是一项与打麻将、买彩票差不多的类娱乐活动。

股市涨了，你家的问题解决了吗

2007 年 6 月 20 日

近日有个关于股市的统计显示，目前有 69.2% 的股民资金规模在 5 万元以下，有 21.5% 的股民资金在 5 万~10 万元。也就是说大约 90% 的股民放在股市上的钱不超过 10 万元。

经常听到人们说："没关系，反正我是拿几万元玩玩。"由此可见，买卖股票（俗称"炒"股票）对于许多人而言是一项类娱乐活动，其性质与打麻将、买彩票类似，属于"小赌怡情"的范畴。通常这种"玩玩"有 3 种结果：赚钱、不亏不赚、亏钱。

在这轮牛市中，大部分人参与炒股娱乐的结果是盈利，这是最好的一种结果。即便如此，面对大众喜形于色的狂热，我们的问题是："你买的股票涨了，你家的财务问题解决了吗？可以退休养老了吗？子女出国上学的钱够了吗？"毫不懂行的人在一项毫不相干的事业上取得了成功，这是必然还是偶然？事实上，绝大多数人在重复以前此赚彼赔的历史，1997 年到今天已有 10 年，如果我们留心做一些小小的调查，就会发现 10 年前开户的大多数人即便在经历了本轮牛市后，仍然获利甚微、原地踏步甚至倒退。

在过去的一个月里，市场遭受了"5·30"股市危机的侵袭，甚至组合中最大持股遭遇一天下跌 25% 的打击（美国股市没有涨跌停板制度），但所有这些并不妨碍我们走在正确的大道上。丰收能源信托于 6 月 15 日每股派发了

0.38 加元现金，合计 184.68 加元，合人民币 1324.08 元；宏利金融于 6 月 19 日派发每股 0.22 加元股息，合计 78.71 加元，合人民币 564.32 元。本期我们卖出红利 ETF（510880）17 674.063 股，每股 3.65 元，获得现金 64 510.33 元，上期现金余额 51 290.47 元，四笔合计现金 117 689.20 元。本期买入中国香港市场中国人寿（2628）4000 股，每股 27.35 港元，耗资 106 621.24 元，现金余额 11 067.96 元。

真正的投资是分享伟大企业的成长。作为一个普通人很少有机会自己创建一家成功的企业，但我们身边并不缺乏参与的机会，中国人寿的股票在过去 2 年中上涨了 8 倍，中国铝业的股票在过去 5 年中上涨了 20 倍。我们并不需要也不可能抓住每一次机会，能以一个正确的态度取得正常的回报就相当可观了。如果投资每年增长 15%，5 年即可翻番。看到这篇文章的人如果可以拿出 100 万元，正常的话到 10 年后这笔钱应该增值到 400 万元。今天"玩玩"的股民们要知道，每个人都有机会在 2017 年获得财务健康，能否实现全在我们自己。

看看过去两个月表现不佳的空中网，它是我们的最大持股股票。如果哪个企业家认为自己的企业比其更具财务优势的话，请与我联系。空中网目前市值 1.8 亿美元，持有现金 1.15 亿美元，换言之，目前 5 美元的股价中含有 3.2 美元的现金，该公司负债为 0。2006 年度营业收入 1 亿美元，净利润 2469 万美元。由于第一季度 156 万美元的净利润低于市场预期，5 月 22 日下跌 25%。空中网定位于基于手机的互联网门户、一家传媒娱乐公司，它利用手机的平台、无线网络提供传媒和娱乐服务给中国的广大用户，该公司正在举办首届手机拍照大赛，有兴趣的朋友可以参加。中国有 4 亿手机用户，而互联网用户却只有 1 亿。中国有 6000 万台电脑，却有 4 亿部手机。随着 3G 的到来，手机上网的速度、资费、内容方面将更具吸引力。在龙卷风降临之前，你应该站好位置，等到龙卷风把你卷上去。空中网总裁杨宁说："我们就是在等待龙卷风的降临。"

模拟实盘投资组合展示（2007 年 6 月 20 日）

中国内地市场	股数	成本	市价	市值	市值
招商银行（600036）	5 155.968	19.395	23.55	121 423.05	121 423.05
上证红利 ETF（510880）	17 000	2.884	3.65	62 050.00	62 050.00

中国香港市场	股数	成本	市价	市值	市值
中国铝业（2600）	11 186.716	9.045	12.83	143 525.57	139 880.02
中保国际（0966）	10 529.016	9.610	14.5	152 670.73	148 792.90
汇丰银行（0005）	704.167	144.60	144.90	102 033.80	99 442.14
中国人寿（2628）	4 000	27.35	27.35	109 400	106 621.24

加拿大市场	股数	成本	市价	市值	市值
宏利金融（MFC）	357.772	40.86	39.71	14 207.126	101 859.41
丰收能源信托（THE.UN）	486.071	30.075	33.88	16 468.06	118 069.59

美国市场	股数	成本	市价	市值	市值
网易（NTES）	695.585	18.615	17.23	11 984.93	91 301.19
空中网（KONG）	2 820.988	6.885	5.07	14 302.41	108 955.75

现金					11 067.96
净资产总值（总市值 + 现金）					1 109 463.25

> **备忘**
>
> 2007/6/20 中国银行外汇牌价中间价：美元 761.80，港元 97.46，加元 716.96。
>
> 专栏自 2007 年 4 月开启至今，
>
> 上证综指自 3525 点到 4238 点，+20.23%；
>
> 香港恒生指数自 20 520 点到 21 770 点，+6.09%；
>
> 道琼斯自 12 923 点到 13 602 点，+5.25%；
>
> 专栏投资组合自 100 万元到 110.95 万元，+10.95%。

很牛的人都已经不在了，不牛的人们还好好地活着。

股市中若干问题及其解答（一）

2007 年 7 月 20 日

很多人在知道我的工作性质后，第一个问题通常是"给我们推荐两只股票？"或者"你对大势怎么看？"

根据我 15 年来的经验，这些人基本是随便问问，然后随便听听，最终随便地不了了之。难能可贵的是，他们还在继续坚持着这种随便。现将日常遇到的相关问题在此一并做个回答。

Q：在 2008 年北京奥运之前，政府是不会让股市跌下来的？

A：事实上，2001 年到 2005 年那场持续 5 年下跌 50% 的大熊市发生时，每一个地球人都知道 2008 年北京要开奥运会。据我所知，日本政府并没有打算让其股市下跌很多年，可是 20 年前在日本买股票的人，理论上到今天还没有赚钱。

Q：党的十七大要召开了，股市应该不会掉下来？

A：1993 年上半年上证综合指数达到 1500 点，2005 年股市下探到 998 点，理论上历时 12 年的投资都没有赚钱，在此期间我们的党也在正常开会。

Q：中国的股市是政策市？

A：事实上，世界各国的股市都是政策市，各国政府都在运用各种政策影响着包括股市在内的经济走向。

11

Q：听说这家公司有庄家在里面，将要大涨？

A：没兴趣。回顾过去的 15 年，曾经著名的万国、中经开、南方、华夏、德隆等，都是很厉害的庄家，如果它们不是和"猛庄""凶悍""凌厉"这些词挂钩的话，现在不至于灰飞烟灭。回顾我们共同经历的并不漫长的历史，会发现**很牛的人都已经不在了，不牛的人们还好好地活着**。

Q：推荐两只股票吧？

A：这恐怕无法帮助你解决根本的财务问题。我们不提供股评业务，因为我们从未见过有人通过随机询问的方式取得投资上的成功，最终达到财务健康的境界。

Q：现在遍地都是股神，都说自己厉害，怎么才能知道谁是真的专家呢？

A：这个的确不易区分，香港有句谚语："台风来的时候，猪都能飞起来。"不过办法还是有的，通过如下两个小问题可以区隔开 99% 的人。第一个小问题是：既然你"炒"股票这么厉害，你们家的房子是你炒股票赚钱买的吗？估计 80% 的人已经出局了（俗称"歇菜了"）。第二个小问题是：如果你"炒"股票这么厉害，为何不以投资为日常工作呢？我的一个开餐馆的朋友，见面就大谈选股如何精准，我问："那你为何还在开餐馆呢？"

Q：你估计明天大势怎么走？

A：正确的答案是：不知道。一个美国投资家朋友对于股市预测者的精彩评价是，"他们不知道自己不知道"。

Q：听说你是做投资理财的？

A：不确切。我的工作只是投资，它只是理财工作的一部分。严格说来，理财由"银行、保险、投资、税务"四个方面组成，最难的是投资部分，但是它是一个人或家庭财富腾飞的主要动力源泉。

Q：没有关系，反正我只是拿几万元玩玩？

A：这正是你多年以来，或者多年之后，还在玩玩的原因。据说巴菲特的办公室的墙上写着一句话：愚人和他的钱到处都受到欢迎。

Q：听说你也"炒"股票？

A：NO。真正的投资是分享伟大企业的成长，而不是此赚彼赔的零和游戏。

Q：那只股票股价都超过100元了，这只股票才5元，太便宜了？

A：那不一定。我们见多了高的可以更高，低的可以更低的例子。一般而言，价格高低与其价值相匹配。下期题为《一分钱股票的故事》，讲述的是有人买了0.01港元/股的港股，然后亏损80%的真实事件。

Q：那到底应该怎么办？

A：只有两条路。第一，自己成为投资专家。巴菲特、林奇也是后天学习投资的。第二，追随真正的投资家。40多年前追随巴菲特的人，每1万元投入已经变成了3亿元。

Q：中国不可能出巴菲特？

A：哈，这个问题需要历史来回答，保卫萨拉热窝的瓦尔特曾经说过：谁活着谁就看得见。

■ 本期卖出：招商银行55.968股，上证红利ETF 17 000股，中国铝业1186.716股，中保国际529.016股，汇丰银行304.167股，宏利金融0.772股，丰收能源信托0.071股，网易0.585股，空中网0.988股，以上共取得117 396.9元。红利收入：招商银行495元，中国人寿560元，丰收能源信托1338.70元。加上上期现金，共计130 858.56元。本期买入中国香港市场的中国第一大通信企业中国移动500股，有着A股和H股大幅差价的江西铜业5000股，共耗资117 031.20元。期末资产总值为1 210 602.92元。

模拟实盘投资组合展示（2007 年 7 月 20 日）

中国内地市场	股数	成本	市价	市值	市值
招商银行（600036）	5 100	19.395	28.25	144 075.00	144 075.00

中国香港市场	股数	成本	市价	市值	市值
中国铝业（2600）	10 000	9.045	14.97	149 700.00	144 909.60
中保国际（0966）	10 000	9.610	20.37	203 700.00	197 181.60
汇丰银行（0005）	400	144.60	145.55	58 220.00	56 356.96
中国人寿（2628）	4 000	27.35	31.00	124 000.00	120 032.00
江西铜业（0358）	5 000	14.92	14.92	74 600.00	72 212.80
中国移动（0941）	500	92.60	92.60	46 300.00	44 818.40

加拿大市场	股数	成本	市价	市值	市值
宏利金融（MFC）	357	40.86	40.41	14 426.37	104 573.87
丰收能源信托（THE.UN）	486	30.075	32.92	15 999.12	115 974.42

美国市场	股数	成本	市价	市值	市值
网易（NTES）	695	18.615	17.975	12 492.62	94 584.16
空中网（KONG）	2 820	6.885	4.78	13 479.60	102 056.75

现金					13 827.36
净资产总值（市值＋现金）					1 210 602.92

备忘

2007/7/20 中国银行外汇牌价中间价：美元 757.12，港元 96.80，加元 724.88。

专栏自 2007 年 4 月开启至今，

上证综指自 3525 点到 3990 点，+13.19%；

香港恒生指数自 20 520 点到 23 210 点，+13.11%；

道琼斯自 12 923 点到 13 892 点，+7.50%；

专栏投资组合自 100 万元到 121.06 万元，+21.06%。

一分钱股票的故事

2007 年 8 月 12 日

谈到股票的便宜与否，常听到一些人说："这个股票才 5 元，太便宜以至于不可能再跌了，因为有些股票都 100 多元了。"

购买廉价股票一定赚钱的幼稚想法，将遭到下面这个真实故事的无情打击。我的一个程姓朋友，常居六朝古都，专业从事投资 10 余年，特立独行，目光如炬。1999 年 B 股对内放开前夕他跃上牛背，通吃了整个 B 股牛市。2001 年 6 月，他在 B 股幸运逃顶之后，开始进入比 A 股低得多的香港股市。如果大家记得 2001～2005 年的 A 股大熊市，应该佩服他的判断独到。大约在 2001 年 6 月底，他买入了代码为 1166 的荣盛科技[⊖]，买入价是 0.017 港元。对于此次战役，他事后检讨如下。

买入理由有以下 5 个：

1. 公司每股净资产有 0.057 港元，市净率为 0.3 倍，而当时 A 股的平均市净率为 5 倍。

2. 该股当时交易非常活跃，每天交易量都位列港股前 10 位，流动性不成问题。

3. 6 月 14 日，公司刚刚配售了新股，发行价是 0.021 元，发行量是总股本的 10%。

4. 有消息称，推荐该股者算是香港证券界的名人。

⊖　2015 年底更名为星凯控股。

15

5. 该股是从 1 毛多跌下来的。买入之前一个月内，股价还在 3 分左右。天下还有这样的好买卖吗？！但是……

买入之后，股价最高涨到 0.02 港元，之后就一直下跌。

7 月 5 日，该股又向战略投资者定向配售新股，配售价是 0.016 港元，发行量是总股本的 20%。程先生认为既然有公司愿意以 0.016 港元买入作为战略投资，持股应该风险不大，只要长期持有，一定会有丰厚的回报。

9 月，股价最低跌至 0.01 港元，之后近一年，股价一直在 0.01～0.013 港元波动。因为香港股市规定，股价低于 0.01 港元就无法显示了，所以后来，股价就一直停留在 0.01 港元，只有卖盘，没有买盘，想卖都困难了。

大家一直想不通股价为什么这么低，还专门到东莞走访上市公司，回来说公司生产经营良好，从公司财务报表也能看出，营业额每年都在增加，但股价就是不动。于是，大家选择继续坚守。

之后发生了一件意想不到的事情，2002 年 8 月，该股停牌了，随后公司发布公告，100 股合并为 1 股（中国内地目前只有分股，尚未发生过并股事件），这样成本价也就变成 1.70 港元 / 股。2002 年 9 月，该股复牌了，开盘股价只有 0.25 港元左右，这等同于并股前的 0.0025 港元 / 股。令人尴尬的是，这时有人打电话恭喜程先生："你 1 分钱买的股票已经 2 毛钱了，发大财了！"老程除了"呵呵"之外，有苦难言。

之后几周，最高价到 0.35 港元，最低价低于 0.20 港元。最后他终于放弃了，选择止损，在 0.28 港元（相当于先前的 0.0028 港元）全部卖出，亏损超过 80%。

该股到 2006 年初时，股价还只有 0.27 港元，其后一个多月涨到 1.10 港元，2002 年至今最高价 1.25 港元。8 月 13 日收盘价是 0.82 港元，每股净资产 1.94 港元，市盈率只有 4.2 倍，派息率 4.8%，该公司目前营业额超过 20 亿元（公司网址 http://www.1166hk.com）。

此役之后，程先生最后总结："我们交了高昂的学费，至今也不知道为什么亏损。"

    过去一个月，由美国次贷引发全球股市经历了自"9·11"以来的最大跌幅，财富的蒸发相当于整个中国股市的总市值归零；8月17日香港股市的震荡堪比1997年金融风暴时的惊心动魄。我们的组合亦遭到惨重的损失，但是生活还是要继续，一如寒冬过后，树木依然会发出绿芽一样。

■ 本期卖出招商银行A股5100股，丰收能源信托和中国铝业分红，共取得人民币182 322.64元。加上上期现金，共计196 150元。本期买入中国香港市场的招商银行4000股，中国内地市场的深发展500股，万科B 2600股，振华B 1200股，共耗资193 389.03元。期末资产总值1 084 615.98元。

模拟实盘投资组合展示（2007 年 8 月 20 日）

中国内地市场	股数	成本	市价	市值	市值
深发展（000001）	500	37.07	37.07	18 535.00	18 535.00
万科（200002）	2 600	20.495	20.495	53 287.00	51 810.95
振华（900947）	1 200	2.127 5	2.127 5	2 553.00	19 395.90

中国香港市场	股数	成本	市价	市值	市值
中国铝业（2600）	10 000	9.045	12.10	121 000.00	117 648.30
中保国际（0966）	10 000	9.610	15.30	153 000.00	148 761.90
汇丰银行（0005）	400	144.60	138.80	55 520.00	53 982.10
中国人寿（2628）	4 000	27.35	29.45	117 800.00	114 536.94
江西铜业（0358）	5 000	14.92	12.58	62 900.00	61 157.67
中国移动（0941）	500	92.60	85.90	42 950.00	41 760.28
招商银行（3968）	4 000	26.65	26.65	106 600.00	103 647.18

加拿大市场	股数	成本	市价	市值	市值
宏利金融（MFC）	357	40.86	38.99	13 919.43	99 613.01
丰收能源信托（THE.UN）	486	30.075	27.11	13 175.46	94 288.86

美国市场	股数	成本	市价	市值	市值
网易（NTES）	695	18.615	14.485	10 067.08	76 482.59
空中网（KONG）	2 820	6.885	3.75	10 560.90	80 234.33

现金					2 760.97
净资产总值（市值 + 现金）					1 084 615.98

> 备忘
>
> 2007/8/20 中国银行外汇牌价中间价：美元 759.73，港元 97.23，加元 715.64。
>
> 专栏自 2007 年 4 月开启至今，
>
> 上证综指自 3525 点到 4832 点，+37.08%；
>
> 香港恒指自 20 520 点到 21 254 点，+3.58%；
>
> 道琼斯自 12 923 点到 13 092 点，+1.31%；
>
> 专栏投资组合自 100 万元到 108.46 万元，+8.46%。

为何股市跌了大家不高兴，而房价涨了大家好像也不高兴？

是否买房的标准答案

2007 年 9 月 20 日

月初的傍晚，我在万柳散步，被热情的房地产经纪人拉住，介绍由于看好周边的教育资源以及明年地铁建成等原因，在过去一周的时间，有些项目每平方米报价竟然 5 天上涨了 5000 元，平均一天涨 1000 元，当然他表示这是可以还价的报价。但总之是涨了，而且近几个月来有加速上涨的倾向。

报纸、杂志、电视台以房价升降作为话题，连篇累牍已有多年。回顾过去的 15 年，我从未听人说过"最近房子挺便宜的"之类的话，好像从来都是"贵"。15 年前，北京海淀稻香园的房子是 3000 元 / 平方米，中层干部的月工资约 200 元；现在该处的房子 11 000 元 / 平方米，大学毕业有 3 年工作经验的人月工资约 5000 元。由此看来，实际上，房子相对是便宜了。

楼市和股市是目前大众日常生活中最热门的话题，我至今无法明白，为何股市跌了大家不高兴，而房价涨了大家好像也不高兴。

在过去的 5 年来，从温哥华到北京，作为专业金融投资人士，我不断地被问及是否可以或者应该买房的问题，人们关心的是："房子天天在涨，希望房价能下跌一些再买，没有想到越等越涨，越来越买不起了。"

以我看是否买房与房屋价格的涨跌无关，只要满足下面两个因素就可以买。

第一，是否有居住的需求？一个人若在同一城市居住超过 3 年，就算是

19

有了居住的需求。如果他3个月后要出国留学，或者几个月后计划到另外一个城市工作，则没有在本地的居住需求。

第二，是否有一定的经济基础？即便没有购房的全款，至少要能支付首付款。

是否购房的标准答案是：有居住的需求又有一定的经济基础即可出手。

至于以投资为目的的买房，则另当别论。以我个人的经验，房子作为投资最大的劣势是流动性差，所以被称为"不动产"，这一点无法与金融资产相提并论。当众人称赞房价涨得快时，看看我们在过去5个月的组合表现，虽然经风历雨，但并不逊于房价的涨幅，何况很少有人真正计算过房屋买卖中产生的税费以及中介成本。

过去的30天是火焰和海水精彩纷呈的1个月，"港股直通车"试点将允许国人直接投资港股；8月CPI创出了6.5%的新高；"9·11"深沪股市大跌；央行在1年内第5次加息；中国第一大城商行北京银行上市；建行海归冻结资金创纪录地达到2.2万亿元。与国内银行股受到热烈追捧的情形相反，由美国次贷危机引发，西方银行股遭到重创，英国第五大金融机构北岩银行2天遭到挤兑30亿英镑现金，股价下跌超过50%，美联储4年来首次减息。

- 本期收到汇丰、宏利金融、中国移动、丰收能源信托派息共得现金6644.63元。本期卖出中国香港市场的汇丰400股，卖出加拿大市场的丰收能源信托486股，卖出宏利金融207股，共得现金209 487.03元。加上期现金余额，手中共有现金218 892.63元。

- 本期买入中国香港市场国航（0753）14 000股（11.14港元/股），中海油（0883）6000股（11.83港元/股），两者共耗资219 178.65元，本期现金余额 −286.02元。资产总值为1 357 560.73元，在过去5个月取得35.76%的回报。

模拟实盘投资组合展示（2007 年 9 月 20 日）

中国内地市场	股数	成本	市价	市值	市值
深发展（000001）	500	37.07	36.36	18 180.00	18 180.00
万科（200002）	2 600	20.495	22.60	58 760.00	56 750.41
振华（900947）	1 200	2.1275	2.751	3 301.20	24 816.77

中国香港市场	股数	成本	市价	市值	市值
中国铝业（2600）	10 000	9.045	19.66	196 600.00	189 876.28
中保国际（0966）	10 000	9.610	20.75	207 500.00	200 403.50
中国人寿（2628）	4 000	27.35	39.25	157 000.00	151 630.60
江西铜业（0358）	5 000	14.92	19.89	99 425.00	96 024.67
中国移动（0941）	500	92.60	112.35	56 175.00	54 253.82
招商银行（3968）	4 000	26.65	30.275	121 100.00	116 958.38
国航（0753）	14 000	11.14	11.14	155 960.00	150 626.17
中海油（0883）	6 000	11.83	11.83	70 980.00	68 552.48

加拿大市场	股数	成本	市价	市值	市值
宏利金融（MFC）	150	40.86	40.52	6 078.00	45 065.94

美国市场	股数	成本	市价	市值	市值
网易（NTES）	695	18.615	17.50	12 162.50	91 431.59
空中网（KONG）	2 820	6.885	4.40	12 408.00	93 277.14

现金					− 286.02
净资产总值					1 357 561.73

备忘

2007/9/20 中国银行外汇牌价中间价：美元 751.75，港元 96.58，加元 741.46。

专栏自 2007 年 4 月开启至今，

上证综指自 3525 点到 5439 点，+54.30%；

香港恒生指数自 20 520 点到 25 672 点，+25.11%；

道琼斯自 12 923 点到 13 786 点，+6.68%；

专栏投资组合自 100 万元到 135.76 万元，+35.76%。

亲人之外，一个优秀的财务领航员是你生命中最重要的人。

在奔向财务健康的大道上

2007 年 10 月 20 日

黑皮：你好。

今年 4 月，当我们开始着手执行财务健康规划时还春光明媚，现在已经是红叶漫山的金秋时节。好在我们没有辜负青春，在过去的 6 个月，我们的投资取得了 67.97% 的回报，同期我们所跨越的 4 个市场的主要表现如下：

上证综合指数，	从 3525 点到 5849 点，	+65.93%；
深圳综合指数，	从 985 点到 1499 点，	+52%；
香港恒生指数，	从 20 520 点到 29 465 点，	+43.59%；
加拿大多伦多指数（TSX），	从 13 623 点到 14 001 点，	+2.8%；
美国道琼斯指数，	从 12 923 点到 13 700 点，	+5.89%；
美国纳斯达克指数，	从 2523 点到 2762 点，	+9.5%；
美国标准普尔 500（S&P 500），	从 1477 点到 1520 点，	+2.9%；
专栏组合，	从 100 万元到 167.97 万元	+67.97%。

我们的成绩战胜了几乎所有的指数。

这样的业绩并不是在温室中取得的，也不是信手拈来的，10 月 19 日美国道琼斯指数大跌 366 点，以纪念 1987 年大跌 20 周年，在前一天上证综合指数大跌 211 点，更不要提 "5·30" "9·11" 大跌，8 月的次贷危机，或者我们的持股在一天内大跌 25% 等这样的遭遇了。由此可见，你的投资成果是以承担风险作为代价的。

5月时有人告诉你：亲人之外，一个优秀的财务领航员是你生命中最重要的人。如你所见，一位优秀船长的价值在于，能使投资的航船在惊涛骇浪中前行。

有人为6年前买的房子翻了一番而高兴，实际上折合年复利回报率12%，现在我们将资产效率提高了10倍。审视我们所持有的企业，基本上具有合理的价格和可预期的发展前景，我们乐于观看这些CEO年复一年的表演，然后决定投票与否。

你的钱甚至比你更加努力地"工作"着，当一个人的钱"工作"所赚的钱比其本人工作赚的还多时，基本上就实现了财务健康，这也是当初的基本蓝图。总之，你我不必天天见面，也不用问今天是涨了还是跌了。即便在你想不到我的时候，你也还被记得；即便在你休息的时候，你的钱仍然在有效地工作。

本月上证综合指数向上突破6000点，再创历史新高；央行宣布10月25日上调存款准备金率0.5个百分点，达到13%的近年历史高点，这是央行今年以来第八次上调存款准备金率；9月CPI为6.2%。股市的热闹足以促使你考虑，是否应该拍摄一部名为《疯狂的股票》或者《疯狂的基民》的电影，我们期待你为社会贡献更多的好作品。

当大多数人仍然将"炒"股票当作打麻将、摸彩票似的类娱乐方式看待时，你已经在奔向财务健康的大道上，没有谁可以阻挡，除了你自己。

■ 本期卖出美国市场空中网2000股，得现金95 494.13元；买入网易625股，耗资94 921.69元；剩余现金286.42元。期末资产总值为1 679 655.98元。

模拟实盘投资组合展示（2007 年 10 月 19 日）

中国内地市场	股数	成本	市价	市值	市值
深发展（000001）	500	37.07	40.00	20 000.00	20 000.00
万科 B（200002）	2 600	20.495	21.61	56 186.00	54 421.76
振华 B（900947）	1 200	2.127 5	3.40	4 080.00	30 630.19

中国香港市场（10 月 18 日数据，19 日重阳节港股休假）					
	股数	成本	市价	市值	市值
中国铝业（2600）	10 000	9.045	25.37	253 700.00	245 733.82
中保国际（0966）	10 000	9.610	25.70	257 000.00	248 930.20
中国人寿（2628）	4 000	27.35	52.84	211 360.00	204 723.30
江西铜业（0358）	5 000	14.92	31.20	156 000.00	151 101.60
中国移动（0941）	500	92.60	149.75	74 875.00	72 523.92
招商银行（3968）	4 000	26.65	38.92	155 680.00	150 791.65
国航（0753）	14 000	11.14	12.00	168 000.00	162 724.80
中海油（0883）	6 000	11.83	14.51	87 060.00	84 326.32

加拿大市场	股数	成本	市价	市值	市值
宏利金融（MFC）	150	40.86	41.24	6 186.00	47 668.08

美国市场	股数	成本	市价	市值	市值
网易（NTES）	1 320	19.38	20.23	26 703.60	200 474.60
空中网（KONG）	820	6.885	6.36	5 215.20	39 152.59

现金					286.42
净资产总值					1 679 655.98

2007/10/19 中行外汇牌价中间价：美元 750.74，加元 770.58，港元 96.86，加元 770.58。

备忘 专栏自 2007 年 4 月开启至今，
上证综指自 3525 点到 5849 点，+65.93%；
香港恒指自 20 520 点到 29 465 点，+43.59%；
道琼斯自 12 923 点到 13 684 点，+5.89%；
专栏投资组合自 100 万元到 167.97 万元，+67.97%。

未来始终是光明的，关键是你还在不在。

股市中若干问题及其解答（二）

2007 年 11 月 20 日

"秋风萧瑟天气凉，草木摇落露为霜"，曹丕的这首《燕歌行》不仅是对此时北方深秋景色的描绘，也是近来 1 个月全球股市肃杀的写照。

11 月的第 1 周，沪综指创下 9 年来最大单周跌幅，香港恒生指数创下 10 年来最大单周跌幅，其他市场亦遭遇了 2001 年 "9·11" 恐怖袭击之后的最糟市况。

每当大起大落时，询问的人便特别多，近来不断地遇到一些提问，现汇总部分如下。

Q：都说买好公司的股票没问题，为什么我买的好公司股票也在下跌?

A：投资的最终胜利需满足两个前提条件：好企业，好价格。所谓 "好价格" 对于投资人而言是同等标的情况下，价格越低越好。在付出高昂的价格后，买好公司并不代表赚钱。1990 年海湾战争爆发，终于引发台湾地区蓬勃多时的股市崩盘，股指由 12 682 点狂泻到 2485 点，大盘在 8 个月内跌去 10 000 余点，跌得只剩下 "零头"，跌幅高达 80%，著名的蓝筹股国泰人寿从最高 1975 元台币跌到最低时三十几元。

Q：每次加息股市都上涨，下次加息会不会也是这样?

A：今年以来，央行已经上调了 5 次利率，存款准备金率上调了 9 次，达历史新高，频率极为罕见。理论上，利率上调会导致证券市场下跌，尤其是债券市场，但股票市场影响因素复杂，不能一概而论。可是不能小看货币财经政策的威力，倒退 12 年至 1995 年，当年物价飞涨，数次加息后，银行 1 年定期存款利率为 10.98%，3 年以上的定期存款和国债，除了享有高息之外还加上与通货膨胀挂钩的保值贴补率，到期的实际收益接近 30%/ 年，3 年定期存款收益几乎翻番，很多人乐得合不拢嘴，至今无法忘怀。相对而言，股市、房市则一沉不起。存银行都有近 30% 的回报，傻子才去炒股、炒房呢。

Q：最近有本《牛市一万点》的书，股市现在怎么从 6000 点跌到 5000 多点了，还能上 10 000 点吗？

A：未来始终是光明的，关键是你还在不在。沪指上万点是迟早的事情，但在短时间内透支未来却不是什么好事情。记得 2001 年美国股市沸腾时，有本名声大噪的书《道指 40000 点》，6 年过去了，现在道琼斯指数还是 13 000 点。过去 100 年，道琼斯指数从 100 点到 10 000 点，年复利回报率为 4.71%。有人预测 21 世纪末道琼斯指数会达到 100 万点，这完全可能实现。

Q：在全球十大市值公司中，中国有 5 家，难道这不令人高兴吗？

A：祖国强大了当然令人扬眉吐气。作为投资人，需要考虑投资是否物有所值。中石油 A 股上市的第一天市值超过俄罗斯全国的 GDP 总值，在全球十大市值公司中中国有 5 家，令人想起 1993 年全球金融业排名，前十大银行中有 9 家是日本银行，只有 1 家是美国的，还排在第九名，大家都知道接下来发生的故事。

Q：炒股软件有用吗？

A：到目前为止，尚无一个成功的投资家承认是靠软件成功的。

Q：基金为何也亏钱呢？

A：就像医术有高低，医生也有治不好的病，但这并不否定社会专业分工的正确性。

Q：你见过真的有人可以预测出股市趋势吗？

A：彼得·林奇说："尚未发现成功预测过两次的人。"如果你有时间可以翻翻 1994 年前后的证券类报刊（那时互联网尚不发达），有位波浪理论大师准确地"预测"了 1994 年股市大底，名声无双，我亦曾派同事听过他的波浪螺旋理论，他彼时预言上证综合指数会上 15 000 点。可惜的是 3 年前他在香港已经宣布破产，更遗憾的是在此 10 年间，指数几乎原地踏步。

Q：很多基金还跑不赢指数，买指数是投资好方法吗？

A：对于大众或许如此，但不表示指数基金没有风险，从理论上而言，1993 年在中国买了指数基金，需要等待 13 年才能赚钱。而 2001 年在美国买了纳斯达克指数基金的人，6 年之后的今天仍然亏损 50%。

■ 本期卖出中国香港市场中国人寿 4000 股，卖出美国市场空中网 820 股，得到现金 190 383.55 元。买入中国香港市场国航 10 000 股，耗资 80 941.60 元，卖空美国市场诺亚舟 1600 股。期末资产总值为 1 346 621.06 元。

模拟实盘投资组合展示（2007 年 11 月 20 日）

中国内地市场	股数	成本	市价	市值	市值
深发展（000001）	500	37.07	38.00	19 000.00	19 000.00
万科 B（200002）	2 600	20.495	20.29	52 754.00	50 353.69
振华 B（900947）	1 200	2.1275	2.76	3 312.00	24 593.26

中国香港市场	股数	成本	市价	市值	市值
中国铝业（2600）	10 000	9.045	16.54	165 400.00	157 874.30
中保国际（0966）	10 000	9.610	21.78	217 800.00	207 890.10
江西铜业（0358）	5 000	14.92	19.16	95 800.00	91 441.10
中国移动（0941）	500	92.60	129.95	64 975.00	62 018.64
招商银行（3968）	4 000	26.65	32.50	130 000.00	124 085.00
国航（0753）	24 000	10.03	8.48	203 520.00	194 259.84
中海油（0883）	6 000	11.83	12.67	76 020.00	72 561.09

加拿大市场	股数	成本	市价	市值	市值
宏利金融（MFC）	150	40.86	39.18	5 877.00	44 348.43

美国市场	股数	成本	市价	市值	市值
网易（NTES）	1 320	19.38	18.82	24 842.40	184 467.24
诺亚舟（NED）	−1 600	8.73	8.73	−13 968.00	−103 719.38

现金					213 447.75
净资产总值					1 346 621.06

注：现金 = 卖出中国人寿和空中网得到现金 190 383.55 元 + 上期现金余额 286.42 元 + 本期
卖空。诺亚舟得款 103 719.38 元 − 买入国航 80 941.60 = 213 447.75 元。本期诺亚舟为
卖空，所以股数和市值均为负数，需要加上"−"。

2007/11/20 中国银行外汇牌价中间价：美元 742.55，港元 95.45，加元 754.61。

备
忘
专栏自 2007 年 4 月开启至今，

上证综指自 3525 点到 5248 点，+48.88%；

香港恒指自 20 520 点到 27 127 点，+32.20%；

道琼斯自 12 923 点到 12 989 点，+0.51%；

专栏投资组合自 100 万元到 134.66 万元，+34.66%。

《钱经》杂志编者按：

有人会为了看一篇 800 字的专栏文章而每周订阅一本杂志吗？除非那个专栏作家能写出六合彩前五位号码。但东尼做到了。这位被香港人尊为"亚洲股神"的前财经记者在杂志《壹周刊》上开设了一个投资专栏，并在 1999 年时创立了 100 万港元投资组合，与他同时创立组合的两位投资人士现在已不知所踪，而东尼的投资组合至今升值了近三倍。不少读者追看东尼的专栏只为了解他的思考方式和选股思路，而对《壹周刊》其他的内容毫不"感冒"——大部分是八卦趣闻。

《钱经》在今年 4 月开设的"国际投资组合"专栏也正在激起类似的效应。回忆起年初 4 月，乍暖还寒，金石致远资产公司的杨天南与小编一拍即合：在杂志上开设一个投资于四地市场的投资组合怎样？这个点子令人兴奋，反正杨天南的投资事业也在中国内地、中国香港地区、美国、加拿大之间自由切换达 10 多年之久，他的观点是："衡量投资这行里谁比较厉害，就看他能否长久地活着。"但因为受限于杂志的表达方式，我们设定了以每月 20 日的数据为准来衡量组合业绩。一寸短、一分险，比起真正的组合操作，这个模拟实盘组合的限制条件也使得难度提升，这并没有妨碍杨天南笃信的价值投资理念施展拳脚。事实上，在经历了沪综指九年来最大单周跌幅、香港恒生指数十年来最大单周跌幅以及其他市场遭遇的"9·11"恐怖袭击之后的最糟市况，这个 100 万元的投资组合依然取得了传统方式十年才能取得的成果。

但比起我们希望传达给读者的讯息，这个组合所代表的数字就显得无足轻重。在组合推出的前几个月，一些读者来信或指责，或赞扬，大多是关于对组合中某只股票的建议——胶着在"空中网"是不是垃圾、该不该买的问题上，但这些回馈意见在后来开始掉转方向，大家慢慢觉得杨天南的文字很有意思，甚至比看他的组合更好玩。在过去七个月的尝试中，杨天南试图展现给大家：投资不是一个神话和演义的江湖，不需要内幕和消息，也不同于麻将和赌博，是一个可以通过正常途径实现财务健康的工具。也许，这就够了。

目前的基金管理人没有人可能成为巴菲特。

没有客户的巴菲特

2007 年 12 月 20 日

近两个月来投资人经历了市场跌宕的洗礼，两年以来建立的一些投资理念亦开始动摇。在活跃的、以价值投资为旗帜的但斌博客中，有人写道："这两天电话打爆了。连最能沉得住气的朋友、声称死心塌地忠实于巴菲特的，现在也要心惊胆战地问是不是应当卖出一些了。唉，疲惫的自己都有一种自私的想法——当时就不应该劝他们信什么价值投资。"

传统上认为投资管理人的压力主要源于可能造成投资人本金亏损，今年的情况不然，更多的指责来自跑不赢大势或者赚得比他人少，以至于一些以冷静著称的投资管理人经常被客户以提走资金相威胁。公募基金也一样，银行热闹的抢购场面已风光不再，曾经日募千亿的 QDII（合格境内机构投资者）因其月跌一成有余而成为网上谩骂的对象。

巴菲特是所有投资者都绕不开的话题，这个美国第二大超级富豪，不但是有史以来最伟大的投资家，也是慈善捐款最多的人。本月初其公司伯克希尔的股价已经创纪录地向上突破每股 150 000 美元（没错，是每股 15 万美元）。记得其首次达到 10 万美元 / 股是一年前。

我的书架上有近百部关于他的书籍，可以说是汗牛充栋了。前天将我与巴菲特、芒格的合影放大了一张挂在办公室的墙上，那是 2004 年我在奥马哈的留念。有时静静地想想，他的成功除了我们耳熟能详的可口可乐、运通、《华盛顿邮报》、盖可保险等经典投资案，除了像买企业一样买股票，除了评估目标内在价值的技术或功力，除了购买后长期持有的耐心，除了好企业好价格以及不熟不做的原则坚持这些看似并不难理解的地方之外，是否还有其他秘密呢？

这个秘密应该是："巴菲特没有客户。"他自从创业以来就没有客户，目前他的投资人都是公司的股东，而不是客户。如果一个人喜欢他，不需要拿着资金找他本人，只需购买股票即可；如果一个人觉得失望，也无须指责："为什么这么早卖出中石油？"只要卖掉其股票即可。在他收购伯克希尔之前，所有的投资人都是合伙人。他事先约定："除了年终总结时，不会透露任何投资的信息。"

这样的结构和原则，使得他不需要浪费大量的时间去做沟通、解释、说服工作，无须受制于愚蠢的压力，而坚持自己独立思考和判断。这也是为何杰出的林奇在47岁退休，而巴菲特77岁仍在快乐工作的原因。

以此看来，目前的基金管理人没有可能成为巴菲特了。前不久一位在香港地区管理对冲基金的澳大利亚的朋友来电，很苦闷地谈起，一方面市场价格过高，另一方面是投资人的压力，问我如何学习巴菲特。我说如果当年巴菲特遵从他老师的建议，就不会有今天，他的老师和父亲都劝说他不要进股市，因为"股市目前太高了，道琼斯指数已经涨到100点了"。尽信巴菲特不如没有巴菲特，一如白石老人曾经说过："似我者死。"

11月CPI上涨6.9%，创新高；央行宣布再提高存款准备金率1%，达到14.5%，创20余年历史新高；12月21日执行今年第6次加息，1年期存款基准利率由现行的3.87%提高到4.14%，上调0.27个百分点。与此同时，在11月的最后一个交易日，上证综合指数再度失守半年线，整个月累计下跌18.19%，创下13年以来的最大月跌幅。

岁月过后，还有人记得"2·27""5·30"为何大跌吗？还有人记得央行加了几次利息吗？或许依稀记得那年物价上涨了，许多有情人终成了眷属，抑或天南写了一个专栏……

2007年过去了，我们很怀念。

■ 本期卖出中国香港市场招商银行2000股，31.80港元/股；买回上期卖空的美国市场诺亚舟1600股，7.56美元/股；卖出网易320股，18.95美元/股。买入深圳市场万科B股2600股，19.06港元/股；中国香港市场比亚迪（1211）1000股，47.65港元/股；中信银行10 000股，5.01港元/股；美国市场贝尔斯登130股，90.63美元/股。期末资产总值为1 346 622.38元。

模拟实盘投资组合展示（2007 年 12 月 20 日）

中国内地市场	股数	成本	市价	市值	市值
深发展（000001）	500	37.07	36.59	18 295.00	18 295.00
万科 B（200002）	5200	19.778	19.06	99 112.00	93 571.64
振华 B（900947）	1 200	2.1275	2.72	3 264.00	24 039.03

中国香港市场	股数	成本	市价	市值	市值
中国铝业（2600）	10 000	9.045	15.80	158 000.00	149 167.80
中保国际（0966）	10 000	9.610	21.03	210 300.00	198 544.23
江西铜业（0358）	5 000	14.92	17.96	89 800.00	84 780.18
中国移动（0941）	500	92.60	135.25	67 625.00	63 844.76
招商银行（3968）	2 000	26.65	31.80	127 200.00	60 044.76
国航（0753）	24 000	10.03	9.63	231 120.00	218 200.39
中海油（0883）	6 000	11.83	12.28	73 680.00	69 561.29
比亚迪（1211）	1 000	47.65	47.65	47 650.00	44 986.37
中信银行（0998）	10 000	5.01	5.01	50 100.00	47 299.41

加拿大市场	股数	成本	市价	市值	市值
宏利金融（MFC）	150	40.86	40.53	6 078.75	44 726.83

美国市场	股数	成本	市价	市值	市值
网易（NTES）	1 000	19.38	18.95	18 950.00	139 564.86
贝尔斯登（BSC）	130	90.63	90.63	11 781.90	86 772.52

现金					3 223.31
净资产总值					1 346 622.38

备忘

2007/12/20 中国银行外汇牌价中间价：美元 736.49，港元 94.41，加元 735.79。

专栏自 2007 年 4 月开启至今，

上证综指自 3525 点到 4987 点，+41.48%；

香港恒指自 20 520 点到 27 080 点，+31.97%；

道琼斯自 12 923 点到 13 233 点，+2.40%；

专栏投资组合自 100 万元到 134.66 万元，+34.66%。

2008

　　我们一起行走在最艰难的日子里，如同在
繁华绚烂的日子一样。在可见的过去以及遥远
的未来，它们仍然会不断地交替出现。

半年时间，仅仅花旗一家公司就缩水了超过 1 万亿美元的市值。

阿拉伯王子成名的机会或重现

2008 年 1 月 20 日

刚刚过去的 30 天，由次贷引发的坏消息接踵而来，华尔街遭到血洗，全球股市剧烈震荡。受此影响，国内股市也在过去一周蒸发了 1.7 万亿元的市值，但是这与西方的市场相比是小巫见大巫，因为在过去半年时间里，仅仅花旗银行一家公司就缩水了超过 1 万亿元的市值。

本月 15 日，美国超一流的商业银行花旗银行公布第四季度亏损 98.3 亿美元，也是其成立 196 年以来最严重的季度亏损。两天之后，美国超一流的投资银行美林证券宣告其第四季度也亏损 98.3 亿美元。两个巧合的 98.3 亿美元将股市击得一个跟头接着一个跟头，晕头转向，以至于同期发布财务报告，业绩大增且超出分析师预计的新东方教育当日股价竟也大跌 22%。历时两三个月，许多股价的表现已是判若云泥，无论是史玉柱的巨人，还是马云的阿里巴巴、潘石屹的 SOHO 中国，几乎都在五折销售。

严重失血的花旗银行紧急引入 145 亿美元外部资金，这些资金除了来自新加坡政府投资公司、科威特投资局等主权基金之外，还有一个个人投资者，他就是被称为"中东巴菲特"的沙特王子阿瓦利德。

今年 53 岁的阿瓦利德是个成功的投资家，是全球排名第五的富豪，他的投资清单上列有从花旗银行、可口可乐、百事可乐、麦当劳、迪士尼、四季酒店、时代华纳、迪士尼，到福特汽车、摩托罗拉、苹果、eBay 等一系列人们耳熟能详的名字。

纵观其投资历史，真正使王子一役成名的恰恰是发生在 16 年前的拯救花旗银行的行动。1990 年秋，花旗银行由于在房地产贷款中损失巨大，被美联储敦促增加资金储备，由于人们害怕花旗银行破产，争相抛售，使其股价猛跌。当时默默无名的阿瓦利德以每股 12.46 美元，共 2.07 亿美元买下了花旗银行 4.9% 的普通股。次年 2 月，他又出资 5.9 亿美元买了花旗银行的优先股，这些优先股可以以每股 16 美元的价格换成普通股。两次出手，使阿瓦利德持有花旗银行的股份比例上升到了 14.9%。

随着花旗资金危机的消退，这家银行的股价扶摇直上，花旗银行的市值在随后的 16 年中增长了 40 倍。阿瓦利德称这是他一生中最明智的投资之一，这几乎构成了他今日财富的大部分，他在华尔街也名利双收，被看作一个"拯救者"，花旗银行董事长称赞他是"极有耐心的投资家"。

据估计沙特约有 5000 个王子，阿瓦利德能脱颖而出的确不凡，他是如此成功，以至于巴菲特写信给他笑言："在奥马哈，人们把我称为'美国的阿瓦利德'。"就像雅虎之于孙正义、网易之于段永平，花旗一役成就了王子今日的帝国。

昔日可以重来吗？

资产逾 9000 亿美元的花旗银行，此刻正身陷次贷泥潭，不得不宣布削减股息 41%，股价从半年前的 55 美元高点，落至如今的 24 美元，下跌了 56%，总市值从 2750 亿美元跌至 1200 亿美元，约合 8800 亿元，市净率 1 倍，分红收益率 5%。以目前价格计算，我们的工商银行市值 26 000 亿元，可换取三个花旗银行；中国第五大银行——交通银行市值 7400 亿元，如果来两个涨停板的话，其标价与花旗银行相若。以中国的第五大银行换取全球第一大银行，这个买卖你干不干？

风光的背后是勇气和代价，王子已经出发了，你愿意同行吗？

本月央行宣布从 2008 年 1 月 25 日起再次上调存款准备金率 0.5 个百分

点，创 22 年新高。中国空调行业曾经的领跑者春兰预计因 2007 年大幅亏损
而面临退市。

■ 本期卖出中国内地市场深发展 500 股，40.99 元 / 股；振华 B 1200 股，
 2.507 美元 / 股；中国香港市场国航 10 000 股，9.88 港元 / 股；美国市场
 贝尔斯登 130 股，73.50 美元 / 股。买入花旗银行 400 股，24.54 美元 / 股。
 结余现金 135 510.83 元，资产总值 1 249 715.06 元。

模拟实盘投资组合展示（2008 年 1 月 18 日）

中国内地市场	股数	成本	市价	市值	市值
万科 B（200002）	5 200	19.778	17.10	88 920.00	82 668.92

中国香港市场	股数	成本	市价	市值	市值
中国铝业（2600）	10 000	9.045	12.58	125 800.00	116 956.26
中保国际（0966）	10 000	9.610	19.73	197 300.00	183 429.81
江西铜业（0358）	5 000	14.92	20.50	102 500.00	95 294.25
中国移动（0941）	500	92.60	121.40	60 700.00	56 432.79
招商银行（3968）	2 000	26.65	29.80	59 600.00	55 410.12
国航（0753）	14 000	10.03	9.88	138 320.00	128 596.10
中海油（0883）	6 000	11.83	11.83	70 980.00	65 990.11
比亚迪（1211）	1 000	47.65	41.58	41 580.00	38 656.93
中信银行（0998）	10 000	5.01	4.79	47 900.00	44 532.63

加拿大市场	股数	成本	市价	市值	市值
宏利金融（MFC）	150	40.86	36.60	5 490.00	38 639.72

美国市场	股数	成本	市价	市值	市值
网易（NTES）	1 000	19.38	18.79	18 790.00	136 360.90
花旗（C）	400	24.54	24.54	9 816.00	71 235.69

现金					135 510.83
净资产总值					1 249 715.06

2008/1/20 中国银行外汇牌价中间价：美元 725.71，港元 92.97，加元 703.85。

专栏自 2007 年 4 月开启至今，
上证综指自 3525 点到 5140 点，+45.82%；
香港恒生指数自 20 520 点到 24 756 点，+20.64%；
道琼斯自 12 923 点到 12 197 点，−5.62%；
专栏投资组合自 100 万元到 124.97 万元，+24.97%。

备忘

现在的忍耐，是为了未来的黄金海岸。

黄金海岸

2008 年 2 月 20 日

　　春节期间，我去了澳大利亚，这个位于赤道以南的国度，与我国的季节完全相反。当中国遭受 50 年不遇的暴风雪之时，墨尔本正经历 40 摄氏度的夏季高温。行经悉尼、凯恩斯、布里斯班、黄金海岸、墨尔本等地，最喜欢的要数黄金海岸。

　　黄金海岸位于昆士兰省的东岸，一个人口约 50 万的城市，据说是澳大利亚人口增长最快的地区，雨林茂盛，有长长的海滩，被称为"冲浪者的天堂"，感觉有些像海南的三亚，每年来此观光度假的人有近 500 万。

　　城市中心横亘而过的是冲浪者的天堂大道，两边不止一家房地产经纪公司。可能是中国人日渐增多的缘故，公司有华语经纪服务。想着国内的房地产正经历"拐点"之争，顺便打听当地的情况，经纪人热情地带着一行人看了几套面朝大海或湖景的高级公寓。根据过去的记录，当地房价大约每 7 年翻一番，折合年回报率约 10%，大家似乎对于这个数据很满意。

　　面对令人怦然心动的无敌海景，随行的友人说："同样的房子在三亚比这里贵 1 倍。"知道国内人喜欢朝南的房屋，经纪人说由于相隔赤道的缘故，当地的北向就相当于中国的南向，正好反过来，随行的少年脱口而出："那么，这里的太阳是从东方升起吗？"众人竟一时语塞。

　　我们住的酒店步行五分钟就是海滩，脸上涂抹各色图案的土著人毫无忧虑地在路边舞蹈和演奏，海边许多人在打沙滩排球或冲浪，海风拂面，欢声笑语，似乎没有人感受到索罗斯所说的"全球正面临60年以来最严重的金融危机"。同行的友人中有曾经留学澳大利亚的海归，介绍说澳大利亚每年有个"道歉日"（Sorry Day），为纪念政府就曾经加于土著人的不公平而道歉。现在福利体系完善，人们不用为衣食养老发愁，故而轻松快乐。

　　同行者中有一个4岁的小朋友，他2004年出生时，我用880元买了一家上市公司的股票作为贺礼，对其父母言明待其上大学或者退休时使用，现在市值约2800元，年复利回报率约为33%。仅仅这笔钱若真能持有到其60岁退休，以15%的年复合回报率计，价值应该超过700万元了。不知道对他而言，到时候黄金海岸的日子能否实现。

■ 本期比亚迪（1211）每10股转增28股红股，所持1000股变为3800股，加拿大宏利金融派息0.24加元/股（2007年第四季度）。卖出美国市场网易（NTES）1000股，18.55美元/股；买入中国香港市场比亚迪（1211）4000股，13.80港元/股，美国市场花旗银行（C）200股，25.19美元/股，巨人（GA）2000股，11.36美元/股。期末资产总值1 216 239.24元。

模拟实盘投资组合展示（2008 年 2 月 20 日）

中国内地市场	股数	成本	市价	市值	市值
万科 B（200002）	5 200	19.778	18.15	94 380.00	86 433.20

中国香港市场	股数	成本	市价	市值	市值
中国铝业（2600）	10 000	9.045	14.35	143 500.00	131 417.30
中保国际（0966）	10 000	9.610	18.81	188 100.00	172 261.98
江西铜业（0358）	5 000	14.92	17.55	87 750.00	80 361.45
中国移动（0941）	500	92.60	117.20	58 600.00	53 665.88
招商银行（3968）	2 000	26.65	27.88	55 760.00	51 065.01
国航（0753）	14 000	10.03	7.99	111 860.00	102 441.39
中海油（0883）	6 000	11.83	12.86	77 160.00	70 663.13
比亚迪（1211）	7 800	13.19	13.80	107 640.00	98 576.71
中信银行（0998）	10 000	5.01	4.32	43 200.00	39 562.56

加拿大市场	股数	成本	市价	市值	市值
宏利金融（MFC）	150	40.86	37.93	5 689.50	40 030.18

美国市场	股数	成本	市价	市值	市值
巨人（GA）	2 000	11.36	11.36	22 720.00	162 338.94
花旗（C）	600	24.76	25.19	15 114.00	107 992.55

现金					19 418.96
净资产总值					1 216 229.24

备忘

2008/2/20 中国银行外汇牌价中间价：美元 714.52，港元 91.58，加元 703.58。

专栏自 2007 年 4 月开启至今，

上证综指自 3525 点到 4626 点，+31.23%；

香港恒指自 20 520 点到 23 873 点，+16.34%；

道琼斯自 12 923 点到 12 324 点，−4.64%；

专栏投资组合自 100 万元到 121.62 万元，+21.62%。

活得长久是巴菲特成就今天的另一个奥秘。

江南书院慢生活

2008 年 3 月 20 日

中国股市 5 个月来下跌了 40%，回想上次 2001～2005 年的大熊市，市场用了 5 年的时间下跌了 50%，这次算是疾风暴雨式的了。华尔街第五大投资银行贝尔斯登，上周五一日下跌 50%，本周一再次下跌 84%，在过去 10 个月的时间里，这家 85 年从未有亏损记录的老牌券商市值蒸发了 98%。

2 月，中国 CPI 创 12 年来的新高，达 8.7%，央行本月再次上调的准备金率也创历史新高。美国股市大跌，因为担心经济严重衰退，美联储急忙降息；中国股市大跌，因为通货膨胀日盛，央行继续紧缩银根。投资人每天都面对"买还是卖"的困扰，如同哈姆雷特面对"生存还是毁灭"的命题，天天陷于紧张惶恐之中。

黄山江南书院的陈总去年就发出邀请，约一些朋友前去享受一下湖光山色。大多数人的情况是"牛市的时候没有闲，熊市的时候没有钱"，所以总无法成行。近来读了洪昭光先生的《慢生活》，感触良多，我们很多年没有慢下来，与星月相视了。

书院位于黄山脚下的太平湖畔，背山面水，一面是数十万亩波光粼粼的水面，一面是满山的青松翠竹，难怪此前拍摄的电视剧《红楼梦》，以及电影《卧虎藏龙》均在此取过景。书院里的主建筑是一栋灰瓦白墙的徽派建筑，初春的季节里，桃花和山茶花已经吐蕊盛开，开阔地上放养的走地鸡晚上竟然在树杈上睡觉。据说这里空气中的负氧离子含量高于城市中百倍，未有污染的湖水可以直接饮用。山间是绵亘数公里的健走步道，人们可以在松脂的芬芳中从事健走这种"比跑步安全，比散步有效"的有氧运动。

清晨时分，鸟鸣将人唤醒，夜幕降临后，只有偶尔的虫语，星空洁静，满目久违了的灿烂星光，让人想起儿时岁月。我怀疑到底是大城市的空气污染遮蔽了星光，还是我们忙碌到没有时间仰望夜空。晚上看到朋友在博客中留言："斜倚池畔，与星空相对，在半明半昧的星光中解读云卷云舒的写意。"

令人意外的是在这个远离尘嚣的静谧之处，竟有很多财经投资书籍陈列在巨大的书架上，从巴菲特到林奇，从应健中到但斌，加上光纤上网与平日的世界连通，给人既宛若天涯又近在咫尺之感。

曾经有人问巴菲特："成为世界上最富有的人后，你的下一个目标是什么？"他回答："成为一个长寿的人。"华尔街很多金融精英在30多岁后基本上"燃烧殆尽"（burn out）而必须退休，活得长久是巴菲特最终胜出的另一个奥秘。我们无法左右他人，但是可以安排自己。放慢节奏，缓慢呼吸，也是我们在纷繁世界里行走长远的一种方法吧，正如段永平用于竞标巴菲特午餐的网名：慢即是快（slow is fast）。

■ 本期没有买卖，期末资产总值 1 000 791.30 元。

模拟实盘投资组合展示（2008 年 3 月 20 日）

中国内地市场	股数	成本	市价	市值	市值
万科 B（200002）	5 200	19.778	13.73	71 396.00	64 763.32

中国香港市场	股数	成本	市价	市值	市值
中国铝业（2600）	10 000	9.045	11.22	112 200.00	101 776.62
中保国际（0966）	10 000	9.610	16.71	167 100.00	151 576.41
江西铜业（0358）	5 000	14.92	13.92	69 600.00	63 134.16
中国移动（0941）	500	92.60	103.75	51 875.00	47 055.81
招商银行（3968）	2 000	26.65	21.93	43 860.00	39 785.41
国航（0753）	14 000	10.03	5.83	81 620.00	74 037.50
中海油（0883）	6 000	11.83	10.35	62 100.00	56 330.91
比亚迪（1211）	7 800	13.19	12.42	96 876.00	87 876.22
中信银行（0998）	10 000	5.01	3.52	35 200.00	31 929.92

加拿大市场	股数	成本	市价	市值	市值
宏利金融（MFC）	150	40.86	36.23	5 434.50	37 763.80

美国市场	股数	成本	市价	市值	市值
巨人（GA）	2 000	11.36	9.52	19 040.00	134 254.85
花旗（C）	600	24.76	21.53	12 918.00	91 087.40

现金					19 418.96
净资产总值					1 000 791.30

备忘

2008/3/20 中国银行外汇牌价中间价：美元 705.12，港元 90.71，加元 694.89。

专栏自 2007 年 4 月开启至今，

上证综指自 3525 点到 3686 点，+4.57%；

香港恒生指数自 20 520 点到 21 183 点，+3.23%；

道琼斯自 12 923 点到 12 229 点，−5.37%；

专栏投资组合自 100 万元到 100.08 万元，+0.08%。

投资过程中，金石可镂的坚忍不拔和宁静致远的心态，不可或缺。

要找就找天南这样的人

2008 年 4 月 20 日

亲爱的《钱经》读者朋友们，又值春暖花开的季节，我们的专栏本期已经整整一周年了，专栏的模拟实盘展示以白纸黑字的非灵活方式，取得了13.93% 的回报率，战胜了 7 个指数中的 6 个，如果以港元结算，就是战胜了所有的指数。

在过去不平凡的 12 个月里，我们共同经历了人民币诞生以来最迅速的升值、一年之内 6 次加息、23 年来最高的银行存款准备金率、50 年以来最严重的暴风雪、西方次贷引发的 60 年以来最严重的金融危机、港股直通车的紧急刹车等影响因素，但中国市场在半年跌去 50%、市值蒸发 18 万亿元、中石油或中船舶 "泰坦尼克" 般沉没的情况下，仍然战胜了 12 年来最为严重的通货膨胀，达成了投资的根本目标，并好于过去 30 年国际上基金投资的平均表现水平。

同期我们所跨越的 4 个市场主要表现如下：

上证综合指数，	从 3525 点到 3140 点，	−10.92%；
深圳综合指数，	从 985 点到 949.5 点，	−3.6%；
香港恒生指数，	从 20 520 点到 24 254 点，	+18.20%；
加拿大多伦多指数（TSX），	从 13 623 点到 14 184 点，	+4.1%；
美国道琼斯指数，	从 12 923 点到 12 760 点，	−1.26%；
美国纳斯达克指数，	从 2523 点到 2398 点，	−5%；
美国标准普尔 500（S&P 500），	从 1477 点到 1383 点，	−6.4%。

唯一跑输的是以港元交易的中国香港市场恒生指数，如果我们用港元结算，则总投资由期初的 101.2 万港元，上升至期末的 126.8 万港元，回报率为 25.3%，这就是货币价值变动对于投资的影响。追逐展示的个股没有意义，它们只是被用来说明投资的道理，而不是推荐。此外，由于杂志出版的固定性，我们展示的投资组合策略往往落后于市场的变动。10 年后它们可能一个都不在了，但是我们还在。

专栏展示的结果说明投资是一个值得考虑的家庭财务安排，播下良好的种子，无论怎样经风历雨，在精心的守护、适时的关照下，会茁壮成长，在耐心等待后，会开花结果，让我们有机会颐养天年并荫庇后人。或许很多人觉得这种方式没有一夜暴富来得刺激，事实上，投资中光芒四射的辉煌日子是少数，大部分时间是寂寞、平淡甚至令人沮丧的，寻求刺激的结果我们也已经看到了。我们也像所有人一样经历了云霄飞车般的跌宕起伏，这说明大家都是普通人，我们甚至不知道明天是涨还是跌，让询问的众人感到失望，但这没有关系，生活就像一场马拉松，还是瓦尔特说的那句话：谁活着，谁就看得见。

投资过程中，金石可镂的坚忍不拔和宁静致远的心态，不可或缺。投资的真正意义在于，优秀的企业能为社会创造就业机会，能为国家增加税收，能为大众提供满意的产品或服务，能实现投资者价值的最大化。

回顾过去，第一期《最好的时候是现在》针对很多犹豫多年仍然在纸上谈兵的人，强调执行的重要性。1 年过去了，虽然遇到了股市大跌，但我们的收益仍然高于存银行或买国债。去年 5 月 20 日撰写的《勇于不敢》，提到长期存在的重要性，因古人云：勇于敢则杀，勇于不敢则活。10 天之后发生"5·30"暴跌，令在此之前 3 个月中最为"勇敢"的人遭受打击。在《股市涨了，你家的问题解决了吗》中质疑"毫不懂行的人在一件毫不相干的事情上取得了成功，这是必然还是偶然"。在两期的《股市中若干问题及其解答》中，重现了

12 年前严重通货膨胀带给股市的危机，以及很多"牛人"都烟消云散的历史。在《一分钱股票的故事》中告诉大家单股价格的高低并不代表便宜与否。在房地产火热时，我甚至专门写了篇《是否买房的标准答案》。《在奔向财务健康的大道上》一文中提道：当大多数人仍然将股票当作打麻将、摸彩票似的类娱乐方式看待时，你已经在奔向财务健康的大道上，没有谁可以阻挡，除了你自己。《巴菲特成功的核心秘密》中提到的"目前的基金管理人没有人可能成为巴菲特"，被广泛引用。在《阿拉伯王子成名的机会或重现》中，我用历史来说明"危机"的含义。在《江南书院慢生活》中，我建议"牛市的时候没有闲，熊市的时候没有钱"的朋友在湖光山色中漫步而行。

在过去的 6 个月里，投资人应该经历了冰火两重天，市场恶化的严重程度是我从业 16 年以来所未见的，市场中不断传出因毕生财富化为乌有而发生的悲惨事件。上周去纽约，有朋友提及在贝尔斯登工作了 15 年的金融天才，积累了一生的退休金半年之间损失殆尽。4 月 1 日国内大盘再次下跌，两市 600 只股票跌停，据报道山东威海的一家证券营业部面对满盘绿色，先是几个股民失声痛哭，最后悲情蔓延至数百人集体流泪。几百号互不相识的成人在公众场合悲恸欲绝，伤心至此引发另一个问题："投资是否一定要自己干？"

温哥华的 4 月，远望山上还是白雪皑皑，公园里却是樱花盛开，满树满眼都是粉红色，微风轻过落英缤纷，花瓣随风飘落在肩上、发上，落在怀里。一起漫步树下的朋友问："投资不自己干，那找谁干？"我笑道："你忘了 4 年前有人打算写首歌，歌名是《要找就找天南这样的人》？"

本月中国石油、太平洋保险等跌破发行价；有"泰坦尼克号"之称的中国船舶，由 300 元跌破 100 元。今年第一季度 A 股总市值蒸发了 12 万亿元，这相当于去年全国 GDP 的 40%；沪指下跌幅度达 34%，创下 15 年来最大季度跌幅。央行宣布自 4 月 25 日起，上调存款类金融机构人民币存款准备金率

0.5 个百分点，至 16%。这一数字是自 1985 年中国将法定存款准备金率统一调整为 10 后，近 23 年来的新高。自 2006 年 7 月 5 日以来，中国央行已连续 16 次上调存款准备金率。

- 本期展示，卖出中国香港市场中国铝业（2600）10 000 股，12.21 港元 / 股；国航（0753）14 000 股，5.34 港元 / 股；中海油（0883）6000 股，13.41 港元 / 股；得现金 248 218.26 元。买入中国香港市场中信银行（0998）16 000 股，4.57 港元 / 股；阿里巴巴（1668）4000 股，12.95 港元 / 股；中国内地市场民生银行（600016）21 000 股，7.09 元 / 股。现金余额 6 531.56 元，资产总值 1 139 265.19 元。

模拟实盘投资组合展示（2008 年 4 月 18 日）

中国内地市场	股数	成本	市价	市值	市值
万科 B（200002）	5 200	19.778	16.15	83 980.00	75 439.23
民生银行（600016）	21 000	7.09	7.09	148 890.00	148 890.00

中国香港市场	股数	成本	市价	市值	市值
中保国际（0966）	10 000	9.610	18.35	183 500.00	164 838.05
江西铜业（0358）	5 000	14.92	16.91	84 550.00	75 951.27
中国移动（0941）	500	92.60	131.05	65 525.00	58 861.11
招商银行（3968）	2 000	26.65	28.43	56 850.00	51 068.36
比亚迪（1211）	7 800	13.19	12.83	100 074.00	89 896.47
中信银行（0998）	26 000	4.74	4.57	118 820.00	106 736.00
阿里巴巴（1688）	4 000	12.95	12.95	51 800	46 531.94

加拿大市场	股数	成本	市价	市值	市值
宏利金融（MFC）	150	40.86	39.02	5 852.25	40 594.72

美国市场	股数	成本	市价	市值	市值
巨人（GA）	2 000	11.36	11.91	23 817.00	166 733.29
花旗（C）	600	24.76	25.52	15 312.00	107 193.19

现金					6 531.56
净资产总值					1 139 265.19

备忘

2008/4/20 中国银行外汇牌价中间价：美元 700.06，港元 89.83，加元 693.66。

专栏自 2007 年 4 月开启至今，

上证综指自 3525 点到 3140 点，−10.92%；

香港恒生指数自 20 520 点到 24 254 点，+18.20%；

道琼斯自 12 923 点到 12 760 点，−1.26%；

专栏投资组合自 100 万元到 113.93 万元，+13.93%。

两个用压岁钱进行投资的小学生，在去年股市的惊涛骇浪中仍然战胜了大盘和通货膨胀，取得了绝对回报和相对回报双优的成绩。

财商少年班

2008 年 5 月 20 日

我一年前写了一篇《十七岁的女儿红》，提到出于财商教育的考虑，教两个小朋友用压岁钱进行投资尝试。时值六一，有人问起他们现在的情况。今年格宁已经 13 岁，箫箫已经 11 岁了，2007 年 5 月到 2008 年 5 月是他们进行投资尝试的第二年。

格宁在过去一年的资产收益率是 8.73%，箫箫的资产收益率为 14.26%，他们开始的时间不完全相同。同期中国股市的指数下跌了约 12%，他们的表现均战胜了大盘 20 多个百分点。

第二年开始的时候，我给他们强调未来一年的投资主题是"风险"，至于什么是风险，简单地说就是某个时候投资人的钱可能会比本金少。事实上，他们刚开始没几天就遇上"5·30"大跌，更不用提这半年以来无法预测的各式各样的天灾人祸。12 个月中我给他们上了 4 次课，分别是谈投资理念、回顾表现和答疑。

一年过去了，两个小朋友刚刚给我写了年终的总结。格宁同学写的是《胜败输赢》，他写道："所谓跌，就是在各种因素的作用下，卖的力量大，买的力量小，股票就会跌。2007 年 11 月 11 日我的资产收益率为 67.65%，截至 2008 年 5 月 11 日资产收益率（降）为 8.73%，（同期）上海证券综合指数下跌 12%，所以虽然说我的资产跌了，但仍然战胜了大市 20%。"

萧萧同学的题目是《风险的含义》，她写道："这一年过去了，我终于有一些明白风险的含义了。今天是 2008 年 5 月 11 日，周日。我来到姥姥家，舅舅给我拿来了几个关于我投资的数据。目前我的资产收益率为 14.26%。不过比起去年 11 月 10 日的资产总值还差得远呢，那时的资产收益率为 60.85%。这也应该算是风险了吧。舅舅给了我几份资料，使我了解到半年来金融市场非常不平静。有人说，白忙活了大半年。连我那从 2006 年 6 月就开始投资基金的妈妈也进退两难，正准备等待时机解套呢。"

根据上月央视的调查，90% 的股民亏损。这两个学生的表现无论是战胜 CPI 的绝对回报，还是超越指数的相对回报，都让我们认识到直面投资的意义。他们或多或少地领略了人生的跌宕起伏，不但经历了超额回报阶段，也经过了风险环生的时刻。去年提到"投资要趁早"，如果人生中注定要有一些挫折和失败的话，我希望"失败也要趁早"，这样就不会发生老来还要以命相搏的悲剧了。

两年前开始的时候，我在格宁的笔记本的第一页写下唐朝贾岛的《剑客》，叮嘱他要有"十年磨一剑"的勇气与毅力，等 10 年期满的时候，他们应该已经上大学了。巴菲特 11 岁时买进第一只股票，开启了持续至今 67 年的传奇投资生涯。我们财商少年班的同学至少在起步的这两年表现毫不逊色，未来需要的是理性、勇气、毅力以及些许不太差的运气。或许有人认为"有钱不一定幸福"，但就所见而言，如果人们更富裕一些，通常他们会更幸福。"少年智则国智，少年富则国富，少年强则国强。"这是梁启超先生百年前的宏愿，也是我在这个六一的期许。

5 月 12 日，四川汶川发生中华人民共和国成立以来最严重的 8 级大地震，我数万同胞遇难，在此愿天佑中华国泰民丰。国家统计局公布 4 月的 CPI 为 8.5%，猪肉价格上涨 68.3%；央行 5 月 20 日再次上调准备金率至 16.5%，4 月 24 日下调印花税率为 1‰。

■ 本期展示没有变动，资产总值为 1 230 595.45 元。

模拟实盘投资组合展示（2008 年 5 月 20 日）

中国内地市场	股数	成本	市价	市值	市值
万科 B（200002）	5 200	19.778	17.54	91 208.00	81 594.68
民生银行（600016）	21 000	7.09	7.78	163 380.00	163 380.00

中国香港市场	股数	成本	市价	市值	市值
中保国际（0966）	10 000	9.610	22.50	225 000.00	201 285.00
江西铜业（0358）	5 000	14.92	18.42	92 100.00	82 392.66
中国移动（0941）	500	92.60	130.70	65 350.00	58 462.11
招商银行（3968）	2 000	26.65	30.30	60 600.00	54 212.76
比亚迪（1211）	7 800	13.19	12.70	99 060.00	88 619.08
中信银行（0998）	26 000	4.74	4.96	128 960.00	115 367.62
阿里巴巴（1688）	4 000	12.95	15.00	60 000.00	53 676.00

加拿大市场	股数	成本	市价	市值	市值
宏利金融（MFC）	150	40.86	38.50	5 775.00	40 664.66

美国市场	股数	成本	市价	市值	市值
巨人（GA）	2 000	11.36	13.65	27 300.00	190 499.40
花旗（C）	600	24.76	22.43	13 458.00	93 909.92

现金					6 531.56
净资产总值					1 230 595.45

2008/5/20 中国银行外汇牌价中间价：美元 697.80，港元 89.46，加元 704.15。

专栏自 2007 年 4 月开启至今，
上证综指自 3525 点到 3532 点，+0.20%；
香港恒生指数自 20 520 点到 25 372 点，+23.65%；
道琼斯自 12 923 点到 12 884 点，−0.30%；
专栏投资组合自 100 万元到 123.06 万元，+23.06%。

备忘

投资失败的部分原因是，当众人勇敢的时候更勇敢，当众人恐惧的时候更恐惧。

穿越众人的惊恐

2008 年 6 月 20 日

本月，国家统计局公布中国 5 月 CPI 同比上涨 7.7%；央行宣布上调存款准备金率 1%，再创 17.5% 的历史新高；上证指数跌破 2800 点。6 月 6 日石油一日上升 10 美元 / 桶创历史单日最大涨幅，并导致股市又一轮大跌。两年以来屡被大行推崇的越南市场，由于通货膨胀严重，其政府出台了规定，从 2009 年 1 月起，开征 25% 的不动产交易所得税，这一规定的出台导致房地产市场大跌一半，银行存款利率已达 17%～19%；贷款利率也从 18% 调升到 21%，股市下跌近 70%，有人预言越南是新一轮亚洲金融风暴的第一张多米诺骨牌。

在过去的 8 个月的时间里，全球资本市场崩溃，投资人一起经历了绝大多数人有生以来最为严酷的市况，遭受了严重的负面影响。风险因素以不同形式显现出来，中国内地市场用了 6 个月走了上次大熊市 5 年所走的路，中国香港市场的惨烈程度超过 1997 年的金融风暴，美国市场遭遇 1945 年（即第二次世界大战结束）以来最严重的危机。一切的一切告诉人们——"熊来了"。

事实上，投资人遭遇的个体风险远远大于指数，著名的公司如潘石屹的 SOHO 中国下跌 66%，中国首富的碧桂园下跌 70%；如果你认为仅仅是地产股下跌较为严重的话，看看赫赫有名的电子商务公司——马云的阿里巴巴下跌 73%；如果你认为仅仅是民企下跌如此严重的话，看看堪称巨无霸的国企，中国第一大航空公司国航下跌 62%，第一大铝业公司中国铝业下跌 61%。打击并不局限于我们所熟悉的中国企业，世界上第一大商业银行——花旗银行下跌 61%，华尔街 85 年来屹立不倒的投资银行——贝尔斯登下跌 98%，如此等等难以一一记录。

今年以来仅媒体报道的因为投资（或投机）失败而身亡的例子已有十几起之多，控有九芝堂、千金药业的魏东殒命，其称"近期外部环境又给了我巨大的压力"。实际上"好好地活着"需要更为不易的坚强，所以百年前为变法自强而从容赴死的谭嗣同在力劝梁启超逃走时说："死有何难，活着继续我们的事业，那才是真难，我为其易，君为其难，拜托了。"

我们一起行走在最艰难的日子里，如同在繁华绚烂的日子一样。在可见的过去以及遥远的未来，它们仍然会不断地交替出现。我们无法准确地预测每日的升跌，但是可以确定的是：现在是物有所值的时候，虽然没人知道它们是否会继续下跌或何时能上升。

记得 2004 年和 2005 年，在我们"播种"时，并不确知需要等待两三年才能等到预期中收获季节的来临，事先没有人确切知道需要等待多久，等待和忍耐是投资人必须具备的品格。在 2007 年的牛市中，多少人羡慕 2005 年埋下种子的人，可是假如 2005 年重来，众人有足够的勇气吗？最伟大的投资家巴菲特在总结投资成功因素时说：当众人恐惧的时候，你要勇敢；当众人勇敢的时候，你要恐惧。但是，失败的人恰恰做的相反，当众人勇敢的时候他更勇敢，当众人恐惧的时候他更恐惧。

5 月 12 日，汶川发生了中华人民共和国成立以来最严重的地震，但是生活还是无法阻挡地继续着。4 个月前发生的 50 年所未见的暴风雪，冰冻的电塔、不通的上下水、阻隔的道路、滞留的旅人、无法运送的蔬菜，这些仍然历历在目的景象是我们在有生之年可能不会再遇到第二次的严酷寒冽。但是春天的脚步无法阻挡地到来了，春暖花开，新枝吐绿，在随后夏日炎热中的人们可否还记得那个坚冰厚重的时节？

景气循环如同春夏秋冬交替般不可阻挡，让我们一起穿越众人的惊恐。

■ 本期展示，卖出加拿大市场宏利金融 150 股，37.68 加元 / 股；中国香港市场招商银行 2000 股，25.83 港元 / 股；中国移动 500 股，108.25 港元 / 股，得现金 131 547.86 元。万科 B 每 10 股派 6 股红股。陆续收到各公司派息合计 6245.45 元。买入中国内地市场民生银行 9000 股，5.79 元 / 股，耗资 52 110 元。资产总值 1 084 927.46 元。

■ 陆续收取派息细节：花旗银行 400×0.32 美元（2008 年 2 月 22 日）+ 600×0.32 美元（2008 年 5 月 23 日），合 2 202.43 元；宏利金融 150×0.22 加元（2007 年 9 月 19 日）和 150×0.24 加元（2007 年 12 月 19 日），合 447.10 元；中国移动 500×1.176 港元（2008 年 5 月 22 日），合 518.38 元；中国铝业 10 000×0.053 港元（2008 年 6 月 2 日，登记日为 4 月 9 日），合 467.25 元；比亚迪 1000×1.43 港元（2008 年 4 月 21 日，登记日为 2 月 19 日），合 1260.69 元；中保国际 10 000×0.10 港元（2008 年 5 月 30 日），合 881.60 元；万科 B 5200×0.09 元（2008 年 6 月 16 日），每 10 股转赠 6 股，合 468 元；以上合计收到派息 6245.45 元。

模拟实盘投资组合展示（2008年6月20日）

中国内地市场	股数	成本	市价	市值	市值
万科B（200002）	8 320	12.36	9.98	83 033.60	73 202.42
民生银行（600016）	30 000	6.70	5.79	121 590.00	173 700.00

中国香港市场	股数	成本	市价	市值	市值
中保国际（0966）	10 000	9.610	20.12	201 200.00	177 377.92
江西铜业（0358）	5 000	14.92	15.99	79 950.00	70 483.92
比亚迪（1211）	7 800	13.19	11.17	87 126.00	76 810.28
中信银行（0998）	26 000	4.74	4.88	126 880.00	111 857.41
阿里巴巴（1688）	4 000	12.95	12.18	48 720	42 951.55

美国市场	股数	成本	市价	市值	市值
巨人（GA）	2 000	11.36	13.51	27 020.00	185 967.85
花旗（C）	600	24.76	19.46	11 676.00	80 361.24

现金					92 214.87
净资产总值					1 084 927.46

备忘

2008/6/20 中国银行外汇牌价中间价：美元 688.26，港元 88.16。

专栏自 2007 年 4 月开启至今，

上证综指自 3525 点到 2806 点，−20.40%；

香港恒生指数自 20 520 点到 23 078 点，+12.47%；

道琼斯自 12 923 点到 11 931 点，−7.68%；

专栏投资组合自 100 万元到 108.49 万元，+8.49%。

如果有一天美国人愿意向中国人支付天价午餐费，我们的祖国就真
正强大了。

巴菲特的天价午餐

2008 年 7 月 20 日

近来引人注目的话题之一是投资经理人赵丹阳用 211.01 万美元，成功竞标
本年度巴菲特的慈善午餐。自从 2003 年巴菲特的慈善午餐拍卖转移到 eBay 网
上，餐费逐年升高（2004 年持平），2003 年为 25.01 万美元；2004 年为 25.01 万
美元；2005 年为 35.11 万美元；2006 年被中国段永平以 62.01 万美元拍得；2007
年为 65.01 万美元；2008 年中国赵丹阳以 211.01 万美元最终胜出。至此，巴菲
特通过年度午餐拍卖为慈善事业筹集了 423.16 万美元，其中约 65% 的贡献来自
中国，虽然中国竞拍者的出场次数仅占 1/3。估计未来该价格会继续走高，而且
有更多的来自中国的资金参与。

据称巴菲特本人听到这个价格后也"大吃一惊"。这顿饭值不值这么多钱，众
人各持己见，如果这件事情能让大众提高一些对于财务健康的关注度，这笔财商教
育的学费就算没有白交。我国学校教育中尚未有关于财商教育的课程，传统上也未
对其重视，各行业中"士农工学商"，"商" 排在最后。我们的文化中也有着"耻于
谈钱"的传统，但内里确非如此。三百六十行什么最高尚呢？"万般皆下品，唯有
读书高"，那么为何读书？因为可以考状元。为何要考状元？因为可以做官。为
何要做官？因为可以有权。为何要有权？因为……总之是绕了一个大圈，不如美
国人来得直接，有雄心的人上商学院，而不是行政学院。有了经济基础，再参与
行政工作，像美国总统、纽约市长等均如此，于是美国成为全球第一经济大国。

巴菲特从一个美国中部不起眼的小城市起家，到今天能成为全球瞩目的

人物且备受爱戴的原因在于他让包括当地农民在内的很多普通人获得了财务自由，通俗点说就是"跟着老巴有肉吃"，他让更多的人体会到有钱的好处在于有了更大选择生活空间的自由，自由是与经济基础相联系的。不久前中国旅客终于可以组团前往美国旅游了，而十几年前我前往美国留学时，见到天天都有不同的人在美国大使馆门前哭泣，原因是即便他们满足所有签证的条件也被无理由地拒绝签证。直到我到美国的圣迭戈就读 MBA 遇到其他国家的学生，发现日本、泰国等国家的公民前往美国很容易得到签证，交流后才知道，40 年前的日本、30 年前的泰国得到美国签证也颇为不易，从不易到容易，只有一个因素真正起了变化，那就是一个国家的经济强大了。无论一个人、一个家庭还是一个国家，得到自由和尊严的不二法门都与坚实的经济基础有关。

大众有了巴菲特 40 年 10 000 倍的榜样，似乎认为股票是致富的捷径，其实股票投资的最大陷阱在于其"看似低门槛"，买个房子可能要几十万元，办家企业更麻烦，而买卖股票 1000 元甚至更少就可以开始。上海的张志雄提到"投资不简单"，但是大众不信邪，基本上都要试试，结果 10 年无收获者比比皆是。在错误的道路上第一步失败了并不可怕，可怕的是在错误的道路上第一步竟然成功了，往往耽误一辈子。

77 岁的巴菲特将与赵丹阳吃顿天价午餐，如果有一天美国人愿意向中国人支付天价午餐费，我们的祖国一定真正强大了。

本月国家统计局公布中国上半年 CPI 为 7.9%；截至 7 月 16 日中国股市下跌 49%，超过越南 48% 的跌幅，在全球 88 个主要股指中表现最差。7 月 11 日，美国两大房贷巨头 1 日暴跌 38% 和 45%，1 年内累计跌幅超过 80%。巴基斯坦通胀超过了 20%，为了挽救备受煎熬的股市，6 月底政府颁布法令，股市跌停板最高限幅从 5% 改为 1%，涨停板则从 5% 改为 10%，被称为"许涨不许跌"。屡屡对中国股票发表评论的罗杰斯终于抵挡不住媒体的好奇心，声明"从未买过 A 股"，人称"疑似国际著名小散"。

■ 本期展示，收到中国香港市场派息中信银行0.0535元/股，江西铜业0.30元/股，合计2891元。买入中国香港市场阿里巴巴（1688）5000股，9.52港元/股，耗资41 654.76元。资产总值978 576.05元。

模拟实盘投资组合展示（2008年7月18日）

中国内地市场	股数	成本	市价	市值	市值
万科B（200002）	8 320	12.36	8.78	73 049.60	63 925.71
民生银行（600016）	30 000	6.70	5.86	175 800.00	175 800.00

中国香港市场	股数	成本	市价	市值	市值
中保国际（0966）	10 000	9.610	17.06	170 600.00	149 292.06
江西铜业（0358）	5 000	14.92	15.17	79 950.00	69 964.25
比亚迪（1211）	7 800	13.19	8.21	64 038.00	56 039.65
中信银行（0998）	26 000	4.74	4.64	120 640.00	105 572.06
阿里巴巴（1688）	9 000	11.04	9.52	85 680.00	74 978.57

美国市场	股数	成本	市价	市值	市值
巨人（GA）	2 000	11.36	10.91	21 820.00	148 895.32
花旗（C）	600	24.76	19.70	11 820.00	80 657.32

现金					53 451.11
净资产总值					978 576.05

备忘

2008/7/20 中国银行外汇牌价中间价：美元682.38，港元87.51。

专栏自2007年4月开启至今，

上证综指自3525点到2725点，−22.70%；

香港恒生指数自20 520点到21 844点，+6.45%；

道琼斯自12 923点到11 445点，−11.44%；

专栏投资组合自100万元到97.86万元，−2.14%。

同一条理由可以导致上涨或下跌，听起来是否可笑？这与投资的艺术属性有关。

相　信

2008 年 8 月 20 日

奥运终于来了，奥运健儿的优异表现有望达到"金牌 50"的愿望，实现有史以来的最佳成绩。但是众人期待已久的奥运股市行情却没有来，自开幕式一周来，股市以连续的大跌粉碎了两年多来的期待。这与投资的艺术属性有关。

爱人有美术的底子，当年在班里色彩成绩第一，家里的房子近来需要装饰一下，这事由她负责。一天她拿回两幅色泽精妙的画，说是挂在墙上点缀气氛，我横竖看不出是画了些什么内容，她解释说图画在一个空间里，有时候需要的是颜色上的搭配，神韵的所在并非一定要像什么东西。但是我似乎并无讲步，就像无法分清 3000 元的翡翠和 3000 万元的翡翠为何有如此大的区别，我想对于有些艺术的东西人们一定是看法各异的，进而估价相去甚远，非但每人不同，而且同一个人的观点也会改变，这就造成了艺术的不确定性。近年来收藏大兴，玉器、古玩、普洱茶、红木家具、奥运金银藏品等，对于这些无法产生现金流的物件，它们的价值实现将取决于他人的看法，例如半年多来红木家具也下跌了 50%，难道一年之内对于红木资源的稀缺性有了解决办法？

投资一半是科学，一半是艺术。相对于理性而言，艺术是感性的，多彩亦多变，放在股市上，就呈现出非理性繁荣，或者非理性萧条。现在大家都说去年 6000 点是高位，实际上当时若冲上 8000 点或 10 000 点也没什么不可能，反正都是非理性。去年信心满满、信誓旦旦的投资者已不见踪影，取而代之的是一个赛一个地预测下跌点位，美国福布斯的预测是 A 股将下跌到 1200 点，用以论证的资料连篇累牍，实际上这个结论源于美国历史上几次大跌指数均下挫 80% 这一简单的数学公式。

投资艺术属性带来的不确定性可以解释为什么这一年来有些企业业绩增长了 100% 甚至更多，明明价值有了提升，其股价却下跌了 60% 乃至更甚。这一年来我们听见了太多坏消息，就像牛市中所有的消息都是好消息一样，熊市中所有的消息都是坏消息。美国今年以来已有 8 家银行宣布破产，格林斯潘在总结次贷危机爆发一周年时认为："目前危机的严重程度是百年一见的。"7 月，CPI 为 6.3%，PPI 创下 1996 年以来 PPI 的最高涨幅。一年前的今天"港股直通车"的消息点燃港股激情，然而至今未"发车"，恒指被打回原形。全球股市牛转熊，市值损失如天文数字，从高位蒸发了高达 13 万亿美元，相当于美国一年的生产总值，这次美国金融危机造成的环球大跌市，杀伤力可说是史无前例。

好了，市场已经知道了足够多的坏消息，并且已经做出了反应，你知道的它已经知道了，我们可否站得远一些，看些更大的图画。两年前，当原油的价格直奔 100 美元的时候，忧心忡忡的我对父亲说："原油储藏有一天会开采枯竭，全球都担心到时候人们烧什么呢？"干了一辈子革命工作的父亲沉稳以对："不用太担心未来，我们小时候天天早晨上山拾柴火，当时常想有一天山上没柴火拾了怎么办？现在谁还有这样的担心？事情总有办法！"他说得对，60 年后的今天，人间不但有烟火，而且更环保、方便，还有一个靠能源成为首富的施正荣，他的主攻既不是木材也不是原油，而是太阳能。

另一个故事可以充分反映股市的艺术属性，同一条理由可以导致上涨或下跌，听起来是否可笑？2003 年之前矿业类的股票受尽冷落，原因很简单，比如一家煤炭企业，它的主要盈利模式是挖出矿藏的煤出售获利，鉴于煤炭形成的地质原因，煤炭被认为是不可再生资源，也就是越挖越少直至于零。既然矿藏会枯竭，公司价值趋于零，股票自然跌得一塌糊涂。但是突然有一天情况改变了，如同我们近几年来看到的一样，这些股票的升幅以数倍或数十倍计，因为人们突然觉得物以稀为贵，既然越挖越少，越少就应该越贵才对！

预测或改变他人的看法都是困难的，这令人想起为何巴菲特总提"我们只干能力圈范围内的事"，或许抛开复杂的由专业人士撰写的深奥术语，我们可以算算简单的东西，比如中国人寿刚公布的前 7 个月保费收入超过 2000 亿元，照此推算全年保费约 4000 亿元，10 年就是 4 万亿元，随着国家经济的增长或许不止这些，它现在的总股本是 283 亿元，总资产 8000 亿元，总市值7000 亿元，去年高峰时市值曾高达 2 万亿元。当然这样的推断必须基于我们应该相信些什么。

投资总得信些什么。相信奥运之后中国不会垮掉；相信无论多么不可预测的困难发生，我们的祖国和人民依然会走向繁荣富足；相信优秀的企业会继续生存和发展；相信岁月过后总有人可以胜出。

■ 本期展示，卖出万科 B 8320 股，7.15 港元 / 股；美国市场花旗 600 股，17.19 美元 / 股，得现金 122 869.63 元。买入中国内地市场民生银行10 000 股，5.84 元 / 股；美国市场巨人 1000 股，9.65 美元 / 股，耗资124 530.49 元。资产总值 901 789.20 元。

模拟实盘投资组合展示（2008 年 8 月 20 日）

中国内地市场	股数	成本	市价	市值	市值
民生银行（600016）	40 000	6.49	5.84	175 200.00	233 600.00

中国香港市场	股数	成本	市价	市值	市值
中保国际（0966）	10 000	9.610	15.04	150 400.00	131 945.92
江西铜业（0358）	5 000	14.92	10.58	52 900.00	46 409.17
比亚迪（1211）	7 800	13.19	9.02	70 356.00	61 723.32
中信银行（0998）	26 000	4.74	4.59	119 340.00	104 696.98
阿里巴巴（1688）	9 000	11.04	9.28	83 520.00	73 272.10

美国市场	股数	成本	市价	市值	市值
巨人（GA）	3 000	10.79	9.65	28 950.00	198 391.46

现金					51 790.25
净资产总值					901 789.20

备忘

2008/8/20 中国银行外汇牌价中间价：美元 685.29，港元 87.73。

专栏自 2007 年 4 月开启至今，
上证综指自 3525 点到 2415 点，−31.49%；
香港恒生指数自 20 520 点到 20 679 点，+0.77%；
道琼斯自 12 923 点到 11 375 点，−11.98%；
专栏投资组合自 100 万元到 90.18 万元，−9.82%。

去年当"死了都不卖"流行时,巴菲特悉数卖出中石油,获利 10 倍;今年流行"死了都不买"时,他在干什么?

请投中国投资者一票

2008 年 9 月 20 日

本月上证指数跌至 1800 点,回到 8 年前的水平,记得那时市场炙热的口号是"2000 年 2000 点",气冲斗牛!

在 2007 年指数 6000 点,网上流行《死了都不卖》的歌曲时,巴菲特将 5 年前投资 5 亿美元买入的中石油悉数卖出,在获利 35 亿美元后潇洒抽身,当时有人惋惜他卖早了。现在 2000 点的时候,网上又有了新的流行歌曲名为《死了都不买》,猜猜老巴在干啥?

在歌声中,8 月底,巴菲特接受美国 CNBC 电视台采访时透露,他不久前报价 5 亿美元购买一只中国股票遭到拒绝。一周之后的 9 月 3 日,巴菲特作为第一大股东的可口可乐宣布以 179.2 亿港元的代价整体收购在香港上市的汇源,这一价格是前一日汇源收盘总市值的 3 倍,当时汇源在以 4 港元/股的价格交易,可口可乐打算按照过去一年的最高价格支付,也就是 12.20 港元/股。汇源上年度营业收入 26.5 亿元,净利润为 6.4 亿元,今年上半年净利润没有增长,同时存货上升、毛利率下降。一夜之间估值多出来 100 多亿元,汇源老板朱新礼觉得值,可口可乐也声明价格合理,买卖双方皆大欢喜。⊖

本月由美国次贷引发的"百年未见"的金融危机进一步恶化,在美国政府

⊖ 此交易后因中国商务部反对而取消。

宣布动用 850 亿美元拯救美国国际集团（AIG）的当天，这家全球第一大保险公司的股价下跌 45%，过去一年中它已经累计下跌了 97%。同时华尔街巨头雷曼兄弟破产、美林被买，至此美国华尔街五巨头已经垮掉三个。各国均采取措施试图挽救危机，巴基斯坦设定指数下跌的底线，俄罗斯甚至关闭证交所以阻止股市的进一步下挫。中国股市在过去 11 个月中下跌 70%，总市值损失 22 万亿元，8 月 CPI 为 4.9%，央行下调贷款利率和部分存款准备金率，并于 18 日出台三个利好提振市场。

股市跌了这么多，大家关心是否到底了？股市有句谚语："牛市不言顶，熊市不言底。"换言之，顶在顶上，底在底下。巴菲特承认自己无法预测股市，于是有人称其为"二流的投资家"，那么谁是"一流的投资家"呢？答案是：上帝。至于充斥在市场上乐此不疲称自己能准确预测的人，或许超越了我们所能理解的范围。

抛开投资艺术性的分歧，可以在科学的部分做些工作，让我们来"解剖一只麻雀"看看。一家上市公司，目前市值约 140 亿元，2007 年营业收入 15 亿元，净利润 11 亿元，比 2006 年增长 300%，今年上半年营业收入 6.8 亿元，同比增长 30%，净利润率约 70%（要知道在被称为暴利行业的房地产业，其龙头企业万科的净利润率也不到 20%），负债为零，手中现金 60 亿元。请想一想，用 140 亿元买下一家拥有 60 亿元现金、没有负债、没有应收账款、没有存货、每月净赚 1 亿元的公司，是否值得？但是残酷的现实告诉我们，即便物有所值并不代表不会下跌，该公司的股票从过去一年的高位下跌了 60%，现在仍然面临是否会继续下跌以及会在低位徘徊多久的问题。

中国的投资者在坍塌的资本大厦下煎熬了 11 个月，付出了 20 多万亿的代价，仍然心怀对于资本春天的不死渴望。如果要评选"谁是 2008 年最可爱的人"，请投"中国投资者"一票。

西方的银行业可以给信用良好的人授予信用额度（credit line），受信人可以选择使用与否，在实际使用资金时计息。在此申请信用额度 150 万元，年息 8%，按季支付。

■ 本期买入中国内地市场民生银行（600016）5 万股，4.89 元 / 股，使用 信用杠杆 20 万元。

模拟实盘投资组合展示（2008 年 9 月 19 日）

中国内地市场	股数	成本	市价	市值	市值
民生银行（600016）	90 000	5.60	4.89	440 100.00	440 100.00

中国香港市场	股数	成本	市价	市值	市值
中保国际（0966）	10 000	9.610	14.68	146 800.00	128 772.96
江西铜业（0358）	5 000	14.92	8.59	42 950.00	37 675.74
比亚迪（1211）	7 800	13.19	8.73	68 094.00	59 732.06
中信银行（0998）	26 000	4.74	3.81	99 060.00	86 895.43
阿里巴巴（1688）	9 000	11.04	7.65	68 850.00	60 395.22

美国市场	股数	成本	市价	市值	市值
巨人（GA）	3 000	10.79	7.70	23 100.00	157 717.56

现金					7 290.25
信用杠杆					（200 000.00）
净资产总值					778 579.22

> **备忘** 2008/9/20 中国银行外汇牌价中间价：美元 682.76，港元 87.72 。
>
> 专栏自 2007 年 4 月开启至今，
>
> 上证综指自 3525 点到 2059 点，−41.59%；
>
> 香港恒生指数自 20 520 点到 18 957 点，−7.62%；
>
> 道琼斯自 12 923 点到 11 221 点，−13.17%；
>
> 专栏投资组合自 100 万元到 77.86 万元，−22.14%。

所谓熊市，就是如果盈利下降，预计公司将会亏损，所以股票下跌；即便盈利增长，也会预计股价将下降，所以也下跌。

谁还关心价值

2008 年 10 月 20 日

记得 1 年前有本名为《昏睡》的书，大约是建议投资的好方法是买了好企业的股票然后长久昏睡。这个方法在牛市中提出，容易令人接受，但其运用在熊市中开始更为适用。10 月中旬，整个世界资本市场加速下行，蒸发的市值几乎相当于过去 1 年的累计，令人胆战心惊乃至慌不择路，有人打算重新选择存银行以图稳健。事实是存银行大约 25 年翻一番，有这样的耐心，索性拿出 5 年时间买了股票昏睡吧。

就像我们《钱经》的这个专栏到今天似乎也可以关闭了，如果我们昏睡一段时间，不用 5 年，在省去了每日折磨的同时，可能会更加健康、快乐和富有一些。

上周巴菲特罕见地公开建议买股票，并重复了 30 年前的名言："要致富买股票（buy stocks and get rich）。"人们或许好奇既然如此物有所值，为何还有人在卖？答案是：目前的市场已经十分恐慌，人们不再问好坏，只是争相退出。这是个很少有人再关心价值的时代。唐朝李商隐在慨叹贾谊的人才价值被天子忽视时，写道："可怜夜半虚前席，不问苍生问鬼神"，现在"可怜天下投资人，不问价值争逃命"。

前不久，一位上市公司的 CEO 朋友不解地说："他们（同行）盈利下降了一半，股价下跌了 70%；我们公司盈利上升了 200%，股票也下跌了 70%。没道理啊？！"是啊，这就是熊市。所谓熊市，就是如果盈利下降，预计公司将会亏损，所以股票下跌；即便盈利增长，也会预计股价将下降，所以也下跌。

9月，巴菲特5亿美元投资被拒绝事件谜底揭开，他看中的是中国电动汽车制造商比亚迪，后者最终接受了18亿港元（合2.3亿美元）的投资，折合10%的股份。这是一家从事手机电池和汽车生产的公司，它目前的雄心是将电动汽车产业化，最终取代汽油汽车，并在2025年成为世界第一的汽车商，其年轻而进取的掌舵人王传福放言："要将全世界的油价打下来"。[⊖]

这世界就是变化快，还没等到比亚迪的电动车上市，连续飙升数年之久的石油价格在4个月之内已经下跌了50%。好像什么都降了，中国前三季度GDP和CPI双降，人们所担忧的通货膨胀变为通货紧缩。

人们觉得"金融风暴"已不足以形容这次危机，于是称呼升级为金融海啸，广泛地加以探讨其来龙去脉。

在过去的日子里，我们看到的新闻，包括：中国出口8亿件衬衫才能换回一架飞机；2008年中国外汇储备已达18 000亿美元；中国购买了大量的美国国债；美元大幅贬值；雷曼兄弟破产、两房倒闭，众多美国之外的银行或机构无法收回投资……

那些在过去一年、数年、数十年间发生的事情，与上述信息拼在一起，会得到一个怎样的画面？完整的故事是，美国人说：你生产的东西给我用（例如中国生产的衬衣）；你的钱借给我花（例如中国购买美国国债以及公司债券）；最后，我不打算还钱（美元贬值、美国公司破产）。

在过去的三五十年中，美国占尽了天下的便宜。整个事情简单而言就是：美国人花完了自己现在的钱，又花完了自己未来的钱，接着借世界其他国家人民的钱，花完后，最终打算赖账。

华尔街的精英将评级为AAA级（即最安全）的债券卖给包括中国在内的

⊖ 当时高盛预言石油会升至200美元/桶。

投资人，同时将中国的工、中、建等大行的信用评为 B 级，并在它们上市之前大量参股。时至今日，A 级投资血本无归，B 级投资却赚了上千亿元。顺便提一下，世界三大评级公司标准普尔、穆迪、惠誉均为美国企业。

我们目前仍然在暴风眼中，或许二三十年后再回头看看，2008 年可能是一个标志性的年度。一个人丧失了信用将无法再借到钱，一家企业丧失了信用将无法再融资，一个国家丧失了信用是否有可能例外？

■ 本期买入中国香港市场上的中信银行（0998）20 000 股，2.77 港元 / 股；现代美容（0919）45 000 股，1.18 港元 / 股；再次动用信用杠杆 10 万元。

模拟实盘投资组合展示（2008 年 10 月 20 日）

中国内地市场	股数	成本	市价	市值	市值
民生银行（600016）	90 000	5.60	4.40	396 000.00	396 000.00

中国香港市场	股数	成本	市价	市值	市值
中保国际（0966）	10 000	9.61	13.03	130 300.00	114 729.15
江西铜业（0358）	5 000	14.92	4.90	24 500.00	21 572.25
比亚迪（1211）	7 800	13.19	15.02	117 156.00	103 155.86
中信银行（0998）	46 000	3.88	2.77	127 420.00	112 193.31
阿里巴巴（1688）	9 000	11.04	4.78	43 020.00	37 879.11
现代美容（0919）	45 000	1.18	1.18	53 100.00	46 754.55

美国市场	股数	成本	市价	市值	市值
巨人（GA）	3 000	10.79	6.60	19 800.00	135 228.06

现金	11 756.00
信用杠杆	（300 000.00）
净资产总值	679 268.29

备忘

2008/10/20 中国银行外汇牌价中间价：美元 682.97，港元 88.05。

专栏自 2007 年 4 月开启至今，

上证综指自 3525 点到 1935 点，−45.11%；

香港恒生指数自 20 520 点到 15 082 点，−26.50%；

道琼斯自 12 923 点到 9052 点，−29.95%；

专栏投资组合自 100 万元到 67.93 万元，−32.07%。

这是最坏的时候，这是最好的时候，这是失望的人感到绝望的时候，这是梦想的人发现希望的时候。

穿越周期的四种力量

2008 年 11 月 20 日

11 月初我在西湖漫步，路边有人叫卖白兰花，阿婆将白兰花瓣用白色细线缠住，每两朵别在一片绿叶上。我买了两对，放在衬衣上的口袋里，沁人的清香氤氲满身，记得小时候只有春夏时才有这般袭人香气，没想到深秋了还有的卖。

此秋非彼秋，遥想去年今日应是金秋时节，眼前却是满目疮痍、极度深寒，以至于有人问我："春天还会回来吗？！"其实答案不言自明，除非历史从现在拐了个弯，一去不回头。但是我们一定能胜出吗？很可惜，答案是不一定。

如果我们去年投资了一家公司，去年盈利是 10 亿元，今年的盈利是 20 亿元。请问这是个成功的投资吗？我想大家会回答，应该是个成功的投资。但是现在告诉你，这家企业本身的价格在市场上下降了 50%，那么这还是个成功的投资吗？问题就复杂了。

天天困扰我们的情形还有很多，假设某甲及其朋友 10 个人每人需要一张桌子，大家一起去市场上选，对造型、质地、质量、颜色等都满意，一张 100 元，每人都买了一样的，得到了自己心仪的东西。在回家的路上，突然其中一人接到家里的电话，说家里急缺钱，就缺 20 元现金，于是此人当街叫卖 20 元售出，回家救急。于是某甲回家后遭到老爹一通训：傻瓜，我刚看见有人用

20 元买了张一样的桌子,你亏了 80 元!

大家都在寻找股市秘籍,如同《射雕英雄传》中九阴真经般的武功秘籍,但资本市场是所有市场中最贴近有效市场的,当历经艰辛找到所谓秘籍的时候,会发现和没有差不多。研究巴菲特的刘建位在央视介绍其投资秘诀时披露了以下两条:第一不要损失本金;第二不要忘记第一条。大部分人觉得跟没说一样,在这点上中国人实际上更有智慧,制胜的秘诀才四个字:低买高卖。言简意赅,能做到一定赚钱。

遍布周遭的信息几乎都是坏消息,"第四季度会差""明年经济会更差"之类,似乎没有人提后年、大后年,好像我们以后都不打算过了。如何能穿越这个周期的确需要具备一些条件。

第一,一些知识和理性。就像春夏秋冬会循环,经济也是一样的。除去最近的 12 个月,无论是中国内地股市、中国香港股市还是美国股市,过去的 10 年、20 年、100 年,无论再大的下跌,假以时日,市场都会复原,然后创新高。这次金融海啸,美国最大的单日跌幅约 9%,其实 1987 年黑色星期一,单日跌幅达到 23%,后来一样的是"复原然后创新高"。这年头似乎已经没有人期盼"创新高"了,那么 6000 点跌到 2000 点,乘几倍可以复原大家自己可以算算。第二,合适的资金。有了知识不代表可以赚钱,尤其是在全世界信心崩溃的时候,恐怕更是要准备长周期不急用的资金。第三,勇气。本次危机涉及面甚广,并非仅仅在股票市场。以恒久远为形象的钻石市场自 8 月以来,未切割的天然钻石下跌了 44%,预计明年下跌更甚,世界钻石中心主席说,业界当前的困境前所未见,"一无市场,二无流动资金,三无需求,更惨的是没有信心"。在别人发抖的时候,勇敢也是不容易的。第四,坚忍不拔。当年有人问后来统一全日本的德川家康:"杜鹃不啼,若听它啼,应如何?"家康答:"等待它啼。"这种坚忍的耐力帮助他取得了最终的胜利,也成为日本后世的一种国民精神。

如果还有第五条，应该是不太差的运气，10 月底不幸的日本股市跌到 26 年来的新低。天啊，如果我们也赶上一回，届时的你我已是青春不再了。记得当年在美国读书时，有日本的同学告诉我，在他们那里如有人买股票，会遭人笑话，因为整整近一代人过去了，从来没听说过谁买股票赚了钱。

■ 本期卖出中国香港市场上的中保国际（0966）10 000 股，9.28 港元 / 股；
   买入中国香港市场上的中信银行（0998）40 000 股，2.25 港元 / 股。

模拟实盘投资组合展示（2008 年 11 月 20 日）

中国内地市场	股数	成本	市价	市值	市值
民生银行（600016）	90 000	5.60	4.62	415 800.00	415 800.00

中国香港市场	股数	成本	市价	市值	市值
江西铜业（0358）	5 000	14.92	3.73	18 650.00	16 439.98
比亚迪（1211）	7 800	13.19	10.70	83 460.00	73 569.99
中信银行（0998）	86 000	3.12	2.25	193 500.00	170 570.25
阿里巴巴（1688）	9 000	11.04	4.32	38 880.00	34 272.72
现代美容（0919）	45 000	1.18	0.78	35 100.00	30 940.65

美国市场	股数	成本	市价	市值	市值
巨人（.GA）	3 000	10.79	6.17	18 510.00	126 436.26

现金					14 224.20
信用杠杆					（300 000.00）
净资产总值					582 254.05

备忘

2008/11/20 中国银行外汇牌价中间价：美元 683.07，港元 88.14 。

专栏自 2007 年 4 月开启至今，
上证综指自 3525 点到 1993 点，−43.46%；
香港恒指自 20 520 点到 12 137 点，−40.85%；
道琼斯自 12 923 点到 7844 点，−39.30%；
专栏投资组合自 100 万元到 58.23 万元，−41.77%。

便利一定是件好事吗？10年前买房子的都赚了，10年前买股票的基本都亏了，大家想过原因吗？其中一个重要的原因是：证券交易的便利性大大高于房产交易。出乎意料吧！

别了，2008

2008 年 12 月 20 日

近来又去了趟香港，这已是我今年第 N 次赴港了。遥想 18 年前，我第一次去深圳，前往世界之窗和民俗园参观，惊叹天下还有这么精彩的公园！我坐在路边的岩石上歇息时，有人遥指对面薄雾弥漫的海面、隐隐约约的山影，说："那就是香港。"如此的咫尺天涯，彼时年少的我心中升起无限向往和感慨："哪年才能去香港呢？"再后来就有了艾敬的《我的 1997》。这也算是改革开放30 年的一个小小缩影吧。

这次我住在尖沙咀繁华的弥敦道附近，当地是穿裙子衬衫的温度，我却夹着从北京带来的羽绒服怪异地在街上行走。次日清晨出来在周围散步，我发现背后的九龙公园是个优雅的所在，浓荫茂盛，鸟语阵阵，老人们舞剑打太极，各种植物有中英文的说明标签，池塘里有锦鲤和水鸟游荡，成群的有着仙鹤般长腿的火烈鸟竟然都是放养的。在如此寸土寸金的闹市，舍得留出这样的绿地，香港人的经验值得我们内地人借鉴。

我随手带了一本书路上翻翻，其中有段文字回顾当年红军从江西长征到陕北，30 万人只剩下 3 万人。对数字敏感的朋友是否觉得眼熟，下跌了90%！让人不由地想到了过去一年的股票走势。事情到了这个地步，沮丧是人之常情，但伟人就是与众不同，"今日长缨在手，何时缚住苍龙？"仍然秉持舍我其谁的气魄，估计当时心里打鼓的人不是没有，可是六盘山下的磅礴雄心终于化为现实。北京欢迎你，有梦想谁都了不起！

我浏览了最近一期的《钱经》，钱星专栏访问的是赵子琪（赵琳）。恰好刚看了她主演的电视剧，好奇心驱使我认真地阅读了这篇文章。与众多演艺界的朋友相仿，子琪没用太多时间考虑自己财务的安排，这也没什么不应该，因为演员最大的贡献就是给人民群众拍出好的影视作品，这是他们的专业。文章的标题是《投资安全性永远第一》，我怀疑是记者加上去的，因为子琪除了存款外没有什么投资，虽然银行存款也是理财方式之一，但通常不在人们所言的投资范围之内。根据过往的经验，投资安全性常常在市场低迷时惹人颂扬，而实际却误人错过投资的良机。记得 2002 年在美国网络股破灭导致的大熊市中，投资人跌得鼻青脸肿，我国香港地区各银行趁机推出各类"保本基金"，极受市场追捧，但当投资人持有五年到期时，没有一个不后悔的，因为他们同期错过了相当于百年的回报。

在回答"周围朋友中有没有理财高手"时，子琪回答："我看到的都是买房子发财的。"这与我们绝大多数人的见闻一致，1998 年房改，10 年前买房子的人都赚了，而 10 年前买股票的人基本上都亏了。大众经验主义地得出结论：还是买房子稳当。其实去年买房子的到今天也赔了，如果着急用钱就更麻烦了，因为跌了不代表可以卖出去，有价无市。目前香港市场的普通住宅价格比 1997 年还低 30% 左右，沉舟侧畔已流过了 11 年时光。

那么，为何买房赚得比买股票多呢？第一，绝大多数人买房子之前下了很多功夫研究，比如户型、方向、交通、周边设施、未来规划等，买股票却很少能下同样的功夫。第二，房屋动用资金量较大。购买房屋动辄几十万元、上百万元乃至更多（这也是人们下功夫认真对待的原因），100 万元涨一倍就是又一个 100 万元，如果是 20% 的首付，那更不得了，100 万元就变成了 600 万元。而买股票的门槛低多了，1000 元甚至更少就可以开张了，就算涨了，又解决什么问题呢，相关解答可以参看去年的文章。更为可怕的是这 1000 元的小试牛刀的成功，导致人有了"股神"般的良好感觉，然后在更高的价位追加投资，最后结局当然是悲惨的。这就是我们所谓的股票投资"看似低门槛陷阱"。所以我们只是听说买股票玩玩，很少见到有人买房子玩玩，玩玩的结果自然是"玩完"。第三有点不可思议，那就是股票交易的便利性大大高于房产交易。正因为如此，我们很少见有人这个月买了房子一个月后卖出赚钱，通常是一晃三五年甚至十年八年，因为房屋买卖过程极烦琐，而股票可以今天买，明天就卖，3个月都已算是长线了。由此可见，如果用买房的心来买股票，胜算就会大大提高。

子琪应是2002年左右买了股票，去年"稀里糊涂"逃顶成功，之所以没有亏钱，除了运气之外，是因为暗合了上期提到的四种力量中的第二种。子琪现在的财务安排偏保守，适合其30年后采用。如果用5~8年的财务规划能够创造出演戏之外的另一条收入线，应该是子琪值得考虑的。现在的市况实际上很符合她"刺激又安全"的性格标准，准备出5年的时间，或许会取得传统财务手段100年的成果。当然，找到合适的专人是重要一环。

新年到了，贺岁片的季节到了，前天看到冯小刚导演接受采访，被问及："2008年快过去了，您有什么怀念吗？"冯小刚答："还是让它快些过去吧。"是啊，除了奥运金牌的第一之外，2008年留给人们的记忆包括火车出轨、暴风雪、大地震、牛奶恐慌、金融危机、通货膨胀旋即紧缩、股市崩盘。当此处还在信誓旦旦地要做百年老店时，彼岸不时传来一个个百年老店灰飞烟灭的消息，所有的市场、所有的国家、所有的行业都受到了影响。

别了，2008，痛苦着并更加痛苦着的一年。

过去的成败已不再重要，现在做些什么影响着我们的未来。祝愿辛勤工作、追求美好生活的人们如愿以偿。你要相信我，春天会再来，那一天百花盛开，那一天所有的消息都是好消息，那一天所有人都在说"赚钱了"，那一天各路"股神"会再次"显灵"，我现在就提醒你一定要小心，如同我们今天要积极进取一样。

■ 本期卖出中国内地市场上民生银行（600016）20 000 股，4.37 元 / 股；
买入中国内地市场 50ETF（510050）120 000 股，1.53 元 / 股，再次动
用信用杠杆 10 万元。期末资产总值 637 748.66 元。

模拟实盘投资组合展示（2008 年 12 月 19 日）

中国内地市场	股数	成本	市价	市值	市值
民生银行（600016）	70 000	5.60	4.37	305 900.00	305 900.00
50ETF（510050）	120 000	1.53	1.53	183 600.00	183 600.00

中国香港市场	股数	成本	市价	市值	市值
江西铜业（0358）	5 000	14.92	6.33	31 650.00	27 915.30
比亚迪（1211）	7 800	13.19	12.40	96 720.00	85 307.04
中信银行（0998）	86 000	3.12	2.97	255 420.00	225 280.44
阿里巴巴（1688）	9 000	11.04	5.92	53 280.00	46 992.96
现代美容（0919）	45 000	1.18	0.58	26 100.00	23 020.20

美国市场	股数	成本	市价	市值	市值
巨人（GA）	3 000	10.79	6.13	18 390.00	125 708.52

现金		18 024.20
信用杠杆		（400 000.00）
净资产总值		637 748.66

2008/12/20 中国银行外汇牌价中间价：美元 683.57，港元 88.20 。

专栏自 2007 年 4 月开启至今，

备忘

上证综指自 3525 点到 2017 点，−42.78%；

香港恒指自 20 520 点到 15 229 点，−25.78%；

道琼斯自 12 923 点到 8661 点，−32.98%；

专栏投资组合自 100 万元到 63.77 万元，−36.23%。

2009

　　盛时播良种于沃野，假以时日，待其成材
结果时，不但能平滑周期，也可泽被后世，莫
让后人复叹于后人。

如果经济学家的预测都准确的话，他们应该是福布斯排行榜的常客，可惜这样的情况从来没有发生过。

为了祖国和我们自己

2009 年 1 月 20 日

新年到了，我晚上去楼下的理发店，挤满了客人，老板建议再晚些去，过了 4 个小时再去，依然满屋子人。想起前天朋友电话中提起，上月去拉斯维加斯，也是人山人海，150 美元一张的演出票竟然一票难求。看来无论危机与否，日子还是照样过。

本月，北京市市长郭金龙在全国人民代表大会上谈到房价时表示："我不能托市。"与此同时，安徽省合肥市委书记孙金龙发出号召："以实际行动响应国家扩大内需政策，支持合肥建设与发展。"他购置了一套面积 80 多平方米、每平方米单价 3000 多元的住宅，以示垂范。这引发不少热烈议论。北京核心地段的房价某些项目的价格与 2007 年秋季高峰时相比，降者最多已经达到 40%，我怀疑开发商重新买地再盖房的成本也不低于此。有些新的商品房与同地段 20 年楼龄的居民楼价格相仿，而租金却能相差一倍。买不买房，大家自己算自己的账，因为自己要承担跌了或涨了所导致的痛苦或快乐的不同结果。

美国的花旗银行终于决定分拆为花旗公司和花旗控股，"帝国"土崩瓦解了。而目前美国最大的银行——美国银行（Bank of America）也被认为有可能是下一个花旗银行。这家银行在数月前被郎咸平在节目中作为例子："美国银行在去年底公布它由于次贷危机遭受到非常大的损失，但是通过建行的上市，它赚到了 1300 亿元，也就是说我们全国 13 亿老百姓每个人为此而出了 100

元。"这令人想起因 1900 年清政府签下的《辛丑条约》，赔款四亿五千万两白银，按每个中国人赔一两来确定。祖国贫弱了，每个国人都是被侮辱和被损害的。但是对于美好未来的渴望从未停止，正如方志敏在《可爱的中国》中写到："朋友，我相信，到那时，到处都是活跃的创造，到处都是日新月异的进步，欢歌将代替了悲叹，笑脸将代替了哭脸，富裕将代替了贫穷。"

本月同时有期盼已久了的好消息，1 月 14 日根据国家统计局的数据，中国国民生产总值超过德国，成为全球第三大经济体。记得 20 年前的冬天，从新闻联播里得知中国 GDP 第一次突破一万亿元；记得 10 年前中国的 GDP 是全球第七位；记得两年前中国的外汇储备超越日本为全球第一。祖国前进的脚步从未停息，但是质疑之声也从未断过。

2005 年的夏天，我在温哥华打高尔夫，那里环境优美，果岭上竟然能遇到散步的黑熊。同行的一行人晚宴时，鉴于中国资本市场的严重不景气，讨论到中国的金融业，以寿险行业为例，他们对我说："中国不行的，很多人没有保险意识、管理水平低、投资回报率差等，怎么可能好？"当时是中国上一次大熊市的第五年，几乎所有人都亏损，整个证券行业难以为继，中国人寿 3 元贱卖还要遭美国人以欺诈罪名起诉，没有人看得到光明。会上我是唯一来自中国内地的代表，我告诉大家."你们说的都是事实，我的问题是在一个保险意识如此低下、管理水平不高的地方，中国人寿的一年保费收入是 1300 亿元现金，等到有一天人们的保险意识提高了、管理水平进步了、投资回报理想了，它应该赚多少钱？"在那之后的一年多，中国人寿的股价上涨了约 10 倍（当时它没有在国内上市，仅在美国和中国香港地区上市）。

今天人们洗耳恭听经济学家提供的翔实的坏消息分析，以期避实击虚，从中获利。但是历史的另一面是，如果经济学家的预测都准确的话，他们应该是福布斯排行榜上的常客，可惜这样的情况从来没有发生过。黑格尔说："人类唯一能从历史中吸取的教训就是，人类从来都不会从历史中吸取教训！"

如果你曾读过美国人写的《上帝、祖国和可口可乐》，就可以体会什么成就了今日的美国。过去的30年中国经济发展的动力来自以下三个方面：出口、投资、消费。现在美国的危机导致出口引擎熄火，政府宣布四万亿元投资计划，时任总理说信心比黄金还宝贵。每个国人都可以在消费上做些贡献，合肥市规划局局长在当地电视台镜头前高喊"买房就是爱国"，买房或许是大项，至少可以多去旅游一趟，多看一场电影。叶问一次完胜十个日本武士是爱国，梅兰芳蓄须明志拒绝演出也是爱国，当看电影《赤壁》中，周瑜带领东吴将士冲锋时，让人想起昔日的口号：为了新中国，冲啊！今天我们可否喊一声：为了祖国，消费！

模拟实盘投资组合展示（2009 年 1 月 19 日）

中国内地市场	股数	成本	市价	市值	市值
民生银行（600016）	70 000	5.60	4.42	309 400.00	309 400.00
50ETF（510050）	120 000	1.53	1.51	181 200.00	181 200.00

中国香港市场	股数	成本	市价	市值	市值
江西铜业（0358）	5 000	14.92	5.82	29 100.00	25 637.10
比亚迪（1211）	7 800	13.19	13.74	107 172.00	94 418.53
中信银行（0998）	86 000	3.12	2.82	242 520.00	213 660.12
阿里巴巴（1688）	9 000	11.04	5.52	49 680.00	43 768.08
现代美容（0919）	45 000	1.18	0.48	21 600.00	19 029.60

美国市场	股数	成本	市价	市值	市值
巨人（GA）	3 000	10.79	5.59	16 770.00	114 639.72

现金		14 024.20
信用杠杆		（400 000.00）
净资产总值		613 770.35

备忘

2009/1/20 中国银行外汇牌价中间价：美元 683.85，港元 88.10。

专栏自 2007 年 4 月开启至今，

上证综指自 3525 点到 1975 点，−43.97%；

香港恒指自 20 520 点到 12 988 点，−36.71%；

道琼斯自 12 923 点到 8114 点，−37.21%；

专栏投资组合自 100 万元到 61.38 万元，−38.62%。

我们不需要每天都有新主意，需要关心的是如何将一个正确的主意数年如一日地贯彻好，这是真的大不易。

一场战斗和战争的区别

2009 年 2 月 20 日

2 月 17 日，北京下了 2009 年的第一场雪，似乎比往年晚了些，绒花一样，让人感到春节没有过完，两天之后，阳光灿烂得跟什么都没有发生过一样。股市的阴晴似乎比天气还难以预料，过去一个月中国的股市成为全球范围内表现最佳的市场，但并非人人高兴，因为有人在新年之前紧赶慢赶地麻利出货了，这都是便利惹的祸。

美国今年头两个月已经有 14 家银行倒闭，这个数字在 2008 年是 25 家，据说未来还会有 1000 家银行倒闭。看来美国人永远无法理解中国的银行为何不会倒闭，就像当年无法理解中国股市的国家股、法人股、转配股、债转股为何物一样。

金融危机夺去了许多人的财富甚至性命，众人眼中与赌场一般的股市，更是被认为是小赌怡情而不是创造财富的所在。但香港的资深财经媒体人士曹仁超先生，靠着多年来的投资积累了亿万身家，他回顾过去时总结，他的财富 85% 来自投资回报，只有 15% 来自 38 年薪金减去每年开支储蓄下来的资金。

过去一个月开门红的股市行情，让喜上眉梢的人们同时发现几乎没有解决什么问题。重大的行情往往五六年才有一次，想在资本市场上成功是不容易的，首先看是否有机会，这甚至更多地与运气有关；其次，有了机会能否抓住；再次，抓住了能否重仓抓住，别说你的股票涨了 10 倍，可惜只投了

1000 元。

高兴却不能解决问题，就是我们今天所谓的一场战斗和战争的区别。

例如，昨天所有股票都是涨停板，人们的总资产绝对没有在一天之内上升 10%。我是说资产总额，而不是已投资的部分。或许有人有 100 万元，前一天有 30%（也就是 30 万元）的仓位，高兴地对你说：你看我一天就赚了 10%！但是我们都知道这并不是说总资产的回报率。

现今股市，热闹的故事到处流传，最后什么问题都没有解决。光热闹没有用，我们需要的是打决定命运的战争，从而奠定最终胜利的基础。做一个战争型而不是战斗型的选手，即我们不需要每天都有新主意，需要关心的是如何将一个正确的主意数年如一日地做好，"不抛弃，不放弃"是真的大不易。

股市连涨三天，股民就会忘了昨日的痛，开始新的"研究"或猜测，把更多的时间花在猜测他人想法上是不值得的，这也是算命先生鲜有成为成功人物的真正原因。短期的偶然因素（包括政策在内）只是产生短期的激发价格的因素，对于价值没有什么实质影响，例如股票一个涨停板，所有人都知道这并不表明它们的净利润增加了 10% 或者销售额增加了 10%，而后者与我们判断投资对象的价值有关。从来没有一个企业家指望上一个项目第二天甚至第二年赚钱，但这恰恰是企业家大多赚钱，而"炒股"大多亏钱的真正原因，虽然大家嘴上不肯承认。

■ 本期收到现代美容（0919）中期股息 430 港元，收取派息 1935 港元，合人民币 1705.70 元。资产总值 695 429.69 元。

模拟实盘投资组合展示（2009 年 2 月 20 日）

中国内地市场	股数	成本	市价	市值	市值
民生银行（600016）	70 000	5.60	4.76	333 200.00	333 200.00
50ETF（510050）	120 000	1.53	1.66	199 200.00	199 200.00

中国香港市场	股数	成本	市价	市值	市值
江西铜业（0358）	5 000	14.92	6.01	30 050.00	26 489.08
比亚迪（1211）	7 800	13.19	15.99	124 722.00	109 942.44
中信银行（0998）	86 000	3.12	2.81	241 660.00	213 023.29
阿里巴巴（1688）	9 000	11.04	7.20	64 800.00	57 121.20
现代美容（0919）	45 000	1.18	0.41	18 450.00	16 263.68

美国市场	股数	成本	市价	市值	市值
巨人（GA）	3 000	10.79	6.07	18 210.00	124 478.10

现金	15 729.90
信用杠杆	（400 000.00）
净资产总值	695 447.69

备忘

2009/2/20 中国银行外汇牌价中间价：美元 683.57，港元 88.15。

专栏自 2007 年 4 月开启至今，

上证综指自 3525 点到 2234 点，−36.62%；

香港恒指自 20 520 点到 12 743 点，−37.90%；

道琼斯自 12 923 点到 7363 点，−43.02%；

专栏投资组合自 100 万元到 69.54 万元，−30.46%。

他用半个世纪的实践唤起了人们对于投资创造财富的渴望，却没有在有限的时间里实现给他们看，这就是巴菲特的错。

巴菲特的错

2009 年 3 月 20 日

清晨窗外透进早春第一缕阳光的时候，隔壁传来小儿朗朗的读书声："天街小雨润如酥，草色遥看近却无……"北京近几十年来最冷的冬天终于过去了，虽然时不时地还有些倒春寒的意思，却挡不住抽绿吐蕊的脚步。

倒春寒的逆袭和春天颜色的搏斗同样表现在资本市场上。2 月的最后一个周五花旗银行下跌了 40%，而在这之前它已经跌去 90%；3 月初 AIG 公布 2008 年业绩为亏损 993 亿美元，除创造了新的吉尼斯亏钱纪录之外，该数字同时意味着其创立 80 余年来历年累计净利润被一笔勾销；随后，百年来以稳如磐石形象深入人心的汇丰银行公布了下降 70% 的业绩及 1300 亿港元的天文数字集资，使其股价 5 天下挫了 50%，引得香港资深股评人士在节目中当众潸然泪下。过去一周中花旗银行的股价上升了 200%，AIG 上升了 300%，虽然距离其曾经的高峰依然下跌了 95%，但是人们总算有些可以"遥看"的"草色"了。

上周巴菲特的伯克希尔 – 哈撒韦公司公布了 2008 年第四季度及全年的业绩，净利润季度同比下降 96%，全年下降 62%，净利润为 50 亿美元。在给其股东的信件中，巴菲特提到了一些投资失误，包括投资康菲石油和两家爱尔兰银行的股票。于是满世界都在讨论巴菲特的错，我亦被媒体问及："他为何错？错在哪儿？"通俗的回答是因为他没有买到最低点（即抄到底），以及他不是神，请把他当人看。

半个世纪以来，巴菲特的投资生涯伴随着不断的错误，前年他 14 元每股卖出中石油时，众人也像如今一样热闹地讨论巴菲特的错在于"卖早了"，巴菲特也点头称是，于是闷声发大财的老巴赚了 10 倍，批评他的专家到现在还在满地找牙。他著名的收益超过 100 倍的《华盛顿邮报》投资案，当年也是投资之后才开始赚钱的。值得人深思的是为何总犯错误的他成了有史以来最为成功的人之一。

价值投资者的悲哀在于，即便他们以价值作为行为方式的前提，他们的记分牌却是价格。价值与价格的关系是我们都耳熟能详的"以价值为中心，价格围绕价值上下波动"。但是媒体大众热衷的是价格，老巴一直试图有所改变，比如他每年的年报提供了 1965 年以来公司每股净资产（不是股价）和 S&P 500 指数变动的比较，我们这里截取了过去 19 年的数据（表一），同时搜集了同期其股价变动和 S&P 500 指数变动比较的数据（表二）。以净资产的标准衡量，老巴 19 年仅输给市场 3 次，但是以价格的标准衡量，他输的次数翻了一番，达到 6 次，而目前热炒的"犯错 2008"，无论以何种标准看，老巴确实赢了。

表一　伯克希尔每股净资产变动和 S&P 500 指数变动比较

年度	伯克希尔净资产	S&P 500	相应结果
1990	7.4%	−3.1%	10.5
1991	39.6%	30.5%	9.1
1992	20.3%	7.6%	12.7
1993	14.3%	10.1%	4.2
1994	13.9%	1.3%	12.6
1995	43.1%	37.6%	5.5
1996	31.8%	23.0%	8.8
1997	34.1%	33.4%	0.7
1998	48.3%	28.6%	19.7
1999	0.5%	21.0%	−20.5

（续）

年度	伯克希尔净资产	S&P 500	相应结果
2000	6.5%	−9.1%	15.6
2001	−6.2%	−11.9%	5.7
2002	10.0%	−22.1%	32.1
2003	21.0%	28.7%	−7.7
2004	10.5%	10.9%	−0.4
2005	6.4%	4.9%	1.5
2006	18.4%	15.8%	2.6
2007	11.0%	5.5%	5.5
2008	−9.6%	−37.0%	27.4

表二　伯克希尔股价变动和 S&P 500 指数变动比较

年度	伯克希尔股价	S&P 500	相应结果
1990	−20.06%	−3.1%	−16.96
1991	35.07%	30.5%	4.057
1992	32.39%	7.6%	24.79
1993	39.23%	10.1%	29.29
1994	24.58%	1.3%	23.28
1995	56.59%	37.6%	18.99
1996	6.56%	23.0%	−16.44
1997	35.69%	33.4%	2.29
1998	52.17%	28.6%	23.57
1999	−20.65%	21.0%	−41.65
2000	26.56%	−9.1%	35.66
2001	5.73%	−11.9%	17.63
2002	−2.74%	−22.1%	17.36
2003	15.97%	28.7%	−12.73
2004	4.33%	10.9%	−6.57
2005	0.81%	4.9%	−4.09
2006	24.63%	15.8%	8.83
2007	28.26%	5.5%	22.76
2008	−31.88%	−37.0%	5.12

目前巴菲特公司的股票价格几乎与 10 年前持平，但是其每股净资产已增加了 95%。1 年多来，虽然巴菲特公司的股价从 15 万美元 / 股下跌了 50%，但是其净资产只下降了 9.6%，45 年前股价仅为 8 美元 / 股。他战胜了市场，满世界却在"百步笑五十步"地关注他的"错"。

想起鲁迅在《呐喊》中的比喻，在一个没有门窗的铁屋子里，你若唤醒一些本可以昏睡而死的人，反而让他们感受"无可挽救的临终的苦楚"，"你倒以为对得起他们吗？"由此看来巴菲特的错在于，他用半个世纪的实践，唤起了人们对于投资创造财富的渴望，却没有在有限的时间里实现给他们看。年近 80 岁的巴菲特若能听到罗大佑"为了理想历尽了艰苦"的歌词，一定也会心有所感吧。或许是我们多虑了，或许他老人家在偷着乐呢，并心中默吟《三国演义》中孔明所吟之诗："大梦谁先觉，平生我自知，草堂春睡足，窗外日迟迟。"

■ 本期买入花旗银行（C）1000 股，2.61 美元 / 股；中国人寿（601628）1000 股，21.31 元 / 股；现代美容（0919）45 000 股，0.40 港元 / 股。财务费用 6000 元，期末资产总值 734 176.90 元。

模拟实盘投资组合展示（2009 年 3 月 20 日）

中国内地市场	股数	成本	市价	市值	市值
民生银行（600016）	70 000	5.60	4.85	339 500.00	339 500.00
50ETF（510050）	120 000	1.53	1.724	206 880.00	206 880.00
中国人寿（601628）	1 000	21.31	21.31	21 310.00	21 310.00

中国香港市场	股数	成本	市价	市值	市值
江西铜业（0358）	5 000	14.92	8.01	40 050.00	35 284.05
比亚迪（1211）	7 800	13.19	14.77	115 206.00	101 496.49
中信银行（0998）	86 000	3.12	2.89	248 540.00	218 963.74
阿里巴巴（1688）	9 000	11.04	7.59	68 310.00	60 181.11
现代美容（0919）	90 000	0.59	0.40	36 000.00	31 716.00

美国市场	股数	成本	市价	市值	市值
巨人（GA）	3 000	10.79	7.14	21 420.00	146 283.61
花旗（C）	1 000	2.61	2.61	2 610.00	17 824.47

现金	4 737.43
信用杠杆	（450 000.00）
净资产总值	734 176.90

2009/3/20 中国银行外汇牌价中间价：美元 682.93，港元 88.10 。

专栏自 2007 年 4 月开启至今，

上证综指自 3525 点到 2272 点，−35.55%；

香港恒生指数自 20 520 点到 12 977 点，−36.76%；

道琼斯自 12 923 点到 7370 点，−42.97%；

专栏投资组合自 100 万元到 73.42 万元，−26.58%。

备忘

有一种成功叫犯错，有一种赞赏叫沉默。

有人夸我文章好

2009 年 4 月 20 日

亲爱的《钱经》的读者朋友们，又是一年春花烂漫的时节，也是这个专栏两周年的时候。在过去的 24 个月中，我们经历了 6 个月的牛市、18 个月的熊市，而且是带来史无前例灾难的巨熊。

同期我们当初提及的 4 个市场 7 个指数的主要表现如下：

上证综合指数，	从 3525 点到 2528 点，	−28.28%；
深圳综合指数，	从 985 点到 854 点，	−13.3%；
香港恒生指数，	从 20520 点到 15 630 点，	−23.83%；
加拿大多伦多指数（TSX），	从 13 623 点到 9221 点，	−32.3%；
美国道琼斯指数，	从 12 923 点到 7965 点，	−38.37%；
美国纳斯达克指数，	从 2523 点到 1625 点，	−35.6%；
美国标准普尔 500（S&P 500），	从 1477 点到 850 点，	−42.5%。

专栏的数字显示无论在牛市还是在熊市，我们都战胜了不同市场的所有指数，在所有的时间段战胜所有的指数，这是个难得的纪录，不见得能重来。

总结过去，基本上是不断犯错的历史，专栏曾经以 24 美元每股买的花旗，最终跌到 1 美元；曾经 90 美元每股买的贝尔斯登最终奇迹般地消失；曾经 26 港元每股仍持有的中国铝业，最终跌到 1 港元；曾经持有一年都不涨的网易，却在卖出后的次日莫名地大升，如此等难以尽数，甚至当初开立这个专栏也是个错误，运气之差还表现在当设定人民币为结算货币后，经历了其 30 年来最迅猛的升值。

但无论如何，从专业角度我们最终还是保持了前一年度的优势，并进一步拉大了距离。

在过去的一年中，不断有人夸奖我文章写得好，也许他们是不好意思说出"你也没有抄到底嘛"。或许更多具有善意的读者是不表示意见的沉默的大多数。这里我需要写下一句聊以自慰的话：有一种成功叫犯错，有一种赞赏叫沉默。

投资是以寂寞和孤独为主的历程，还记得电影《梅兰芳》中邱如白的话吗："谁毁了梅兰芳的孤独，谁就毁了梅兰芳。"多么残酷！如果对于寂寞的事业乐在其中还好，如果又感到寂寞又不喜欢，便是灾难。多半成功的人都认为自己行业艰苦不易为，做 VC 很成功的王功权就曾对我说："我们这个行业太累了，最好别干。"勾起无数人浪漫记忆、以《再别康桥》而闻名的诗人徐志摩，在纪念林徽因的文章中却披露：若再重来，志摩宁愿不再做诗人。难怪李太白都有"古来圣贤皆寂寞"的慨叹。

投资过程大体是搜集、研究、判断、执行、忍耐，然后再重复的过程，光芒四射的日子不太多。鉴于投资过程的无趣性，我们试图在小桥流水、渔舟唱晚般不经意中达到投资的目标，这便形成专栏文章中有关篇幅的风格。"躲进小楼成一统，管他冬夏与春秋"并不易，不但需要不抛弃、不放弃，还需要不被抛弃、不被放弃，有些事情由不得自己。即便我们通过不断学习，而知道景气循环，如同知道冬天再寒冷春天也会来一样，即便我们的精神可以穿越眼前的迷茫，而窥见未来的锦绣美好，我们沉重的肉身仍然要留在此刻的时空，历经必要的磨难。

大家一定想知道我们是否胜利在望？这让人想起毛主席曾经对于中国革命的描述："……是站在海岸遥望海中已经看得见桅杆尖头了的一只航船，它是立于高山之巅远看东方已见光芒四射、喷薄欲出的一轮朝日。"历史同时还告诉我们，在写下上述话语的 19 年之后，最终的胜利才真正到来。

春天来了，去年的樱花再次盛开，窗外是一株大大的樱花树，一束束粉色的花朵竞相地开着。早晨起来，窗外透过繁花，印着清澈蓝天的背景，刚刚割过的草地散发出清新的青草的味道。坐在窗下，翻阅巴菲特的传记《滚雪球》，在扉页写下："我们的雪道是中国，我们的雪球是中国的优秀企业，我对此坚信不疑！"

我们还能胜出吗？希望可以看得见。当然这一切至少需要两个前提：第一，我还在；第二，《钱经》还在。排名不分先后。

■ 本期买入美国联合控股（UCBH）3300股，2.20美元/股；巨人每股派息0.18美元，合计3689.77元，财务费用2000元。全球放松银根，信用额度的利率降为4%。期末资产总值928 021.48元。

模拟实盘投资组合展示（2009 年 4 月 20 日）

中国内地市场	股数	成本	市价	市值	市值
民生银行（600016）	70 000	5.60	5.85	409 500.00	409 500.00
50ETF（510050）	120 000	1.53	1.924	230 880.00	230 880.00
中国人寿（601628）	1 000	21.31	24.40	24 400.00	24 400.00

中国香港市场	股数	成本	市价	市值	市值
江西铜业（0358）	5 000	14.92	9.65	48 250.00	42 542.01
比亚迪（1211）	7 800	13.19	19.05	148 590.00	131 011.80
中信银行（0998）	86 000	3.12	3.11	267 460.00	235 819.48
阿里巴巴（1688）	9 000	11.04	8.69	78 210.00	68 957.76
现代美容（0919）	90 000	0.59	0.65	58 500.00	51 579.45

美国市场	股数	成本	市价	市值	市值
巨人（GA）	3 000	10.79	7.59	22 770.00	155 585.13
花旗（C）	1 000	2.61	3.12	3 120.00	21 318.65
联合控股（UCBH）	3 300	2.20	2.20	7 260.00	49 606.85

现金		8 820.35
信用杠杆		（500 000.00）
净资产总值		928 021.48

备忘

2009/4/20 中国银行外汇牌价中间价：美元 683.29，港元 88.17 。

专栏自 2007 年 4 月开启至今，
上证综指自 3525 点到 2528 点，−28.28%；
香港恒生指数自 20 520 点到 15 630 点，−23.83%；
道琼斯自 12 923 点到 7965 点，−38.37%；
专栏投资组合自 100 万元到 92.80 万元，−7.2%。

在这上上下下波动的时光里，摇曳在激滟的水光中，大盘指数却如同夫子庙码头的喧嚣，被越来越远地抛离在身后。

桨声灯影里的秦淮河

2009 年 5 月 20 日

对南京的秦淮河倾慕已久，多半是看了朱自清和俞平伯两位大师当年携手同游时留下的现代文学史上的一段佳话，当时两个风华正茂的青年相约写下了文风不同、各有千秋的经典同名散文《桨声灯影里的秦淮河》。

终于有机会在阔别 30 年后重游秦淮，傍晚时分华灯初上，游人如织依旧，只是游船上马达声替代了当年的桨声。坐在船尾的江南女子摇着还留有稍许功能的橹，咿呀地渐离了热闹的夫子庙码头，清波荡漾离散了水中的光影，静听着两岸曾经的澎湃与幽怨，令人思绪翩翩。

从小喜爱读书，多是没有钱买的，省下早餐的三五分钱直至可以买下一本心仪之册，现在还记得 30 年前叶永烈的科幻书《小灵通漫游未来》是 0.29 元一本。这样通常会留有遗憾，记得有一本讲述大兴安岭狩猎生活的书是 0.48 元，待攒够了钱，已经卖完了，令我至今耿耿于怀，有些愿望的实现需要时间，在看了柏杨的《中国人史纲》几乎 16 年之后我才拥有那本书。先前的小人书也不是一次性出齐，48 本一套的《三国演义》用了 5 年才集齐，据说现在很是值钱了。曾经看过凡尔纳的《神秘岛》上集，留下令人牵肠挂肚的悬念直至 10 年后看了同事给孩子买的下集时才揭开。

读书可以延扩我们有限的时空。在用 5 年集齐了《上下五千年》后，知道了击楫中流的奋发与闻鸡起舞的刻苦，读三国了解了一条计谋可抵百万大军。

广泛的阅读使我当年即便在图书馆看书时都是站着，因为读速的飞快让人觉得从书架走到座位都是在浪费时间。

对后来事业影响较大的应该是 1995 年底读的《巴菲特之道》，当时的感觉是"如同茫茫暗夜中行船发现了一盏指路明灯一般"，让人明白了投资的真正意义，在接下来的 20 个月里有幸获得了 10 倍的投资收益，为日后到国外读书打下了基础。

"书中自有黄金屋，书中自有颜如玉。"此言不谬也，是千百年来读书人的动力源之一，难怪巴菲特也说："我主要的工作是阅读。"当然光是傻傻地读书是不行的，"学而不思则罔，思而不学则殆"，阅读然后思考判断将规划出不同的人生，有本事的人可以从书中读出财富来。

读书可以使人少走些弯路。我通常会被问起：今年回报多少、去年多少之类的问题。标准答案是："这个行业我做了 17 年，现在还在。"十余年来眼看多少牛人灰飞烟灭，明白的人应该明白。惯看秋月春风，这也是多阅读的益处吧。这个专栏的创立也是受到"达则兼济天下，穷则独善其身"的理想感召，"修身、齐家、治国、平天下"的知识分子理想四部曲，能走到两步半已是不易了。

或许有人有疑问：这是投资专栏的文章吗？很是佩服蒲松龄的本领，一本《聊斋志异》将人们通常畏惧的恐怖妖精幻化成有情有义、知恩图报的可爱精灵，所以不一样就不一样吧。在这上上下下波动的时光里，漫不经心地摇曳在这秦淮河潋滟的水光中，大盘指数却如同码头的喧嚣一般越来越远地抛离在身后，应该也是一种志异吧。未来会怎么样，我们需要一起读下去。

■ 本期卖出中国内地市场民生银行（600016）20 000 股，6.57 元 / 股；50ETF（510050）30 000 股，2.036 元 / 股；中国香港市场现代美容 30 000 股，1.08 港元 / 股。买入中国人寿（601628）1000 股，23.62 元 / 股；美国联合控股（UCBH）3000 股，1.695 美元 / 股。期末资产总值 1 237 885.10 元。

模拟实盘投资组合展示（2009 年 5 月 20 日）

中国内地市场	股数	成本	市价	市值	市值
民生银行（600016）	50 000	5.60	6.57	328 500.00	328 500.00
50ETF（510050）	90 000	1.53	2.03	183 240.00	183 240.00
中国人寿（601628）	2 000	22.465	23.62	47 240.00	47 240.00

中国香港市场	股数	成本	市价	市值	市值
江西铜业（0358）	5 000	14.92	11.93	59 650.00	52 521.83
比亚迪（1211）	7 800	13.19	28.45	221 910.00	195 391.76
中信银行（0998）	86 000	3.12	4.44	381 840.00	336 210.12
阿里巴巴（1688）	9 000	11.04	12.72	114 480.00	100 799.64
现代美容（0919）	60 000	0.59	1.08	64 800.00	57 056.40

美国市场	股数	成本	市价	市值	市值
巨人（GA）	3 000	10.79	8.23	24 690.00	168 511.72
花旗（C）	1 000	2.61	3.84	3 840.00	26 208.38
联合控股（UCBH）	6 300	1.96	1.695	10 678.50	72 881.83

现金					169 323.42
信用杠杆					（500 000.00）
净资产总值					1 237 885.10

备忘

2009/5/20 中国银行外汇牌价中间价：美元 682.51，港元 88.05。

专栏自 2007 年 4 月开启至今，

上证综指自 3525 点到 2668 点，−24.31%；

香港恒生指数自 20 520 点到 17 486 点，−14.79%；

道琼斯自 12 923 点到 8511 点，−34.14%；

专栏投资组合自 100 万元到 123.79 万元，+23.79%。

投资失败真正的原因只有一个，就是一次或多次"成功地"高买低卖。"小赌怡情"是对于绝大多数人投资心理的贴切写照。

投资决胜的四个方面

2009 年 6 月 20 日

3 月以来，股市有如气温一样回升，各路人马又开始如同万物复苏一般热闹起来，"研究"股票的人又开始多起来。我是不太愿意与人探讨股票问题的，但终于一天被多年的老友截住非要聊聊"炒"股票，对于其展示的持股，我的问题是："你是否了解它的净资产收益率、净利润率、盈利增长情况、市盈率、市净率……"大多无言以对。所谓的"研究"只不过看看今天涨了多少、昨天跌了多少，局限于股价而已。既然这么多都不了解，凭什么期望投资赚钱？

这些日子多人对我提起的另一个故事是"当花旗跌到 1 美元的时候，我觉得应该买了"云云，我不明白为什么 1 美元的花旗就值得买，上述结论的持有者只不过知道了今天花旗的股价回升到了 3 美元这个结果，以期待倒推自己可能具有某些神通吧，可惜的是我们无法从后视镜中窥见未来。事实上，如果美国政府不出手援助，它应该跌到零（大家终于看到世界各国政府如何利用政策干预股市了吧）。如果你知道 AIG 从 80 美元跌到 1 美元后，又跌到 0.30 美元，脖颈一定会冒凉气。即便历史重演，谅也没有几人敢将身家性命押上。

类似的例子举不胜举，如著名的房地产商碧桂园此轮上升了 200%，但是距其高点仍然下挫了 75%。透过这些眼前的繁闹，事实是上证指数仍然下跌了 53%，恒生指数仍然有 40% 的跌幅。

投资成功的顶尖秘籍在本专栏中已经提过，与此相反，投资失败看似有千万条理由，实际上真正的原因也只有一个，就是一次或多次"成功地"高买低卖，无他。

你或许也会持有"没关系，反正拿一点钱试试"的观点，没错，这就是绝大多数人视投资为"小赌怡情"的工具的真实写照，这也是他们基本上不以投资为工作的主要原因，人们内心深处是知道久赌必输的道理的。这同样也是为何十年来"炒"股票的人绝大多数亏钱的最根本原因。

投资固然不可能每战必胜，每次卖到最高、买到最低是永远不可能的，但坚持一些原则可以增大胜算。投资的胜负在买入时就已经决定了，而不是在卖出时。如果能做好下面四个方面的工作，应该可以规避 80% 的风险，而不再靠运气赚钱。

第一，找到合适的投资对象，即找到合适的企业。长期而言，一家企业连续很多年都赚钱，而且一年赚的比一年多，股价最终会上涨。第二，具有合适的价格。但是如果为好东西付出过高的代价，好企业的股票在一定期限内可能并不能令人获利。好价格对于买家而言是指在同一对象情况下，价格越低越好。即便持同一理论的人也可能出现估值的不同，这涉及估值问题，复杂到可以独立成篇。第三，不要将借款和短期资金用于投资。实际上，财务杠杆是高手们经常采用的手段，但是一般投资人最好不要使用，其中的关键在于安排好健康的现金流。第四，适度的耐心。忍耐和等待在很多时候是美德，但经常被用反。很多人的耐心体现在被套时，经过长久以至于被遗忘的等待，稍有反弹即脱手，沾沾自喜时，眼睁睁看着大牛脱缰而去，待总结出应如何如何的经验时，往往是陷入下一个灾难的开始。

上述仅是简单的描述，实际上做到每一条都不易，后两条一般投资人做到即可，前两条可以交给专业的投资管理人，荀子曾言"君子性非异也，善假于物也"，让别人替你忍受折磨符合他老人家推崇的君子之道。

- 本期卖出中国内地市场民生银行（600016）50 000 股，7.94 元 / 股；中国香港市场比亚迪（1211）2000 股，29.70 港元 / 股；现代美容 60 000 股，0.96 港元 / 股。买入浦发银行（600000）20 000 股，21.73 元 / 股；中国人寿（601628）1000 股，26.81 元 / 股；中国香港市场阿里巴巴（1688）3000 股，13.02 港元 / 股；美股安纳利资本（NLY）260 股，15.30 美元 / 股。收到中国民生银行派息 0.08 元 / 股，合计 4000 元；中国人寿派息 0.23 元 / 股，合 460 元；支付财务费用 3500 元。期末资产总值 1 349 305.39 元。

模拟实盘投资组合展示（2009年6月19日）

中国内地市场	股数	成本	市价	市值	市值
浦发银行（600000）	20 000	21.73	21.73	434 600.00	434 600.00
50ETF（510050）	90 000	1.53	2.30	207 000.00	207 000.00
中国人寿（601628）	3 000	23.91	26.81	80 430.00	80 430.00

中国香港市场	股数	成本	市价	市值	市值
江西铜业（0358）	5 000	14.92	12.56	62 800.00	55 370.76
比亚迪（1211）	5 800	13.19	29.70	172 260.00	151 881.64
中信银行（0998）	86 000	3.12	4.63	398 180.00	351 075.31
阿里巴巴（1688）	12 000	11.54	13.02	156 240.00	137 756.81

美国市场	股数	成本	市价	市值	市值
巨人（GA）	3 000	10.79	8.30	24 900.00	170 161.62
花旗（C）	1 000	2.61	3.18	3 180.00	21 731.48
联合控股（UCBH）	6 300	1.96	1.41	8 883.00	60 704.65
安纳利资本（NLY）	260	15.30	15.30	3 978.00	27 184.86

现金					1 408.26
信用杠杆					（350 000.00）
净资产总值					1 349 305.39

> 备忘
>
> 2009/6/20 中国银行外汇牌价中间价：美元683.38，港元88.17。
>
> 专栏自2007年4月开启至今，
> 上证综指自3525点到2866点，−18.70%；
> 香港恒指自20 520点到17 887点，−12.83%；
> 道琼斯自12 923点到8570点，−33.68%；
> 专栏投资组合自100万元到134.93万元，+34.93%。

投资的难包括很多方面，其中估值是重要的一环。

为何人人爱当公务员

2009 年 7 月 20 日

在过去的 30 天中，被媒体大幅报道为"一个时代结束了"的故去名人至少有 3 个：学术大家季羡林老先生（享年 98 岁）、音乐巨子迈克尔·杰克逊（50 岁）、投资界名人老君安杨俊（44 岁）。惋惜"国学大师"离去的人，恐怕没几个看过他的重要著作《大唐西域记校注》，老人家当年主修印度学及梵文。迈克尔·杰克逊故去前的几年由媒体爆料的负面消息不断，不过他几乎创造了死后最赚钱的纪录。以羡慕的笔端描述杨俊 10 多年前，操纵数百亿元纵横捭阖的人，恐怕不知道，如若君安没有如此地挥斥方遒，也不会有作为国泰后缀的命运，它现在的名字叫国泰君安。我不晓得有多少时代可以结束，但厚死薄生、夸张能事似乎向来是吸引眼球的好方法。

上述看似偶然的事件，却意外地支持了长久以来的一个结论：投资不简单，甚至是危险的。其他所有行业的有效性均逊于资本市场，投资其实是最难的。近来股市又涨了，虽然距离 20 个月的高点仍然跌了一半，但是众人又开始认为"还是股票赚得快"，恐怕英文谚语"easy come，easy go"（来得容易，去得快）的描述更准确。

投资的难包括很多方面，其中估值是重要的一环。常常有人说：买股票心里没底。这个"没底"说的就是不知道值多少钱。投资是否赚钱在买入时就已经决定了，而不是卖出的时候，讲的就是估值。估值也很不容易，很抱歉这不是由我来决定的。在这个过程中，理性的人们会用一个指标来衡量一个投资对象，这个指标被称为"贴现率"，或折现率、回报率、净资产收益率、资产收益率、利率、预期收益率等，但是即便持有同一种投资理论的人，也可能因偏好而使用不同的贴现率，这就导致了情况的复杂性，两年前曦元同志曾经问："为什么现在所有的基金经理都声称自己做的是价值投资，但他们的行为却大相径庭？"其中一个原因就是他们可以以不同的贴现率作为投资的依据。对于一个每股净利 1 元的股票，认可 10% 贴现率（即投 100 元能赚 10元）的人认为值 10 元，而认可 5% 贴现率的人会认为值 20 元。同理，对于一个每年产生 10 万元净租金回报的房子，第一个人会出价 100 万元，第二个人出价 200 万元。总之，收入对应估值，收入越高估值越高，贴现率越低估值越高。

我一个 10 年前曾住北京的朋友日前来京，在观察了曾居住的地方后，说现在的租金和 10 年前差不太多，但房价几乎是原来的 3 倍。这正是因为整个社会所使用的贴现率降低的缘故，1995 年银行一年定存的利率是 10.98%，现在是 2.25%，那时利率是现在的 4.88 倍，也就是说今天你必须存入近 5 倍的本金，才能取得当年同样的利息收入。

这一定是个枯燥得令人昏昏欲睡的问题，那就以大家关心的找工作话题为例吧。投资界是个压力巨大的行业，纽约的朋友在见了太多华尔街的愁云惨淡后，打来电话说："宁愿让儿子做管道工，也不去华尔街搞金融。"理由也很朴素，经济不好时大家可以不买股票，但危机再大，下水道堵了还是需要有人疏通的，可见这是一份收入稳定的工作。

收入稳定的工作，是众人追逐的目标，所以经常有媒体报道一个公务员岗位会引来数千个应聘者。在适应工作后，如果这个岗位可以产生 10 万元的年收入，以 3 年定存 3.33% 的利率作为贴现率，这是 300 万元身价；以 5 年期国债的 5% 年利率为贴现率，这个岗位值 200 万元。如果这个被录取的人按目前一年定存利率 2.25% 折算，那他在被录取的一刻就有了超过 400 万元的身价。所谓身价是用于产生收入的资本，千万不要以为亿万富翁有一亿元现金在家里放着。

- 本期卖出中国内地市场 50ETF（510050）40 000 股，2.63 元 / 股；中国香港市场比亚迪（1211）1800 股，43.95 港元 / 股。买入中国香港市场江西铜业（0358）3000 股，14.50 港元 / 股。收到美国联合控股派息 0.01 美元 / 股，合 430 元。支付财务费用 1500 元。期末资产总值 1 580 677.11 元。

模拟实盘投资组合展示（2009 年 7 月 20 日）

中国内地市场	股数	成本	市价	市值	市值
浦发银行（600000）	20 000	21.73	25.09	501 800.00	501 800.00
50ETF（510050）	50 000	1.53	2.63	131 500.00	131 500.00
中国人寿（601628）	3 000	23.91	31.29	93 870.00	93 870.00

中国香港市场	股数	成本	市价	市值	市值
江西铜业（0358）	8 000	14.76	14.50	116 000.00	102 254.00
比亚迪（1211）	4 000	13.19	43.95	175 800.00	154 967.70
中信银行（0998）	86 000	3.12	5.34	459 240.00	404 820.06
阿里巴巴（1688）	12 000	11.54	15.05	180 600.00	159 198.90

美国市场	股数	成本	市价	市值	市值
巨人（GA）	3 000	10.79	7.58	22 740.00	155 361.95
花旗（C）	1 000	2.61	2.92	2 920.00	19 949.73
联合控股（UCBH）	6 300	1.96	0.96	6 048.00	41 320.54
安纳利资本（NLY）	260	15.30	16.16	4 201.60	28 705.75

现金					36 928.48
信用杠杆					（250 000.00）
净资产总值					1 580 677.11

备忘

2009/7/20 中国银行外汇牌价中间价：美元 682.71，港元 88.09。

专栏自 2007 年 4 月开启至今，

上证综指自 3525 点到 3231 点，−8.34%；

香港恒生指数自 20 520 点到 19 233 点，−6.27%；

道琼斯自 12 923 点到 8800 点，−31.90%；

专栏投资组合自 100 万元到 158.07 万元，+58.07%。

一个创意是如何变成一场投资风云秀的？受远在公海的杨天南之托，本专栏编辑跳脱台前，与读者分享专栏背后的故事，遥祝杨天南一路平安。

天南一片妙高云

文 / 记者　张曦元

2009 年 8 月 20 日

"同样是预测，为什么经济学家荣升最受尊敬的职业，而股评师则在令人不齿的职业排行里仅次于特殊工作者？"第一次与杨天南见面，笔者就被迎头抛掷过来这样的问题，忙不迭追问"为什么"！他答曰："前者预测多年后的事情，后者预测一天后的事情，即使同样都预测错了，股评师一天就被戳穿，而经济学家需要很多年。"在笔者消化的当口儿，这个慈眉善目颇有佛缘的人便以超快的语速继续："开个玩笑，其实只是想说，时间能改变一切。"

早在 1995 年受到《巴菲特之道》"感召"，杨天南影影绰绰地确立了自己的投资之路，作为从业 10 多年并且"剩下来"的一小撮投资人之一，杨天南穿梭于国内外解决"你家的问题"（参见专栏文章《股市涨了，你家的问题解决了吗》），在他看来，投资事业关乎幸福，所以投资绝非与证券市场打交道的简单生意，而是为投资伙伴们谋求生活的理想蓝图，也因为他，远在加拿大的花旗的投资伙伴们每年享受分红，品尝到了财富的甘美。

从"闷声发大财"到《钱经》开辟投资的真人秀（true man show），杨天南远比同行豁达开明，"巴菲特的投资道理很简单，只是知易行难"，他信奉的投资之道没有旁门左道，没有秘而不宣，没有内幕交易，只是以找到优秀企业并以低价购之，等待、坚持，所以也能在出版时间与交易时间的种种桎梏之下与读者怡然分享。熟悉"国际投资组合"的朋友也许能感觉到，杨天南在这里构建了异于华尔街节奏的"江南书院慢生活"，其间经历数次市场大涨大跌，却始终清淡交易、慢看市场。

构建投资于美国、加拿大、中国香港地区、中国内地四地的组合的想法来自亚洲股神东尼在《壹周刊》中定期刊登的专栏"天下第一仓"。2007 年春，小编与杨天南一拍即合，在一家味道不错的麻辣香锅店，《钱经》的"国际投资组合"诞生，专栏分为两个部分，上篇记述投资始末，为什么看好这家公司，为什么在这个时候出手或者按兵不动；下篇则以数据汇报本期组合以及四地的证券数额，杨天南希望在文字中让更多的人了解投资与财富，而小编则盘算着以直接的投资吸引更多的读者。在此后的 28 个月里，他站在《钱经》的"国际投资组合"栏目中，用一笔一笔的交易、一笔一笔的精彩记述实现专栏的初衷。立马江山千里目，让小编窃喜的是，一批"南粉"为了一页纸的"国际投资组合"而买下 100 多页的《钱经》，这样的电话每每接到手软，更有海外的粉丝在电话里恳求"能不能把杨老师的作品结集成册，我在加拿大定居，买《钱经》不是特别方便"，令我们意外的是，大多数读者并非直奔组合里的股票，而是饥渴于专栏文字的投资哲学，从构建专栏时的 100 万元到上个月的 1 580 677.11 元，文字的力量岂止于 58%？这样看来，比起东尼式的股评，杨天南的思想也许更能让读者从财富之道里深入浅出。

记得在专栏周年之际，杨天南如此记述：中国股市 5 个月下跌了 40%，上一次下跌 50% 花了 5 年（2001～2005 年大熊市），遭遇 2008 年的全球性崩盘，我们的组合在全球股市的哀鸿遍野中仍然保本。杨天南在给小编的邮件中感性依旧：在这一年里，整个市场经历了过山车，据说在一个营业部里，几百人面对绿色的大盘同时落泪。我们面对的是价格暴跌下的价值提升，我并不担心他们在未来的表现。严峻的是有多少人能够挺到黎明时分，我们都知道黑夜之后是黎明，但是目前的问题是：现在是晚上九点还是凌晨三点。

专栏的第二个周年在寒冷中度过，当时在温哥华的杨天南寄出的文章还附上了一幅拍摄的花团枝叶，他写道："温哥华的温度相当于北京2月的温度，所以仍然是春天景象，空气极其清透。"在照片中，我看到怒放的白色花朵和数不胜数的花骨朵。同时，组合正在从四成的亏损中慢慢爬升，到了4月20日的结算期时，组合回到了928 021.48元，杨天南给同期的文章取了一个颇有些自嘲的名字：有人夸我文章好，即便在6个月的牛市和18个月的熊市中组合完满地展示了战胜7个标杆指数的滑翔。

在景气与不景气中穿梭的投资组合能给我们带来什么反思？除了每一次买卖都展示着最真实的情绪，我们也许揣度变与不变，如杨天南发给笔者的短信所言：虽然开始仅准备写一年，事实上，我感到有可能5年甚至10年地写下去。我们会看到没有谁会一夜暴富，我们知道有些会穿越周期长久发展的优秀企业，唯需时间来证明。

杨天南在巴菲特的传记《滚雪球》的扉页写下："我们的雪道是中国，我们的雪球是中国的优秀企业，我对此坚信不疑。""江南好，一片妙高云。"此语出自纳兰容若。镇江金山最高峰唤作妙高山，此地孤峰登览，终年祥云缭绕，盘旋不歇。也有此一比，云为投资，变幻莫测，山是道理，亘古不变。

■ 本期（200908）收到中国人寿、江西铜业、中信银行、美国安纳利资本
　分红，没有买卖。期末资产总值1 530 330.78元。

模拟实盘投资组合展示（2009 年 8 月 20 日）

中国内地市场	股数	成本	市价	市值	市值
浦发银行（600000）	20 000	21.73	21.85	437 000.00	437 000.00
50ETF（510050）	50 000	1.53	2.30	115 000.00	115 000.00
中国人寿（601628）	3 000	23.91	27.06	81 180.00	81 180.00

中国香港市场	股数	成本	市价	市值	市值
江西铜业（0358）	8 000	14.76	16.55	132 400.00	116 684.12
比亚迪（1211）	4 000	13.19	41.775	167 100.00	147 265.23
中信银行（0998）	86 000	3.12	4.805	413 230.00	364 179.60
阿里巴巴（1688）	12 000	11.54	18.82	225 840.00	199 032.80

美国市场	股数	成本	市价	市值	市值
巨人（GA）	3 000	10.79	7.57	22 710.00	155 150.18
花旗（C）	1 000	2.61	4.335	4 335.00	29 615.85
联合控股（UCBH）	6 300	1.96	1.375	8 662.50	59 180.47
安纳利资本（NLY）	260	15.30	17.105	4 447.30	30 383.06

现金					36 928.48
分红					9 381.00
信用杠杆					（250 000.00）
净资产总值					1 530 330.78

2009/8/20 中国银行外汇牌价中间价：美元 683.18，港元 88.13。

备忘 专栏自 2007 年 4 月开启至今，

沪指 −8.37%，恒指 −6.27%；

专栏投资组合自 100 万元到 153.03 万元，+53.03%。

乐享一些娱乐化经济学家带来丰富斑斓的信息，同时大家仍须记住"盈亏自负"的社会法则。

彩色的经济学家

2009 年 9 月 20 日

秋天的凉爽已降临了北京，身边长着绿色大叶的柿子树，枝丫间四个月前还如手指般大的果实已硕大如拳，挂在高高的树端闪出橙红色诱人的成熟。路边的小贩用板车满载着刚从树上摘下的核桃叫卖，青绿的外皮仍然包在外面，令城里的小儿好奇驻足，小贩用刀剥开外皮才露出平日见惯的硬壳本色来。

可惜并非所有人都可品尝收获的滋味，尽管今春以来市场恢复了不少。近来有报道言有人状告著名空头股评家，缘由是因信其言少赚了几十万元（还不是亏了哦）。同样，年初社科院的学者出了本《房地产蓝皮书》，断言房价 3 年要降 50%。对此，有网友回应："如果这些专家敢把自己的房子全部卖了，去租房居住，等房价下跌 50% 再买回来，我才佩服他们！"现实的回答是，在随后的几个月房价令人吃惊地大涨。

联想到从七八年前就号召大家"千万别买房，一定会降"的经济学家易宪容，陷其忠实的拥趸于"以前咬牙还买得起，现在咬牙都买不起"的境地，实在也是出乎其本人的意料，易粉们如果知道这发出号召的人在此期间至少买了一套别墅加一套公寓，也一定有所惊诧。

数年前，看过一个最受尊重行业的调查表，排在第一的是科学家，股评家排在倒数第二。经济学家也应在科学家之列，10多年前有一本翻译的书名为《迷惘的经济学家》，大约是讲经济学家的绝大部分预言都不准确。实际上，经济学家预测的准确性与股评家的确有一拼，有时并不明白自己在说什么，反正都不太准。但为何名列两个极端呢？原因应是经济学家通常做较长期的预言，如"50年后中国是世界第一"，反正那时大家都不在了，但至少现在听着很提气。股评这个行业比较倒霉，今天推荐什么，明天九点半就验证，实在不是人干的活。分分钟致人财富短少，当然激起愤怒。所以千万不要问我对于近来股市的看法，答案是简单的"不知道"，我知道我不知道，这就是巴菲特常说的"清楚自己的能力圈"，平淡却真实。

相对于股评家遭到的恶评，越来越多的经济学家也开始受到指责。是什么模糊了最受尊重和最不受尊重的界限？归因于大众的兼容好学培养了一些经济学家的娱乐化倾向。

因2007年夏天出版《货币战争》而名声大噪的宋鸿兵近来出了2.0版本的《金权天下》，称其"成功预测2008年全球金融海啸"。特地回翻了第一本书，没找到任何预测2008年危机的线索，倒是无意中看到8月的有关宋先生专访的电视节目，其间，他被问及2008年11月其预测的"2009年4月金融危机第二波"为何没来？回答是因为没算到美联储会在3月狂印钞票，并再次预言危机第二波确定9月（本月）来。

爱好侦探推理的宋学者推断这次金融危机也是西方大鳄的阴谋之作，但令人费解的是为何这些"阴谋"将西方一流和超一流的金融机构几乎一举全部打残。宋的最大贡献在于用演义的方式普及了金融知识，就像《三国演义》之于三国的历史。可惜宋先生的成果被另一位广受追捧的经济学家郎咸平教授心直口快地斥为"胡说八道"。这位断言"中国没有一个行业是有潜力的"郎教授在被观众问及"郎教授，你怎么赚钱"时，断然回答："我不告诉你！"这反倒激起了观众的好奇心，有人模仿郎秀："各位观众，你们想一想，为什么生长在中国台湾地区、毕业于美国沃顿商学院、任职于香港中文大学的郎教授总是在中国大陆（内地）做节目？"请不要把郎教授当傻瓜。

另一位经济学家金岩石公开了"向听信预言股市 8000 点而没有卖股票的投资者道歉"。在近期的电视节目中，主持人提到有统计称其"3 年预测命中 27%"，基本不靠谱。金岩石以其一贯的从容和幽默回应："27% 已经是很靠谱了。"金学者最近以语不惊人死不休的精神论断："未来这二三十年很可能是中国超级泡沫的崛起和破灭的过程。"从期限上看这倒像是经济学家说的话，超越了股评家的水平，准确与否许久以后才会知道。我们现在已经知道的是，即便目前的房价真的下跌 50%，还是比数年前易学者建议"别买房"时高许多。即便一个阳光般的少年终究有一天也会故去，也不代表他应该不学习、不努力、不创造。"神龟虽寿，犹有竟时"，如果万物注定要归于无，那么至少请灿烂一下吧。

在资讯发达、多样化的今天，危机虽放大了一些经济学家的观点，但也是他们五彩斑斓的观点让我们的日子变得丰富多彩。"尽信书，不如无书"，广览博征、为我所用时，记住社会"盈亏自负""愿赌服输"的规则，没有人因为抱怨而成功。

过去的历史显示，从本本主义出发、数字出发的人，恐怕永远也测算不出精神、希望、毅力、执着的价值。如果当年信了专家"杂交水稻不可能成功"的论断，世上永无袁隆平；如果没有王进喜"不干，半点马克思主义也没有"的精神，就没有大庆的奇迹；如果郎教授 60 年前就有机会演讲，他也一定不信一个当时 80% 的人口不识字的中国，今天可以给经济学家开出高昂的出场费。

60 年大庆到了，未来一定还有很多值得期待的奇迹。是否还记得信乐团那高亢的嘹歌："许多奇迹，我们相信，才会存在！"

■ 本期卖出中国内地市场50ETF（510050）50 000股，2.34元/股；中国香港市场比亚迪（1211）1000股，63.23港元/股；美国市场巨人（GA）3000股，7.77美元/股。买入中国内地市场浦发银行（600000）5000股，20.46元/股；中国人寿（601628）3000股，28.43元/股；中国香港市场茂业（0848）30 000股，2.02港元/股；美国市场联合控股（UCBH）1000股，1.00美元/股；安纳利资本（NLY）140股，18.71美元/股。收到阿里巴巴派息0.20港元/股，合2115.60元；支付财务费用2000元。期末资产总值1 639 217.72元。

模拟实盘投资组合展示（2009 年 9 月 18 日）

中国内地市场	股数	成本	市价	市值	市值
浦发银行（600000）	25 000	21.48	20.46	511 500.00	511 500.00
中国人寿（601628）	6 000	26.17	28.43	170 580.00	170 580.00

中国香港市场	股数	成本	市价	市值	市值
江西铜业（0358）	8 000	14.76	18.81	150 480.00	132 648.12
比亚迪（1211）	3 000	13.19	63.23	189 690.00	167 211.74
中信银行（0998）	86 000	3.12	5.32	457 520.00	403 303.88
阿里巴巴（1688）	12 000	11.54	19.57	234 840.00	207 011.46
茂业（0848）	30 000	2.02	2.02	60 600.00	53 418.90

美国市场	股数	成本	市价	市值	市值
花旗（C）	1 000	2.61	4.37	4 370.00	29 856.28
联合控股（UCBH）	7 300	1.83	1.00	7 300.00	49 874.33
安纳利资本（NLY）	400	16.49	18.71	7 484.00	51 131.43

现金					112 681.58
信用杠杆					（250 000.00）
净资产总值					1 639 217.72

备忘

2009/9/18 中行外汇牌价中间价：美元 683.21，加元 615.23，港元 88.15。

专栏自 2007 年 4 月开启至今，

上证综指自 3525 点到 3004 点，−14.78%；

香港恒生指数自 20 520 点到 21 641 点，+5.46%；

道琼斯自 12 923 点到 9825 点，−23.97%；

专栏投资组合自 100 万元到 163.92 万元，+63.92%。

企业家往往囿于已有的辉煌，过于自信地认为可以复制过去的成功。

盛时播下不衰的种子

2009 年 10 月 20 日

日前，一个企业家朋友谈起著名电脑制造商联想盈利大跌，迫使已经退休的老帅柳传志重新出山，感慨地提道："听说联想的股价低时只有 1 港元 / 股？"回来查了一下资料，目前在港上市的联想总市值约 400 亿港元，2009 年初最低时约 100 亿港元，这个数字在两年前高峰时是 1000 亿港元。

记得 10 多年前，经历了 1997 年亚洲金融危机和 1998 年百年不遇的大洪水后，资本市场渐趋恢复，联想的股价令人瞠目地上升了 50 倍（一些联想人今天的居所，还是拜这次牛市所赐），并坐稳国内第一大 PC 之位至今。如今 PC 已是成熟行业，物壮则老，月盈则亏，规律使然，不由人的意志而转移。若想昔日重来，定需老树发新枝。

遥想当年，柳帅传道后生之时，腾讯标价 50 万元贱卖，竟无人问津，百度、阿里巴巴尚无踪影。如今，腾讯总市值达 2500 亿港元，阿里巴巴、百度也已是超 1000 亿元之巨型企业，同属科技板块，如果当时"正当年"的联想拿出身价的一小部分，恐怕今天能再造不止一个联想了。

类似这般令人唏嘘感慨的事情年年都有。大约 15 年前，当时人们还不知道网络为何物时，我的一位朋友就开始做网络，5 万元起家，随着 2001 年网络巅峰时代的到来，公司被美国 VC 相中，这位朋友顿时有了千万身价，时年不到 30 岁。5 万元到 1000 万元用了 6 年时间，他豪情万丈地总结了已有的经验模式："既然 5 万元能到 1000 万元，那么 1000 万元再干一家公司将可以卖 1 个亿。"8 年前他在市中心的高档公寓里，信心满怀："将来我是要去住别墅的，这个公寓就出租当投资了。"租下大办公室，招聘研发人员，把出售一家企业的钱全数投入新公司，因为这是他擅长并成功过的行业。

3 年前（2008 金融危机之前）再见时，其公司已处于艰难维持的境地，自住公寓也卖了变现用于日常运转。他的妻子见到我凄然地说："早知道，当初拿出 200 万元找你管理就好了，用余下的 800 万元干自己喜欢的事，即便企业失败了，200 万元又变成了 1000 万元，不用像如今这般被动。"

就追求财务成功的道路而言，企业家作为职业选择，其成功概率应高于其他诸如学者、教师、医生、公务员等。社会容易对于企业家唏嘘慨叹的阶段有两个：一是尚未成功之时的艰苦奋斗和痛苦探索阶段，通常感人的故事均发生在此阶段；二是成功以后，忍不住地大干，盛极而衰，落得个"古今多少事，都付笑谈中"的结局。

在尚未成功的阶段，企业应努力发现自己擅长的利基（niche）所在，心无旁骛，直至占领无可动摇的地位。以中国目前的出路而言，通往最终胜利的道路应该是上市，因为进行首次公开募股（IPO）的企业无不以高市盈率发行，我虽没有一一看过每家企业的财务数据，但可以肯定的是，有幸名列其中的所有企业，一次 IPO 募集的现金，比其有史以来盈利之总和还多，他们从来没有拥有过如此多的现金。很快，人们就看到这批企业家的身价如何以几何级数增长，上市是财富的放大器。

能最终上市的企业毕竟是少数，一些企业即便做到某个细分行业的隐形冠军，囿于行业本身的规模也无法再扩大。企业成熟后，应从资产配置角度考虑适当多元化，以利于长期的存在。

类似上述联想由于主业成熟而引发衰退的经历，巴菲特三四十年前就已面对过。当时其旗舰伯克希尔的主业——纺织业务，面临着越来越多低价竞争，尤其是中国企业后来居上，以至于其无利可图，一味地坚持本业意味着自杀。出于感情因素，巴菲特在接手二三十年后才最终关闭了曾经有过辉煌历史的纺织业务，此前巴菲特用纺织业务产生的现金流投资了保险、饮料、食品、家居、传媒等一系列公司，待原来的纺织主业倒下之前，这些曾经播下的种子都已经成长为参天大树，它们在老巴的领导下，跨越了一个又一个经济周期，创造了迄今为止最炫目的资本奇迹。

从集中到多元（尤其是多元阶段是个技术活，需仔细行事），企业家往往因已有的辉煌过于自信地认为可以复制过去的成功，以小赔大、小河沟里翻船的事并不鲜见。

《黄帝内经》云："上医治未病。"盛时播良种于沃野，假以时日，待其成材结果时，不但能平滑周期，也可泽被后世，莫让后人复叹于后人。

■ 本期买入中国内地市场浦发银行（600000）5000 股，22.61 元 / 股；中国香港市场茂业（0848）25 000 股，2.11 港元 / 股。支付财务费用 500 元。期末资产总值 1 786 577.70 元。

模拟实盘投资组合展示（2009 年 10 月 20 日）

中国内地市场	股数	成本	市价	市值	市值
浦发银行（600000）	30 000	21.67	22.61	678 300.00	678 300.00
中国人寿（601628）	6 000	26.17	30.27	181 620.00	181 620.00

中国香港市场	股数	成本	市价	市值	市值
江西铜业（0358）	8 000	14.76	19.05	152 400.00	134 249.16
比亚迪（1211）	3 000	13.19	84.20	252 600.00	222 515.34
中信银行（0998）	86 000	3.12	5.75	494 500.00	435 605.05
阿里巴巴（1688）	12 000	11.54	19.37	232 440.00	204 756.40
茂业（0848）	55 000	2.06	2.11	116 050.00	102 228.44

美国市场	股数	成本	市价	市值	市值
花旗（C）	1 000	2.61	4.52	4 520.00	30 859.40
联合控股（UCBH）	7 300	1.83	0.92	6 716.00	45 852.15
安纳利资本（NLY）	400	16.49	17.55	7 020.00	47 927.65

现金	2 664.11
信用杠杆	（300 000.00）
净资产总值	1 786 577.70

备忘

2009/10/20 中国银行外汇牌价中间价：美元 682.73，港元 88.09。

专栏自 2007 年 4 月开启至今，

上证综指自 3525 点到 3084 点，−12.51%；

香港恒指自 20 520 点到 22 385 点，+9.09%；

道琼斯自 12 923 点到 10 041 点，−22.30%；

专栏投资组合自 100 万到 178.66 万，+78.66%。

最近三个月 +13%，最近六个月 +92%，最近一年 +163%，今年以来 +180%。

普通人若能执行正确的财务规划，三五年应该见成效。

周迅的错失

2009 年 11 月 20 日

11 月的第一天，北京第一场大雪比上年早了一个季度，继而北方地区大部出现雪灾，甚至百年不遇。不是说地球在变暖吗？怎么这两年的冬日似乎比以往更冷了呢。看来总有些事情出乎意料，就像我们每年都会遇上些百年不遇的事情一样。

街边各色小店此起彼伏的音乐和叫卖声在寒冷中透着生活的热情，看着时不时有店铺关张，然后迅速换上新的开业大吉字号，让人想起"发如韭，割复生"的古老民谣，人们对于美好生活的追求，即便前仆后继也在所不惜。

在金融海啸渐渐平复的期许中，美国今年以来已经有 120 家银行倒闭，民生银行投资在美国联合银行的 8 亿元化作青烟消失在美利坚的空气中。与此同时，民生银行成功在港募集 300 亿港元登陆香港联交所，这就是资产配置的力量。

近来上市的公司除了龙湖地产等外，最为引人瞩目的应该是首批创业板 28 家公司，尤其是影视业的大腕华谊兄弟公司，发行价 28.58 元，首日涨幅为 148%，收盘 70.82 元，市盈率 249 倍。

冯小刚导演的一句感叹"2008 年还是快点过去吧"言犹在耳，华谊已携一众明星股东上市，首日冯导持股市值超过 1 亿元，欣喜的表情透露出已将去年的股市亏损一举扳回。持股 36 万股（成本为 0.53 元 / 股）的李冰冰喜悦之外提到，"不希望大家受到伤害，还是理性点好"，堪称秀外慧中的表率。此次理财大考中的状元应授予黄晓明，这个相对来说并不资深的新版"许文强"，全权行使了老板赋予的180万股（成本为3.00元／股）额度，成就了上市首日的亿元身价，这种一生一次的机会一定要抓住。或许有人认为这是运气使然，但须知有时抓住运气也是需要实力的。

最令人惋惜的是"华谊一姐"周迅的零持股，据说周迅对金融理财确实不敏感，她本人从不进行股票或基金等投资。不清楚周迅的片酬是多少，但是这一次她错失的财富数字应比其过去20年拍戏所累积财富的总和还要多。忙得没有时间管自己的事，可以描述很多人的状态。

资本市场的重大机会应该五六年有一次，但这种机会真正到来时却以鲜血淋漓的面目示人，让人退避三舍。例如去年今日，大盘已经跌去70%，满世界都在说明年（2009）会更坏、大盘会跌到700点等。去年我们在老生常谈地重复2005年的话：等大家都说好的时候就不是这个价了。人们在市场好的时候（即高的时候）愿意掏出钱，在市场不好的时候（即低的时候）希望收回钱，这种周而复始的矛盾让人无言以对。

投资最终的成败有70%的成分甚至与投资本身没什么关系，多与资金规划和执行有关。一个普通人若能执行正确的规划，三五年应该见成效，反之亦然。

4年前在北美留宿友人家中，遇到一个28岁的青岛小伙以300加元每月租住其一间房屋，交谈中知其4年前来此，在当地上班，每天步行去麒麟餐馆当服务生，小费不错，每月3000加元，皆为现金（小费为餐馆服务生的主要收入，而3000加元／月的现金收入，可抵6万加元的年收入），颇为自得。8年前曾在国内股市做大户，刚来时因为喜欢，用5万加元买了一辆摩托车，相当于在当地买一辆奔驰车的价钱，转手再卖时已损失了60%。一来二去，落得现今虽然收入不错，却也没有什么资产积蓄的现状。我感慨道："8年前你已经很不错了，刚来时买车的 5 万加元可以用作首付买一幢 25 万加元的公寓，这几年应该升值至 75 万加元了，这一项即可使净资产增加 50 万加元，不用像现在年复一年租他人的一间房屋，这一个决策就令你错失了稳定的基础，你或许认为自己还年轻，请问如果再过 8 年还年轻吗？"第二天清晨再见时，他说："我睡眠从来都很好，昨天听了你一席话，一晚上没睡着。"

与此相反，4 年前一个从异地到京的研究生，通过优秀的规划者指导，2006 年将仅有的 10 余万元投资于资本市场，在 2007 年底全部变现，2008 年初买了一套房屋，2009 年初抵押出部分资金再投资。在找到稳定工作的同时，已拥有了百万元的资产，其间财产性收入远远多于其他收入。从初到异地到安居乐业，走在通往财务自由的大道上，心中充满的一定是安定与踏实。

随着岁月的推移，眼见原本相似的人距离越来越远，原本有差距的人甚至出现倒差，这些都是没有完结的故事，因为大家都还在路上。

- 本期卖出中国内地市场浦发银行（600000）30 000 股，23.49 元 / 股；中国香港市场比亚迪（1211）2000 股，64.70 港元 / 股。买入中国内地市场民生银行（600016）80 000 股，8.39 元 / 股；老凤祥 B（900905）10 000 股，1.73 美元 / 股；中国香港市场江西铜业（0358）3000 股，19.82 港元 / 股。收到安纳利资本分红 0.69 美元 / 股，合 1884.47 元。期末资产总值 1 817 542.47 元。

模拟实盘投资组合展示（2009 年 11 月 20 日）

中国内地市场	股数	成本	市价	市值	市值
民生银行（600016）	80 000	8.39	8.39	671 200.00	671 200.00
中国人寿（601628）	6 000	26.17	31.70	190 200.00	190 200.00
老凤祥 B（900905）	8 000	1.73	1.73	13 840.00	94 496.75

中国香港市场	股数	成本	市价	市值	市值
江西铜业（0358）	11 000	16.14	19.82	218 020.00	192 075.62
比亚迪（1211）	1 000	13.19	64.70	64 700.00	57 000.70
中信银行（0998）	86 000	3.12	6.53	561 580.00	494 751.98
阿里巴巴（1688）	12 000	11.54	19.37	232 440.00	204 779.64
茂业（0848）	55 000	2.06	2.60	143 000.00	125 983.00

美国市场	股数	成本	市价	市值	市值
花旗（C）	1 000	2.61	4.21	4 210.00	28 745.04
联合控股（UCBH）	7 300	1.83	0.07	511.00	3 489.01
安纳利资本（NLY）	400	16.49	18.18	7 272.00	49 651.76

现金		5 168.97
信用杠杆		（300 000.00）
净资产总值		1 817 542.47

备忘

2009/11/20 中国银行外汇牌价中间价：美元 682.78，港元 88.10。

专栏自 2007 年 4 月开启至今，

上证综指自 3525 点到 3306 点，−6.21%；

香港恒生指数自 20 520 点到 22 480 点，+9.55%；

道琼斯自 12 923 点到 10 307 点，−20.24%；

专栏投资组合自 100 万元到 181.75 万元，+81.75%。

投资成功的道路只有两条：一是成为像巴菲特那样的人；二是找到像巴菲特那样的人。

投资管理成功的三三三一

2009 年 12 月 20 日

　　沙漠神话之城迪拜 11 月底显示出破灭的征兆，政府控股的迪拜世界公司欠债 590 亿美元无法按期偿付，引得全球市场动荡，有人惊呼第二波危机终于要来了！在经济复苏的道路上，波折和反复是肯定的，至于何时波折、何种反复却是无法肯定的。

　　受益于今年资产价格的上升，新基金的销售渐渐走出阴霾。华夏基金公司在时隔一年后隆重推出华夏盛世基金，申购仅一天即截止，募资 180 亿元。这番销售的好成绩，多半归因于华夏大盘基金的旗帜作用终于得到发挥，王亚伟掌管的神话般的华夏大盘多年来表现优异，最近一年再次以 94% 的回报率（截至 12 月 18 日）在全国 500 只基金中排名第一。新基金并非由王亚伟管理，众多基民感叹："王亚伟管得这么好，为何不将华夏两千多亿的盘子都交给他管？华夏大盘这个开放式基金为何总不开放？"于是人们称之为"不可接触的恋人"，此番心情让人想起《诗经》中的一句："爱而不见，搔首踟蹰。"个中奥妙，尝到甜头的人们一定知晓。

　　经过多年跌宕不堪的折磨，人们终于认识到专业投资管理者的重要。凡是有 10 年或以上股市经历的人，至今绝大多数是没有获利的，无论他做过何种努力，事实就是如此。这恐怕是竞争最为激烈的业场所在，中国的股民人数即便以深、沪两地开户数打个对折来算，也有五六千万之巨，从来没有任何一个行业涌入如此多的参与者。这些人之于 13 亿人而言，一定是中国的人中之人、盐中之盐。⊖没有一个股民承认自己比别人笨，没有一个股民打算进来赔钱，没有一个股民没有精彩的故事，最终没有多少股民解决问题！反过来想想，凭什么能在 5000 万人中出人头地？失利的股民往往归因于"我们不懂投资，只是……"在实际工作中并不怕不懂的人，怕的是不懂却总有主意的人。

如果将解决问题作为投资成功的最终标志，那么**投资成功的道路只有两条：一是成为像巴菲特那样的人；二是找到像巴菲特那样的人**。目前没有发现第三条道路。以其他目的作为"炒"股票的理由的人不在此列。

目前的投资管理分为公募和非公募两大类，产品又分为保本、绝对收益、结构、偏股、混合、指数等，无论何种形式同一类别中又有天差地别，很少有人告诉你保本基金每一个周期下来都会跑输大盘，很少有人告诉你在绝对收益基金畅销的时候买入就注定在下一波升市中落后，很少有人告诉你指数基金几乎一定跑输指数，由此可见找到优秀的管理者已是不易，找到了就能成功吗？也不一定。即便两年前买巴菲特公司股票的人，今天也是亏损的，尽管 40 多年前投资的人已经有了 3 万倍收益，尽管满世界都说老巴去年买的比亚迪赚了10 倍。多年以来大众认为"还是股票赚钱快"的观点令人费解。

在致使投资管理最终成功的因素中，人们通常所言的投资知识、经验、研究等只占 30%，重要却不一定能决胜，这就可以解释为何大机构常常宣扬自己用数千万元乃至数亿元进行调研，然后 80% 的机构跑输大市，乃至亏损数十亿元甚至上百亿元的现象。巴菲特的观点是："请告诉我怎么赚钱，我对怎么花钱没兴趣。"大众日常关心的庄家意图、机构动向、政策面、消息面等只占 10%，也就是说如果没有太多时间去打听消息的话，可能结果还好一点。大众投资失败的原因，或许并非信息太少，恰恰是信息太多。

⊖ 车尔尼雪夫斯基在其著作《怎么办？》中，以"人中之盐"来指代少数先知先觉的人，此处作者用"人中之人、盐中之盐"来比喻极少数有智慧的人。

优秀的投资管理者同样应该具有甄别投资人的能力，使之可达至沟通的默契、理念的认同、良好的自知力和承受力。一个好人并不一定是一个好的投资人，合格的投资人因素占30%。有些知遇甚至只能用缘分来解释，如巴菲特和索罗斯都是投资大师，但风格迥异，一个投资人若多年前追随任何一人今天都可以成功，但如果半信半疑，今天喜欢巴菲特，明天跟风索罗斯，效果将大打折扣。

第三个30%是合适的投资资金，简言之，不要将短期有明确用途的资金投资股市。众所周知股市是高风险、高收益之地，但社会现象显示在高风险时（如6000点）大众趋之若鹜并誓言"这钱五年不用"，在高收益机会出现时（如1600点）大众反而退避三舍并痛云"等以后好了再说吧"，这样就算找到巴菲特也没辙。等好了就不是这个价了！后两个30%要求投资管理者具备财务规划能力，太多投资的失败并非失败于投资本身，而是失败于投资规划。

- 本期卖出中国内地市场中国人寿（601628）6000股，29.54元/股；中国香港市场江西铜业（0358）11 000股，17.74港元/股。买入中国内地市场民生银行（600016）13 000股，7.58元/股；美国市场安纳利资本（NLY）400股，18.82美元/股。支付财务费用2000元。期末资产总值1 665 035.07元。

模拟实盘投资组合展示（2009 年 12 月 18 日）

中国内地市场	股数	成本	市价	市值	市值
民生银行（600016）	93 000	8.28	7.58	704 940.00	704 940.00
老凤祥 B（900905）	8 000	1.73	1.844	14 752.00	100 732.56

中国香港市场	股数	成本	市价	市值	市值
比亚迪（1211）	1 000	13.19	64.45	64 450.00	56 741.78
中信银行（0998）	86 000	3.12	6.24	536 640.00	472 457.86
阿里巴巴（1688）	12 000	11.54	16.88	202 560.00	178 333.82
茂业（0848）	55 000	2.06	2.53	139 150.00	122 507.66

美国市场	股数	成本	市价	市值	市值
花旗（C）	1 000	2.61	3.31	3 310.00	22 602.00
联合控股（UCBH）	7 300	1.83	0.033	240.90	1 644.96
安纳利资本（NLY）	800	17.655	18.82	7 528.00	102 808.40

现金					2 266.03
信用杠杆					（100 000.00）
净资产总值					1 665 035.07

备忘

2009/12/18 中国银行外汇牌价中间价：美元 682.84，港元 88.01。

专栏自 2007 年 4 月开启至今，

沪指从 3525 点到 3138 点，−10.98%；

香港恒指从 20 520 点到 21 180 点，+3.22%；

道琼斯从 12 923 点到 10 308 点，−20.24%；

专栏投资组合自 100 万元到 166.50 万元，+66.50%。最近一年 +161.08%。

　　每个家庭都实现了财务健康，社会就和谐
了，这便是我们的愿望。

通过看专栏而取得投资成功的愿望，如同观看了手术过程的人希望成为一名优秀的外科大夫般渺茫。

投资之前的话语

2010 年 1 月 20 日

新世纪第二个 10 年开始了，有人预测 10 年之后的 2020 年中国 GDP 将超过美国，重回 180 年前世界第一的位置。果真如此，每个人都应该认真考虑在这个重归荣光的历史大潮中，取得自己应得的那一份。其中的方法无外"参与"二字，找份好工作是参与，创业是参与，投资也是参与，虽是不易。

报载浙江某媒体去年推出了实盘模拟的栏目，全年下来所有选手均跑输大盘，还有人亏损。相比之下，我们的专栏算是幸运的了，以"不抛弃、不放弃"的精神，凭借"不被抛弃、不被放弃"的幸运，才有了今日胜出历史的记录存在。

想着巴菲特说过"迄今为止，没有什么投资智慧没有被写在书本上了"，还在这写投资专栏文章实在有些惭愧，没准哪天终结也就在情理之中了。栏目的本意是试图表明，在没有内幕消息，没有机构背景，没有上帝般的预知能力，甚至不允许天天交易（1 年只有 12 个交易日）的情况下，资本市场投资仍然是个不错的参与国家发展、资产增值的选择。甚至有人得出结论，如果股市交易不是"T+1"，而是"T+3 年"，投资人的胜算会大大提高。有太多值得总结的了，待三周年终结篇时一并汇总。顺便提一下，中外尚无通过阅读专栏而取得投资成功的先例，我们恐怕难开先河。

上期提到投资成功的两条道路，其中之一是成为像巴菲特那样的人，成为一个伟大的投资家何其难已经不用说了。更有甚者，两年前美国一个对冲基金的创始人马克·赛勒尔在对哈佛的精英演讲时说："你们是聪明人中最聪明的人。不过，即便我今天说的其他东西你们都没听进去，至少应该记住一件事——你们几乎已经没有机会成为一个伟大的投资者。"

大家自然会想到第二条"找到像巴菲特那样的人"应该是条捷径，但是成为千里马固然难，凭什么认为具有伯乐之才易？李彦宏总结道："一个人最重要的能力是判断力。"寻找和判断也需要年复一年的磨砺，所以才有了潘石屹的"我用一生去寻找"。

寻找志同道合的人，是各个行业制胜的关键，投资行业也不例外。几年前我写过一篇短文，题为"投资之前的话语"，应属江湖上传说的秘籍之一，所谓秘籍打开了，一如魔术背后的平淡，难的是常年如一日的专注。录其部分如下供参考。

投资的胜负在买入时就已经决定了，而不是在卖出时，因此应该遵循一些原则。

投资的四个原则：

（1）合格性质的资金。不要将负债和短期有明确用途的资金用于投资。

（2）适度的耐心。忍耐和等待在很多时候是美德。

（3）合格的投资对象。此处指运营良好的企业。

（4）合适的投资价格。

前两项由投资人掌握，后两项由管理人掌握。

若干投资观点：

我们所言之投资是买企业，而不仅仅是买股票，股票是企业实体的权益代表。我们认为以较为合理的价格购买优秀的企业，中长期而言会取得

133

较其他投资形式（包括存款、债券、房地产等）更具优势的回报。我们无法预言短期股市的涨跌，事实上在经历多年之后我们尚未发现真正具有准确预言能力的人。即便我们认为出现具有投资价值的机会，但这并不表明市场不再下挫。我们没有做股评家的打算，因为从未有人因此最终取得投资成功。我们所有的工作只是在增大成功的概率，而不能保证成功，无论我们做多少分析和研究，但只能做到减小风险，而无法最终消除它，做好最坏的打算往往是最好的安排。我们在过去10多年的历程中均保持了战胜指数的纪录，但这并不表明我们未来会重复过去的历史。我们最害怕的不是不懂投资的人，最害怕的是不懂却总是有主意的人。投资的财务目标是提高有限资金的使用效率，以期跑赢通胀。投资者的人生目标是为了解决问题。人生中的重大问题应该包括：退休养老、重大疾病、子女教育。

■ 本期卖出中国香港市场茂业（0848）55 000股，2.23港元／股；美国市场花旗1000股，3.53美元／股。买入中国内地市场中国平安（601318）2000股，49.80元／股；中国香港市场人和（01387）50 000股，2.00港元／股；美国市场BIDU 70股，440.33美元／股。支付财务费用1000元。期末资产总值1 636 165.19元。

模拟实盘投资组合展示（2010 年 1 月 20 日）

中国内地市场	股数	成本	市价	市值	市值
民生银行（600016）	93 000	8.28	7.60	706 800.00	706 800.00
中国平安（601318）	2 000	49.80	49.80	99 600.00	99 600.00
老凤祥 B（900905）	8 000	1.73	2.077	16 616.00	113 442.42

中国香港市场	股数	成本	市价	市值	市值
比亚迪（1211）	1 000	13.19	63.25	63 250.00	55 628.38
中信银行（0998）	86 000	3.12	5.70	490 200.00	431 130.90
阿里巴巴（1688）	12 000	11.54	18.91	226 920.00	199 576.14
人和（1387）	50 000	2.00	2.00	100 000.00	87 950.00

美国市场	股数	成本	市价	市值	市值
UCBH	7 300	1.83	0.045	328.50	2 242.77
NLY	800	17.655	17.23	13 784.00	94 107.50
BIDU	70	440.33	440.33	30 823.10	210 438.55

现金		35 248.53
信用杠杆		（400 000.00）
净资产总值		1 636 165.19

备忘

2010/1/20 中国银行外汇牌价中间价：美元 682.73，港元 87.95。

专栏自 2007 年 4 月开启至今，

沪指从 3525 点到 3201 点，−9.19%；

香港恒指从 20 520 点到 21 366 点，+4.12%；

道琼斯从 12 923 点到 10 618 点，−17.84%；

专栏投资组合自 100 万元到 163.62 万元，+63.62%。

成功的企业家应考虑一些资产配置问题，假如老潘两年前将所有股份卖出，然后睡大觉，其家族财富可能是目前的 3 倍有余，多出 360 亿元。

写给潘石屹的信

2010 年 2 月 1 日

潘石屹，人称老潘，在媒体眼中具有明星般的效应。不过近来建外 SOHO 停电、朝外 SOHO 商铺小业主抗议、房地产国企不计成本地疯抢地王等，多少也让参禅佛道的老潘闹心。

上一次与老潘的见面大约是 14 年前了，从开发现代城到 2007 年上市，其公司实现了从千万元到百亿元的飞跃，老潘是个了不起的人。印象中老潘最大的爱好应该是算账，是个对数字极其敏感的人，因为数字最能说明问题。

鉴于未来有不确定性，那就看看过去已成事实的数字。SOHO 中国（HK0410）1 月宣布 2009 年度销售额上升 70% 达到 131 亿元的好消息，但截至 1 月底其股价仍然徘徊在 3.81 港元 / 股，相比 25 个月前的 11.98 港元 / 股的高位，下跌了 68%。以 SOHO 中国总股本约 52 亿元计，公司总市值蒸发约 425 亿元。以持有六成有余的股权计，老潘家族损失的总市值约为 270 亿元，财富从约 400 亿元跌至目前的 126 亿元。

有人或许分辩：运气不好，赶上金融危机了，大家都跌嘛。事实是同期恒生指数从 28 760 点跌至 20 122 点，跌幅仅 30%。另一个事实是，我们这个白纸黑字的专栏存了近 3 年，上述同期经历了金融危机的严酷打击，也经历了同样的跌宕起伏，但专栏的投资组合最终表现为上升 21.5%。换言之，老潘如果 25 个月前卖出所有持股，交由如同我们专栏一样的资产管理者管理，然后睡大觉，省去了这么多的费心劳力，其家族财富现在应约为 486 亿元，比其目前多出 360 亿元。

当然上述推算仅是理论上的假设，历史无法重来，实际操作中也还有重重的限制，如大股东限售问题、不可能都卖在最高价、不可能全部出售持股、不一定能找到做出我们专栏这般表现的资产管理人等。但是，更重要的是，当局者对于资产管理的正确认识。1993～1995 年大熊市的遭遇，使老潘对股市敬而远之，一门心思搞企业，这成就了 SOHO 中国独特的房地产飞速发展之路。但当公司达到一定规模上市后，应考虑财产适度多元化的资产配置。例如以老潘家族 64% 的持股为例，即便他出让 10% 的股份也并不影响其对公司的控制权。

凡企业家都有个共同的特点，就是将自己的企业视作自己的孩子，怎么看都是自己的好。对于这一点，建议企业家要有"张开眼睛看世界"的胸怀。还记得数年前旅居海外，茶叙时遇到一位在上海做厂的企业家，当他听说我是投资界人士时，即刻以"舍我其谁"的豪气建言："你投资我的企业吧！"询问了解之下，他是做地板生意的，经过 10 多年的快速发展，在上海有很大的加工厂，利润率大约 5%。我问："如果发现了利润率 70% 的企业，是否还应该投资 5% 的企业？"

凡此种种遗憾是很多的，经过 10 多年的投资经历，可能多少也有了职业病，见不得财富的浪费，哪怕不是自己的。对于取得年销售额增长 20% 而喜形于色的企业家，是否知道有增长 100% 的企业？对于炫耀拥有强大的融资关系进而能负债数十亿元的企业家，是否知道有手握数十亿元现金、没有一分钱负债的企业？对于面对庞大库存、为销售殚精竭虑的企业家，是否知道有库存为零的企业存在？对于苦苦追索应收账款的企业家，是否知道没有应收账款，只有收到预付款的企业？对于不断爆出天价的溢价地王，是否知道有房地产公司在以净资产五折的价格出售自己的公司？对于多年寻找垄断牌照而不得其门的企业家，是否知道市场上有的是牌照企业在出售，有时售价比找最铁的关系还便宜？

这些便是投资的魅力所在，但资本市场同时也是所有业界中竞争最激烈的所在，视其为赌场的人，其下场与赌徒并无二致。所以，建议企业家拿出做项目的心，普通人拿出买房屋的心来对待资本市场以增大胜算。因为我们从来没有见过一个企业家指望做一个项目三五个月就赚钱，也几乎很少见到一个买房人一年就卖出，但是登上福布斯的都是企业家，买房的人赚的比"炒"股的人多。对于"投资是不劳而获"的观点，让人想起多年前将用银行存款取得利息的人斥为"食息的寄生阶层"的故事。

投资对于整个社会而言，其意义在于优化资源配置，提高资源使用效率。企业家们既不要荒废主业去"炒"股票，也不要因专注主业而忘却资产配置。老潘因为2007年之前的10年避开"炒"股诱惑，专心企业经营，成就了财富的飞跃。在此，希望他之后的10年不要因为忽视资产配置，而使财富停滞不前。

■ 本期卖出老凤祥B 4000股，1.827美元/股；中国香港市场人和25 000股，1.67港元/股。买入美国市场BIDU 75股，440.86美元/股。收到美国市场NLY支付红利0.75美元/股，合4096.32元。期末资产总值1 507 484.15元。

模拟实盘投资组合展示（2010 年 2 月 5 日）

中国内地市场	股数	成本	市价	市值	市值
民生银行（600016）	93 000	8.28	7.12	662 160.00	662 160.00
中国平安（601318）	2 000	49.80	48.33	96 660.00	96 660.00
老凤祥 B（900905）	4 000	1.73	1.827	7 308.00	49 893.18

中国香港市场	股数	成本	市价	市值	市值
比亚迪（1211）	1 000	13.19	56.35	56 350.00	49 509.11
中信银行（0998）	86 000	3.12	5.23	449 780.00	395 176.71
阿里巴巴（1688）	12 000	11.54	17.17	206 040.00	181 026.74
人和（1387）	25 000	2.00	1.67	41 750.00	36 681.55

美国市场	股数	成本	市价	市值	市值
UCBH	7 300	1.83	0.038	277.40	1 893.87
NLY	800	17.655	17.92	14 336.00	97 874.74
BIDU	145	440.60	440.86	63 924.70	436 426.71

现金	181.54
信用杠杆	（500 000.00）
净资产总值	1 507 484.15

备忘

2010/2/5 中国银行外汇牌价中间价：美元 682.72，港元 87.86。

专栏自 2007 年 4 月开启至今，

沪指从 3525 点到 2938 点，−16.65%；

香港恒指从 20 520 点到 19 739 点，−3.81%；

道琼斯从 12 923 点到 10 002 点，−22.60%；

专栏投资组合自 100 万元到 150.75 万元，+50.75%。

佼佼如巴菲特者寥若晨星，放弃对于卓越的追求，或许能胜出 7000 万人中的 80%。

胜出 5000 万人的投资法

2010 年 3 月 19 日

3 月中的北京不同寻常地依然寒冷，数日前竟还下了一天的雪，翩翩如鹅毛般大。近几个月来发生的迪拜危机、希腊债务、欧元"崩溃"等，无一不引发经济"二次探底"的惊呼，如同这 3 月雪一般向人们显示寒冬的威力尚存。明天温度或许更低，但可以肯定下月此时一定比现在暖和！因为春天终究要来。

据上周公布的数据，中国 A 股开户数已达 1.4 亿户，以深、沪两地对开，约有 7000 万户之多，参与者越多意味着竞争越激烈，意味着赚钱越不易。巴菲特当年开始其事业时，能买到市盈率一倍的股票，皆因当时整个世界刚从第二次世界大战中恢复不久，1929 年大危机的阴影犹在，人们对于股市的热情并不高。

相反，中国资本市场自 20 年前开始，就"遭遇"国人空前的热情，以至于在有限的历史中，整个市场被高估的时段远多于被低估的时段，这也是这么多年来资本市场没有给绝大多数参与者带来"财富效应"的重要原因之一。而家庭财产的另一个重要构成——房产，自 1998 年市场化后，给几乎所有的参与者都带来了财富效应，所以今天总会听到"房子太贵而买不起"的抱怨，但几乎没有人喜形于色地说"股市跌了 50%，太好了，我可捡了个大便宜"！

从不做推荐的巴菲特前不久再次指出：对于大部分投资者，指数基金是个理想选择。借助于这条广告语，2009 年 ETF 的发行倍增。但很少有人注意到，巴菲特自己从不买指数基金。个中奥妙在于，80% 的投资人跑输指数，而老巴远远跑赢指数。

有位相识许久的朋友日前来电，问如果下决心做长期投资，能否推荐几只股票以便于死死拿住，再不理会股市无常的波动。友人一定是厌倦了股市上上下下的波动，10 多年来的股市投资没有解决问题，或者压根就没有赚钱。大多数人的经历与其类似，这倒并不是说他们没有做过正确的决定，而是错误的决策带来的损失大过了正确决策带来的收益，整体而言投资结果是负值。

下决心不再短线追涨杀跌固然是可喜的进步，但重仓拿住一只或几只股票实际上是追求卓越的做法，上天堂或下地狱，机会与危机并存。如果拿住了微软、万科、茅台等固然能一骑绝尘，但如果拿住了北电、银广夏等则万劫不复。仅仅有耐心是不够的，10 多年前 1000 点买长虹的人，到了 6000 点也没有解套，专业的投资过程中有"定期回顾"的环节，以适应变化的市场，一般投资人往往会忽略这点。

为了避免上述弊端，建议在投资时先不必以"卓越"为目标，因佼佼如巴菲特者寥若晨星。目标放低一些，以优良为目标即可，80% 的投资者年复一年地输给大盘，所以能跟上大盘的表现即属优良。具体方法就是以指数为标的的定期投资法，可根据自己的喜好选择 ETF 50、ETF 100 或 ETF 180 等，选定每月的固定日期，将固定金额投入所选对象。这样避免了单家公司倒闭的风险，也省去了日常分析判断的烦恼。如果自 2007 年 10 月的上证 6000 点开始实施（运气最差的时间），每月 20 日左右投资 1000 元，截至 2010 年 3 月，总投入为 3 万元，结果总值为 3.1756 万元（数字可同比例缩放），而同期大盘下跌了 50% 左右。

这里最为重要的一环是：**坚定不移地执行**。人们的问题常出在"主意"太多以至于计划变形，在执行中常因为当天上涨或下跌而临时改变计划，这种行为的潜台词是认为自己比市场聪明。针对这一点，我建议朋友写一张卡片，每个月到时拿出来大声朗读："我准备坚定不移地执行此计划，我无法知道明天市场是涨还是跌。如果当天上涨，同样的资金就少买些单位，如果当天下跌，同样的资金就多买些单位。我不可能比7000万人聪明，就让我做一个像阿甘一样的傻瓜吧！"

这种像阿甘一样"JUST RUN"的傻瓜投资法，虽不至于卓越，但可以使之3年内胜出80%的投资者，即5000万人，总之应优于过去10多年的经历。

有没有更好的方法？有！应是傻瓜投资法的2.0版本。以上例继续，大盘不跌，按照原计划，越跌买得越多。例如，指数下跌了10%，该月就投入1100元；下跌50%，该月就投入1500元。这样在上述的30个月大盘跌50%期间，共投入4.3681万元，结果总值为4.7693万元。

这里谈的傻瓜式定投法使人能跟上大盘，即能胜出80%的投资者，胜出就会高兴吗？实际上在相当的时期内，"胜出"并不代表赚钱。众人真正要的是什么？请看下期，3周年纪念文章《专业的和世俗的双重胜利》。

■ 本期卖出民生银行（600016）30 000股，7.447元/股；中国香港市场阿里巴巴（1688）12 000股，16.83港元/股；美国市场UCBH 7 300股，0.0364美元/股；美国市场NLY 800股，18.58美元/股。买入中信证券（600030）3500股，28.07元/股；中国平安（601318）4000股，48.05元/股；美国市场YHOO 1800股，16.58美元/股。期末资产总值1 725 817.32元。

模拟实盘投资组合展示（2010 年 3 月 19 日）

中国内地市场	股数	成本	市价	市值	市值
民生银行（600016）	63 000	8.28	7.44	468 720.00	468 720.00
中国平安（601318）	6 000	48.63	48.05	288 300.00	288 300.00
中信证券（600030）	3 500	28.07	28.07	98 245.00	98 245.00
老凤祥 B（900905）	4 000	1.73	1.97	7 880.00	53 791.24

中国香港市场	股数	成本	市价	市值	市值
比亚迪（1211）	1 000	13.19	74.53	74 530.00	65 556.59
中信银行（0998）	86 000	3.12	5.64	485 400.00	426 641.18
人和（1387）	25 000	2.00	1.83	45 750.00	40 241.70

美国市场	股数	成本	市价	市值	市值
YHOO	1 800	16.58	16.58	29 844.00	203 724.10
BIDU	145	440.60	576.15	83 541.75	570 281.05

现金					10 136.46
信用杠杆					（500 000.00）
净资产总值					1 725 637.32

备忘

2010/3/19 中国银行外汇牌价中间价：美元 682.63，港元 87.96。

专栏自 2007 年 4 月开启至今，

沪指从 3525 点到 3050 点，−13.48%；

香港恒指从 20 520 点到 21 323 点，+3.91%；

道琼斯从 12 923 点到 10 756 点，−16.77%；

专栏投资组合自 100 万元到 172.56 万元，+72.56%。

如果你买了指数基金，可能赚80%；如果你买了王亚伟基金，可能赚116%；如果你买了《钱经》，可能赚160%！

专业的和世俗的双重胜利

2010 年 4 月 20 日

亲爱的《钱经》读者朋友们，时光飞快，令人不敢相信到了这个专栏三周年的时候，"4·19"的暴跌让人觉得这个春天有点"乱花渐欲迷人眼"，但是无论好坏都到了该总结回顾的时刻。

当初提及的全球 4 个市场 7 个指数过去 3 年的表现如下：

上证综合指数，	从 3525 点到 2970 点，	−15.74%；
深圳综合指数，	从 985 点到 1167 点，	+18.48%；
香港恒生指数，	从 20 520 点到 21 578 点，	+5.16%；
加拿大多伦多指数（TSX），	从 13 623 点到 12 128 点，	−10.97%；
美国道琼斯指数，	从 12 923 点到 11 113 点，	−14.01%；
美国纳斯达克指数，	从 2523 点到 2491 点，	−1.27%；
美国标准普尔 500（S&P 500），	从 1477 点到 1204 点，	−18.48%。

专栏模拟实盘的投资组合上述同期表现为 +77.67%，再次幸运地胜出了所有指数，保持了一直以来的优良传统，并取得了专业的和世俗的双重胜利。

回顾

鉴于过去百年的市场经验，这样的纪录未见得将来能重现。跑赢大盘是所有投资管理者的愿望，这也是主动型投资存在的原因之一，但 80% 的投资人年复一年跑输大盘。当有人为上一轮从 1000 点到 6000 点大牛市中将 100 万元变成 200 万元而兴奋时，从专业的角度看这却是极差的表现。反之，在指数下跌 50% 的情况下，如果投资下跌 30%，即便胜了大盘 20 个百分点，投资人也未必买账。所以，**投资管理者最终只有一种方式能真正取得成功——取得专业的和世俗的双重胜利！** 但这确实不易。

上述纪录较之于实际工作而言，比最糟糕的账户表现还差些，或是因为杂志的固定出版时间局限，以及为公平起见，事先约定的以 20 日的股价、汇价中间价交易结算方式，使之成为一种戴着镣铐的舞蹈，这种约束可能致使自我之后，再无天南。

36 个月来跌宕起伏的历史画卷在未来的 30 年乃至 300 年依然会重现，仅是面目不同而已，没有暴雪也会有地震，没有海啸也会有火山喷发，没有水灾也会有大旱，没有禽流感也会有猪流感，没有庄家也会有政策，没有金融海啸也会有别的导致恐惧或贪婪的事件，总之这就是我们的日子，这些困难可能导致人们因理想遥不可及而放弃追求。以有限对无涯的我们可做的就是认识规律，尽可能抓住属于自己的机会。

必须承认，我们是有可能失败的，如果这一天到来，原因可以归结为对于卓越的追求，战胜大盘的表现是以冒险为代价的，既然有超越平均的可能，也就有可能反过来。

致谢和广告语

必须承认挑战全球 7 个指数是件精彩且冒险的事，让人想起电影中叶问挑战日本人时大喝："我要打 10 个！"当初为何在电话里定下此事我已经记不太清了，推断曦元当时的心情一定是想看结果是否精彩，我可能有些发晕，按照巴菲特的说法：我当时一定是在浴缸里。

必须感谢曦元当初以初生牛犊不怕虎的精神，积极促成这个专栏的诞生；看着志峰的操劳和殚精竭虑，想着雪吟予以的斧正与激励，正因有他们的不懈坚持，才有今日的纪录。无以为报，在此就以专栏 2009 年白纸黑字的纪录为依据，为本刊写一则小小的广告语吧：

如果你买了指数基金，可能赚 80%；

如果你买了王亚伟基金，可能赚 116%；

如果你买了《钱经》，可能赚 160%！

投资的易与难

投资的前提假设大约是绝大多数人毕生没有机会去创建一家伟大的企业，而企业家却是这个世界上通常最富裕的阶层，比如盖茨有微软、巴菲特有伯克希尔、李嘉诚有长实、刘永好有新希望、马化腾有腾讯等，资本市场的存在为大众提供了参与伟大企业的机会，虽然鱼龙混杂在所难免，但终究生活多了一种选择的机会。

段永平说："投资其实很简单。"张志雄说："投资不简单。"这两个看似矛盾的论断，实际上却一脉相承，合起来表述应该是"投资其实很简单，但能做到简单地投资却不简单"。我对于投资的论断是：知不易，行更难。皆因除了需要战胜外界之外，更需战胜自己，而后者更难。

固执 vs. 坚毅

如果做了一个决策，而市场证明你错了，到底坚持还是放弃？这样的抉择每个投资人几乎每天都要面对。如果坚持，最后被证明是正确的，这是坚韧不拔；如果坚持，最终被证明是错误的，这叫固执己见。问题是事先并不确知自己属于顽固类还是坚毅类。

总结然后提高似乎是自我进步的一种模式，但是这个市场中聪明人太多，当试图从后视镜中总结出前途"经验"时，市场或许已面目全非，不复当年。回顾过往的经历，会发现当"炒股不如捂股"的观点盛行时，大牛已经绝尘而去；当"现金为王"被奉为圭臬时，大熊或已气数将尽。记得2009年3月刊《钱经》封面是惊心醒目的大标题："警惕，危机大爆发！"读者的第一反应一定是三十六计走为上，而历史显示彼时几乎是最佳的买点。2007年，牛市中电视采访某银行推销混合基金时，该基金的相关人士信誓旦旦地讲道："我们这个基金好，股票好的时候买股票，债券好的时候买债券。"几乎让人晕倒，这句话的通俗译法是："股票高的时候买股票，债券高的时候买债券！"

一个伟大的投资者甚至需要具有比公司CEO更长远的眼光，但是很多CEO自己也不清楚5年之后前景如何，而这还仅仅是能力问题，此外还有诚信问题，隔了一层的投资者若想成功难上加难。故此专栏曾建议如果你无法成为巴菲特，建议能找到巴菲特那样的人，投资的成功几乎没有第三条道路，即便很多人都觉得自己比巴菲特牛。

最好的那一天

尽管有数不清的困难，5年前曾经采访过我的韩捷一定不会想到当时的100万元，即便经历了惊天的金融危机现今也有500万元了。听的人第一反应或是："我当时也没有100万元。"起步基础太小往往是很多人放弃的原因，但是10或成为50，1或变成5，比例是一样的。这反映了坚持的重要，实际上没有人知道哪一天是好日子，"再大的风雨我们都见过，再苦的逆境我们同熬过"，冯仑说："伟大是熬出来的！"手头一份过去20年多伦多股市的资料统计显示，20 年来平均回报率为 9.3%，如果错过行情最好的 10 天，平均回报率只有 6.1%，下降了 1/3；如果错过了最好的 20 天，平均回报率只有 4%。想想看，20 年里就 20 天不在，回报少了一大半。

实际上，过去 50 年，如果将巴菲特所做投资中最佳的 20 次去掉，股神将黯然失色。推之于近年与巴菲特共进午餐的段永平，如果将其一役成名的网易投资个案去掉，其结果也定是平平。现实就是将这些伟大和平庸、辉煌和寂寞结合在一起，事先无法知道哪一天是最好的一天、哪一项是最佳的投资，"人要每天去争取自由，才配享受自由的生活"，浮士德的理想在投资领域也一样闪烁。

传奇

枯燥了这么久，难得浮生半日闲。人间四月天，芳菲未尽然，依然是林徽因当年一样的青春与蓬勃。当我站在温哥华浩瀚无涯的海滨，80 年前郁达夫借漂泊东瀛的小说人物之口在大海边呼唤："祖国呀祖国，你快富起来！强起来吧！"言犹在耳，想着彼岸无限的牵挂、无限的生机。或许错过了 1600 点的股市大底，或许错过了 6000 元每平方米的房价，但没关系，阵阵飞鸟仿佛在说："如果你因为错过太阳而流泪，那么你也要错过群星了。"

海风轻徐中是王菲天籁般的歌声："想你时你在天边，想你时你在眼前，想你时你在脑海，想你时你在心田。"如果未来 20 年的中国能如过去的 20 年，相信你我一定会再见证一段传奇。

■ 本期卖出中国香港市场比亚迪（1211）1000 股，71.73 港元 / 股；人和商业（1387）25 000 股，1.76 港元 / 股。买入民生银行（600016）57 000 股，7.09 元 / 股；美的电器（000527）5000 股，20.17 元 / 股，中国平安（601318）2000 股，50.02 元 / 股。支付财务费用 4000 元。期末资产总值 1 776 666.69 元。

模拟实盘投资组合展示（2010 年 4 月 20 日）

中国内地市场	股数	成本	市价	市值	市值
民生银行（600016）	120 000	7.71	7.09	850 800.00	850 800.00
中国平安（601318）	8 000	48.98	50.02	400 160.00	400 160.00
中信证券（600030）	3 500	28.07	28.94	101 290.00	101 290.00
老凤祥 B（900905）	4 000	1.73	2.02	8 080.00	55 156.50
美的电器（000527）	5 000	20.17	20.17	100 850.00	100 850.00

中国香港市场	股数	成本	市价	市值	市值
中信银行（0998）	86 000	3.12	5.53	475 580.00	418 225.05

美国市场	股数	成本	市价	市值	市值
YHOO	1 800	16.58	18.38	33 084.00	225 841.31
BIDU	145	440.60	627.85	91 038.25	621 454.41

现金	2 889.42
信用杠杆	（1 000 000.00）
净资产总值	1 776 666.69

备忘

2010/4/20 中国银行外汇牌价中间价：美元 682.63，港元 87.94。

专栏自 2007 年 4 月开启至今，

沪指从 3525 点到 2970 点，−15.74%；

香港恒指从 20 520 点到 21 578 点，+5.16%；

道琼斯从 12 923 点到 11 113 点，−14.01%；

专栏投资组合自 100 万元到 177.67 万元，+77.67%，最近 1 个月 +2.9%，最近 3 个月 +8.59%，最近 6 个月 −0.56%，最近 12 个月 +91.44%，最近 18 个月 +161.59%。

当今社会已不再是一代人的竞争，至少是两代人的竞争。

增强财商教育，让其自负其责应是一种减少未来"啃老"现象的方式。

财商少年班的新同学

2010 年 5 月 20 日

南方此时正遭受今年第五次强降水，暴雨致使很多航班延误乃至取消，困在这烟雨迷蒙的江南机场，等待着希望不会耽搁太久的班机。今年头四个月中国的经济增幅全世界第一，同期中国的股市跌幅却领先全球，这几乎比窗外如织的暴雨更令人迷茫。

上个月小儿阿威已满 8 岁，定居在纽约的老友恰好也有个同年同月的孩子。8 年前她决定买些股票送给我儿子作为礼物，受到有效市场理论的熏陶，她用约 1000 元买了 4 股纳斯达克的指数基金 QQQ。礼尚往来，我用大约相仿的金额选了一只中国 A 股上市的公司股票作为礼物，并专门制作了一个证书，说待孩子 18 岁时用于上大学的教育费用。多年以来，谁都没有再提到这件事情，也没再有任何操作。月前，她从遥远的地方打来电话，互致问候之外，提到此事，激起了彼此的好奇心，大家都想知道过了 8 年，当年播下的投资种子现在长成啥样了。

仔细地查看了当年的记录，计算了 8 年以来的汇率变动、分红送股等因素，结果出来了：

来自美国的指数基金 QQQ 累计收益为 30%（+30%），1000 元投资现在大约 1300 元，折合年复利收益率 3%（+3%）；

来自 A 股市场的个股投资累计收益为 200%（+200%），1000 元目前大约3000 元，折合年复利收益率 15%（+15%）。

8 年以来，往事历历在目、争论不绝于耳，多如牛毛的观点令人无所适从，世界经历了网络股崩溃、SARS 恐慌、百年不遇且席卷全球的金融危机、无数的地震海啸、洪水或大旱，所有这些 8 年前没有人确切知道，上述的投资安排处于人为被遗忘的状态，实验仍然取得了令人欣慰的结果，让人想起努尔哈赤取得萨尔浒大捷时的名言："任他几路来，我只一路去！"

上述的小小案例也基本上可以解释为何要重视资产的规划安排，今日放在不同对象上的资产，他日会结出不同的果实。1300 元与 3000 元间 1700 元的差价或许会令很多人觉得无足轻重，但是如果在它们后面加上一个"万"字，估计鲜有人会再视若无物，其实这在比例上并无任何改变。

当今社会已不再是一代人的竞争，至少是两代人的竞争，当理想遥不可及时，很多人会选择放弃追求，因为这是最容易的选择。年轻一代通常需要得到上一代人的帮助才能较好地找到社会立足点，典型表现就是即便是品学兼优、工作稳定的年轻人，他们的购房模式也是父母出首付，自己付月供。今天为人父母的我们想想可以为子女做些什么，通过增强财商教育，让他们自负其责应是一种减少未来"啃老"现象的方式。

两年前提及的财商少年班的两个小同学（前因详见 2008 年 5 月的《财商少年班》），其中箫箫现在是年级第一的优等生，格宁已漂洋过海、负笈海外，他们的财商教育投资在经历了金融危机的严重打击后又重回巅峰时代。或是耳濡目染，上小学二年级的小儿阿威上个月突然跟我说："爸爸，我想学投资。"

投资是否成功另当别论，早些经受磨砺倒不是坏事。一天放学的路上，我们大致对话如下：

"投资是需要本金的，也就是需要有钱。"我说。

"那我可以工作。"他说。

"你太小，还要上学。"

"那我可以用小猪（存钱罐）里的钱，已经有很多了。"

"那还不够，你想想还有没有别的办法？"

"可以借钱。"他想了想说。

"好主意！但是你借钱需要给别人一些好处，叫利息。"

"那要给多少？"

"6% 吧，也就是今天借 100 元，明年还人家 106 元。"

"那太多了，我给他 101 元，行不行？"

"如果这样，钱就会借给出价 106 元的人，不会借给你。"

"那我给他 200 元！"他有些急了。

"太多了，没必要，你和大家一样，也出 106 元就可以了。"

"那好吧，找谁借呢？"

"目前看只有爸爸能借给你了。借给你 10 万元，你算一下一年利息是多少？"

"6000 元啊，爸爸，能不能少借点？"他瞪大了眼睛。

"太少了就不合算了，3 年后你把借的钱和利息还我，剩下就都是你的了。"早点学会按市场规律办事是认识社会的好办法，我心里想。

阿威回家后在自己的日记本上，认真地写了篇日记，题为《投资前的准备》，作为历史记录。我带他周末在家附近转悠的时候，看了看沿途的招牌字号，以及问他喜欢什么，决定买哪些企业的股票。过了两周，周末时他计算了市值，又写了投资开始后的第一篇日记，文中有"投资已经赚了 1000 元，我很高兴"语。有朋友听说了此事，刚好又遇到市场大跌，问我现在如何，我说"我估计现在亏了几千元吧"。他又问："那阿威知道了结果会哭吗？"

不知道他会不会哭，但有了损失，哪怕仅是账面上的，至少心里不会高兴吧。但经历今日的曲折，将来就不会再轻信什么"一夜暴富"的神话，也是一种所得吧。六一来了，这个财商少年班的新同学与小伙伴们一起快乐游戏，谁能断定 3 年后他一定没有盈利呢，或许 15 年后他已有了立足社会的资本，至少他比我辈早起步了 20 年。

补注：刚过去的周末，阿威说："不应用一粒稻谷换一粒米。"我问："为什么？"他说："你想想，一粒稻谷将来可以长出很多粒，每一粒稻谷打开都是一粒米，所以现在用一粒稻谷换一粒米多不值啊。"我问："谁告诉你的？"他说："我自己想的。"

■ 本期卖出中国内地市场中信证券（600030）3500 股，19.80 元 / 股；老凤祥 B（900905）4000 股，1.80 美元 / 股；中国香港市场中信银行（0998）86 000 股，4.41 港元 / 股。买入中国香港市场龙湖（0960）10 000 股，7.30 港元 / 股。中国内地市场美的电器（000527）每 10 股送红股 5 股，派息 0.90 元；BIDU 以 1：10 进行分股。期末资产总值 1 571 195.56 元。

模拟实盘投资组合展示（2010年5月20日）

中国内地市场	股数	成本	市价	市值	市值
民生银行（600016）	120 000	7.71	6.72	806 400.00	806 400.00
中国平安（601318）	8 000	48.98	45.75	366 000.00	366 000.00
美的电器（000527）	7 500	13.36	10.90	81 750.00	81 750.00

中国香港市场	股数	成本	市价	市值	市值
龙湖（0960）	10 000	7.30	7.30	73 000.00	63 896.90

美国市场	股数	成本	市价	市值	市值
YHOO	1 800	16.58	15.27	27 486.00	187 666.16
BIDU	1 450	44.06	68.22	98 919.00	675 389.26

现金	40 093.24
信用杠杆	（650 000.00）
净资产总值	1 571 195.56

备忘

2010/5/20 中国银行外汇牌价中间价：美元 682.77，港元 87.53。

专栏自 2007 年 4 月开启至今，

沪指从 3525 点到 2580 点，−26.81%；

香港恒指从 20 520 点到 19 511 点，−4.92%；

道琼斯从 12 923 点到 10 444 点，−19.18%；

专栏投资组合自 100 万元到 157.12 万元，+57.12%。

中国目前超过一半的投资者即便取得了如同巴菲特一样杰出的投资成绩，也会在 3 年内破产。

寻找 40 年前的巴菲特

2010 年 6 月 20 日

夏天来了，南方的暴雨仍未停歇，不断引发最高级暴雨预警。世界杯在热闹地进行着，但投资界人士热衷的仍是巴菲特的一举一动，最近的新闻是第 11 次巴菲特年度午餐拍卖刚刚结束，被人以 262 万美元的价格拍走，再创历史新高，据传得主是华人。有人大呼物有所值，出于这么多年对巴菲特的理解，我个人推断现年 80 岁的巴菲特 40 年前绝对不可能花 200 万美元跟人吃午饭，无论对方是谁！

上月巴菲特在家乡奥马哈再次召开了全世界最大的股东年会，据报道有 3.7 万人参加，再创新纪录。从北美回来，很多朋友问我是不是去参加巴菲特的股东会了，看来奥马哈年度盛会的影响已经走向世界。我分别在 2001 年和 2004 年去参加过两次，当年的与会人数分别为 1.2 万和 1.4 万。巴菲特的股东会越来越像一个热闹的嘉年华节日，巴菲特也越来越像一个投资教育的传播家。一个怀揣梦想，虽百折而不挠的人，看着万人敬慕的目光，听到热烈的掌声，一定心有所感。但如果你指望现在买了巴菲特的股票而发财的话，可能要失望了。

巴菲特的旗舰伯克希尔 – 哈撒韦公司发行了 A、B 两类股票，人们平时提到的天价股票指的是其 A 类股，由于多年来伯克希尔 A 类股从没有进行过 10 送 10 之类的股本游戏，也几乎没有派发过红利，所以推算起来没有除权复权的麻烦。最新价格（2010 年 6 月 19 日）是 12 万美元 / 股，两年前是 12.4 万美元 / 股，10 年前是 5.7 万美元 / 股。也就是说如果你两年前买了巴菲特的股票，到今天尚有亏损；如果 10 年前买了他的股票，到今天翻一番，折合年回报率为 7.7%。

相信很多人对于这回报率并不满意，所以尽信巴菲特不如没有巴菲特，真正信服巴菲特的人也未必将全部身家用于购买伯克希尔的股票。神重于形，比如受巴菲特精神启发的段永平，当年如不是用 200 万美元买入网易，而是死脑筋地买巴菲特的股票，那么现在的身家将差距百倍。同样，巴菲特从来没有回购过自己公司的股票，这至少说明他不认为自己的公司股价被低估至吸引人的地步。现在买了巴菲特股票的人多半是作为一种对于信仰的珍藏，而不再是发财的手段。当年我在美国购买伯克希尔股票之后，专门花钱从纽约交易所提取了一股真正的纸张股票。在亚洲金融危机爆发后，舆论普遍看空中国前途之时，我指着这张股票说："多年之后人们会发现，这张股票上至少有两个名字，一个是 Warren Buffett，一个是 Tiannan Yang。"

尽管近 10 年来，买了巴菲特股票的人并没有累积到夺人眼球的财富，但将时间段放宽至 40 多年来的历史，情况将大为不同。自 20 世纪 60 年代，巴菲特入主以来，伯克希尔公司的股价上升了约 2 万倍。如果我们能找到 40 年前的巴菲特，就可以休息了。1 万元能变成 2 亿元，为什么要自己干呢？！所以现在找到巴菲特并不重要，重要的是找到 40 年前的巴菲特。

巴菲特慨叹以前是"想法"多于"资金"，现在是"资金"多于"想法"。随着规模越来越大，业绩的增长也越来越困难。同样的故事也发生在著名的投资家彼得·林奇身上，他当年主持的麦哲伦基金在名气并不大、规模较小的前 7 年中，年复合收益率为 26%；在其名声大噪、资金趋之若鹜的后 5 年里，年复合收益率只有 2.2%。

在 2007 年的牛市中，有统计表明中国约 70% 的投资者的资金在 5 万元以下，经历了金融危机的大熊市，估计今天投资的资金不会比当年更多。当巴菲特被人冠以"股神"的名号顶礼膜拜时，不要忘了其半个世纪以来的年投资回报率是 21% 左右，这个成绩远远胜过同一时期同业的 10% 的回报率。即便如此，以一个投资者每年生活成本 3 万元计，中国一半以上的投资者若以此为生的话，就算是取得了与巴菲特相同的投资业绩，不出 3 年就会破产。

在实际的投资过程中，因人而异、因时而化、因地制宜将成为重要的原则，我见过做生意非常成功而投资却总是失败的人，也见过买房投资很成功而买股票却总是亏损的人。所以，建议每个人将自己本职和擅长的工作做好，以求达到利益最大化。

拍下天价的午餐会或参加万人空巷的嘉年华股东会成本太高，若能找到当年巴菲特那些种土豆的邻居们，听听他们当年如何用格雷厄姆的价格购买了费雪的股票，听听他们如何发现千里马并以"咬定青山不放松"的精神将 1 万元变成亿万元的故事，或许更有启发。

■ 本期卖出美国市场 YHOO 1800 股，15.56 美元 / 股。买入美国市场 BIDU 330 股，73.24 美元 / 股；中国内地市场民生银行（600016）10 000 股，6.20 元 / 股。支付财务费用 1000 元。期末资产总值 1 570 413.73 元。

模拟实盘投资组合展示（2010年6月19日）

中国内地市场	股数	成本	市价	市值	市值
民生银行（600016）	130 000	7.59	6.20	806 000.00	806 000.00
中国平安（601318）	8 000	48.98	45.27	362 160.00	362 160.00
美的电器（000527）	7 500	13.36	12.32	92 400.00	92 400.00

中国香港市场	股数	成本	市价	市值	市值
龙湖（0960）	10 000	7.30	7.58	75 800.00	66 469.02

美国市场	股数	成本	市价	市值	市值
BIDU	1 780	49.47	73.24	130 367.20	890 082.06

现金	3 302.65
信用杠杆	（650 000.00）
净资产总值	1 570 413.73

备忘

2010/6/19中国银行外汇牌价中间价：美元682.75，港元87.69。

专栏自2007年4月开启至今，

沪指从3525点到2513点，−28.71%；

香港恒指从20 520点到20 286点，−1.14%；

道琼斯从12 923点到10 450点，−19.14%；

专栏投资组合自100万元到157.04万元，+57.04%。

在成功度过职场"杜拉拉"阶段后，有产者在未来日子里将为捍卫青春成果而斗争。

15 年 1000 万

2010 年 7 月 20 日

被通知班机延误起飞，困在机舱里无所事事，我取出已经有些日子没有阅读的电子书，打开电源开关后，显示的竟然是《围城》中留洋的方鸿渐洽购博士文凭的一段。为了回国给父亲大人有个交代，四年换了三个大学的方鸿渐与爱尔兰人就取得克莱登大学博士学位证书一事斗智斗勇。虽然觉得买张假文凭回去哄人，岂非也成了骗子？但进过哲学系的他转念一想，撒谎欺骗有时并非不道德。爱尔兰人要价 500 美元，最后以 40 美元搞定。

在近来沸沸扬扬的关于唐骏的美国博士"学历门"事件中，方舟子指出西太平洋大学博士学位文凭的价格为 2595 美元。唐骏读博事件无论最终如何收场，历史告诉我们有一点是肯定的，从几十或几百到几千美元，连野鸡文凭都涨价，遑论其他，通货膨胀早已是伴随我们生活的常态。

回顾过去的 20 年，物价如同芒刺一般紧紧追逐在背后，令人不敢停下。日前北京社科院刚发布的消息称：北京住房的平均价格为 17 820 元 / 平方米，一套住房的价格相当于一般家庭 25 年的收入。这个数据被用于支持长久以来的一个观点：房子太贵了，老百姓买不起。

北京的房子是否曾经便宜过？有人查到 1989 年 2 月《人民日报》曾经的报道："北京最近提供 2 万多平方米住房，每平方米 1600～1900 元。若买两居室，少说也要 6 万多元。一名大学生从参加工作起就日日节衣缩食，每月存储 50 元，已是极限，100 年才能买上两居室。"

掩卷长叹，看来北京的房价从来不是贵和便宜的区别，仅仅是贵和更贵的区别。既然北京的房价 20 年来上涨了 10 倍，而且大家都说贵，为什么几乎每个家庭的居住条件较之以往都改善了许多呢？答案在于同期收入水平增长了约 40 倍。从不吃不喝 100 年才能买得起房已经缩短到 25 年，由此推断房价不是变得更贵了，而是相对便宜了。看来涨价并不可怕，只要收入或财富的增长能跟得上，甚至比通货膨胀跑得还快就行。

鉴于财富的增加通常伴随着时光的逝去，面对"如果青春不再，你打算拥有什么"的命题，让手中的资产不贬值，已经成为有产者在未来日子里捍卫财富、捍卫自己青春成果的斗争。不久前有人指出 25 年后在大城市即便有 1000 万元用于养老也未必够，主要的原因是财富的积累赶不上通货膨胀的速度。

1000 万元够不够恐怕并不是当下的考虑重点，因为众人心里会说："我还没有 1000 万元呢！"我们的观点是：普通人在成功度过职场的"杜拉拉"阶段之后，用 15 年执行正确的财务规划可以达成目标。以大中城市的观察为例，夫妻 30 岁上下的小家庭，在经过 7 年左右的社会工作后，拥有 30 万元金融资产的人很多。在这个阶段，人们应该开始考虑资产性收益安排，国外称之为替代性收益（alternative income，AI，恰好是"爱"），就是开始用资产替代人力干活，由部分乃至全部。

如果未来 20 年中国成为世界第一大经济体，一定有很多公司发展成为伟大的企业，可以提供众多的投资机会。以五六年一次大周期而言，15 年应该经历 3 个周期。每个周期若能使资产乘以 3 倍左右的增值，那么 3 个周期下来大约就有 1000 万元了。以一个三口之家而言，若无重大意外发生，应该可以乐享人生了。只是规划与执行均不是容易的事，即便是正确的道路也需要风险的承担、时间的忍耐，这些便是幸福的代价吧。

■ 本期买入中国内地市场苏宁（002024）4000 股，11.99 元／股。民生银行分红每 10 股送 2 股，派现 0.05 元；中国平安分红，每股派现 0.30 元；龙湖分红，每股派现 0.063 元；共收现金股息 6040.00 元。支付财务费用 5500 元。期末资产总值 1 622 004.38 元。

模拟实盘投资组合展示（2010 年 7 月 20 日）

中国内地市场	股数	成本	市价	市值	市值
民生银行（600016）	156 000	6.28	5.41	843 960.00	843 960.00
中国平安（601318）	8 000	48.68	46.51	372 080.00	372 080.00
美的电器（000527）	7 500	13.36	13.12	98 400.00	98 400.00
苏宁（002024）	4 000	11.99	11.99	47 960.00	47 960.00

中国香港市场	股数	成本	市价	市值	市值
龙湖（0960）	10 000	7.30	8.46	84 600.00	73 779.66

美国市场	股数	成本	市价	市值	市值
BIDU	1 780	49.47	72.90	129 762.00	879 942.07

现金	5 882.65
信用杠杆	（700 000.00）
净资产总值	1 622 004.38

备忘

2010/7/20 中国银行外汇牌价中间价：美元 678.12，港元 87.21。

专栏自 2007 年 4 月开启至今，

沪指从 3525 点到 2503 点，−28.99%；

香港恒指从 20 520 点到 20 239 点，−1.37%；

道琼斯从 12 923 点到 10 118 点，−21.71%；

专栏投资组合自 100 万元到 162.20 万元，+62.20%。

股市下跌固然令人沮丧，但如果下月大盘涨到 6000 点，又有多少人能解决问题？

投资的目标

2010 年 8 月 20 日

盛夏时节，虫鸣不已，瓜果梨桃陆续上市，满眼望去各色的水果让人心中充满收获的喜悦，粒粒饱满的或紫红或黄绿的葡萄，令我想起数年前在北美列治文一位朋友家后院的情形。那年我也是 8 月前往拜访，打开后院的门，绿油油的茂盛的葡萄藤蔓爬满了架子，生机盎然的绿荫下东一串西一串垂下累累的果实，葡萄还真是不少。见我欣喜好奇，主人介绍说这葡萄的苗七八年前买来时才一尺多高，没想到长这么快，快到剪收的时候了。我说改天一定来拍些照片，一株小苗假以时日长成现在的硕果累累，这正是我们所追求的投资的好写照啊。

照片一直没有拍成，但这情景却留在了心里。在这硕果的背后也一定有不为人知的付出和辛劳吧，或需浇水，或需除草，或需施肥，或需除害，长成之后还有大小丰歉之分，总之，天下定是没有容易的事情，哪怕是等待和忍耐也是必不可少的环节，这些都与投资无异。

如果该浇的水浇完了，该施的肥施过了，该努力的都努力了，剩下的应是耐心等待其成长。投资的过程，大约也是如此。按说"待着不动"应是天下最简单的事情了，但问题几乎都出在这个环节，很少有人想到《孙子兵法》中有一条"不动如山"的法则，无论是牛市中捂股不放，还是熊市中持现不动，均是件了不起的事，二者得一可获自由，二者兼备乃圣人也。以段永平的网易

163

投资成名为例，大家都知道赚了 100 多倍，整个投资的过程大约分为几个部分：分析发现目标——重仓投入——耐心等待。其中第二步比第一步重要，第三步比第二步还重要。**不动也是很难的！**

在"待着不动"的环节中，每日每时都有诱惑发生，导致人们总觉得应该做些什么，以期开花结果的日子早些到来，然而过多地浇水或施肥往往适得其反，非但没有多收获，反而是戕害，已有的也将日渐枯萎。建议宁可再多栽一棵树，也不要在同一棵树上过量投入。实在觉得时间和技术不够，请一个园丁看院子也是一种选择。如何发现好园丁倒是另一个话题了。

近来在与投资人的探讨中，被问及对未来市场涨跌的看法。自 2007 年 10 月的高位以来，整个世界遇到了前所未有的经济危机以及接连不断的自然灾害，令投资人心中质疑的鼓声不断。大势的涨跌在短期通常会对投资表现有影响，但长期而言，随着时间的推延这种影响将越来越无足轻重，只要有足够的时间，大市不涨也能赚钱。以本专栏的数据为例，如果有人在 40 个月前发出预测：千万不要买股票，40 个月后大盘将下跌 25%！当今天结果揭晓时，这个预言的后半部分神奇且准确，前半部分却错了，因为数据显示在上证指数下滑 25% 的同时，专栏的投资取得了 77% 的正回报率，尽管这是冒险的代价。

投资是难的，可以难到滔滔不绝，也可以难到无言以对。今年以来的下跌令人心灰意冷，我上月在电话中开导朋友："下跌固然令人不悦，如果下个月涨到 6000 点，大家一定会高兴，但你认为能有多少人可以解决问题？"投资之难使得很多人仅视其为小赌怡情的工具，而忘却投资真正的目标——解决问题。上期文章题目可以视为财务规划的人生目标之一，完整的表述是：30 万 15 年 1000 万。已经有人开始试验，希望能早日成功，佐证今日的蓝图。也有人表示：15 年太长了。但日子飞也似的过去，缩短时间的方法有两个：一是增加本金；二是提高收益率。

还有人疑问：15 年后 1000 万也不一定够用啊？！如果以后物价涨得厉

害，每年要是用 100 万，10 年就花完了，以后咋办？这倒是个问题，但关键是看怎么用。如果能取得 10% 的回报率，每年就有 100 万的投资收益了，以每年花费 100 万计，1000 万为投资本金可以用 1 万年，此生无忧矣。你一定会问："到哪里找 10% 的回报率？"这个很抱歉，我也不能确定，看《钱经》或许是选择之一吧。

■ 本期买入中国内地市场荣盛发展（002146）4000 股，12.29 元 / 股；中国香港市场谭木匠（00837）17 000 股，3.25 港元 / 股。支付财务费用 1000 元。期末资产总值 1 772 793.41 元。

模拟实盘投资组合展示（2010年8月20日）

中国内地市场	股数	成本	市价	市值	市值
民生银行（600016）	156 000	6.28	5.61	875 160.00	875 160.00
中国平安（601318）	8 000	48.68	46.51	372 080.00	372 080.00
美的电器（000527）	7 500	13.36	14.02	105 150.00	105 150.00
苏宁电器（002024）	4 000	11.99	14.10	56 400.00	56 400.00
荣盛发展（002146）	4 000	12.29	12.29	49 160.00	49 160.00

中国香港市场	股数	成本	市价	市值	市值
龙湖（0960）	10 000	7.30	8.44	84 400.00	73 723.40
谭木匠（00837）	17 000	3.25	3.25	55 250.00	48 260.88

美国市场	股数	成本	市价	市值	市值
BIDU	1 780	49.47	81.55	145 159.00	985 397.36

现金	7 461.77
信用杠杆	（800 000.00）
净资产总值	1 772 793.41

备忘

2010/8/20 中国银行外汇牌价中间价：美元 678.84，港元 87.35。

专栏自 2007 年 4 月开启至今，

沪指从 3525 点到 2659 点，−24.57%；

香港恒指从 20 520 点到 20 932 点，+2.01%；

道琼斯从 12 923 点到 10 209 点，−21.00%；

专栏投资组合自 100 万元到 177.28 万元，+77.28%。

人们常用"生不带来，死不带去"来表达对于金钱的轻蔑之情，而这句话却恰恰点出了金钱在生死之间的重要性。

后退原来是向前

2010 年 9 月 20 日

9 月，世界杯上加油助威的呜呜祖啦（Vuvuzela）嗡嗡声伴随着 200 万法国民众上街游行，抗议政府将退休年龄从 60 岁上调到 62 岁。而政府强调随着法国人寿命不断增长，法定退休年龄近 30 年未变，国家养老金财政亏空不断加大，应该改革。看来这又是一起因缺钱而导致的社会不和谐事件。

几乎同日，国新办发布的《中国的人力资源状况》称，到 2035 年中国将出现 2 名纳税人供养 1 名养老金领取者的局面。中国养老金缺口大约 1.3 万亿元，而全国账面上留存的金额只剩下 1500 亿元。2000 年，这个数字还仅仅为 360 多亿元。弥补这个缺口有多种途径，有人提议延迟退休年龄，据称推识一年国家可以节省 200 亿元。

随着中国老龄化社会的到来，社保的压力会越来越大。实际上这并不是中国所独有的问题，美国的 SSN（社会安全体系）、加拿大的 SIN（社会保险体系）等都存在着类似的问题，10 年前加拿大的统计显示大约 4 个工作的人对应 1 个退休的人，而当目前的中青年到退休年龄后，几乎是一个工作的人对应一个退休的人。

对于社会养老金问题几乎可以肯定的有两点：第一，退休时肯定有；第二，肯定不够用。时光的脚步无法阻挡，"未富先老"才令人真正担心。

对于上述人口统计学的结果，各国心知肚明，采取的对策除了推迟支付养老金的年龄等，更重要的就是通过税收减免等优惠手段，鼓励人们进行投资，比如美国的401K、IRA，加拿大的RRSP等。逻辑也很简单，如果大家的财务都健康了，国家就没有这么大的负担了。

人们常用"生不带来，死不带去"来表达对于金钱的轻蔑之情，而这句话却恰恰点出了金钱在人生死之间的重要性。"生不带来"不是说出生后不需要花费，"死不带去"也不表明人死后不花钱。10多年前在香港时，有人指着墓地揶揄地说："这个比房子还要贵，过去几十年涨了很多倍，死晚了都死不起了。"

相对于"人死了钱没花完"的感叹，当下更让人关注的恐怕是如何解决"人还在钱花完了"的紧迫。探索的结果，只有投资一条出路有可能解决问题，因为存银行收益率太低，甚至低于通货膨胀；赌博、中彩票，赢的概率太低。于是房地产、黄金、红木家具，乃至大蒜、绿豆等市场风起云涌，当下最具吸引力的是投一家公司然后等其于创业板上市，这种巨大回报引得满世界PE茁壮成长。

这个专栏也是这股投资大潮中的一朵小小的浪花，希望能在资本海洋中搭乘成功企业的云帆，抵达财务自由的彼岸。**每个家庭都实现了财务健康，社会就和谐了，这便是我们的愿望。**

先前提到的"30万15年1000万"的财务规划，我们认为是一个普通家庭可行的财务方案，现实中不同的人群的反应大体如下：

20岁，太早。（我还年轻呢，着什么急，早着呢！）

30岁，太久。（什么？那个巴菲特一年才21%的回报率，我两个涨停板就解决了！）

40岁，太难。（"炒"股10年下来，亏得比赚的多，这还真不是好玩的！）

50岁，太晚！（唉，早知道……）

很多朋友大约处在第二和第三阶段，对于这些理财意识已经觉醒的人，需要强调耐心的重要性。去过上海的人一定知道繁华地段的恒隆广场和港汇广场，这是大上海租金最昂贵也最为抢手的物业，是日进斗金的摇钱树。持有这些物业的香港恒隆地产主席陈启宗却披露："我们养它养了10年才开始盈利。"对于长于"抄底逃顶"的聪明人，陈启宗说："我很笨，不知道怎么炒短线，我做长线。"就是这个称自己"很笨"的人，旗下的恒隆地产市值超过1500亿元，在香港名列三甲。

可见财不入急门，想想唐朝布袋和尚的诗或许有所启发："手插青秧种福田，低头便见水中天；六根清净方为道，后退原来是向前。"

■ 本期卖出中国内地市场美的电器（000527）3500股，14.80元/股；荣盛发展（002146）4000股，10.42元/股；中国香港市场龙湖（0960）5000股，9.31港元/股；美股BIDU 80股，87.93美元/股。买入中国内地市场民生银行（600016）10 000股，5.00元/股；苏宁电器（002024）4000股，14.86元/股；港股谭木匠（00837）23 000股，3.75港元/股。收到中国平安分红1080.00元。期末资产总值1 783 626.39元。

模拟实盘投资组合展示（2010年9月20日）

中国内地市场	股数	成本	市价	市值	市值
民生银行（600016）	166 000	6.21	5.00	780 000.00	830 000.00
中国平安（601318）	8 000	48.68	49.63	397 040.00	397 040.00
美的电器（000527）	4 000	13.36	14.80	59 200.00	59 200.00
苏宁电器（002024）	8 000	13.43	14.86	118 880.00	118 880.00

中国香港市场	股数	成本	市价	市值	市值
龙湖（0960）	5 000	7.30	9.31	46 550.00	40 228.51
谭木匠（00837）	40 000	3.54	3.75	150 000.00	129 630.00

美国市场	股数	成本	市价	市值	市值
BIDU	1 700	49.47	87.93	149 481.00	1 003 166.99

现金					5 480.89
信用杠杆					（800 000.00）
净资产总值					1 783 626.39

> 备忘
>
> 2010/9/20 中国银行外汇牌价中间价：美元671.10，港元86.42。
>
> 专栏自2007年4月开启至今，
> 沪指从3525点到2590点，−26.52%；
> 香港恒指从20 520点到21 941点，+6.93%；
> 道琼斯从12 923点到10 691点，−17.27%；
> 专栏投资组合自100万元到178.36万元，+78.36%。

巴菲特最打动人之处，是为所有的长期追随者都创造了可观的财富。

与资产管理相关的若干问题（上）

2010 年 10 月 20 日

10 月的晚上我在校园里散步，北京宜人的秋天是个丰俭由人的"乱穿衣"季节，强健者可着单衣，单薄者可着外套。北京到底是"热"还是"凉"？答案恐怕要看个人自身的情况。

朋友来电："利息上调了，有何看法？""我还不知道呢，没什么特别的看法，因为事先我们并没有将此作为考量因素。"是否测中某一天的行情或消息，长远而言无足轻重。一个家庭最终想谋得财务自由，需要的是坚持不懈地执行资产管理的策略。

Q1：什么是资产管理？有什么效果？

A：资产管理（asset management）又称财富管理（wealth management），可以理解为资产规划、投资管理，是以提高资产使用效率为目标的财务规划的制定和执行。当人们渐渐老去的时候，替代性的财产收入显得更加重要。从中国过去 10 多年的历史看，今天绝大多数家庭的财富源于所持有房屋的增值，而财产的另一大类——股票投资却基本上是失败的，这表明证券类投资具有更高的专业性要求。

Q2：什么人需要考虑资产管理？难点在何处？

A：两类人需要，一类是"正在奔向财务健康"的人，另一类是"已经取得财务自由"的人，这两类人的共同特点是关心自己的财务状况。在执行的策略上，**第一类人需要"集中"，第二类人需要"分散"**。第一类人的难点或在于漫长的煎熬导致放弃资产管理；第二类人的难点在于囿于已有的成功而忽视资产配置。

Q3：在实际工作中，为何强调投资资金的门槛？

A：以投资翻番为例，10万元可以变成20万元，1000万元会多出另一个1000万元。在这个过程中，管理成本几乎是同样的。此外，10万元几乎不能解决什么问题，所以几乎不被重视，但很少有人忽视1000万元。

Q4：有人认为投资实际上对社会没什么贡献，凭什么赚钱？

A：持有此类想法的人应该回去种地，反思一下待在城市从来不种地的人凭什么要有粮食吃。资本市场最大的功能在于优化社会资源配置。

Q5：但很多人认为股市存在大量的投机行为？

A：投机是市场的润滑剂。

Q6：为何很少谈论个股？

A：谈论个股在很多时候可能产生误导，因为市场多变，市场多变是因为人心莫测。

Q7：投资中最难之处在哪里？

A：投资中最难是难在"人心莫测"，并不仅仅是指难以揣度别人的心思，更多的时候人们连自己都不确定自己下一步会如何，所以可以看到在6100点信誓旦旦的"长期投资"者在1600点时逃之夭夭的景象。

Q8：你日常最多的工作是什么？

A：阅读，海量的阅读。

Q9：阅读就可以投资成功吗？

A：阅读之后，分析、判断、执行、检验、回顾、纠错、等待，循环往复，大抵如此。即便同样的信息，不同的人会得出不同的结果。

Q10：主力近期会有怎样的动作？

A：我不具备短期预测能力，也不知道传说中的主力在何处，更没兴趣知道主力想干什么。

Q11：很多人将投资失败归因于信息太少？

A：普通人（玩一玩者除外）本不必进行专业的投资，在互联网如此发达的今天，消息不是太少而是太多。以前日成交量过3000亿元为例，如果一个人有幸（或不幸）知道所有3000亿元资金的卖出理由，同时知道3000亿元资金所有的买入理由，他将无所适从。太多的消息和没有消息的效果差不多。

■ 本期卖出中国内地市场民生银行（600016）16 000股，5.87元／股；中国平安（601318）1000股，64.90元／股；中国香港市场龙湖（0960）5000股，9.12港元／股。买入中国内地市场苏宁（002024）7700股，15.57元／股；中国香港市场谭木匠（00837）10 000股，3.93港元／股；人和（01387）30 000股，1.51港元／股。支付财务费用6000元。期末资产总值2 206 592.96元。

模拟实盘投资组合展示（2010 年 10 月 20 日）

中国内地市场	股数	成本	市价	市值	市值
民生银行（600016）	150 000	6.21	5.87	880 500.00	880 500.00
中国平安（601318）	7 000	48.68	64.90	454 300.00	454 300.00
美的电器（000527）	4 000	13.36	17.59	70 360.00	70 360.00
苏宁电器（002024）	15 700	14.48	15.57	244 449.00	244 449.00

中国香港市场	股数	成本	市价	市值	市值
人和（01387）	30 000	1.51	1.51	45 300.00	38 967.06
谭木匠（00837）	50 000	3.62	3.93	196 500.00	169 029.30

美国市场	股数	成本	市价	市值	市值
BIDU	1 700	49.47	100.82	171 394.00	1 144 123.51

现金	4 864.09
信用杠杆	（800 000.00）
净资产总值	2 206 592.96

备忘

2010/10/20 中国银行外汇牌价中间价：美元 667.54，港元 86.02。

专栏自 2007 年 4 月开启至今，

沪指从 3525 点到 2991 点，−15.15%；

香港恒指从 20 520 点到 23 498 点，+14.52%；

道琼斯从 12 923 点到 10 978 点，−15.04%；

专栏投资组合自 100 万元到 220.66 万元，+120.66%。最近一年 +23.51%；最近两年 +224.85%。

投资的意义在于优化社会资源配置。资产管理的价值在于为投资人节省时间。

与资产管理相关的若干问题（下）

2010 年 11 月 20 日

Q12：工作中有遗憾吗？

A：最大遗憾是看到有人在春天收到播种通知时，秋天才下定决心，然后面临冬天的严酷。

Q13：你是个价值投资者。

A：我认为投资是将有限的资金放在物有所值的对象上，等待其价值被发现，最终达到提高资产使用效率的目的，但对于"物有所值"的标准，每个人会有不同的看法。巴菲特说："'投资'这个词的前面本无必要加上'价值'一词。"如果不是价值投资，难道我们要进行无价值投资吗？！

Q14：好像很多人想的和你不一样？很多人都声称并且希望被人认为是价值投资者。

A：不一样不是很好吗？都一样的话，如何有交易呢？！投资原本是为了过上幸福的日子，不是为了贴标签。巴菲特的老师格雷厄姆被认为是价值投资之父，但巴菲特也承认：如果都听了格雷厄姆的话，就没有今天的巴菲特了。

Q15：你认为哪种投资方法好？

A：方法没有好坏，只有合适与否，合适的方法就是最好的方法。每个方法或许都有道理，但世间纵有万千假设和推论，历史却只有一种结果，这便是现实的残酷吧。

Q16：你觉得中国会出巴菲特吗？

A：世上再无巴菲特！但不排除中国会出现比巴菲特更伟大的人。

Q17：你将来会成为巴菲特吗？

A：在巴菲特明月般的光辉里，我只是万千星河中的一颗。

Q18：你觉得巴菲特哪一点最吸引你？

A：巴菲特最能打动人的地方，是他为所有的长期追随者都创造了财富，而且很可观。

Q19：你最大的愿望是什么？

A：当下最大的愿望是活到像巴菲特一样的年纪。

Q20：有观点认为资产管理或投资管理都是在玩别人的钱？亏也不是亏自己的。

A：社会分工是历史的必然，生活终究是公平的，没有人能在所有的时候欺骗所有的人。优秀的资产管理者至少需要经过周期性的考验，信誉的积累也需要时间，得之愈难则持之愈慎。资产管理者的价值在于为投资人节省时间，使之能做自己喜欢或必须做的事情。

Q21：都说越早开始投资越好，但如果开始在错误的时间如何？

A：简单而言，人们所说的"错误"是指买了以后股价下跌，资产总值变少了。这里的"错误"实际上分"真错"和"假错"两种。"真错"是指投资人确实投错了对象，这种错误需要纠错；"假错"是指投资人没有错而是市场发生偏差，这时需要坚持，等待市场纠错。但是问题在于普通人可能无法分清二者，这实际上与"投资"与"投机"这个深刻的话题有关，将来可能对此进行专篇论述。

11月的北京秋高气爽，无法想象去年此时已降下了冬天里的第一场雪。2010年快结束了，市场仍然处于三年前高点的半山腰，如果一定要有些寄语的话，望大家在"勇于牺牲"之后，不要忘了"敢于胜利"！

- 本期卖出中国香港市场人和（01387）30 000股，1.47元/股。买入中国内地市场苏宁电器（002024）7000股，13.89元/股；民生银行（600016）9000股，5.16元/股；中国香港市场惠理（0806）8000股，7.09港元/股；联想（0992）10 000股，5.51港元/股。支付财务费用2000元。期末资产总值2 091 648.65元。

模拟实盘投资组合展示（2010 年 11 月 19 日）

中国内地市场	股数	成本	市价	市值	市值
民生银行（600016）	159 000	6.15	5.16	820 440.00	820 440.00
中国平安（601318）	7 000	48.68	56.88	398 160.00	398 160.00
美的电器（000527）	4 000	13.36	16.29	65 160.00	65 160.00
苏宁电器（002024）	22 700	14.30	13.89	315 303.00	315 303.00

中国香港市场	股数	成本	市价	市值	市值
谭木匠（00837）	50 000	3.62	4.15	207 500.00	177 723.75
惠理（0806）	8 000	7.09	7.09	56 720.00	48 580.68
联想（0992）	10 000	5.51	5.51	55 100.00	47 193.15

美国市场	股数	成本	市价	市值	市值
BIDU	1 700	49.47	107.88	183 396.00	1 217 896.16

现金	1 191.91
信用杠杆	（1 000 000.00）
净资产总值	2 091 648.65

> 2010/11/19 中国银行外汇牌价中间价：美元 664.08，港元 85.65。
>
> 专栏自 2007 年 4 月开启至今，
>
> 上证综指从 3525 点到 2848 点，−19.21%；
>
> 香港恒指从 20 520 点到 23 560 点，+14.81%；
>
> 道琼斯从 12 923 点到 11 162 点，−13.63%；
>
> 专栏投资组合自 100 万元到 209.16 万元，+109.16%。最近一年 +15.08%；最近两年 +259.23%。

备忘

如果巴菲特是个能将"价值投资"理论倒背如流而投资业绩却平平的人，还会受到人们如此的尊崇吗？

敢于胜利

2010 年 12 月 20 日

新年到了，终于搬了新家。凛冽的寒风过后，社区里和煦的阳光从冬日的天空撒下，在建筑物的背后留下影子，儿童嬉戏着，一个以步丈量着阴影长短时，另一个在大喊："这里都是阳光呢!"阴影里的得到阴影，阳光里的得到阳光，即便在同一片蓝天下。

经过央行罕见的一个月内三次上调存款准备金率，该项指标已达到 18.5%的历史高位。各路英雄热烈讨论着是否近期会加息，并循惯例鼓唇摇舌地争论着到底应是"持币过节"还是"持股过节"等话题，看着这类"辩论重于结论"的节目，让人愈发地相信相当多掺和在这个市场里的人图的是个热闹。辩论胜利又如何？猜中下周加息或涨跌又如何？如同过年放的炮仗，爆一声热闹，硝烟散后，再无踪迹。

日前无意看到"地产思想家"冯仑的一个访谈节目，谈及年轻时读革命史读到"敢于胜利"一语，冯仑心中甚是纳闷："胜利还需要敢于吗?!"再往前翻豁然发现还有一语——"勇于牺牲"。当下大悟，如果不"敢于胜利"，前面的牺牲就白白付诸东流了。如果没有当年"宜将剩勇追穷寇"的精神，恐怕今日中国还是南北朝的状态。

追求胜利是需要勇气的，因为在通往胜利的路途上会有跌倒，会有折磨，会有嘲讽，会有指责，不但有可能劳而无功，亦有可能将已有的一并归于无。

翻阅近期的杂志,有篇私募基金最近三年(2008年、2009年、2010年)前20名的排行表,每年第一名业绩皆不凡,但耐人寻味的是某一年度的第一名在其他年度踪迹皆无。如果他们不是金盆洗手的话,只能从另一面说明了"敢于胜利"的难度。

或有读者质疑这个专栏为何每期都有买卖,难道这是价值投资吗?忽略巴菲特曾言"投资之前根本没有必要加上'价值'二字"不提,简要的答复是我曾在1997年的一篇文章中提过卖出股票的三个理由:①企业本身经营恶化;②股票价格过高;③出现更好的投资机会。由此引发的思考是,人们到底为何尊崇巴菲特?是因为他是个"价值投资"者?还是他的成功尤其在财务上的成功?如果巴菲特是个能将价值投资理论倒背如流而投资却业绩平平的人,还会受到人们如此的追捧吗?相对于"不以成败论英雄"的观点,另一句名言是:历史是由胜利者书写的!

完整地经历了百年不遇的金融危机,经历了6100点到1600点的股市暴跌,经历了数不胜数的难,这个专栏显示了投资至少需要在寂寞、忍耐甚至无聊中坚持不懈地前行。在市场点位仍处于三年前一半的当下,专栏依然取得了职业的和世俗的双重胜利,已经达成了当初的预期。如果采取"见好就收"的策略,成功将被永记在册;如果"敢于胜利"地前行,或令我名誉不保。生活中最难的不是面前仅有一条道路,而是有一条以上供选择。事后都易,当下最难。亲爱的读者朋友们,在你们经历了"勇于牺牲"或"被勇于牺牲"的阶段,现在的结果是你们所需要的吗?!

院子里有棵高大的柿子树,在过去一年寒冷的冬天和"有气象记录以来最热的"夏季,没有人关照,没有人浇水,秋天的时候也没有结一颗柿子。前些日又是北京10年来最严寒的冬天,面对绿叶落尽的枝干,我担心地问这树是不是死了呀?园林工人上前折下一小段末梢,看了看说:"没问题,这树枝的中心还是嫩绿的颜色呢。"不错,严寒中这心中有一抹生命的绿色在,日后便有开花结果的希望。

■ 本期卖出美国市场 BIDU 500 股，97.07 美元 / 股。买入美国市场 MOBI 3000 股，5.48 美元 / 股；中国内地市场民生（600016）1000 股，5.06 元 / 股。联想派息 0.026 港元 / 股，合计 260 港元。期末资产总值 1 982 569.63 元。

模拟实盘投资组合展示（2010 年 12 月 20 日）

中国内地市场	股数	成本	市价	市值	市值
民生银行（600016）	160 000	6.15	5.06	809 600.00	809 600.00
中国平安（601318）	7 000	48.68	56.73	397 110.00	397 110.00
美的电器（000527）	4 000	13.36	17.45	69 800.00	69 800.00
苏宁电器（002024）	22 700	14.30	13.93	316 211.00	316 211.00

中国香港市场	股数	成本	市价	市值	市值
谭木匠（00837）	50 000	3.62	4.56	228 000.00	195 304.80
惠理（0806）	8 000	7.09	8.14	65 120.00	55 781.79
联想（0992）	10 000	5.51	5.02	50 200.00	43 001.32

美国市场	股数	成本	市价	市值	市值
BIDU	1 200	49.47	97.07	116 484.00	776 051.35
MOBI	3 000	5.48	5.48	16 440.00	109 528.21

现金		210 181.15
信用杠杆		（1 000 000.00）
净资产总值		1 982 569.62

备忘

2010/12/20 中国银行外汇牌价中间价：美元 666.23，港元 85.66。

专栏自 2007 年 4 月开启至今，

上证综指从 3525 点到 2857 点，−18.95%；

香港恒指从 20 520 点到 22 554 点，+9.91%；

道琼斯从 12 923 点到 11 479 点，−11.17%；

专栏投资组合自 100 万元到 198.26 万元，+98.26%。最近一年 +19.07%；最近两年 +210.87%。

2011

当有人说"股市就是赌场",有人说"别分析股票,分析股票背后的企业"时,让人想起当年武林大家王芗斋的名言:"高手相遇就像两只碗相碰,一瞬间便分出高下。"

投资和投机这对孪生兄弟的不同之处在于，投资以"物"为决策依据，投机以"人"为决策依据。

第一最好不炒股

2011 年 1 月 18 日

新春之际贺岁档电影热闹纷呈，冯小刚的《非诚勿扰2》虽没有第一部的如潮佳评，但其取词于仓央嘉措《十诫诗》的片尾曲，却意外地捧红了六世达赖喇嘛。

第一最好不相见，如此便可不相恋；

第二最好不相知，如此便可不相思。

但曾相见便相知，相见何如不见时；

安得与君相决绝，免教生死作相思。

这位 24 岁便转世而去的出家人留下的浪漫情诗，让人体会到即便跳出三界也眷恋凡间的美好。它受到如此的热情追捧，以至于网络中的才子佳人很快将其增至"第十最好……"。

我在热闹的气氛中翻了一本热门的书，作者赫然落款："写于第三波金融危机到来之际"！看来作者认为第二波已经过去，当下在奔往第三波危机的路上。照这个意思推理，人类社会不是陷于危机之中，就是在奔向危机的道路上。那么请问第二波和第三波之间是什么？如果是"非危机"的话，应是俗话讲的"好日子"。由此推理，人们不是生活在好日子里，就是在通往好日子的路上。既然是同样的生活，为何非要以令人惊恐的面目出现呢？！

通常认为投机过度会引发泡沫破裂，从而导致经济危机发生，而投资和投机这两个词经常交替出现，甚至投资这个词在粤语中的发音几乎和投机一样。在资本环境中，如果一个人看不上另一个人的行为，通常会来一句："你这不是投资，是投机！"而在中文的语言环境中，"股票"和"炒"已经天然地结合在一起，下起市井路人上至教授大家，动辄则称"炒股票"。我的一个老友从业于资本市场多年，在恋爱时向对方描述自己的工作，阔论了一番资产配置、风险控制、调研分析等金融理论之后，对方恍然曰："原来你是炒股票的。"当下心中大惭。可见在中文语境中"炒股票""投机"是贬义词，而投资具有褒义。

在英文中，投机者是 speculator，而 trader 对应的是炒股票的人，皆为中性词，和投资者（investor）一样无贬损之意。对于投资还是投机，各家各有主张。巴菲特的老师格雷厄姆主张："投资者应关注股票背后所代表的企业，而不是价格行情。投资的秘诀在于当价格远远低于内在价值时投资，并相信市场会回升。"同样经历了 1929 年大危机的《投资生存战争》作者勒伯却认为：没有人知道什么是价值，因而投机是必要的，"股票投机主要就是 A 试图判断 B、C、D 会怎么想，而 B、C、D 反过来也做着同样的判断"。

即便都是谈投资，每个人的主张也不同，有的人认为"三年以上的才是投资，三年以下的为投机"，有的人认为"以取得稳定现金流为目的的是投资，以取得差价为目的的是投机"，也有的人认为"不以买公司为目的的股票投资都是搞投机"等。

实际上投资和投机是对孪生兄弟，都是投出资金以期取得回报的过程，只不过二者的决策依据稍有不同，投资时考虑"物"的因素较多，投机时考虑"人"的因素较多。例如，投资者买入时会关注净资产、盈利、增长等价值信息，而投机者买入或是因为"听说有庄家要炒"等短期价格变动因素。通常企业的价值因素不会在一天之内有如涨跌停板似的突变，而市场上却每天充斥着消息，所以投机者的买卖频率会高于投资者，即所谓的"炒"股票，炒来炒去不断地翻腾。炒股票就是投机，千万别问我炒股票的事，因为我不在行。

让我们站得稍远一些看看世界，每年福布斯财富排行榜上所列均为企业家，从来没有赌徒在列。当有人说"股市就是赌场"，有人说"别分析股票，分析股票背后的企业"时，让人想起当年武林大家王芗斋的名言："高手相遇就像两只碗相碰，一瞬间便分出高下。""阴影里的得到阴影，阳光里的得到阳光，即便在同一片蓝天下"，这便是上一篇文中的寓意所在。

总是有人问起对于大众的投资建议，受仓央嘉措的启发，下面这首《第一最好不炒股》便是我的答复：

> 第一最好不炒股，如此便可不会输；
>
> 第二最好不要看，如此便可不心乱；
>
> 第三最好不相问，如此便可不挂念；
>
> 第四最好不推荐，如此便可无人怨；
>
> 但凡多看必心乱，但凡推荐多遭怨；
>
> 安得与君长相伴，相守相忘不相欠。

■ 本期卖出中国平安 3000 股，50.05 元/股。买入美国市场 AAPL 20 股，335.38 美元/股；中国内地市场瑞贝卡（600439）4000 股，11.69 元/股；中国香港市场阿里巴巴（01688）3500 股，16.83 港元/股。支付财务费用 6000 元。期末资产总值 1 934 279.64 元。

模拟实盘投资组合展示（2011 年 1 月 18 日）

中国内地市场	股数	成本	市价	市值	市值
民生银行（600016）	160 000	6.15	5.00	800 000.00	800 000.00
中国平安（601318）	4 000	48.68	50.05	200 200.00	200 200.00
美的电器（000527）	4 000	13.36	15.82	63 280.00	63 280.00
苏宁电器（002024）	22 700	14.30	12.38	281 026.00	281 026.00
瑞贝卡（600439）	4 000	11.69	11.69	46 760.00	46 760.00

中国香港市场	股数	成本	市价	市值	市值
谭木匠（00837）	50 000	3.62	4.28	214 000.00	181 322.20
惠理（0806）	8 000	7.09	8.20	65 600.00	55 582.88
联想（0992）	10 000	5.51	4.91	49 100.00	41 602.43
阿里巴巴（01688）	3 500	16.83	16.83	58 905.00	49 910.21

美国市场	股数	成本	市价	市值	市值
BIDU	1 200	49.47	108.15	129 780.00	855 133.39
MOBI	3 000	5.48	5.15	15 450.00	101 801.59
AAPL	20	335.38	335.38	6 707.60	44 197.05

现金					13 463.89
信用杠杆					（800 000.00）
净资产总值					1 934 279.64

备忘

2011/1/18 中国银行外汇牌价中间价：美元 658.91，港元 84.73。

专栏自 2007 年 4 月开启至今，

上证综指从 3525 点到 2699 点，−23.43%；

香港恒指从 20 520 点到 24 243 点，+18.14%；

道琼斯从 12 923 点到 11 817 点，−8.56%；

专栏投资组合自 100 万元到 193.43 万元，+93.43%。最近一年 +18.22%；最近两年 +215.15%。

"房奴"们唯一后悔的是没有早些当上更大或更多房子的房奴。

花开时节君犹在

2011 年 2 月 18 日

兔年新岁的阳光里，老友打来越洋电话来问候新春快乐，感叹当下回国也买不起房了，并说在网上看到国人大多抱怨自己当上了房奴、孩奴之类，重重压力下，似乎并不快乐。

房奴、孩奴们真的不快乐吗？似乎不尽然，这些年看着不孕不育类医院的生意兴隆，便可理解更多的人宁愿选择当孩奴也不放弃天伦之乐的幸福。至于"房奴"们，绝大多数情况更是与外界的理解完全相反，凡是过去几年或十几年当上房奴的，没有几个不在家偷着乐，因为由此带来的家庭财富的升值远远多于其几代人工作收入的总和。要说后悔肯定也是有的，不过多是因为后悔当初没有当更大或更多房子的"房奴"！当初买房子不用找关系、走后门，还有银行的优惠利率，甚至零首付的年代，哪像现在想买房可能还不够资格呢。⊖ 还别嫌贵，想当房奴而不得的时代已经到来。

刚看了相声演员冯巩的电视访谈，今日的成功者谈起年轻时一家六七口人挤在一个小屋里生活的情景说："其实那时很快乐，年轻人吃点苦不是坏事。"冯巩说得对，如同每个人都追忆儿时或从前的美好，但常识告诉人们如果今天还让老冯一家人六七口再挤回当年的蜗居，彼时的快乐定是荡然无存的，否则就无法解释每个人为何都怀有改善居住条件的强烈愿望。

⊖ 2011 年 2 月 16 日出台的"京十五条"房地产调控政策限制，外地人必须在京纳税满五年才能购房。

人们似乎确实没有以前快乐了，幸福感的提升取决于以下两个因素：一是降低欲望；二是提升财富。参透了前者，于是有了伟大的佛陀。但是多数人好像不愿意如此，不过这并没什么错，谁让"你我皆凡人，生在人世间"呢。对于美好生活的欲望追求正是推动人类社会发展的动力。如果你不打算将欲望降低，就需要多创造些财富，并做好为幸福付出些代价的准备。李嘉诚最令人赞赏的观点是"用心思考未来"。过去是回不去了，我们面临一个怎样的今天和未来？

最新的报道：2010 年中国的 GDP 已达 39.8 万亿元，超越日本成为世界第二。记得 23 年前在新闻联播中听到中国 GDP 第一次超过 1 万亿元时，心里想：这么多钱啊！ 2010 年底中国持有美国国债接近 9000 亿美元，仍为美国第一大债权国。忧国忧民的精英们反复告诫"玩阴谋"的美国人是不会还钱的，国家税务总局数据显示，2010 年中国税收为 7.7 万亿元（约合 1.16 万亿美元）。

有很多不足，有很多不完美，但过去 20 年的亲历所见，谁也没能挡住中国的发展。即便抱怨房价高，也没有几人真愿意回到多年前没有开发商的年代。越来越多的迹象表明，如果社会稳定，20 年后中国的 GDP 将超越美国成为世界第一已是毋庸置疑的事，这是你我这代人看得见的未来。

你愿意或者不愿意，中国都会前进；你抱怨或者不抱怨，通货膨胀都是人类社会的常态。我们或不能改变世界，但可以选择对待世界的方式。在新闻报道中，既有外地在北京打拼的年轻夫妇从零到数百万元身家的奋斗史，也有北京人历时数年，看房无数，从房价 3000 元 / 平方米看到 3 万元 / 平方米最终无果的"血泪史"。令人想起周星驰著名的台词："如果上天能够给我一个再来一次的机会……" 是啊，如果上天给了一次又一次的机会，还是错过的话，固然令人扼腕，但怨不得他人。

从西方国家百年的历程看，家庭财富的积累通常由房产类和证券类两个方面组成。面对房地产市场的收紧，搭乘资本之船门槛低得多。无论你还在不在，春天的花都会开，希望花开的时候，你我都在。

- 本期卖出美国市场 BIDU 80 股，127.35 美元 / 股。买入中国香港市场
  阿里巴巴（01688）14 000 股，17.34 港元 / 股；美国市场 AAPL 30 股，
  354.51 美元 / 股。支付财务费用 4000 元。期末资产总值 2 203 049.19 元。

模拟实盘投资组合展示（2011 年 2 月 18 日）

中国内地市场	股数	成本	市价	市值	市值
民生银行（600016）	160 000	6.15	5.13	820 800.00	820 800.00
中国平安（601318）	4 000	48.68	51.18	204 720.00	204 720.00
美的电器（000527）	4 000	13.36	18.32	73 280.00	73 280.00
苏宁电器（002024）	22 700	14.30	13.04	296 008.00	296 008.00
瑞贝卡（600439）	4 000	11.69	12.16	48 640.00	48 640.00

中国香港市场	股数	成本	市价	市值	市值
谭木匠（00837）	50 000	3.62	4.03	201 500.00	170 207.05
惠理（0806）	8 000	7.09	7.78	62 240.00	52 574.13
联想（0992）	10 000	5.51	4.93	49 300.00	41 643.71
阿里巴巴（01688）	17 500	17.24	17.34	303 450.00	256 324.22

美国市场	股数	成本	市价	市值	市值
BIDU	1 120	49.47	127.35	142 632.00	938 247.56
MOBI	3 000	5.48	9.25	27 750.00	182 542.28
AAPL	50	346.82	354.51	17 725.50	116 600.11

现金					1 462.13
信用杠杆					（1 000 000.00）
净资产总值					2 203 049.19

备忘

2011/2/18 中国银行外汇牌价中间价：美元 657.81，港元 84.47。

专栏自 2007 年 4 月开启至今，

上证综指自 3525 点到 2907 点，−17.53%；

香港恒指自 20 520 点到 23 465 点，+14.35%；

道琼斯自 12 923 点到 12 347 点，−4.46%；

专栏投资组合自 100 万元到 220.30 万元，+120.30%。最近一年 +46.14%；最近两年 +216.78%。

一个主意或计划改变一个家庭的财务命运，这样的事例早已不是个案。

规划出来的百万财富

2011 年 3 月 18 日

3 月 11 日，日本 9 级地震引发的海啸致使核电站发生泄漏，据称相当于 84 000 个当年广岛爆炸的原子弹，死亡及失踪者万余人，恐慌至今仍在继续。今年以来，新西兰发生了将有 150 年历史的教堂震塌的大地震，澳大利亚发生有记录以来的最大洪水，更不用提当下利比亚的战争或埃及的政局跌宕。总之，世界很动荡，我们每年都会面临"错综复杂的国际国内形势"，无论是人类社会还是大自然。

记得 10 年前在北美经历网络泡沫大崩溃时，友人疑惑地问："都经济危机了，还投什么资啊？"此刻的当下，或许有人心里想 2012 年地球都没了，投资还有啥用？鉴于地球已不止一次地被预言毁灭却仍然完好，我们需要一如既往地认真工作，以免届时地球好好的，自己的好日子却没来。

无论一个家庭还是一家企业，在壮大财富的过程中实际上只面临两个问题：融资和投资。前者解决的是没钱时怎么有钱的问题；后者解决的是有了钱怎么变多的问题。融资是基础，投资是关键，这都需要合适的规划。

我曾经提过，很多的投资失败不是失败于投资本身，而是失败于投资规划。时至今日，很多人仍没认识到思考、知识、规划、理念等无形资产的重要性。但以有限的经历而言，一个主意或计划改变一个家庭的财务状况、一年时间令财富累积超过数十年之总和，这样的事例早已不是个案。眼见原本同样的家庭，经历同样的社会条件、同样的时间，在一个周期后形成差距，这种差距甚至扩大至终生无法弥补，令人感慨的是，这往往源于对于财务的漠视或认真的一念之间。当下正好有个现在进行时的例子。

一个相识数年的朋友是人到中年的北京人，一家三口，爱人是全职太太，孩子尚幼，全家靠其一人的收入维持。好在身在国企，月入 8000 元，虽然还算稳定，但每月基本所剩无几。住在其兄的房子里已 10 年，从 10 年前觉得 50 万元的房子太贵，住到现在 300 余万元实在买不起。有幸哥哥事业有成，未曾收过一分钱的房租，看兄弟如此心里不安，决意要将房屋无偿地赠予弟弟一家。

我与其兄相熟已久，便建议利用这次契机帮助其弟解决长久的财务问题。计划大致如下，如果简单地完成赠予过户，除了多出一套 300 万元的房屋资产外，弟弟家庭日常的金融状况没有任何改善。鉴于其弟从未买过房，根据当今的政策，可以申请为期 20 年的银行按揭，而且首套可以享 9 折利率优惠，估计可以得到 200 万元的贷款，可以安排部分进行为期 3 年的投资计划。

这个过程中除了投资管理者素质外，有两点需注意：一是通常为了避免风险的发生，不主张用负债进行投资，因为作为合格的投资资金至少有一个要求：是短期不用的资金。在这个案例中，以按揭资金的长期性作为应对。二是日常现金流的安排。由于弟家目前状况已无能力进行月供，所以月供将从按揭本金中支付。为了避免市场日常波动的负面影响，可从本金中一次性提取 50 万元放入银行月供账户，对应未来 3 年的月供支出，这样尚能有 150 万元用于投资。

如果未来 3 年的时间能取得 100% 的投资回报，150 万元将升值为 300 万元。届时可选择用 200 万元还清银行的全部按揭，此时弟家除了拥有房屋外，比之原本的计划尚多出 100 万元的金融资产。对于普通人家，这几乎是一项无法完成的任务。

弟弟是个老实人，听了这个闻所未闻的方案，震惊于超过其前半生累计财富总和的数字外，额头冒汗、满面惊愕地问：这不是钻空子吗？我无语，晚上迷迷糊糊地翻了本成功学的书，上面赫然写着：抓住机遇！

■ 本期卖出中国平安（601318）4000 股，49.27 元 / 股；美国市场 MOBI，1500 股，9.37 美元 / 股。买入片仔癀（600436）1000 股，68.88 元 / 股；中国香港市场阿里巴巴（01688）6000 股，13.80 港元 / 股；美国市场 SINA 125 股，87.63 美元 / 股；NOAH 800 股，13.48 美元 / 股。期末资产总值 2 106 875.98 元。

2011

模拟实盘投资组合展示（2011年3月18日）

中国内地市场	股数	成本	市价	市值	市值
民生银行（600016）	160 000	6.15	5.21	833 600.00	833 600.00
美的电器（000527）	4 000	13.36	19.17	76 680.00	76 680.00
苏宁电器（002024）	22 700	14.30	13.72	311 444.00	311 444.00
瑞贝卡（600439）	4 000	11.69	12.61	50 440.00	50 440.00
片仔癀（600436）	1 000	68.88	68.88	68 880.00	68 880.00

中国香港市场	股数	成本	市价	市值	市值
谭木匠（00837）	50 000	3.62	3.81	190 500.00	160 343.85
惠理（0806）	8 000	7.09	7.16	57 280.00	48 212.58
联想（0992）	10 000	5.51	3.98	39 800.00	33 499.66
阿里巴巴（01688）	23 500	16.36	13.80	324 300.00	272 963.31

美国市场	股数	成本	市价	市值	市值
BIDU	1 120	49.47	121.90	136 528.00	896 552.07
MOBI	1 500	5.48	9.37	14 055.00	92 296.37
AAPL	50	346.82	334.10	16 705.00	109 698.39
SINA	125	87.63	87.63	10 953.75	71 931.08
NOAH	800	13.48	13.48	10 784.00	70 816.37

现金	9 518.30
信用杠杆	（1 000 000.00）
净资产总值	2 106 875.98

备忘

2011/3/18 中国银行外汇牌价中间价：美元656.68，港元84.17。

专栏自2007年4月开启至今，

上证综指自3525点到2915点，−17.31%；

香港恒指自20 520点到22 368点，+9.01%；

道琼斯自12 923点到11 852点，−8.29%；

专栏投资组合自100万元到210.69万元，+110.69%。最近一年+22.09%；最近两年+186.97%。

195

当投机者自称为投资者的时候，就有了价值投资者，但当投机者进一步自称为价值投资者时，你还打算退到哪里去呢？

理念重于个股

2011 年 4 月 20 日

我早早披衣起了床，因心中惦记着这 4 周年的时刻。春天丁香花的芬芳中，燕雀在新绿里鸣跃，柳绿花红中闲庭信步的背后有多少惊涛骇浪恐怕只有自身能够体会。对于距写字台三步开外放着的新沙发，在半年时间里竟从未得暇坐过一次。

过去的 48 个月，当初提及的全球 4 个市场 7 个指数表现如下：

上证综合指数，	从 3525 点到 3006 点，	−14.72%；
深圳综合指数，	从 985 点到 1272 点，	+29.14%；
香港恒生指数，	从 20 520 点到 23 740 点，	+15.69%；
加拿大多伦多指数（TSX）	从 13 623 点到 13 830 点，	+1.52%；
美国道琼斯指数，	从 12 923 点到 12 370 点，	− 4.28%；
美国纳斯达克指数，	从 2523 点到 2795 点，	+10.78%；
美国标准普尔 500（S&P 500），	从 1477 点到 1326 点，	−10.22%。

专栏上述同期的表现为 +157.64%，过去 4 年中折合年复合收益率为 +26.69%，再次胜出了所有指数，保持了一直以来的优良传统。这里重要的并不是取得这样的收益，重要的是在经历了完整的金融危机的严重打击后，仍然能取得这样的收益。

在所有的时间胜出所有的指数，这样的成绩在未来不见得能够重演。运气是有的，不过并不是好运气，在过去的四年中三年半是熊市。或有人疑惑，这不只是个模拟实盘吗？实际上，这个模拟实盘较真实世界的实际运作更艰难。与天天谈黑马、抓涨停，最终热闹地空度青春相比，这里是平淡与寂寞的大道。

间或有人问："你不是价值（或长期）投资者吗？怎么也变来变去的？"其中根本的原因是世界在变。哪天买卖哪只股票并不重要，重要的是理念正确与坚持。当下的模拟组合较之当初的确已是沧海桑田，多年以后它们可能一个都不在了，但我们还在。

关于"价值投资"这个标签问题，巴菲特已经帮我回答了："投资之前根本没有必要加上'价值'二字。"感谢有人褒奖我，给予"价值投资者"的称号，实际上"投资者"已经足矣。当投机者自称为投资者的时候，就有了价值投资者，但当投机者进一步自称为价值投资者时，你还打算退到哪里去呢？

在品尝了美酒后，想亲见酿酒师的人多了起来。实际上见或不见，我知道绝大多数读者以现有的财务状况辅之以合适的规划，10年以后完全能达至财务健康的状态。但我同时可以推断，10年之后绝大多数人无法达到原本可以达到的高度。知可达而不能达，这便是命运吧。

仍然有人问"普通投资者如何成功"的问题，实际主语应该换为"普通参与者"更为合适。通俗地回答是：如能用买房的心来买股票，应该就可以成功了。大家回想一下买房三部曲：寻找正确的对象（研究分析）、重仓投入（资金不能太少）、忍耐等待（很少有人买了三五年就卖）。但在日日跌宕的股市中，能做到上述三点实际上已经脱离了普通人而晋升为杰出投资人。

所以，若想投资成功的终极答案是：或成为杰出投资者，或追随杰出投资者。此外，别无他法！

如何找到传说中的高手，是个令人头疼的问题，因为8000万股市参与者中鲜有承认自己是"低手"的。倒是有方法或可以令人拨开繁闹的表象接近答案，这些人大约可以分为两类：普通人和企业家。前者包括蓝领、白领，抑或金领、钻石领，后者包括大小老板。对于第一类人问："你住的房子是股票盈利买的吗？"对于第二类人问："迄今为止你做企业和做股票，哪个赚得多？"即便第一类人用 50 万元赚到 500 万元，也比第二类人用 1 亿元赚 1000 万元强得多，千万不要被绝对数字所迷惑。

10 多年前读一本美国人写的投资方面的书，其中提到一条成功方法就是：追随英雄法。"茫茫人海，终生寻找，一息尚存，就别说找不到"，以咬定青山不放松的精神追随你生命中的投资达人，便是第二个法门所在。实际上我也在寻找 40 年前的巴菲特，谁不想靠在沙发上悠闲地品茶呢！

■ 本期卖出民生银行（600016）10 000 股，5.96 元 / 股；美的电器（00527）4000 股，18.37 元 / 股；瑞贝卡（600439）4000 股，10.89 元 / 股；中国香港市场联想（0992）10 000 股，4.45 港元 / 股。买入同庆 B（150007）50 000 股，0.961 元 / 股；古井贡 B（200596）2000 股，55.83 港元 / 股；苏宁电器（002024）4000 股，13.42 元 / 股；美国市场 AAPL 50 股，343.63 美元。支付财务费用 4000 元。期末资产总值 2 576 373.87 元。

模拟实盘投资组合展示（2011 年 4 月 20 日）

中国内地市场	股数	成本	市价	市值	市值
民生银行（600016）	150 000	6.15	5.96	894 000.00	894 000.00
苏宁电器（002024）	26 700	14.17	13.42	358 314.00	358 314.00
片仔癀（600436）	1 000	68.88	59.89	59 890.00	59 890.00
同庆 B（150007）	50 000	0.961	0.961	48 050.00	48 050.00
古井贡 B（200596）	2 000	55.83	55.83	111 660.00	93 749.74

中国香港市场	股数	成本	市价	市值	市值
谭木匠（00837）	50 000	3.62	4.33	216 500.00	181 773.40
惠理（0806）	8 000	7.09	7.69	61 520.00	51 652.19
阿里巴巴（01688）	23 500	16.36	14.24	334 640.00	280 963.74

美国市场	股数	成本	市价	市值	市值
BIDU	1 120	49.47	151.23	169 377.60	1 105 934.10
MOBI	1 500	5.48	16.37	24 555.00	160 329.41
AAPL	100	345.23	343.63	34 363.00	224 369.77
SINA	125	87.63	142.91	17 863.75	116 639.57
NOAH	800	13.48	17.01	13 608.00	88 852.08

现金					11 855.87
信用杠杆					（1 100 000.00）
净资产总值					2 576 373.87

> 备忘
>
> 2011/4/20 中国银行外汇牌价中间价：美元 652.94，港元 83.96。
>
> 专栏自 2007 年 4 月开启至今，
> 上证综指自 3525 点到 3006 点，−14.72%；
> 香港恒指自 20 520 点到 23 740 点，+15.69%；
> 道琼斯自 12 923 点到 12 370 点，−4.28%；
> 专栏投资组合自 100 万元到 257.64 万元，+157.64%。
> 今年以来 +29.95%，最近一年 +45.01%，最近两年 +177.62%；过去四年年复合回报率 +26.69%。

一天之收益或多于一年，一年之盈利或多于数十年之和。遗憾的是我们无法预知何时是最好的那一天！

枫叶国教育基金小记

2011 年 5 月 20 日

六一快到了，说个与儿童有关的话题吧。

许久没有去温哥华了，这个冬天不太冷、夏天不太热的地方，被称为最适合人类居住的城市。到了加拿大才知道枫树有如此多的品种，国旗上也有片枫叶，号称枫叶之国。最喜爱的是一种红枫，叶子颜色一年到头都是红艳艳的，不似香山需逢秋高时才能隔着山谷远远望见。

不久前再次前往温哥华，朋友得到消息来电话："这里收到不少你的信件，晚上过来取，也听听你在祖国的见闻。"晚上合家融融，见到朋友 11 岁的小孩，惊叹道："这么大了，比股市长得还快！"众人大笑，我说："可不是嘛，2000 年的时候，美国纳斯达克指数超过 5000 点，现在不过才 2800 点，11 年过去了还跌了近一半，这孩子已经是半大小伙子了。"

夜深人静时，整理信件。温哥华的夜晚静谧无声，令在北京被喧嚣惯了的耳朵有些不适应。虽然温哥华是加拿大的三大城市之一，但晚上过了 7 点后，街上渐渐冷清，公园里空旷的青草地几无人影。在北京时但凡有绿地的地方多是围栏加上一块禁止践踏的牌子，这里没有，但没见有人踩踏，因为没那么多人。

信件多是机构的例信，其中有加拿大皇家银行关于 RESP 投资状况的信件。RESP 全称是注册教育储蓄计划（Registered Education Saving Plan），是加拿大政府为鼓励民众重视下一代教育而存钱的计划。简单而言是每个孩子可开立一个 RESP 账户，其家人可以存入该账户一定数量的资金，同时政府配给 20% 作为奖励，这个账户可用于投资并且每年的获利可以免除当年所得税，直至将来孩子上大学使用。

RESP 账户的投资方式大约有三种：信托（trust）、基金（mutual fund）和自管（self-direct）。2002 年，我在加拿大最大的银行——皇家银行开立了 RESP 账户，属于自管类，到 2006 年陆续投入了 20 000 加元，加上政府配给的 4000 加元，该账户累计投资金额为 2.4 万加元。后来相隔日远，没有再追加投资，加之距孩子上大学尚有 10 多年的时间，既不允许挪作他用，也不允许随便取现，慢慢地也就不怎么管了，间或在网上查看一下。

北美股市单次买卖的成本较高，以皇家银行为例，每次交易费用为 28.95 加元，无论买卖 1 股还是 1000 股，交易费用都一样。加拿大自身证券市场有限，因此通常的投资账户可以自由买卖加拿大和美国两市的上市证券，如果是买卖美国股票，还存在货币间的兑换问题。记得 10 年前 1 美元可以换 2 加元左右，现在加元汇率已经超过美元。上述种种都令这个 RESP 账户的交易并不活跃。

整理皇家银行寄来的账单，令我有机会认真回顾这个投资账户在过去几年的表现。在 2002～2006 年陆续投资了 2.4 万加元后，该账户在 2006 年底的资产总值为 4.7 万加元，之后每年年末的总值分别为：2007 年 4.4 万加元，2008 年 3.4 万加元，2009 年 3.1 万加元，2010 年 6.3 万加元。到 2011 年 5 月初首次向上突破 10 万加元。

看了这些伴随时光流经的数字，我有些感慨。以加权平均折算，这个被半忽视的账户自开立以来的年复利回报率为 22.6%，总体而言还是相当可观的，而且完整地经历了 2008 年爆发的严重金融危机。但从 2006 年底到 2009 年底的 3 年时间里，非但没有盈利，反而亏损 1/3，连续 3 年亏损的打击通常会令人放弃坚持。与此相反，本年度前 4 个月取得的收益与过去 8 年的累计盈利旗鼓相当。换言之，如果最后的 4 个月不在市场中，这个账户的投资收益将大打折扣。

这个小小的案例令我想起了之前给朋友信件中的观点：一天之收益或多于一年，一年之盈利或多于数十年之和。这种情况发生过不止一次，遗憾的是我们无法预知何时是最好的那一天！

■ 本期卖出中国香港市场惠理（0806）8000 股，6.91 港元 / 股；美国市场
  AAPL 50 股，337.99 美元 / 股。买入美国市场 NOAH 600 股，14.87 美元 /
  股。苏宁电器（002024）派息每 10 股 1.00 元，古井贡 B（200596）派息每
  10 股 3.5 元，合计收到股息 3033 元，支付财务费用 6000 元。期末资产总
  值 2 325 210.16 元。

模拟实盘投资组合展示（2011 年 5 月 20 日）

中国内地市场	股数	成本	市价	市值	市值
民生银行（600016）	150 000	6.15	6.07	910 500.00	910 500.00
苏宁电器（002024）	26 700	14.17	12.87	343 629.00	343 629.00
片仔癀（600436）	1 000	68.88	68.66	68 660.00	68 660.00
同庆 B（150007）	50 000	0.961	0.937	46 850.00	46 850.00
古井贡 B（200596）	2 000	55.83	54.96	109 920.00	91 882.13

中国香港市场	股数	成本	市价	市值	市值
谭木匠（00837）	50 000	3.62	4.07	203 500.00	170 105.65
阿里巴巴（01688）	23 500	16.36	13.37	314 195.00	262 635.60

美国市场	股数	成本	市价	市值	市值
BIDU	1 120	49.47	135.09	151 300.80	983 197.99
MOBI	1 500	5.48	10.38	15 570.00	101 178.53
AAPL	50	345.23	337.99	16 899.50	109 818.02
SINA	125	87.63	116.38	14 547.50	94 534.02
NOAH	1 400	14.08	14.87	20 818.00	135 281.61

现金	6 937.61
信用杠杆	（1 000 000.00）
净资产总值	2 325 210.16

备忘

2011/5/20 中国银行外汇牌价中间价：美元 649.83，港元 83.59。

专栏自 2007 年 4 月开启至今，

上证综指自 3525 点到 2859 点，−18.89%；

香港恒指自 20 520 点到 23 195 点，+13.04%；

道琼斯自 12 923 点到 12 370 点，−4.28%；

专栏投资组合自 100 万元到 232.52 万元，+132.52%。

馅饼还是陷阱，金凰还是惊慌，历史终将揭晓答案。

2.5 倍市盈率是否值得投资

2011 年 6 月 20 日

如同南方起初大旱龟裂的土地，旋即陷入雷电暴雨的滂沱之中，令人猝不及防，人们期盼的股市"红 5 月"没有出现，上证指数向下迫近 2600 点。5 月以来被称为"黑暗的 50 天"，将过去一年的努力一笔勾销，逼得一众私募清盘解散，更令一些公募基金也岌岌可危、命悬一线。与此同时，在美国上市的中国概念股遭遇了以卖空为手段的"屠鲸行动"，下跌之惨烈不亚于 2008 年金融危机。

每个股票市场的参与者都怀揣着一个成为巴菲特的梦想，但是历史的经验告诉人们，成功的投资人远远少于成功的企业家，成功的企业家远远少于成功的"杜拉拉"。在通常情况下，遵从大数法则应是更为明智的选择。

有人说，我早知道 6000 点明显是高估了，也有人说，1664 点的时候多便宜！但是最难决断的是当下。这里就有一个当下的例子，在这个现在进行时中，大家看看到底是馅饼还是陷阱，思考一下：2.5 倍市盈率的公司是否值得投资？它在最近的财年利润增长了一倍，其股价却在过去的 10 个月内下跌了87%！

武汉金凰珠宝股份有限公司是集研究设计、生产、制造、批发于一体的黄金首饰生产企业。2009 年 12 月 29 日，金凰珠宝于美国 OTCBB 板上市交易；2010 年 8 月 18 日转板美国纳斯达克交易，代码 KGJI。

截至 2011 年 6 月 20 日，KGJI 收盘价为 1.48 美元／股。总股本约 4980.4 万股，总市值 7370 万美元，约合 5 亿元人民币。每股净资产为 1.45 美元。根据该公司 2011 年 3 月 31 日公布的 2010 年度财报：

2010 年公司营收增长 108.08% 达到 5.23 亿美元；

2010 年公司净利润增长 109.7% 达到 1820 万美元；

2010 年公司 EPS 为 0.41 美元，以最近收盘价计算，静态市盈率约为 3.6。

公司同时发布了 2011 年的经营目标：2011 年营收为 7.2 亿～7.8 亿美元，净利润 3000 万～3200 万美元。按此折合，当前交易价格约在 2.5 倍动态市盈率。

公司成立于 2002 年 8 月，据传最初的资本源于其创始人贾志宏股市投资获利。2008 年，公司申请 A 股上市未获批准，由此引发财务造假质疑。

根据公司当初上市的资料披露，2006 年该公司金凤珠宝在黄金首饰制造行业所占的市场份额为 3.23%，远远超过潮宏基珠宝 0.67% 的市场份额。根据 2010 年财报，潮宏基基本信息如下：营收增长 46% 达到 8.2 亿元人民币。净利润增长 22% 达到 1.03 亿元人民币。以最新的股价计算，金凤总市值为 5 亿元人民币，市盈率约为 3.6；潮宏基（002345）总市值为 42 亿元人民币，市盈率约为 40。

2010 年 8 月 20 日，公司进行"2 合 1"的并股。2011 年 1 月，公司发行 720 万股，每股 3.19 美元进行集资。于 2010 年 9 月创下 11.95 美元／股的高位后，目前股价已经下跌 87%（−87%）。

2011 年 5 月，公司发起人之一的北京首创创业投资以每股 5.89 元的价格抛售 500 万股，价格仅仅相当于 2.3 倍的市盈率，并低于 1.45 美元的每股净资产。作为公司的主要投资人，这点耐人寻味。

这便是当下，谁能告诉大家这到底是可以涅槃重生的金色凤凰，还是令人惊慌的价值陷阱？或许有人觉得：专业的投资家应该能看出来吧！？但专业人士终究仍属于人的范畴，有些答案却在上帝或时间老人手中，或许明年的此时，答案终将揭晓。

■ 本期卖出同庆 B（150007）50 000 股，0.856 元 / 股；美国股市 MOBI 1500 股，5.63 美元 / 股；SINA 125 股，79.79 美元 / 股。买入美国股市 NOAH 900 股，10.12 美元 / 股。民生银行（600016）派息每 10 股 1.00 元，片仔癀（600436）派息每 10 股 7.00 元，惠理（00806）派息 0.16 港元 / 股，合计收到股息 15 192.52 元。期末资产总值 1 942 542.57 元。

模拟实盘投资组合展示（2011 年 6 月 20 日）

中国内地市场	股数	成本	市价	市值	市值
民生银行（600016）	150 000	6.15	5.78	867 000.00	867 000.00
苏宁电器（002024）	26 700	14.17	12.19	325 473.00	325 473.00
片仔癀（600436）	1 000	68.88	59.56	59 560.00	59 560.00
古井贡 B（200596）	2 000	55.83	50.43	100 860.00	83 723.89

中国香港市场	股数	成本	市价	市值	市值
谭木匠（00837）	50 000	3.62	3.60	180 000.00	149 418.00
阿里巴巴（01688）	23 500	16.36	11.24	264 140.00	219 262.61

美国市场	股数	成本	市价	市值	市值
BIDU	1 120	49.47	118.79	133 044.80	860 746.64
AAPL	50	345.23	314.10	15 705.00	101 605.07
NOAH	2 300	12.53	10.12	23 276.00	150 586.41

现金		25 166.95
信用杠杆		（900 000.00）
净资产总值		1 942 542.57

2011/6/20 中国银行外汇牌价中间价：美元 646.96，港元 83.01。

专栏自 2007 年 4 月开启至今，
上证综指自 3525 点到 2624 点，−25.56%；
香港恒指自 20 520 点到 21 703 点，+5.77%；
道琼斯自 12 923 点到 12 035 点，−6.87%；
专栏投资组合自 100 万元到 194.25 万元，+94.25%。

备忘

投资或许很简单，但投资成功很不简单，否则就无法解释为何段永平只有一个。

衡量投资成功的三个标准

2011 年 7 月 20 日

今夏暴雨甚多，常是雷电交加，骇人的闪电伴着疾风骤雨，时续不久便忽然远去，踪迹皆无，留下如洗的碧空白云、满目的绿肥红瘦。清风徐来，搬把椅子斜靠在院子里，仰望间蓦然想起刘半农的诗句来："天上飘着些微云，地上吹着些微风。啊！微风吹动了我的头发，教我如何不想她？"

每个人心中或许都会有所牵挂吧，投资人想着如何盈利，职业经理人想着如何跑赢大盘，但现实是上半年整个基金业亏损 4397 亿元，仅次于 2008 年同期。面对 6 月创 3 年新高的 6.4% 的通货膨胀率，七成股民亏损。在这个人人想当巴菲特的时代，这多少是个令人沮丧的局面。

每个成功的投资家都有自己的长短，但对于每个股民而言，辩证吸收却是个极大的挑战。段永平是为数不多的、令人尊敬的由企业家转身为成功投资家的例子，这得益于其企业经营的经验和受到巴菲特投资思想的灵光点化。他见诸报端的观点中"投资其实很简单"被广泛流传，但大众对其随后补充的"简单不代表容易"却知之较少。

中国 8000 万股市参与者的经历表明，投资或许很简单，但投资成功很不简单，否则就无法解释为何只有一个段永平。

虽然成熟市场过去 50 年的历史显示，股票投资的年复利回报率约 10%，但相当有追求且勤于推理的活跃"投资者"通常以失败而告终，原因是其**观望**

以至于牛市后期大举进入，忍耐以至于熊市后期绝望退出。

天赋秉性，各有所长。不能成为一个伟大的投资家并非人生之缺憾，不能正确判断自身的长短，倒是贻误终生。就所见而言，不少本身不懂投资的人却取得了巨大的投资成功，所以大众并不一定需要将时间、精力放在"投资"上，更不用说"炒"股或赌博了。这种让人放弃通往成为巴菲特大道的建议，似乎有断人财路的嫌疑，常遭腹诽质疑，潜台词是"不试试安知我不能成为巴菲特？！"

股市每分每秒都在波动，但长期而言，股价终将基于企业本身的状况，价格终将回归价值。股市的市况虽有牛熊之别，但终于也会受到经济周期的影响，一个周期短则三五年，长则七八年，通常可以约略地取 5 年为期。

经历周期性的考验后，投资成功最终有三个衡量标准：绝对盈利、跑赢大市、解决问题。

一是绝对盈利。股价每天固然起伏不定，但如果 5 年乃至 10 年历时一两个周期还是亏损状态，实在无法令人信服这是成功的投资。二是跑赢大盘。例如从 1000 点涨到 6000 点的大市中，即使获利一倍，实际上仍是远输大盘。必须承认，当某个市场处于上升通道时，人们常常会将运气当作能力，过去 10 多年的房地产市场就是个例子，每当有人炫耀投资房产水平高于"炒"股票时，我们需要想到的是：只有当别人买的房子都跌而唯独你的涨时，这才算是真水平！

有人夸耀道："我过去 10 年既赚了钱又跑赢了大盘，总共赚了 10 000 多元呢！"于是引出了投资成功的第三个衡量标准：是否解决问题。投资通常会有三种结果：胜、败、和。如果连胜了都不解决问题，还是干点别的更有价值。

综上，如果赚钱了，请看看是否跑赢大盘；如果跑赢了大盘，请看看是否赚钱；如果既赚钱又跑赢了大盘，请问问自己是否解决了生活问题。如果有人问："我没有做到前两条，但是做到了第三条。"恭喜你也不必投资了，因为你已找到了投资之外的赚钱门道。

在经历一两个周期性投资尝试，仍然没有满足上述三个条件的股市参与者，无须再以成为投资家为奋斗目标，其努力方向应是提高自身主业的水平，做自己喜欢并擅长的事，实现自身价值的最大化。

术业专攻，人尽所长，果真如此，便可以像半农先生一般观微云、享微风了。

■ 本期买入美国市场 NOAH 700 股，14.17 美元 / 股；A 股民生银行（600016）10 000 股，5.69 元 / 股。中国香港市场谭木匠（00837）派息 0.1571 港元 / 股，合计收到股息 6511.01 元。支付财务费用 4667 元。期末资产总值 2 338 866.35 元。

模拟实盘投资组合展示（2011 年 7 月 20 日）

中国内地市场	股数	成本	市价	市值	市值
民生银行（600016）	160 000	6.12	5.69	910 400.00	910 400.00
苏宁电器（002024）	26 700	14.17	13.25	353 775.00	353 775.00
片仔癀（600436）	1 000	68.88	69.34	69 340.00	69 340.00
古井贡 B（200596）	2 000	55.83	68.17	136 340.00	113 012.23

中国香港市场	股数	成本	市价	市值	市值
谭木匠（00837）	50 000	3.62	3.80	190 000.00	157 491.00
阿里巴巴（01688）	23 500	16.36	11.04	259 440.00	215 049.82

美国市场	股数	成本	市价	市值	市值
BIDU	1 120	49.47	153.83	172 289.60	1 112 852.98
AAPL	50	345.23	391.14	19 557.00	126 322.57
NOAH	3 000	12.91	14.17	42 510.00	274 580.59

现金					6 042.16
信用杠杆					（1 000 000.00）
净资产总值					2 338 866.35

备忘

2011/7/20 中国银行外汇牌价中间价：美元 645.92，港元 82.89。

专栏自 2007 年 4 月开启至今，
上证综指自 3525 点到 2798 点，−20.62%；
香港恒指自 20 520 点到 21 980 点，+7.12%；
道琼斯自 12 923 点到 12 574 点，−2.70%；
专栏投资组合自 100 万元到 233.88 万元，+133.88%。

视跌宕如无物，闻毁誉于无声，心无旁骛、数十年如一日坚持不懈地前行，以终生的知行实现当初的理想，并使千万众受益。这是一个令人景仰的人。

巴菲特，生日快乐

2011 年 8 月 20 日

8 月 30 日是沃伦·巴菲特的生日，今年他 81 岁。

对于所有能活到这个年龄的人，我们表示尊敬；

对于所有如此年龄且身手矫健、思维敏捷的人，我们表示惊羡；

对于能活到如此年龄、身心康健，且年复一年为投资人创造数以百亿计价值的人，我们只能用"景仰"来形容。

巴菲特是有史以来最伟大的投资家。不是之一！在星光灿烂的投资长河中，有无数个名字闪耀其间，彼得·林奇、索罗斯、罗杰斯、戴维斯、西蒙斯、比尔·米勒等如同划破夜空的明星，为现代人类社会谱写了一个又一个投资传奇。但如若巴菲特与这些著名投资家有机会一起出场，这样的场面只能用一个词来形容——月朗星稀！就财富本身而言，这些成功投资家加在一起也抵不上一个巴菲特，更不用提那些曾经辉煌，最后却以自杀或潦倒终其一生的投资家，尽管他们有些著作至今仍被一些人奉为投资经典而刻苦钻研着。

更重要的是，从来没有一个投资家能像巴菲特一样，为其追随者创造了无与伦比的价值财富，并影响着更多的人以优化社会资源配置作为投资的行为准则。他所领导的伯克希尔公司在最近的年度（2010 年度）盈利 130 亿美元；在最近的季度（2011 年第二季度）为投资人盈利 34 亿美元。据建位兄的最新统计，按照净资产计算，每一个在 1957 年追随巴菲特的投资者，到 2010 年底，可以将 1 万美元变成 9.54 亿美元。没错，收益大约 10 万倍！

有些可惜的是，我们这代人由于出生太晚以及距离遥远，没有搭上巴菲特这班财富快车，最近 10 年（2001～2011 年）伯克希尔的股价累计上升了 47%，折合年复利回报率仅仅 4%。前不久在国际航班上，看到一段电视采访，一位奥马哈的老人在当地捐了几千万美元建图书馆。这位老人称捐助的资金来源是其早年买的伯克希尔的股票，多年以来升值了万倍，并非常感谢巴菲特为其创造了幸福生活。记者随后就此事采访巴菲特时，他说："不，他在我那么年轻的时候选择信任我，我应该感谢他。"看来，大家更需要找到处于快速成长期的年轻巴菲特。

巴菲特对于投资有着无穷的热爱，他最大的兴趣在于喜欢看着钱增长，财富则是长期专注于工作的结果。这个过程并非一帆风顺，伯克希尔股价历史上被腰斩过数次，而巴菲特也常被人讥讽为过时的白痴。他视跌宕如无物，闻毁誉而无声，心无旁骛，数十年如一日坚持不懈地前行，以终生的知行实现当初的理想，并使千万众受益。对于这样的人，我由衷地感叹："高山仰止，景行行止，虽不能至，心向往之。"

我是受益于巴菲特的万千人中的一个，有幸在 1995 年熊市中首次读到关于巴菲特的书，当时的感觉是在漫漫暗夜中行船，望见了指明方向的灯塔，并在随后的两年中获利 10 倍，奠定了日后生活的基础。历史不仅一次地表明，如能在熊市中感受巴菲特投资思想的光辉，将获益匪浅。段永平在 2001 年科技股崩盘的大熊市中受到巴菲特思想的启发，重仓网易获利以百倍计，奠定了今天其在投资界的赫赫声名。在 2001 年和 2004 年我两次在奥马哈亲见其人，并参观了他旗下的家具大世界、博珊珠宝、喜诗糖果以及其毫不起眼的办公场所，还购买了伯克希尔的股票并珍藏至今。

书架上关于巴菲特的书有百余本，我喜欢时不时反复品阅感悟，尤其在世事艰难的时候，因为人生许多的迷惘在其中已有答案。多年以来，不断有人向我表述"听说巴菲特不行了"，我总是淡然置之：他不行了，请告诉我谁行？一个人经历 60 年风口浪尖，履险如夷，你觉得应该相信谁？

与巴菲特同岁的、叱咤风云的索罗斯上月宣布退休了，但百战英雄巴菲特依然宝刀未老，继续书写着其传奇生涯。沃伦，生日快乐！

■ 本期卖出美国市场 AAPL 50 股，361.50 美元／股。买入中国香港市场民生（01988）20 000 股，6.25 港元／股。支付财务费用 5000 元。期末资产总值 2 017 691.22 元。

模拟实盘投资组合展示（2011 年 8 月 20 日）

中国内地市场	股数	成本	市价	市值	市值
民生银行（600016）	160 000	6.12	5.56	889 600.00	889 600.00
苏宁电器（002024）	26 700	14.17	12.08	322 536.00	322 536.00
片仔癀（600436）	1 000	68.88	70.64	70 640.00	70 640.00
古井贡 B（200596）	2 000	55.83	74.44	148 880.00	122 245.37

中国香港市场	股数	成本	市价	市值	市值
谭木匠（00837）	50 000	3.62	3.70	185 000.00	151 903.50
阿里巴巴（01688）	23 500	16.36	8.71	204 685.00	168 066.85
民生（01988）	20 000	6.25	6.25	125 000.00	102 637.50

美国市场	股数	成本	市价	市值	市值
BIDU	1 120	49.47	130.38	146 025.60	935 031.12
NOAH	3 000	12.91	12.54	37 620.00	240 888.38

现金					14 142.50
信用杠杆					(1 000 000.00)
净资产总值					2 017 691.22

备忘

2011/8/20 中国银行外汇牌价中间价：美元 640.32，港元 82.11。

专栏自 2007 年 4 月开启至今，

上证综指自 3525 点到 2526 点，−28.34%；

香港恒指自 20 520 点到 19 372 点，−5.59%；

道琼斯自 12 923 点到 10 977 点，−15.06%；

专栏投资组合自 100 万元到 201.77 万元，+101.77%。

继续向前，虽然不知道这黑暗的隧洞有多长，距离光明的道路有多远，但那是朝向胜利的方向。

秋凉中寻桂花香

2011 年 9 月 20 日

近年莫名地喜欢起桂花来。秋天是金桂飘香的时节，没有娇美绚烂的花朵，没有姹紫嫣红的颜色，却有暗香甜甜地隐隐袭来。循着这香甜的气息，源处却是些不起眼的米粒般簇拥着的淡黄小花。秋凉的季节里，有叶落草枯的寂寥，也有菊黄蟹肥桂花香，全看人们的选择了。

资本市场的确是秋意逼人。美债危机接着欧债危机一波一波地没个完，上证指数 9 月向下逼近 2400 点，而 10 年前（2001 年）是 2200 点，10 年累计上涨 200 点，即 9%。想凭指数致富的投资人心情一定像秋天的落叶般，想想这 10 年中国 GDP 的成长速度，实在让人无法接受股市 10 年的累计涨幅仅相当于一年的 GDP。

近日重阅巴菲特关于可口可乐的经典投资案例分析，也算是在资本市场秋凉中感受到一缕桂花般隽永的清香吧。

巴菲特在 1988～1994 年陆续购入约 13 亿美元的可口可乐股票，一直持有至今。可口可乐的股价在 1998 年达到约 90 美元 / 股高峰后，再也没有创过新高，目前约 70 美元，其间没有分股，也就是说近 12 年来股价非但没涨，反而累计下跌了 22%，看起来这是个悲催的投资故事。

但这个历时 20 余年投资案的另一面是，前 10 年可口可乐的股价增长了约 10 倍，巴菲特的投资从 13 亿美元增长到约 130 亿美元的市值，虽然第二个 10 年股价没有增长，但公司的分红增长从未停止，过去 10 年巴菲特从可口可乐获得的分红分别为：

2001 年，1.44 亿美元；

2002 年，1.60 亿美元；

2003 年，1.76 亿美元；

2004 年，2.00 亿美元；

2005 年，2.24 亿美元；

2006 年，2.48 亿美元；

2007 年，2.72 亿美元；

2008 年，3.04 亿美元；

2009 年，3.28 亿美元；

2010 年，3.52 亿美元。

在截至 2010 年的 24 年中，经历了各种危机，可口可乐的分红每年都在增长，巴菲特共收到现金红利 31.7 亿美元。按照目前的态势，巴菲特每 3 年收到的分红就抵得上当年的初始投资本金。如果大家也有这样每年收取现金的"机器"，价格涨不涨恐怕也无所谓了。

人们多喜欢将"宁静致远"的条幅挂在壁上，以期时常提醒自己以平和的心态行走得久远。在风云多变的市场中宁静已是不易，至于"致远"恐怕更是很少有人考虑是多远。巴菲特在做可口可乐投资时已是 60 岁左右的老人，不知道他彼时是否预计 20 年后的今天自己依然身手矫健。超人李嘉诚已是 83 岁，日前在电视访谈中见到郭鹤年已是 87 岁，令人惊叹："我们年轻的时候他们已是耄耋老人，怎么我们都中年了，人家还是老样子！"在这些成功者的字典里，"致远"就是永远，永无止境。

多数人在听到巴菲特 40 年将 1 万美元变为数亿美元的故事时，对财富数字极感兴趣，但谈到时间都认为："太久了，到时有钱也没用了。"这便是短线炒股术始终吸引市场眼球的原因。如能在 30 岁时做 50 岁的打算，在 40 岁时做 60 岁的打算，这样"致远"的计划可能会令人多些宁静吧。

有人就当下市场的煎熬提了一些问题，令我想起在 2008 年 7 月的危机中一封给友人的信件，录部分如下，算是一些答复。

我们开始的旅程是与理想有关的日子。就像人们从一个深邃的山洞中行出，站在光明的洞口，回身看时，发现隧洞黑黑的见不到底。此时此刻的我们，正是行走在最黑暗处，你听到的所有的信息和议论，都是关于沮丧、恐惧、抱怨和挫折的，非但没有鲜花和掌声，甚至没有光明的方向。

我们需要的是继续向前，不能停下，虽然不知道这黑暗的隧洞有多长，距离光明的道路有多远，但那是朝向胜利的方向。

■ 本期卖出中国香港市场阿里巴巴 23 500 股，7.22 港元 / 股。买入中国香港市场民生（01988）20 000 股，6.07 港元 / 股；美国股市 NOAH 500 股，12.28 美元 / 股。期末资产总值 2 037 001.99 元。

模拟实盘投资组合展示（2011 年 9 月 20 日）

中国内地市场	股数	成本	市价	市值	市值
民生银行（600016）	160 000	6.12	5.73	916 800.00	916 800.00
苏宁电器（002024）	26 700	14.17	10.47	279 549.00	279 549.00
片仔癀（600436）	1 000	68.88	63.94	63 940.00	63 940.00
古井贡 B（200596）	2 000	55.83	59.24	118 480.00	97 070.66

中国香港市场	股数	成本	市价	市值	市值
谭木匠（00837）	50 000	3.62	3.85	192 500.00	157 715.25
民生（01988）	40 000	6.16	6.07	242 800.00	198 926.04

美国市场	股数	成本	市价	市值	市值
BIDU	1 120	49.47	144.52	161 862.40	1 033 977.01
NOAH	3 500	12.82	12.28	42 980.00	274 556.24

现金					14 467.79
信用杠杆					（1 000 000.00）
净资产总值					2 037 001.99

备忘

2011/9/20 中国银行外汇牌价中间价：美元 638.8，港元 81.93。

专栏自 2007 年 4 月开启至今，

上证综指自 3525 点到 2443 点，−30.70%；

香港恒指自 20 520 点到 18 893 点，−7.93%；

道琼斯自 12 923 点到 11 462 点，−11.31%；

专栏投资组合自 100 万元到 203.70 万元，+103.70%。

巴菲特更长于现金流管理，而不是仓位控制，这是常人无法企及之处。

谭木匠，中国的喜诗糖果

2011 年 10 月 20 日

金秋十月沪指2300点，距离创下6100点历史高位的2007年10月整整4年过去了，当时基金连创日募千亿纪录的热闹景象，今日想来如同悬崖边的盛宴。这个历史的片段可以表述如下：2007年10月到2011年10月，上证指数自6100点到2300点，累计跌幅62%，折合年复利回报率负21.64%（−21.64%）。

实际上，巴菲特也遭遇过股市10多年不涨的情况，但通过旗下众多企业产生的现金流进行源源不断的投资，伯克希尔依然表现非凡。凡提起其经典投资案例，人们总会想到可口可乐、美国运通、吉列、盖可保险、《华盛顿邮报》、富国银行、中石油、迪士尼、麦当劳等这些大型企业，实际上有个小企业投资案在巴菲特炼成的过程中，有着划时代的意义，这就是喜诗糖果（See's Candies），一家专门做巧克力的公司，因这家公司从来都不是公众公司，所以外界对其知之甚少。喜诗投资案标志着巴菲特在投资理论上完成了新的突破，巴菲特后来评价道："喜诗教会了我们很多，如果没有它，就没有后来对于可口可乐的投资，从这个意义上说，喜诗带来了120亿美元的收益。"

喜诗由一位老太在1921年的经济大萧条中创立，1972年公司的净资产为800万美元，利润为200万美元，巴菲特以2500万美元买下喜诗。这一点完全颠覆了他的老师、价值投资之父格雷厄姆所倡导的"雪茄烟蒂"型投资原则，格雷厄姆是绝对不可能以高于净资产的价格进行股票投资的。是突破、修正，还是背叛，见仁见智，但历史是由胜利者书写的。

糖果行业是个低增长行业，喜诗糖果 1972 年的销量按重量计为 1600 万磅，到 2007 年销量为 3100 万磅，36 年间仅增长 1 倍，年增长率仅为 2%。但巴菲特不愧为一个懂得企业的投资家，依靠优秀的管理、品牌的优化，到 2007 年喜诗净利润达到 7200 万美元，增长了 30 多倍，净利润率达到 21%，累计为伯克希尔贡献利润 12.6 亿美元，这为巴菲特的投资提供了源源不断的"弹药"。在产品销量增长 1 倍的情况下，实现净利润增长 30 余倍，这是一家不起眼的糖果公司，没有负债，没有应收账款，每年近亿美元的净利润，俱为现金，现在每年的净利润是当年总投资成本的 4 倍，这是令多少投资人梦寐以求的对象啊！

谁不想遇见下一个喜诗呢？三四年前在路边闲逛，见到谭木匠的梳子专卖店。梳子是人们生活中太过平常的东西，以至于很多企业家觉得不值一提。但是老谭一把小小的梳子竟有 66 项国家专利，毛利率达到 67%，这个数字一定令众多企业家感到震惊。老谭的目标是做"世界上最好的梳子"，对干别的没兴趣。从来不打广告的谭木匠梳子售价较普通的梳子至少高出 10 倍以上，其魔力在于它能使本没有购买打算的人产生购买的欲望。

2009 年 12 月谭木匠在港上市，让人有机会深入了解其财务状况。总股本 2.5 亿元，当前价 3.51 港元 / 股。在 2008 年、2009 年、2010 年的 3 个完整财务年度中，其营业额分别为 1.08 亿元、1.39 亿元、1.89 亿元，年增长率 21%；同期净利润为 0.26 亿元、0.46 亿元、0.66 亿元，年增长率 36%；净利润率分别为 24%、33%、35%。2011 年上半年的营业额为 1.14 亿元，净利润为 0.4 亿元，年化净资产收益率为 26%，动态市盈率为 8 倍。⊖最给力的是净利润率

⊖ 2011 年全年，谭木匠实现营业收入 2.44 亿元，增长 28.8%；净利润达 0.93 亿元，增长 41.5%；净利润率为 38%。

达 35%，比较一些著名企业的净利润率，就知道这个 35% 是多么的不可思议，最优秀的空调企业格力的净利润率为 5.5%，最大的电脑商联想的净利润率为 1.8%，著名的海尔的净利润率为 3.9%，美的的净利润率为 3.2%。

谭木匠已是细分行业里的冠军，是"人造美女"还是下一个喜诗糖果？巴菲特自 1972 年持有喜诗至今将近 40 年，40 年后人们总会有答案了吧。

■ 本期卖出美国市场 BIDU 520 股，123.74 美元 / 股。买入中国香港市场民生（01988）40 000 股，5.57 港元 / 股；谭木匠（00837）20 000 股，3.51 港元 / 股；美国市场 NOAH 1000 股，8.08 美元 / 股。支付财务费用 5000 元。期末资产总值 1 740 857.94 元。

模拟实盘投资组合展示（2011 年 10 月 20 日）

中国内地市场	股数	成本	市价	市值	市值
民生银行（600016）	160 000	6.12	5.74	918 400.00	918 400.00
苏宁电器（002024）	26 700	14.17	10.39	277 413.00	277 413.00
片仔癀（600436）	1 000	68.88	63.34	63 340.00	63 340.00
古井贡 B（200596）	2 000	55.83	51.39	102 780.00	84 115.15

中国香港市场	股数	成本	市价	市值	市值
谭木匠（00837）	70 000	3.59	3.51	245 700.00	201 080.88
民生（01988）	80 000	5.87	5.57	445 600.00	364 679.04

美国市场	股数	成本	市价	市值	市值
BIDU	600	49.47	123.74	74 244.00	472 577.91
NOAH	4 500	11.77	8.08	36 360.00	231 438.67

现金	127 813.29
信用杠杆	（1 000 000.00）
净资产总值	1 740 857.94

2011/10/20 中国银行外汇牌价中间价：美元 636.52，港元 81.84。

备忘

专栏自 2007 年 4 月开启至今，

上证综指自 3525 点到 2342 点，−33.56%；

香港恒指自 20 520 点到 17 990 点，−12.33%；

道琼斯自 12 923 点到 11 486 点，−11.12%；

专栏投资组合自 100 万元到 174.09 万元，+74.09%。

为何一家由著名企业家领导、财务极其健康、利润率极高的企业，却令投资者亏损累累而且大幅跑输大市？

玩者史玉柱

2011 年 11 月 20 日

深秋阳光里，坐在咖啡店里等人，眼前即便微风轻过，也能使扑朔的落叶满地飘零。随手翻阅杂志，封面人物是著名企业家史玉柱。多年以来养成了阅读一切的习惯，不仅仅是财经方面，而是一切可能接触到的文字，且很多阅读是在等待中完成的。

在成为一个投资家的道路上，阅读应是必不可少的一环。如果选择投资作为职业，那么从此生活将被分为两个部分：睁着眼阅读一切，闭着眼思考阅读的一切。即便如此也不保证一定能成功，因为总有一些事情无论怎么思考仍然是无法确知的。表面上是做投资，功夫却在投资外。

恰好就以史玉柱为例，他是个著名的"失败者"兼东山再起者。20 年前，史玉柱凭巨人汉卡获利甚丰，随即以脑黄金进军保健品行业且极为成功。他信心满满地希望成为像 IBM 那样的企业巨人，然而上马巨人大厦令其在 1997 年遭遇滑铁卢，成为著名的负债累累的破产者。但是，史玉柱的精彩人生才刚拉开序幕。

经过卧薪尝胆，史玉柱凭保健品脑白金东山再起，2001 年做了一件惊天动地的事——还钱！破了产的人还钱几乎绝无仅有。但老史也没吃亏，因为他买到了有信誉的好名声，再次进入中国一线企业家之列。

2003 年由段永基主持的香港上市公司四通控股宣布斥资 11.7 亿港元，收购史玉柱脑白金和黄金搭档业务 75% 的权益。对此老段自豪地宣称："把不是白金的东西卖出了白金价，那才是真功夫。"言犹在耳，2009 年四通宣布以 5.5 亿港元低价将公司私有化，从此脱离公众视线，理由是国人尽知的脑白金业务巨额亏损。

而此时老史已经找到了更为高效的赚钱对象——网络游戏。在史玉柱这个骨灰级玩家的率领下，2007 年 11 月 1 日巨人网络在以监管严格著称的纽约交易所上市，代码 GA，IPO 价格 15.50 美元 / 股，集资 10.45 亿美元，一举超过当初新浪、搜狐、网易、盛大等知名网络企业的集资总和。首日股价摸高 20 美元 / 股，总市值近 50 亿美元，超越所有网游公司，成为玩家王者。史玉柱也以 280 亿美元的身价名列当年胡润富豪榜的第 15 名。

翻看历史，史玉柱、马云、潘石屹等一众名人都是在 2007 年底前将公司上市、成功集资，那是整个世界跌落万丈悬崖之前的最高点，相当于中国股市的 6000 点的高位。据说史玉柱在庆功宴上宣布了两个消息：一是所有员工涨工资；二是每人发放在老凤祥定制的巨人上市金币，上刻"2007.11.1"，这是巨人登陆纽交所的日子，只是巨人股价从此飞流直下，再也没有回去。

老史在经营上还是很下功夫的，以人民币计，巨人 2007～2010 年历年的营收为 15.275 亿元、15.947 亿元、13.038 亿元、13.328 亿元，净利润分别为 11.363 亿元、11.136 亿元、8.593 亿元、8.112 亿元，净利润率分别为 74.39%、69.83%、65.91%、60.86%，净利润率之高令一众企业家汗颜，而且为了提振股价老史使出浑身解数，又是回购，又是分红，过去 4 年每年派息 0.18 美元 / 股，并回购了 3 亿美元的股票，但是股价就是不给力，到 2011 年 8 月仍然停留在每股 7 美元，相当于 IPO 打个对折。老史因此干了一件石破天惊的大事。

每股 7 美元的巨人宣布派发每股 3 美元现金的特殊股息！合计一次性支付 7.082 亿美元，史无前例！史玉柱以其 57.06% 的持股得到其中的约 4 亿美元现金，加上之前的历年派息，上市以来老史共得约 5 亿美元现金股息，几乎相当于 IPO 融资总额的一半。

除权后的巨人股价当下为 4 美元 / 股，这个资本市场玩家故事的精妙之处在于，大股东通过分红将相当于巨人当初 IPO 一半的融资额纳入囊中后，仍然牢牢掌控这家上市公司，而同期所有的 IPO 原始投资者都亏损了 2/3。这一切均在公平、合法的程序下进行。

截至最近的 2011 年第三季度财报，巨人营收 4.579 亿美元，净利润为 3.613 亿美元，同比增长 73%，净利率达 79%。其总市值达 9 亿美元，持有现金 3 亿美元，市盈率约 7 倍，依然是个令人惊叹的赚钱机器。⊖

为何一家由著名企业家领导、财务极其健康、利润率极高的企业，却令投资者亏损累累而且大幅跑输大市？这恐怕是个令包括史玉柱在内的所有投资者都深思的话题。

■ 本期卖出 A 股苏宁电器（002024）16 700 股，10.18 元 / 股；美国市场 BIDU 200 股，129.01 美元 / 股。买入中国香港市场民生（01988）20 000 股，6.15 港元 / 股；美国市场 NOAH 2500 股，7.46 美元 / 股。支付财务费用 5000 元。期末资产总值 1 838 119.90 元。

⊖ 巨人 2011 年年度财报，全年营收为 17.92 亿元，净利润为 8.80 亿元，净利率达 49.1%。

模拟实盘投资组合展示（2011 年 11 月 18 日）

中国内地市场	股数	成本	市价	市值	市值
民生银行（600016）	160 000	6.12	5.89	942 400.00	942 400.00
苏宁电器（002024）	10 000	14.17	10.18	101 800.00	101 800.00
片仔癀（600436）	1 000	68.88	78.59	78 590.00	78 590.00
古井贡 B（200596）	2 000	55.83	59.11	118 220.00	96 467.52

中国香港市场	股数	成本	市价	市值	市值
谭木匠（00837）	70 000	3.59	3.84	268 800.00	219 340.80
民生（01988）	100 000	5.93	6.15	615 000.00	501 840.00

美国市场	股数	成本	市价	市值	市值
BIDU	400	49.47	129.01	51 604.00	327 933.10
NOAH	7 000	10.23	7.46	52 220.00	331 847.66

现金					237 900.82
信用杠杆					（1 000 000.00）
净资产总值					1 838 119.90

2011/11/18 中国银行外汇牌价中间价：美元 635.48，港元 81.60。

专栏自 2007 年 4 月开启至今，

上证综指自 3525 点到 2430 点，−31.06%；

香港恒指自 20 520 点到 18 480 点，−9.94%；

道琼斯自 12 923 点到 11 812 点，−8.59%；

专栏投资组合自 100 万元到 183.81 万元，+83.81%。

备忘

一句话来形容 2011 年的资本市场：一年三百六十日，多是腥风血雨行。

我们今天为何还要投资

2011 年 12 月 20 日

新年到了，若参加庆祝新年的鸡尾酒会，热闹氛围中介绍："我是搞投资的。"身边的人们定是面面相觑，避之唯恐不及，这便是林奇所谓投资"鸡尾酒会理论"之熊市篇的景象。沪指跌破 2200 点，回到 2001 年水平，实现了 10 年零涨幅。这没有什么稀奇，日本的指数从 20 世纪 90 年代初至今的 20 年下跌了 80%（-80%），美国纳斯达克指数从 2000 年至今 11 年跌去 50%（-50%）。看了这些，人们一定心中切齿："谁再跟我提股票，我跟谁急！"

这同时也是巴菲特几乎从来不投资指数的原因，尽管他建议普通人买指数基金，因为 80% 股市参与者会跑输指数。这就是矛盾的统一，由此推之，自称不懂科技的他近来重拳出击 IBM；称纸媒过时的数年后，他又购买《世界先驱报》，皆同理。理念重于个股，神胜于形。

用一句话来形容 2011 年应该是：一年三百六十日，多是腥风血雨行。私募遭清盘数量 3 倍于 2008 年，公募比的是谁亏得少。投资者的尴尬在于以价值作为行为准则，而却以价格作为记分牌。糟糕的市况，害得股民病急乱投医，于是不少"经济学家"渐有替代股评家之趋势。对于某些拿了不菲的出场费后，只会让人抱怨现在、对未来绝望的"经济学家"，恐怕唯一令其满意的就是只有中国愿意出的高额出场费！相较之下，街头算命先生在收了钱之后，总还说些安慰的话，似乎更具职业道德。

现在谈论股票投资似乎是不合时宜的。自2007年10月6100点的历史高位至今，4年多来大盘累计下跌了65%，整个世界仍然深陷于经济危机的惶恐之中。而在此期间，房价、和田玉、黄金、翡翠、书画、邮票、古董等的涨声不绝于耳。相较之下，选择股票投资这个行业实在不算是什么好运气。

2012年世界的命运如何，这在上帝的"能力圈"内，属于"听天命"的范畴。在百业喧嚣、本业寂寥的今天，我们仍打算痴心不改地"尽人事"——专注于本业，并认为价格终将回归价值。半个世纪前，格雷厄姆在接受国会质询"到底是什么力量能使价格最终回归价值"时回答："这是我们行业的一个神秘之处，对我也一样神奇。但根据经验看，这终将会发生。"

对于预测大势将跌到1000点或将涨到10 000点的经济学家的观点，我们没有评价。但投资总得相信些什么，一并讲来以便将来万一成功，不再被误以为仅凭侥幸的好运气。

我们认为在国内社会基本稳定的前提下，未来的20年（或许更短）中国将取代美国成为GDP第一大国，重拾200年前的荣光。在这个历史大潮中，这种复兴的重担主要由经济的细胞——企业来完成，可以想象届时一定会涌现出许多伟大的企业，而这种苗头今天我们已可以略见端倪。

主流社会人群，无论是工薪一族，还是成功的企业家，由于知识、经历、关系、行业、资金等种种限制，亲自创立伟大企业的可能性极其有限，比如建立一个超越百度的搜索引擎、一个胜过腾讯的即时通信、一家较之工行更盈利的银行或一家大于中石油的能源企业，这些对于常人而言几乎是不可能完成的任务，但人们可以通过投资搭上伟大企业的快车来实现。传统生财智慧中有"OPM"（other people's money，借用他人资金）一条，现今我们所要提倡的不但是OPM，更应加上OPB（other people's brain，借用他人智慧）。但凡打算未来过上好日子的人们，都应该开动脑筋从融资到融智上好好下功夫。

从福布斯排行榜的历史看，这些金榜题名的财务成功者虽然来自各行各业、背景各异，但实际上他们都有一个共同点，即所有的财务成功者都是优秀企业持有者，从未出现过收藏家。故此在欣逢盛世、各类收藏动辄亿万元计的今天，我们依旧坚持继续扮演优秀企业持有者的角色。

- 本期卖出美国市场 BIDU 200 股，118.40 美元 / 股。买入美国市场 NOAH 500 股，6.94 美元 / 股；QIHU 1800 股，16.16 美元 / 股。期末资产总值 1 809 982.43 元。

模拟实盘投资组合展示（2011 年 12 月 20 日）

中国内地市场	股数	成本	市价	市值	市值
民生银行（600016）	160 000	6.12	6.06	969 600.00	969 600.00
苏宁电器（002024）	10 000	14.17	8.76	87 600.00	87 600.00
片仔癀（600436）	1 000	68.88	76.34	76 340.00	76 340.00
古井贡 B（200596）	2 000	55.83	55.04	110 080.00	89 605.12

中国香港市场	股数	成本	市价	市值	市值
谭木匠（00837）	70 000	3.59	3.75	262 500.00	213 675.00
民生（01988）	100 000	5.93	6.48	648 000.00	527 472.00

美国市场	股数	成本	市价	市值	市值
BIDU	200	49.47	118.40	47 360.00	150 015.17
NOAH	7 500	10.01	6.94	5 050.00	329 741.95
QIHU	1 800	16.16	16.16	29 088.00	184 275.39

现金					181 657.80
信用杠杆					（1 000 000.00）
净资产总值					1 809 982.43

备忘

2011/12/20 中国银行外汇牌价中间价：美元 633.51，港元 81.40。

专栏自 2007 年 4 月开启至今，

上证综指自 3525 点到 2223 点，−36.94%；

香港恒指自 20 520 点到 18 140 点，−11.60%；

道琼斯自 12 923 点到 11 943 点，−7.58%；

专栏投资组合从 100 万元到 181.00 万元，+81.00%。

2012

人们实际上并不需要很多好主意，需要的是将一个好主意多年如一日地贯彻好，这才是最难的。

如果什么都听大家怎么说，结果就会与大家一样。

负债投资

——高手的非常游戏

2012 年 1 月 15 日

　　龙年春节邮政发行了纪念龙票，面值 24 元的整版一周时间涨至 300 元，据称因人们除了喜爱之外还看好其投资价值。

　　很多年不打麻将了，节日热闹，被迫打了几桌，鏖战的结局是四人中，一个没赔没赚，两个赚钱，生疏已久的我是唯一赔钱的那个，而那两人赚的数目之和正好等于我赔出的数目，典型的零和游戏，也是我对于赌博之类兴趣寥寥的原因所在。

　　股市通常被广大"炒"股票的股民视为现实版的巨大赌场，"股民"这个词很形象——参与股市的人民。人民就是大众，大众就是绝大多数。统计表明 80% 的股市参与者跑输大市，故此，每逢有人提到"听大家都说……"之类，我便提示：你若打算跟大家一样，结果也就跟大家一样。

　　例如，大家都说："不能用负债买股票，巴菲特也是这么说的。"说得没错，但很多人不知道，巴菲特的公司在 1973 年的经济危机（注意，这是大家都说不好的时候）中，以 8% 的年息举债投资，对象就是后来盈利超百倍的《华盛顿邮报》。而他多年以来的核心业务之一盖可保险公司（GEICO），巴菲特看上的主要原因就是其"浮存金"，其本质就是"或有负债"，即保险公司当下收取的现金保费，将来可能用于赔付的负债，他的能力在于运用该资金的投资回报远高于该负债的成本。可以说杠杆投资是巴菲特成功的核心秘密之一。

假期出国前往加拿大多伦多的游客，多会参观具有百年历史的皇家博物馆，刚扩建的新展馆李秦水晶宫是一道亮丽的风景线，这是由被称为"加拿大华人首富"的迈克尔·李秦（Michael Lee-Chin）在2003年捐赠3000万美元建成的。

李秦在2010年福布斯全球富豪榜排名397位，他的成功恰是由一次成功的负债投资奠定的。

李秦1951年出生于牙买加，祖父来自中国，14岁开始工作，20岁赴加留学，后加入投资家金融集团（Investor Group），是个出色的金融产品营销员。但这也仅限于"杜拉拉"式的成功，如果没有接下来的关键一役，他今日或仅是个顶级销售（top sales）而已。在此期间他受到巴菲特投资理念的影响，1983年经济萧条中（请注意，这又是大家都说不好的时候），一次他前往麦肯锡金融公司谈业务，瞬间被该公司在百业艰难大环境中的亮丽景象所震撼。自身资金有限的他当下做出一个影响其一生命运的决定，凭其良好的信誉向加拿大大陆银行（Continental Bank of Canada，后被汇丰银行收购）借款50万加元买入麦肯锡股票，持有至1987年升值至350万加元，当时算是一笔巨款了。

同时由于李秦出色的营销能力，很多金融公司找他代销产品，其中AIC基金公司由于业绩糟糕，只剩下80万加元的管理资产。李秦想如果用巴菲特的投资理念经营，至少不会更糟糕。于是，他干脆说："我不打算帮你卖产品，你把公司卖给我吧。"用投资所得买下公司后，AIC的口号是：买入、持有、富有（buy，hold and prosper）！此举取得了巨大的成功，管理资产达到140亿加元，成为六大基金公司之一，每四个加拿大人就有一个是AIC的客户，李秦也借此迈入福布斯。虽然在2008年遭遇到系统性风险，李秦退出一线，但他的故事仍给人启迪。

在现实生活中，财务成功的企业家多从银行借钱，财务平平的老百姓多在银行存钱。巴菲特"不要借钱投资"的告诫也是没错的，如果负债的投资回报低于成本可能万劫不复。巴菲特不但有自知之明，还有知人之智，因杠杆投资仅仅是高手的非常游戏。

- 本期卖出苏宁电器（002024）10 000 股，8.56 元 / 股。买入美国市场 NOAH 500 股，5.93 美元 / 股；QIHU 200 股，16.24 美元 / 股；中国内地市场东阿阿胶（000423）1000 股，41.96 元 / 股。支付财务费用 5000 元。期末资产总值 1 824 434.70 元。

模拟实盘投资组合展示（2012 年 1 月 13 日）

中国内地市场	股数	成本	市价	市值	市值
民生银行（600016）	160 000	6.12	6.23	996 800.00	996 800.00
片仔癀（600436）	1 000	68.88	72.15	72 150.00	72 150.00
东阿阿胶（000423）	1 000	41.96	41.96	41 960.00	41 960.00
古井贡 B（200596）	2 000	55.83	53.58	107 160.00	87 185.38

中国香港市场	股数	成本	市价	市值	市值
谭木匠（00837）	70 000	3.59	3.66	256 200.00	208 444.32
民生（01988）	100 000	5.93	7.01	701 000.00	570 333.60

美国市场	股数	成本	市价	市值	市值
BIDU	200	49.47	127.71	25 542.00	161 427.99
NOAH	8 000	9.75	5.93	47 440.00	299 825.54
QIHU	2 000	16.17	16.24	32 480.00	205 276.85

现金					181 031.02
信用杠杆					（1 000 000.00）
净资产总值					1 824 434.70

备忘

2012/1/13 中国银行外汇牌价中间价：美元 632.01，港元 81.36。

专栏自 2007 年 4 月开启至今，
上证综指自 3525 点到 2253 点，−36.09%；
香港恒指自 20 520 点到 19 152 点，−6.67%；
道琼斯自 12 923 点到 12 391 点，−4.12%；
专栏投资组合从 100 万元到 182.44 万元，+82.44%。

能从他人的成功中汲取经验与力量，这恐怕是比金钱数字更有教育意义的回报。

镣铐之外

2012 年 2 月 20 日

在这个春季到来之前的冬日里，欧洲遭遇近百年来最为寒冷的季节，极度的寒流已经令 600 人丧生。此种唏嘘同样发生在资本市场上，依稀记得 2006 年有文名为《倒在大牛市的门槛上》，记述在历经了 2001～2005 年大熊市的重重磨难与打击之后，终于没有熬到 2006～2007 年大牛市到来的股市悲惨故事。对于此次欧洲寒流，专家说这是因为"小冰河期"来临。人们疑惑："冰雪消融之际说是地球温室效应，而严寒索命之后说是冰河期到来，听着怎么有点像股评？"

奥运鸟巢体育馆一旁的写字楼上，时时闪出证券公司的巨大广告："理财改变生活！"每每看到人们会心一笑："这 4 年多来，理财确实改变了生活，不过并不是往好的方向改。"的确，刚刚过去的 2011 年整个基金业巨亏 5000 亿元。在沮丧重重的氛围中，以《货币战争》而名声大噪的畅销书作家宋鸿兵更是指出，未来 14 年应该远离股市，2008 年到 2024 年将再度出现历时 16 年左右的大熊市。读来令人顿感梳骨之寒。

这个专栏不知不觉已经快 5 年，出于月刊的考虑，每年仅有 12 个交易日，这个"戴着镣铐的舞蹈"大大增加了投资的难度。现实的运作与这个镣铐之舞亦不完全同步，这里以一个先前提过的儿童财商教育为例，权作镣铐之外的管窥吧。

2010 年 4 月，8 岁的儿子阿威主动提出想学投资（前因请参见《钱经》2010 年 6 月专栏《财商少年班的新同学》），当时约定借给他 10 万港元作为投资本金，年息 6%。不久前我做了一下统计整理工作，该笔投资至 2010 年底为 122 181.90 港元，到 2011 年儿童节前夕资产总值达到 148 636.17 港元，一年多累计回报率竟达到了 48%。随后便与整个世界一样遭遇了严重的市场打击，至 2011 年底跌至 127 209.24 港元。

即便如此，这个儿童财商教育账户却依然取得了专业角度和世俗角度的双重胜利，在历史同期（即自 2010 年 4 月初至 2011 年 12 月底）：

香港恒生指数从 21 391 点至 18 434 点，下跌 13.82%（−13.82%）；

上证综合指数从 3155 点至 2199 点，下跌 30.30%（−30.30%）；

儿童财商账户从 10 万港元到 12.72 万港元，上升 27.2%（+27.2%）。

相比《钱经》的投资专栏组合，上述业绩仍然较之为佳，杂志专栏模拟实盘上述同期的累计回报率为 1.85%（+1.85%），尽管同样胜出了大盘指数，但与这个真实账户相较差距 10 余倍。

与同龄的小朋友相比，现在已 10 岁的阿威一样上学做作业，一样喜欢玩游戏，甚至选修了传统的皮影课，投资方面并未表现出特别之处。当知道 2011 年的巨大起伏后，他撅着小嘴说："早知道在高的时候卖掉一些就好了。"但在耳濡目染中，他多少还是接触了些投资方面的知识。例如，早早知道了英文 "investor"（投资家）这个词。甚至有一天阿威突然跑到我的房间问："你觉得费雪怎么样？"㊀我惊讶地问："你怎么知道费雪？"他答道："在你的书架上看到的。"

数月前，学校开班级中队会，邀请学生家长前去观摩。穿插在表演节目中，每个同学被问及未来的理想，阿威被问道："你长大后想干什么？"

㊀ 费雪是巴菲特的老师之一。

他口气并不坚定地怯怯道："我长大了想当一个投资家。"

接下来的问题："你打算如何达到这个目标呢？"

答："我打算向爸爸借些钱，然后买股票。"

台下的家长们哄堂大笑，或许在众人眼里这与选择赌博为职业没什么两样。

去年8月，阿威在一篇日记的结尾写道："我知道了巴菲特的老师教他雪茄烟头投资法。面对困难，只要有希望就可能成功；只要努力，就可能改变烟头的命运。"能从他人的成功中汲取经验与力量，这恐怕是比金钱数字更有教育意义的回报吧。

■ 本期卖出古井贡B（200596）2000股，57.85元/股；中国香港市场谭木匠（00837）20 000股，3.75港元/股。买入民生银行（600016）20 000股，6.50元/股；鄂资B（900936）13 000股，1.177美元/股；中国香港市场惠理（00806）10 000股，5.72港元/股；美国市场NOAH 1000股，6.17美元/股。支付财务费用5000元，期末资产总值1 952 086.76元。

模拟实盘投资组合展示（2012 年 2 月 20 日）

中国内地市场	股数	成本	市价	市值	市值
民生银行（600016）	180 000	6.16	6.50	1 170 000.00	1 170 000.00
片仔癀（600436）	1 000	68.88	70.41	70 410.00	70 410.00
东阿阿胶（000423）	1 000	41.96	41.73	41 730.00	41 730.00
鄂资 B（900936）	13 000	1.177	1.177	15 301.00	96 301.43

中国香港市场	股数	成本	市价	市值	市值
谭木匠（00837）	50 000	3.59	3.75	187 500.00	152 193.75
民生（01988）	100 000	5.93	7.58	758 000.00	615 268.60
惠理（00806）	10 000	5.72	5.72	57 200.00	46 429.24

美国市场	股数	成本	市价	市值	市值
BIDU	200	49.47	137.80	27 560.00	173 457.13
NOAH	9 000	9.35	6.17	55 530.00	349 494.71
QIHU	2 000	16.17	17.33	34 660.00	218 143.11

现金					18 658.79
信用杠杆					(1 000 000.00)
净资产总值					1 952 086.76

2012/2/20 中国银行外汇牌价中间价：美元 629.38，港元 81.17。

专栏自 2007 年 4 月开启至今，

上证综指自 3525 点到 2375 点，−32.62%；

香港恒指自 20 520 点到 21 576 点，+5.15%；

道琼斯自 12 923 点到 12 709 点，−1.66%；

专栏投资组合从 100 万元到 195.21 万元，+95.21%。

备忘

说努力干活，请看事实！说金融危机，请看事实！说为了将来的伟大，请看事实！

私有化慷慨的另面事实

2012 年 3 月 20 日

春天来了，我与同道朋友们相约赏樱花，谈及资本市场上热议的阿里巴巴私有化话题。入行有深浅，观点各不一。

通常说的上市（go public）是一家公司由少数股东拥有变为公众公司；与此相反，私有化（go private）就是将一家公众公司退市，回归非公开状态。前者是将公司卖给大众，后者是将公司从大众手里买回来。私有化通常发生在熊市，即股价低迷期，俗语"买的没有卖的精"在这里恐怕需要反过来说。

近来著名私有化的案例有盛大、复星地产、小肥羊，稍远些有段永基的四通，再远如刘銮雄经常狙击小股东等。相对于大股东的合算买卖，这通常彻底终结了中小股东东山再起的希望。例如 2011 年复地集团（HK02337）私有化，对于停牌前 2.79 港元 / 股的价格，大股东提出以 3.50 港元 / 股的价格私有化，并称合理公平，因为此价高出复地 3.255 港元的每股净资产，并溢价 25%。虽然有记者计算其实际每股净值为 16.11 港元，将来复地如能在 A 股上市，大股东翻手赚个上百亿港元轻而易举。复星的口号要做"中国的伯克希尔"，对此，有人指出：如果巴菲特也在自己公司股价大跌后玩私有化，恐怕伯克希尔的投资者多会以亏损而告终，不复今日之胜景。

著名的阿里巴巴集团子公司阿里巴巴 B2B 于 2007 年 11 月股市巅峰时在港骑牛上市，代码为吉利无比的 1688。2012 年 2 月，公司宣布以 IPO 原价每股 13.50 港元私有化，较市价慷慨溢价 46%。受此消息影响，复牌之后，该股由停牌前的每股 9.25 港元爆升 43% 至每股 13.22 港元。

同行的年轻人说道，这次马云在公开信中提道："所有程序都将是公开、透明和合法的"，还说私有化"看起来是个赔本的生意"，由于对股东心存感激，所以溢价很高，最后提道："阿里人，准备干活！"看来阿里巴巴将来能成为互联网第一巨头。

同行的资深人士莞尔说，这些都是事实，但事实还有另外一面，刚看了一个铁杆粉丝投资者在过去 4 年多的经历。当年在"错过谷歌，不要再错过阿里"的热闹中，感召于马云的伟大信仰，申购阿里的资金破纪录冻结 4500 亿港元，超额认购 240 倍，即在同等金额的情况下，99.5% 的投资者无法以 13.50 港元 / 股 IPO 价买到，只能以上市后的市场价购买。粉丝在开盘首日（2007 年 11 月 6 日）以 35.00 港元 / 股买入，当日收盘 39.50 港元 / 股，较发行价上涨 193%。此后数年间领取过 0.42 港元 / 股的股息，也就是说，以现在私有化价计算，投资人经历了从 34.58 港元 / 股买入到 13.50 港元 / 股被迫卖出，实际累计亏损 60.96%（−60.96%）。

的确，马云在公开信中提道："有人说我们上市的时候只融了 17 亿美元，但私有化要花出去 20 多亿美元，看起来是个赔本的生意。"可以看看阿里巴巴历年的年报，根据其上市时提供的当时最近年度全年财报（即 2006 年年报）和不久前刚公布的 2011 年全年财报，人们可以看到如下有关 1688 的数据：

上市（即卖给公众时）融资 130 亿港元，私有化（即买回）估计耗资约 190 亿港元，多花 46%；

卖给公众时，全年营收 13.6 亿元人民币，买回时全年营收 64.2 亿元人民币，增长 372%；

卖给公众时，全年净利润 2.2 亿元人民币，买回时净利润 17.1 亿元人民币，增长 677%；

卖给公众时，公司拥有现金 4.4 亿元人民币，买回时公司拥有现金 116.5 亿元人民币，增长 2548%。

以多付出 46% 的代价，买回了一个净利润多出 677%、净现金多出 2548% 的企业，是赔本赚吆喝，还是得了便宜卖乖，每个人可以自己算算账。

可能有人好奇："既然当初以 13.50 港元 / 股发行，时隔 4 年又以 13.50 港元 / 股回购，但同样的价格为何会多花 60 亿港元呢？"想来只有一种可能，市场上流通的股票数量增多了，但是在此期间公司没有增发新股，既然如此，这些多出来的流通股来源只有一个：原有大股东出售旧股。以此为线索，人们能查到的至少是：2009 年 9 月的公告，马云出售 1300 万股，价格为 21 港元 / 股。

至此，将上述的历史片段放在一起，人们可以得出如下信息：马云个人在 2009 年以每股 21 港元出售旧股，3 年之后，马云领导的阿里集团以每股 13.50 港元私有化买回，仅此一举就明明令二级市场投资人亏了 1 亿元，为何还说自己"赔本"了，令人费解。

有人说："马云是个非常聪明、非常优秀的商人。"确实目光独到，他在 2010 年 6 月向前往杭州考察的温家宝总理汇报："我们在 2008 年 7 月 21 日，奥运会前两个星期写了一封信，告诉企业界冬天来了，请所有企业做好准备。"⊖

马云的措辞也很讲究，例如上市之初，他发出豪言壮语："很多投资者跟我说，错过了谷歌，就不能再错过阿里巴巴了。"在此次公开信中，马云写道："有人说我们上市的时候只融了 17 亿美元，但私有化要花出去 20 多亿美元，看起来是个赔本的生意"。事实是，人们没有听到"很多人说"，也没有听到

⊖ 2007 年 11 月 6 日阿里巴巴上市时上证指数 5536 点，2008 年 7 月 21 日上证指数 2861 点。看来老马的意思是，在股市下跌 50% 以后，马云告诉企业家们冬天来了。

"有人说"，大家只听到马云在说。

或许有人说："遇到金融危机了，大家都跌嘛，谁也没办法。"那就请看另一部分事实。

在上述同期的 2007 年 11 月 6 日到 2012 年 2 月 24 日，香港恒生指数下跌了 27%（-27%），同样著名的互联网公司腾讯上升了 207%（+207%），百度上升了 221%（+221%）。在此期间阿里巴巴总市值从约 2000 亿港元跌至此次停牌前市值 463 亿港元，即下跌 76.85%（-76.85%）。彼时腾讯、百度加在一起也抵不上一个 1688，今天反过来 1688 还不及对手的零头，今天腾讯市值达 3700 亿港元，百度市值达 3600 亿港元。人们看到的事实是：全体阿里人在马云的领导下，经过 4 年多努力地干活，跑输同业，跑输大市，令全体股东损失了 1000 多亿港元的市值。

有人豪情满怀地评价："马云此次以退为进，为了谋求整体上市，将来可能成为全球互联网第一枭雄！"但将淘宝、支付宝注入上市公司，同样可以实现整体上市。马云曾公开表示："我们把顾客排在第一位，员工第二位，股东在最后。""今天很残酷，明天更残酷，后天很美好。"缄默多年的粉丝们在芝麻关门的此刻，恐怕只能感叹：通往"美好"的道路被隔绝，这些伟大与我何干？

■ 本期卖出美国市场 BIDU 100 股，136.08 美元 / 股。买入中国内地市场民生银行（600016）50 000 股，6.26 元 / 股；中国香港市场惠理（00806）10 000 股，4.92 港元 / 股；美国市场 QIHU 600 股，22.23 美元 / 股。支付财务费用 0 元，期末资产总值 2 088 799.28 元。

模拟实盘投资组合展示（2012 年 3 月 20 日）

中国内地市场	股数	成本	市价	市值	市值
民生银行（600016）	230 000	6.18	6.26	1 439 800.00	1 439 800.00
片仔癀（600436）	1 000	68.88	71.66	71 660.00	71 660.00
东阿阿胶（000423）	1 000	41.96	44.48	44 480.00	44 480.00
鄂资 B（900936）	13 000	1.177	1.273	16 549.00	104 306.69

中国香港市场	股数	成本	市价	市值	市值
谭木匠（00837）	50 000	3.59	4.37	218 500.00	177 400.15
民生（01988）	100 000	5.93	7.25	725 000.00	588 627.50
惠理（00806）	20 000	5.32	4.92	98 400.00	79 890.96

美国市场	股数	成本	市价	市值	市值
BIDU	100	49.47	136.08	13 608.00	85 769.86
NOAH	9 000	9.35	8.20	73 800.00	465 154.02
QIHU	2600	17.57	22.23	57 798.00	364 295.01

现金					167 415.09
信用杠杆					(1 500 000.00)
净资产总值					2 088 799.28

备忘

2012/3/20 中国银行外汇牌价中间价：美元 630.29，港元 81.19。

专栏自 2007 年 4 月开启至今，

上证综指自 3525 点到 2392 点，−32.14%；

香港恒指自 20 520 点到 20 984 点，+2.26%；

道琼斯自 12 923 点到 13 180 点，+1.99%；

专栏投资组合从 100 万元到 208.88 万元，+108.88%。

股票投资是通向财务自由的道路之一，但大多数人将精力集中于自己擅长的领域，将投资交予有能力的专业人士，更有利于自身利益的最大化。

爱 别 离

2012 年 4 月 20 日

春天不经意间到了，樱花、桃花率先盛开，迎春、玉兰次第怒放，丁香令花香满径，灿若云霞的海棠满树引着蜜蜂嗡嗡地辛勤劳作。不久前还枯竭冰冻的小溪又恢复了潺潺之音；芍药刚钻出地面的嫩芽，几日未见便倏忽地已是一尺来高。这满眼令人舒畅的绿翠花红，一定也是未来某时资本市场的写照，怕是在那时的雀跃中，再无人忆起今日的艰难。

这个专栏也在不经意间到了第五个年头，这实在不是个好时段，因为其中 90% 的时间是至今未完的超级熊市。幸运的是，我们仍然战胜了所有指数，保持了一贯以来的优良传统，并跑赢了通胀，达成了投资的基本目标[⊖]。凡是阅读了五年的读者，如果仍然以为这仅仅是凭运气的话将大错特错。

过去的 60 个月，《钱经》专栏投资组合累计回报率为 112.92%（+112.92%），折合年复利回报率 16.32%（+16.32%）。当初提及的全球 4 个市场 7 个指数同期表现如下：

上证综合指数，	从 3525 点到 2390 点，	−32.20%；
深圳综合指数，	从 985 点到 956 点，	−2.94%；
香港恒生指数，	从 20 520 点到 20 979 点，	+2.24%；

⊖　关于"投资的目标"请参阅 2010 年 8 月《投资的目标》一文。

加拿大多伦多指数（TSX），从 13 623 点到 12 189 点，   −10.53%；

美国道琼斯指数，   从 12 923 点到 13 024 点，   +0.78%；

美国纳斯达克指数，   从 2523 点到 3017 点，   +19.58%；

美国标准普尔 500（S&P 500），

从 1477 点到 1382 点，   −6.43%；

专栏投资组合，   从 100 万元到 212.92 万元， +112.92%。

这里几乎很少对个股发表看法，从业 20 年以来，莫说股评从未令人投资成功[注]，即便白纸黑字地将买卖实况公布在这里，也未见有人因此而达到投资的目标。5 年以来，令人欣慰的是"大笑之"的人少了，令人遗憾的是"勤而行之"的人也未见多。

多年以来，我致力于财务自由理念的传播，人们一般认为我是鼓励大家进行投资的，这一点并不全对。虽然我认为财务自由或令人更接近幸福，但这并不是获得幸福与成功的唯一条件；虽然我认为股票投资是通往财务自由的道路之一，但绝大多数人亲力亲为并不合算。

就已有的历史而言，我见过做自己擅长的事业而成功的人，也见过本身并不懂投资却因找到投资达人而取得投资成功的人，这两类人的比例远远高于自己做股票而成功的人。故此，对于大众关于证券投资的完整建议是：股票投资的确是通向财务自由的道路之一，但大多数人将精力集中于自己擅长的领域，将投资交予有能力的专业人士，更有利于自身利益的最大化。

可以想见，这种让人放弃"成为巴菲特"梦想的建议一定令人不悦。但可以推断，即便将来牛市重现，未来 10 年有两次牛熊周期，一定仍然会有超过一半人亏损，80% 的人跑输大市，最后能达到投资成功标准的人可能只有 1%，与过去的历史相较并无二致。一定会有人说："我可以高的时候卖掉，然后低

[注] 关于"投资成功"请参阅 2011 年 7 月《衡量投资成功的标准》一文。

的时候再买回来。"但事实是，过去的 100 年大家都在这么想！

自 1990 年沪深股市诞生以来，时至今日，股票市场仍然被相当多的人视为赌场，其间的行为称之为"炒"股票，绝大多数参与者是没有达到投资成功的标准的。在这小小角落里记录的历史显示，投资既是一条艰险无比的道路，也是一条可以实现财务自由的路径，其本身有大道可循，即便一年仅有 12 个交易日也无妨。这一目标应该说已经达成。

2008 金融危机令原本一年的写作计划延续至今，即便以这艰难时世中的表现推算，如果我能活到巴菲特的年纪，这个专栏投资组合的资产总值将由最初的 100 万元到达 8.06 亿元。但投资是个充满不确定性的风险过程，就像我们事先无法预料今日的结果一样。阻断这令人晕眩的数字达成的，甚至还有很多投资之外的因素，例如佛家所谓"八苦"之一的"爱别离"，不爱的话，别离也就罢了，偏偏是爱却别离，难怪古人言："黯然销魂者，唯别而已矣"。人们总以为最好的朋友、最亲爱的人就应该一直在那里，好似今日读者随时翻开杂志的封底我就在这里一样，却不知何时是最后的别离。

在这易逝的明媚春光里，借用 5 年前尚鲜为人知的"淘宝体"轻问一句："亲，我们将会以怎样的方式离别？"

■ 本期卖出美国市场 NOAH 3000 股，7.18 美元／股。买入中国内地市场民生银行（600016）20 000 股，6.49 元／股；美国市场 QIHU 1000 股，24.06 美元／股。收到 NOAH 派息 0.14 美元／股，折合 7943.29 元。支付财务费用 5000 元。期末资产总值 2 129 216.36 元。

模拟实盘投资组合展示（2012 年 4 月 20 日）

中国内地市场	股数	成本	市价	市值	市值
民生银行（600016）	250 000	6.21	6.49	1 622 500.00	1 622 500.00
片仔癀（600436）	1 000	68.88	67.64	67 640.00	67 640.00
东阿阿胶（000423）	1 000	41.96	39.46	39 460.00	39 460.00
鄂资B（900936）	13 000	1.177	1.099	14 287.00	90 068.11

中国香港市场	股数	成本	市价	市值	市值
谭木匠（00837）	50 000	3.59	4.51	225 500.00	183 151.10
民生（01988）	100 000	5.93	7.62	762 000.00	618 896.40
惠理（00806）	20 000	5.32	4.52	90 400.00	73 422.88

美国市场	股数	成本	市价	市值	市值
BIDU	100	49.47	145.58	14 558.00	91 776.54
NOAH	6 000	9.21	7.18	43 080.00	271 584.94
QIHU	3 600	19.37	24.06	82 616.00	546 044.59

现金					24 671.80
信用杠杆					（1 500 000.00）
净资产总值					2 129 216.36

备忘

2012/4/20 中国银行外汇牌价中间价：美元 630.42，港元 81.22。

专栏自 2007 年 4 月开启至今，

上证综指自 3525 点到 2390 点，−32.20%；

香港恒指自 20 520 点到 20 979 点，+2.24%；

道琼斯自 12 923 点到 13 024 点，+0.78%；

专栏投资组合从 100 万元到 212.92 万元，+112.92%。

今年以来 +17.64%，最近一年 −17.36%，最近两年 +19.84%，最近三年 129.44%。

八成股市参与者以小赌怡情的态度对待股市，其优点是跌了心情固然不愉快但不会攸关性命，缺点是涨了也不解决什么问题。

《钱经》专栏的副作用

2012 年 5 月 20 日

近日债务重重的希腊闹着要退出欧元区，2008 年金融危机以来，硕果仅存的华尔街大行摩根大通公司爆出一日亏损 20 亿美元的交易事件。多重悲观情绪的弥漫，令很多投资者在最近两周之内，将今年以来的账面浮盈勾销殆尽。

但对于绝大多数股民而言，这些都属于"不高兴但能承受"的范围，因为不久前有文披露，中国证券登记结算公司的数据显示，股票资金在 10 万元以内的账户占 82.78%。这个数据表明，绝大多数股市参与者将股市仅仅视为小赌怡情的类娱乐场所。

3 年前，我曾提道："绝大多数股民如果打算以投资收益作为日常生活的支持，即便取得了如同巴菲特一样的投资成绩，不出 3 年也会破产。"这个推断大抵就是基于 10 万元作为投资本金的前提，今日看来仍未过时。

针对投资娱乐化的倾向，我们经常建议众人放弃"玩一玩"的想法，集中火力持有较大的投资比重，以期在周期性大机遇来临时，达成解决问题的投资目标。但经过这轮大熊市的洗礼，我终于发现这种小赌怡情的方式，还是有其优点的，优点是跌了固然心情不愉快但不至于性命攸关，当然，缺点是涨了也不解决什么问题。青春过后，"从流飘荡，任意东西"而已。㊀

㊀ "从流飘荡，任意东西。"——此句出自南北朝吴均《与朱元思书》。

5年以来，时时有闻读者赞誉，间或有人说看专栏也有收获，买杂志的钱值了，但是好像还没有人因此而达到财务自由的目标。在这个主要的目标未有达成之外，倒是有些意外的收获。前日金融博士班同学些许兴奋地告诉我："前不久出差到昆明，没想到在那么远的地方还能遇到你的读者粉丝呢。"这令人忆起往日里，这个专栏的一些副作用。

两年前杂志社转来消息，说是有读者自称是我失散多年的朋友，看了姓名，的确是15年没有消息的旧友，那时没有Email、博客、QQ、微信这些，一旦别离，茫茫人海再无踪迹。电话过去，寒暄倾诉："我在银行等候时常看这个杂志，觉得这个专栏写得不错，每期都先翻开最后一页看，直到有一天看了作者的姓名，才知道是你，尤其是那个素描的头像看了肯定是你。"我说："每月写篇有观点又深入浅出的小文章还是很难的。周围的人说那个素描画得不太像。""谁说不像，我看像得很！总之，你无论如何要坚持写下去。"他这样鼓励道。

坚持是很难的，非但坚持写作很难，就连坚持阅读也很难。像这样多年未见、失落各地的朋友，因看到《钱经》专栏而导致的重逢并非个案。更意外的是，突然有一天，楼下卖书的小伙子老远冲着我喊："杨大哥，想不到原来你是个投资家！"

曦元主编前不久发来邮件："刚才有个读者说从2007年开始看《钱经》，我问她对哪些内容印象最深刻，她说，杨天南啊，每期都看。"

我回复道："发来的关于杂志阅读的故事收到，现回赠你另一个关于阅读的故事。"

一个认识近20年的朋友，数月前告诉我，她被一家人寿保险的资深业务人员纠缠多日。该业务人员总是试图启发她做些理财业务，为此，她郁闷又碍于情面，一直处于很无奈的状态。

一日再次被无比热情地邀请茶叙，待到达约定地点时，对方已经早早坐在那里等她，同时手里翻阅一本杂志——这本杂志恰是著名的《钱经》。

见状，朋友说："我有一个朋友好像就是给这杂志写文章呢！"

对方忙问："哦，是哪一位？"

朋友："叫杨天南。"

对方惊讶："你认识杨天南？！他的文章很好，我每期都仔细看的。你们很熟吗？"

朋友："很熟的，认识很多年啦！我们家有什么财务问题都是问他的。"

此后，……沉默、无语、良久。

"你的名字还真管用，他现在再不来找我谈理财问题啦！"她时隔多日在电话中仍很兴奋地说。

搞理财的朋友们，我在此说声抱歉啊，这真是没有想到的副作用。

- 5月卖出美国市场 NOAH 6000 股，5.08 美元 / 股。买入中国香港市场惠理（00806）20 000 股，3.77 港元 / 股；美国市场 QIHU 1000 股，21.02 美元 / 股。支付财务费用 5000 元。期末资产总值 1 903 074.07 元。

- 6月没有交易。收到分红：片仔癀 0.70 元 / 股，鄂资 B 0.015 877 美元 / 股，惠理 0.058 港元 / 股，谭木匠 0.2297 港元 / 股，合计收取股息 13 139.66 元。支付财务费用 5000 元。为了便于计算，财务费用由按季支付变为按月支付。期末资产总值 1 826 872.00 元。

- 7月收到民生银行分红 0.30 元 / 股，合计收取股息 94 500.00 元。卖出片仔癀（000423）200 股，104.75 元 / 股。买入东阿阿胶（00423）500 股，39.04 元 / 股；中信（600030）4000 股，12.87 元 / 股；美国市场 EDU 600 股，12.75 美元 / 股。支付财务费用 5000 元。期末资产总值 1 708 054.15 元。

- 8月没有交易，收到分红：东阿阿胶0.30元/股，股息405.00元；中信0.43元/股，股息1548.00元；合计收取股息1953.00元。支付财务费用5000元。期末资产总值1 834 671.99元。

- 9月收到民生银行分红，每股0.15元/股，合计收取股息47 250.00元。卖出美国市场BIDU 80股，114.55美元/股。买入中信（600030）4000股，11.14元/股；中国香港市场民生（01988）10 000股，6.36港元/股。支付财务费用5000元。期末资产总值1 917 764.12元。

- 10月卖出鄂资B 13 000股，0.904美元/股。买入中信（600030）4000股，11.77元/股；东阿阿胶（000423）500股，42.04元/股。支付财务费用5000元。期末资产总值2 008 450.91元。

模拟实盘投资组合展示（2012 年 5 月 18 日）

中国内地市场	股数	成本	市价	市值	市值
民生银行（600016）	250 000	6.21	6.49	1 622 500.00	1 622 500.00
片仔癀（600436）	1 000	68.88	75.31	75 310.00	75 310.00
东阿阿胶（000423）	1 000	41.96	39.01	39 010.00	39 010.00
鄂资 B（900936）	13 000	1.177	1.026	13 338.00	84 308.16

中国香港市场	股数	成本	市价	市值	市值
谭木匠（00837）	50 000	3.59	4.47	223 500.00	181 794.90
民生（01988）	100 000	5.93	7.05	705 000.00	573 447.00
惠理（00806）	40 000	4.55	3.77	150 800.00	122 660.72

美国市场	股数	成本	市价	市值	市值
BIDU	100	49.47	118.22	11 822.00	74 725.68
QIHU	4 600	19.73	21.02	96 692.00	611 180.46

现金		18 137.15
信用杠杆		（1 500 000.00）
净资产总值		1 903 074.07

备忘

2012/5/18 中国银行外汇结算价：美元 632.09，港元 81.34。

专栏自 2007 年 4 月开启至今，

上证综指自 3525 点到 2354 点，−33.22%；

香港恒指自 20 520 点到 18 804 点，−8.36%；

道琼斯自 12 923 点到 12 415 点，−3.93%；

专栏投资组合从 100 万元到 190.31 万元，+90.31%。

模拟实盘投资组合展示（2012年6月20日）⊖

中国内地市场	股数	成本	市价	市值	市值
民生银行（600016）	250 000	6.21	6.27	1 622 500.00	1 567 500.00
片仔癀（600436）	1 000	68.88	90.90	90 900.00	90 900.00
东阿阿胶（000423）	1 000	41.96	39.95	39 950.00	39 950.00
鄂资B（900936）	13 000	1.177	0.934	12 142.00	76 499.46

中国香港市场	股数	成本	市价	市值	市值
谭木匠（00837）	50 000	3.59	4.67	233 500.00	189 602.00
民生（01988）	100 000	5.93	7.16	716 000.00	581 392.00
惠理（00806）	40 000	4.55	3.97	158 800.00	128 945.60

美国市场	股数	成本	市价	市值	市值
BIDU	100	49.47	119.28	11 928.00	75 151.17
QIHU	4 600	19.73	19.00	87 400.00	550 654.96

现金					26 276.81
信用杠杆					（1 500 000.00）
净资产总值					1 826 872.00

> 备忘
>
> 2012/6/20 中国银行外汇牌价中间价：美元 630.04，港元 81.20。
>
> 专栏自 2007 年 4 月开启至今，
>
> 上证综指自 3525 点到 2297 点，−34.84%；
>
> 香港恒指自 20 520 点到 19 524 点，−4.85%；
>
> 道琼斯自 12 923 点到 12 857 点，−0.51%；
>
> 专栏投资组合从 100 万元到 182.69 万元，+82.69%。

⊖ 本期文章《辨材须待七年期》请见前言部分。

模拟实盘投资组合展示（2012 年 7 月 20 日）⊖

中国内地市场	股数	成本	市价	市值	市值
民生银行（600016）	250 000	6.21	5.93	1 482 500.00	1 482 500.00
片仔癀（600436）	800	68.88	104.75	83 800.00	83 800.00
东阿阿胶（000423）	1 500	40.97	39.04	58 560.00	58 560.00
鄂资 B（900936）	13 000	1.177	0.914	11 882.00	74 989.68
中信（600030）	4 000	12.87	12.87	51 480.00	51 480.00

中国香港市场	股数	成本	市价	市值	市值
谭木匠（00837）	50 000	3.59	4.76	238 000.00	193 660.60
民生（01988）	100 000	5.93	6.94	694 000.00	564 707.80
惠理（00806）	40 000	4.55	3.71	148 400.00	120 753.08

美国市场	股数	成本	市价	市值	市值
BIDU	100	49.47	110.02	11 002.00	69 435.82
QIHU	4 600	19.73	15.24	70 104.00	442 440.36
EDU	600	12.75	12.75	7 650.00	48 280.68

现金		17 446.13
信用杠杆		（1 500 000.00）
净资产总值		1 708 054.15

> 2012/7/20 中国银行外汇牌价中间价：美元 631.12，港元 81.37。
>
> 专栏自 2007 年 4 月开启至今，
> 备忘　上证综指自 3525 点到 2174 点，−38.33%；
> 香港恒指自 20 520 点到 19 584 点，−4.56%；
> 道琼斯自 12 923 点到 12 877 点，−0.36%；
> 专栏投资组合从 100 万元到 170.81 万元，+70.81%。

⊖　本期文章《股市提供的留美奖学金》请见前言部分。

模拟实盘投资组合展示（2012 年 8 月 20 日）[○]

中国内地市场	股数	成本	市价	市值	市值
民生银行（600016）	250 000	6.21	5.91	1 477 500.00	1 477 500.00
片仔癀（600436）	800	68.88	100.04	80 032.00	80 032.00
东阿阿胶（000423）	1 500	40.97	35.41	53 115.00	53 115.00
鄂资 B（900936）	13 000	1.177	0.765	9 945.00	63 128.87
中信（600030）	4 000	12.87	10.68	42 720.00	42 720.00

中国香港市场	股数	成本	市价	市值	市值
谭木匠（00837）	50 000	3.59	4.93	246 500.00	201 735.60
民生（01988）	100 000	5.93	7.10	710 000.00	581 064.00
惠理（00806）	40 000	4.55	3.34	133 600.00	109 338.24

美国市场	股数	成本	市价	市值	市值
BIDU	100	49.47	132.04	13 204.00	83 816.35
QIHU	4 600	19.73	19.68	90 528.00	574 653.63
EDU	600	12.75	13.96	8 376.00	53 169.17

现金					14 399.13
信用杠杆					（1 500 000.00）
净资产总值					1 834 671.99

备忘

2012/8/20 中国银行外汇牌价中间价：美元 634.78，港元 81.84。

专栏自 2007 年 4 月开启至今，

上证综指自 3525 点到 2100 点，−40.43%；

香港恒指自 20 520 点到 20 011 点，−2.48%；

道琼斯自 12 923 点到 13 253 点，+2.55%；

专栏投资组合从 100 万元到 183.47 万元，+83.47%。

○ 本期文章《危机之后的两年 40 倍》请见前言部分。

模拟实盘投资组合展示（2012 年 9 月 17 日）⊖

中国内地市场	股数	成本	市价	市值	市值
民生银行（600016）	250 000	6.21	5.69	1 422 500.00	1 422 500.00
片仔癀（600436）	800	68.88	97.60	78 080.00	78 080.00
东阿阿胶（000423）	1 500	40.97	36.41	54 615.00	54 615.00
鄂资 B（900936）	13 000	1.177	0.854	11 102.00	70 270.11
中信（600030）	8 000	12.01	11.14	89 120.00	89 120.00

中国香港市场	股数	成本	市价	市值	市值
谭木匠（00837）	50 000	3.59	4.78	239 000.00	195 143.50
民生（01988）	110 000	5.97	6.36	699 600.00	571 223.40
惠理（00806）	40 000	4.55	3.93	157 200.00	128 353.80

美国市场	股数	成本	市价	市值	市值
BIDU	20	49.47	114.55	2 291.00	14 500.88
QIHU	4 600	19.73	24.75	113 850.00	720 613.58
EDU	600	12.75	14.53	8 718.00	55 180.58

现金	18 163.27
信用杠杆	（1 500 000.00）
净资产总值	1 917 764.12

备忘

2012/9/17 中国银行外汇牌价中间价：美元 632.95，港元 81.65。

专栏自 2007 年 4 月开启至今，

上证综指自 3525 点到 2100 点，−40.43%；

香港恒指自 20 520 点到 20 675 点，+0.76%；

道琼斯自 12 923 点到 13 560 点，+4.93%；

专栏投资组合从 100 万元到 191.78 万元，＋91.78%。

⊖ 本期文章《财富管理者的唯一美好结局》请见前言部分。

模拟实盘投资组合展示（2012 年 10 月 19 日）⊖

中国内地市场	股数	成本	市价	市值	市值
民生银行（600016）	250 000	6.21	5.97	1 492 500.00	1 492 500.00
片仔癀（600436）	800	68.88	109.27	87 416.00	87 416.00
东阿阿胶（000423）	2 000	41.24	42.04	84 080.00	84 080.00
中信（600030）	12 000	11.93	11.77	141 240.00	141 240.00

中国香港市场	股数	成本	市价	市值	市值
谭木匠（00837）	50 000	3.59	4.97	248 500.00	202 154.75
民生（01988）	110 000	5.97	7.08	778 800.00	633 553.80
惠理（00806）	40 000	4.55	4.13	165 200.00	134 390.20

美国市场	股数	成本	市价	市值	市值
BIDU	20	49.47	112.73	2 254.60	14 215.70
QIHU	4 600	19.73	21.86	100 556.00	634 025.69
EDU	600	12.75	17.37	10 422.00	65 712.79

现金					19 161.98
信用杠杆					（1 500 000.00）
净资产总值					2 008 450.91

备忘

2012/10/19 中国银行外汇牌价中间价：美元 630.52，港元 81.35。

专栏自 2007 年 4 月开启至今，

上证综指自 3525 点到 2132 点，−39.52%；

香港恒指自 20 520 点到 21 558 点，+5.06%；

道琼斯自 12 923 点到 13 429 点，+3.92%；

专栏投资组合从 100 万元到 200.85 万元，+100.85%。

⊖ 本期文章《信念的好处》请见前言部分。

> 关注于企业价值提升的投资人，需要勤劳与坚忍。翻起一千块石头，才能发现一件宝贝，的确辛苦，但得之不易后，就不会轻易失去它。

股票投资到底如何赚钱

2012 年 11 月 20 日

一夜寒风冷雨，褪去树木的叶片，地面薄雪覆盖，光溜溜的树干上几只熟透的柿子，小红灯笼似的高挂在无人企及的枝头，好似当下盘桓于 2000 点的股市，看着似乎有随时可能跌落的悬念。

而千里之外的彩云之南，苍山洱海、蝴蝶泉边，全然是郁郁葱葱春夏的景象。坐在桌前，面对窗外当年中国远征军曾卓绝抗日的高黎贡山，整理即将付梓的新书《规划财富人生：天南话投资》。

它保留了杂志专栏的体例，按照时间的顺序排列，跨越了整个 2008 年金融危机。翻阅中想起一位业内朋友的读后感："从前往后读了一遍，又从后往前读了一遍，感慨万千。能令有心人避免 5 年的人生弯路，这本书无论如何算是物有所值了。"

股票投资到底是如何赚钱的？有多年股市经历的朋友问我。

股票投资的盈亏最终源于股价波动形成的差价。所以想赚钱，终极秘诀就是"低买高卖"，不过这秘诀如同舶来的"第一不要亏损，第二记住第一条"一样，近乎令人茫然依旧。

那么，什么导致股票价格涨跌呢？其原因大体可以分为两类：一类是企业价值的变化；另一类是市场参与者心理的变化。第一类因素会酝酿较长的时间，而第二类因素会短期内迅速发酵。

由此导出投资的两大派别：基本面派和技术派。

基本面派注重企业价值变化并以此作为投资的依据；技术派使用各种数字和图表试图分析人心的变化。还有一些介于两者之间的派别。

企业价值变化（即 A 因素）会有两种结果：A1 价值提升，A2 价值下降。这是由很多种原因导致的，但最终体现为盈利的升降。例如，某股 10 元 / 股，每股净利 1 元，即市盈率为 10 倍。经过若干年发展，每股净利升为 10 元，如果市盈率依旧为 10 倍，股价将是 100 元 / 股，此时的获利源于企业的价值成长，并非什么庄家炒作的结果，例如苹果在过去的 10 年中市值从 50 亿美元上升到 7000 亿美元，根本原因是其产品广受欢迎从而大大提升了公司价值。反之，企业发生亏损或破产，价值归零，股价就会大跌以至于归零。

市场由千千万万的参与者组成，各种因素都会产生不同的心理作用，即 B 因素，所有这些汇集起来，最终只有两种表象：B1 乐观形成的贪婪，B2 悲观形成的恐惧。前者导致股价出现高估溢价，后者导致低估折价。

股市上绝大多数人注重 B 因素，因为人们都希望能短期致富，听消息、找内幕、坐庄跟庄等行为均属此类。但靠 B 因素更多地与运气有关，而运气却不在努力范围内。

社会上很多卖"炒"股软件的商家通常使用技术派的一些手法，吸引那些试图短期快速致富的人们。但迄今为止，没有任何一个成功的投资家承认是靠"炒"股软件成功的。

历史的另一个事实是，最终成功的投资家基本上都是基本面派，即通常所言的价值投资者。一个人即便成功钻研技术分析，所能得到的绝对回报也是相对有限的，只不过很多人可能需要很久乃至终身才能醒悟而已。

投资者关注企业价值变化，而投机者试图揣度人心的变化。在实际中，投资与投机常有交集。纯粹的投机者多以失败告终，投机失败的终极原因是因为"人心莫测",人们通常以为这是指他人的心思猜不透,实际上贴近市场"炒"股的人们,往往连自己的心思在下一刻如何变化都不能把握。

股市中通常的运行会有以下几种形式:

A1+B1 是典型的牛市,盈利上升、股价飞扬,其景象如谚语所形容的"台风中猪也能到处飞",但绝大多数仍跑输大市;

A2+B2 是典型的熊市,亏钱的故事到处流传;

A2+B1 会造成即便牛市中也会有人亏钱,或烂公司在牛市中也上涨;

A1+B2 是企业盈利上升但大市处于熊市,即便运气不佳却能靠实力胜出。这种模式是这个专栏在过去几年脱颖而出的根本原因。

在周期性的变化方面,当市场由 A2+B2 转化为 A1+B1 时,即由双低(低盈利、低估值)转为双高(高盈利、高估值)时,就会形成著名的"戴维斯双击",最近的典型例子发生在 2005 年的 998 点到 2007 年的 6000 点的熊牛转化时。

总之,股市赚钱或源于企业价值的提升,或源于成功揣测他人心思,或是二者结合。仅仅关注人心的变化,如同守株待兔的人,即便在第一次走运后,也会因第二只永远不会出现的兔子而徒劳终身。

关注企业价值提升的投资人则需要勤劳与坚忍。翻起一千块石头,才能发现一件宝贝,的确辛苦,但得之不易后,就不会轻易失去它。

■ 本期卖出美国市场 QIHU 600 股,24.17 美元 / 股。买入中国香港市场洛钼(03993)15 000 股,3.18 港元 / 股;美国市场 FB 350 股,23.30 美 / 股。支付财务费用 5000 元。期末资产总值 2 089 017.11 元。

模拟实盘投资组合展示（2012 年 11 月 20 日）

中国内地市场	股数	成本	市价	市值	市值
民生银行（600016）	250 000	6.21	6.10	1 525 000.00	1 525 000.00
片仔癀（600436）	800	68.88	97.31	77 848.00	77 848.00
东阿阿胶（000423）	2 000	41.24	38.77	77 540.00	77 540.00
中信（600030）	12 000	11.93	10.56	126 720.00	126 720.00

中国香港市场	股数	成本	市价	市值	市值
谭木匠（00837）	50 000	3.59	5.00	250 000.00	202 925.00
民生（01988）	110 000	5.97	7.25	797 500.00	647 330.75
惠理（00806）	40 000	4.55	4.11	164 400.00	133 443.48
洛钼（03993）	15 000	3.18	3.18	47 700.00	38 718.09

美国市场	股数	成本	市价	市值	市值
BIDU	20	49.47	93.92	1 878.40	11 820.02
QIHU	4 000	19.73	24.17	96 680.00	608 368.57
EDU	600	12.75	19.23	11 538.00	72 604.02
FB	350	23.30	23.30	8 155.00	51 316.15

现金	15 383.03
信用杠杆	（1 500 000.00）
净资产总值	2 089 017.11

备忘

2012/11/20 中国银行外汇结算价：美元 629.26，港元 81.17。

专栏自 2007 年 4 月开启至今，

上证综指自 3525 点到 2014 点，−42.87%；

香港恒指自 20 520 点到 21 363 点，+4.11%；

道琼斯自 12 923 点到 12 755 点，−1.30%；

专栏投资组合从 100 万元到 208.9 万元，＋108.9%。

> 预测股市的走向从来都不是我的所长。幸运的是，是否拥有预测能力并非决定投资成功的关键。

一个不预测股市者的 2012

2012 年 12 月 20 日

令人惶恐不安的 2012 年终于要过去了，好莱坞大片《2012》中的世界毁灭的景象没有发生。

当读者朋友们能阅读到本篇时，恭喜大家平安度过了盛传已久的"世界末日"。朋友在微博上发了个段子："什么是世界末日？如果在 2012 年 12 月 21 日这一天花完你自己全部家当，以及向朋友借的和银行贷的款，不留遗憾地过完 12 月 21 日。当你发现第二天太阳照常升起之时，这就是你的世界末日！"

除了对于地球毁灭的玛雅预言之外，依稀记得去年此时有专家预言 12 个月后股市会跌到 1000 点，总之是条分缕析，言之凿凿。习惯于唱衰的"经济学家"好像也没有错，因为 2012 年中国股市的确没涨，但他们也未见得说对了。

总有人在追求财务健康的大道上衔枚疾走，未曾懈怠。我们这个专栏的白纸黑字显示，最近一年投资组合取得回报率为 46.22%（+46.22%），其中 2/3 是在过去的 20 天取得的。这样的结果我自己也未曾预测到。

今日的结果也不能说明我们有何伟大之处，我们仅仅贯彻了一直以来"任他几路来，我只一路去"的传统，埋头做好自己应该做的事情，加上运用了杠杆这把双刃剑而已。人们实际上并不需要很多好主意，需要的是将一个好主意多年如一日地贯彻好，这才是最难的。

昔日遭受打击之时，与今日享受"伟大"之日，我们的行为毫无二致。同样，今日荣耀之因，也可能不久之后沦为他人之笑柄。世人皆知的真理之一便是，想要成功，总要付出些什么，哪怕是煎熬。如果下跌时你不在，凭什么上涨时你要赚钱？

股市涨了一周，人们又开始热闹起来，见面问"你觉得股市会如何"的人也多了起来。屡屡之后，突然跃入脑海的是2012年度最流行的台词，《神探狄仁杰》之："元芳，你怎么看？"

真是令我汗颜，这个很抱歉，我真的不知道。至于预言家是怎么知道的，我也不知道。

看到网上有条微博："我从来没有见过能够预测市场走势的人。——巴菲特"；

于是在后面跟了一条："我也不会预测股市。——杨天南"；

接着有人又跟了一条："只有上帝才能预测股市"；

奇迹在后面，又出现了一条微博："我也不能预测。—— 上帝"！

预测股市的走向从来都不是我的所长，幸运的是，是否拥有预测能力并非决定投资成功的关键因素。我从未见过哪个预言家成为成功的投资家，也从未见过任何成功的投资家声称可以预测股市。顺手拈来一例，即便在11月30日，也没见谁知道两周之后大盘一天会涨4.3%。

如果你一定要坚持"元芳，你怎么看？""落叶孕育萌芽，生机藏于肃杀"，便是我的答复，还不明白就算了。

传统式的中国人情多是"五伦之内有亲情"，我与绝大多数读者素昧平生，但对于你们的热情与关爱总是能感受得到，这也是我们能在严寒肃杀的经济大环境下，不断孕育生机的力量源泉。过去五年多的数十篇章，若读者百中有十能从中有所启发，十里再一能达成财务目标，便也算是我对于大家超越五伦亲情关爱的一些小小回报吧。

此时此刻雪花漫天飘舞，隐约其间的是 2012 年最受欢迎的歌声——优美的《我的歌声里》。我想着有没有那么一天，有人帮我写一首——《我的文字里》，给那些从未谋面，却能听琴音便知流水的朋友们，歌词里应该有："你存在，我深深的脑海里，我的梦里，我的心里，我的文字里。"

■ 本期卖出美国市场 QIHU 1500 股，26.67 美元 / 股；EDU 600 股，20.05 美元 / 股。买入美国市场 FB 1150 股，27.36 美元 / 股；中国内地市场中信证券（600030）6000 股，11.92 元 / 股；中国香港市场洛钼（03993）20 000 股，3.44 港元 / 股。支付财务费用 5000 元。期末资产总值 2 646 648.76 元。

模拟实盘投资组合展示（2012 年 12 月 20 日）

中国内地市场	股数	成本	市价	市值	市值
民生银行（600016）	250 000	6.21	7.42	1 855 000.00	1 855 000.00
片仔癀（600436）	800	68.88	93.59	74 872.00	74 872.00
东阿阿胶（000423）	2 000	41.24	38.90	77 800.00	77 800.00
中信证券（600030）	18 000	11.93	11.92	214 560.00	214 560.00

中国香港市场	股数	成本	市价	市值	市值
谭木匠（00837）	50 000	3.59	4.89	244 500.00	198 362.85
民生（01988）	110 000	5.97	8.56	941 600.00	763 920.08
惠理（00806）	40 000	4.55	5.00	200 000.00	162 260.00
洛钼（03993）	35 000	3.33	3.44	120 400.00	97 680.52

美国市场	股数	成本	市价	市值	市值
BIDU	20	49.47	99.59	1 991.80	12 523.84
QIHU	2 500	19.73	26.67	66 675.00	419 232.40
FB	1 500	26.41	27.36	41 040.00	258 047.21

现金					12 389.86
信用杠杆					（1 500 000.00）
净资产总值					2 646 648.76

备忘

2012/12/20 中国银行外汇牌价中间价：美元 628.77，港元 81.13。

专栏自 2007 年 4 月开启至今，

上证综指自 3525 点到 2159 点，−38.75%；

香港恒指自 20 520 点到 22 573 点，+10.00%；

道琼斯自 12 923 点到 13 266 点，+2.65%；

专栏投资组合从 100 万元到 264.66 万元，+164.66%。最近一年 +46.22%。

2013

　　好似每一棵树有千万片翻飞的树叶，每天红红绿绿的股票，近乎无穷的变化，是为"无涯"。而每个人的时间、精力、知识、经验都有限，如果每天研究不同的叶片，以"有限"对"无涯"，恐怕追逐一生，也无法解决问题。但无论多少叶片，通常主干却只有一个，抓住主干就有了解决的希望。

投资大道不必拘泥，久经磨砺之后，总结出合适于己的投资体系，方有成功的可能。

在各自的投资道路上辉映

2013 年 1 月 20 日

股市在过去短短的一个半月劲升 15%，出乎很多人的意料，但似乎没有听到"这么短的时间涨这么多，中国股市太不规范了"之类的声音，可见中国股市只有在下跌时，才会被抱怨为"不规范""政策市"。

据报道，中国股市有 8000 万投资者。我不这么看，因为绝大多数人被称为"股市参与者"更为合适。成为一个投资者，尤其成为一个成功的投资者是一件异常艰难的事，以我的"投资成功的三个标准"而言，最终能达到投资成功这个目标的人不会超过 1%。所以马克·塞勒尔对哈佛的学生说了句令人沮丧的大实话："你们几乎已经没有机会成为一个伟大的投资者！"

当北京正经历 26 年来最寒冷的冬天之际，梁军儒先生从遥远的地方来信，邀我为其大作再版写个书评。慎重应承之后，尚未来得及动笔，股市已在过去的 40 天，从绝望的 2000 点之下的"建国底"，升破 2300 点，露出些许的春色，也算是个好兆头吧。

或许令人意外的是，我至今与军儒从未谋面，与圈中一众好友的结识相仿，我们无意间读到对方的文字，便认定了彼此的默契。我在不久前完成的《天南致投资伙伴书——100 条》中提道："我遇见过从未谋面却一拍即合的人，也遇到过相识已久却从未相知的人。"我与军儒属于前一种。

巧合的是，我们走上今天的投资道路，竟然是在不同的时空受到同一本书的启示。我在 1995 年读到了当时还是内部活页的《巴菲特之道》，后来正式出版译为《股王之道》等不同的书名，这是国内第一本较为完整地介绍巴菲特投资思想的书籍。这本书当年启发了一批互不相识、远隔千里的年轻人，令他们走上投资的大道。我的另一个好友——中道巴菲特俱乐部创始人陈理先生也有几乎同样的人生经历。

我的新书《规划财富人生：天南话投资》刚刚付梓，常读我文章的人一定知道我们所定义的投资成功的两条道路："一是成为巴菲特那样的人；二是找到像巴菲特那样的人"。我对于自己新书的评语是："这本书对于如何成为伟大的投资家或无太大帮助，但对于想达成财务自由的人或有启发。"

多年以来我倾向于大众应该走第二条道路，因为如果能取得投资成功，最终达到财务自由的境界，是否成为投资家并不重要。

这种建议令很多人失望，因为我知道很多人抱有成为巴菲特的强烈愿望与坚定决心，希望多学习一些投资的知识。而军儒的这本《让时间为你积累财富》恰好可以满足这种需求，令我们交相互补。

为了此次评论，专门从书架上找到该书的初版翻阅，竟然发现以前阅读时已有多处用笔勾勒，甚至注释之处。从投资前的准备到投资方法的面面俱到、从价值投资的源起到具体公司的举例剖析，多为作者本人的所思所悟，不是人云亦云之作。

我从军儒书中得到了投资知识的给养，但必须承认，虽然都关注企业价值，但我们的投资方法并非完全一致。投资大道，殊途同归，不必拘泥。从本本主义出发，言必称巴菲特，动辄提"价值投资"的人，恐怕忽略了被称为价值投资之父的是格雷厄姆，怕是也忘了巴菲特自己曾说"85% 源自格雷厄姆"的话。以偏概全的刻板教条主义，对于投资成功恐怕帮助不大。

投资之道需久经磨砺之后，最终总结出适合自己的投资体系，方有成功的可能。当年的热血青年依然在各自的投资道路上不懈探索，虽然关山千重、路径各异，但终究相得益彰、殊途同归。这种"授人以渔"的正能量传播，何尝不是一种报效祖国社会的新形式呢。

■　本期没有交易。支付财务费用 5000 元。期末净资产总值 3 314 913.11 元。

模拟实盘投资组合展示（2013 年 1 月 18 日）

中国内地市场	股数	成本	市价	市值	市值
民生银行（600016）	250 000	6.21	8.68	2 170 000.00	2 170 000.00
片仔癀（600436）	800	68.88	110.76	88 608.00	88 608.00
东阿阿胶（000423）	2 000	41.24	47.51	95 020.00	95 020.00
中信证券（600030）	18 000	11.93	13.54	243 720.00	243 720.00

中国香港市场	股数	成本	市价	市值	市值
谭木匠（00837）	50 000	3.59	5.15	257 500.00	208 420.50
民生（01988）	110 000	5.97	10.25	1 127 500.00	912 598.50
惠理（00806）	40 000	4.55	5.36	214 400.00	173 535.36
洛钼（03993）	35 000	3.33	4.13	144 550.00	116 998.77

美国市场	股数	成本	市价	市值	市值
BIDU	20	49.47	110.07	2 201.40	13 814.23
QIHU	2 500	19.73	32.11	80 275.00	503 741.68
FB	1 500	26.41	29.86	44 790.00	281 066.21

现金					7 389.86
信用杠杆					（1 500 000.00）
净资产总值					3 314 913.11

备忘

2013/1/18 中国银行外汇牌价中间价：美元 627.52，港元 80.94。

专栏自 2007 年 4 月开启至今，

上证综指自 3525 点到 2305 点，−34.61%；

香港恒指自 20 520 点到 23 529 点，+14.66%；

道琼斯自 12 923 点到 13 611 点，+5.32%；

专栏投资组合从 100 万元到 331.49 万元，+231.49%。

一个不注重仓位控制、不关心每日涨跌的儿童财商教育投资基金，在 2012 年绝对盈利、跑赢大盘并胜出了所有的冠军。

我家小苗初长成

2013 年 2 月 20 日

　　冬日的阳光从窗外斜射进来，明亮亮的，一切安好，是个晴天。此刻，阿威正伏在书桌上写着学校老师布置的作业，我正坐在他的对面写这篇你们将要阅读的文章。

　　不知道阿威是谁？他就是那个 8 岁时主动提出要跟爸爸学投资的小朋友，现在上五年级下学期，快 11 岁了。到今年 4 月阿威的投资历史就满 3 年了。这个儿童财商教育的背景故事，可以参考之前的《财商少年班的新同学》等篇章。

　　在《规划财富人生：天南话投资》一书中，大约有 10 篇有关儿童财商教育问题，这无心的插柳，没想到却是得到最多关注的部分。不断有人希望我多写些，但是人们大约忽略了一点——积累素材需要时间！恰好，阿威与我昨天抽了些时间，将他儿童财商教育投资账户过去一年的表现整理了一下，算是为今日之炊准备了些"米"源。

　　阿威于 2010 年 4 月以年息 6%，向爸爸借了 10 万港元开始了香港市场的投资旅程。较之同龄的小朋友，他可能是为数不多的会拼写英文 investor（投资者），知道巴菲特、费雪的人，但实际上，他更多的是与其他小朋友一样，希望在学习上偷些小懒，喜欢玩电脑游戏，并不关心也不知道股市每天情况，例如昨天大跌下破 2400 点，他压根就不知道，所以也就无从谈起恐惧、失落之情。

　　每到新年，阿威喜欢站在爸爸身边，拿着计算器将各类数据加减之后，放在一起看结果。儿童教育基金自2010年4月设立至2012年底累计回报率为92.13%（+92.13%），同期恒指为5.92%（+5.92%）。各年度表现如下：

2010年4月至2010年12月，10.00万港元至12.21万港元，回报率为22.1%（+22.1%）；

2011年1月至2011年12月，12.21万港元至12.72万港元，回报率为4.2%（+4.2%）；

2012年1月至2012年12月，12.72万港元至19.21万港元，回报率为51.0%（+51.0%）。

见到2012年的结果，他显出一些盎然兴趣。我告诉他："还需要与其他人的投资表现相比较才能知道相对的结果如何。"刚好，我们前不久乘坐地铁时，发现一个广告牌上写着"某基金获得亚洲对冲基金25强第一名"。回家后，他很用心地在网上查了一下，惠理的这个基金2012年的回报率为14.0%。他竟然还查到中国海外对冲基金的表现，2012年冠军回报率为42.83%，亚军是著名投资家赵丹阳所管理的，回报率为36.45%。他看了这些之后告诉我："看样子，我们还是不错的。"

他说得不错，实际上这也几乎是我们涉及的投资案例中表现最好的，如果考虑到A股年度基金冠军的表现是31.70%（+31.70%），这个儿童财商教育投资基金实现了绝对盈利、跑赢大盘并胜出了所有的冠军。

为何一个不注意仓位控制、时刻满仓、不关注每天涨跌、交易也不频繁的投资，反而有上佳表现，这是一个令人感兴趣的研究对象。

■ 本期卖出美国市场FB 1000股，28.70美元/股；QIHU 1500股，33.09美元/股。买入中国香港市场金界（03918）20 000股，5.86港元/股；中信（0998）96 000股，5.05港元/股。本期收到洛钼派息每股0.09元，共收息3150.00元。支付财务费用5000元人民币。期末净资产总值3 818 204.60元。

模拟实盘投资组合展示（2013 年 2 月 20 日）

中国内地市场	股数	成本	市价	市值	市值
民生银行（600016）	250 000	6.21	10.35	2 587 500.00	2 587 500.00
片仔癀（600436）	800	68.88	121.04	96 832.00	96 832.00
东阿阿胶（000423）	2 000	41.24	49.56	99 120.00	99 120.00
中信证券（600030）	18 000	11.93	14.50	261 000.00	261 000.00

中国香港市场	股数	成本	市价	市值	市值
谭木匠（00837）	50 000	3.59	5.40	270 000.00	218 673.00
民生（01988）	110 000	5.97	10.73	1 180 300.00	955 924.97
惠理（00806）	40 000	4.55	5.49	219 600.00	177 854.04
洛钼（03993）	35 000	3.33	4.04	141 400.00	114 519.86
中信（0998）	96 000	5.05	5.05	484 800.00	392 639.52
金界（03918）	20 000	5.86	5.86	117 200.00	94 920.28

美国市场	股数	成本	市价	市值	市值
BIDU	20	49.47	90.15	1 803.00	11 323.56
QIHU	1 000	19.73	33.09	33 090.00	207 818.44
FB	500	26.41	28.70	14 350.00	90 123.74

现金					9 955.19
信用杠杆					（1 500 000.00）
净资产总值					3 818 204.60

备忘

2013/2/20 中国银行外汇牌价中间价：美元 628.04，港元 80.99。

专栏自 2007 年 4 月开启至今，

上证综指自 3525 点到 2385 点，−32.34%；

香港恒指自 20 520 点到 23 298 点，+13.54%；

道琼斯自 12 923 点到 13 989 点，+8.25%；

专栏投资组合从 100 万元到 381.82 万元，+281.82%。

片面的"知"甚至不如不知，在错误的道路上狂奔也没有用。

春　分

2013 年 3 月 20 日

如果 500 万元人民币能将一个国家的整个股市买下来，听着是不是一个颇为诱人的投资？欧洲小国塞浦路斯 5 年以来股市指数下跌了 98%（-98%），该国股票交易所总市值只有 60 万欧元。人们是如此的恐慌，以至于将银行 ATM 机中的现金全部取光。

如果你因为听巴菲特说"别人恐慌时要勇敢"而决定投身于塞浦路斯股市，一定是忽视了巴菲特的另一个原则——能力圈，也就是常说的"不熟不做"。片面的"知"甚至不如不知，在错误的道路上狂奔也没有用。投资成功如此之难，导致大多数人都持有"玩一玩"的态度。

我将股市参与者分为"玩一玩"和"想解决问题"的两类人，段永平将其分为"for fun"和"for money"两类，二者如出一辙。"玩一玩"的好处在于风险有限，跌了不至于跳楼；坏处在于涨了也不解决什么问题。

有没有既使风险有限，又能解决哪怕一部分问题的财务方案？在《规划财富人生：天南话投资》一书中关于儿童财商教育的篇章出乎意料地被人津津乐道，周围的朋友仅去年龙子龙女就添了六七个，年轻的父母尤其关心此类话题。

过去 10 年，我们积累了不止一个儿童财商教育的案例，人们读到的小朋友阿威的投资故事到下月就满 3 年了，从 10 万港元到 20 万港元，几乎翻了一番，约合年复利回报率 26%（+26%）。

我在将来合适时打算做一个专门的儿童财商教育基金实验，在"理念认同、配合默契"的基础上，从读者中挑选 1000 个有孩子或计划有孩子的家庭，每个家庭限投 10 万元，期限从孩子出生到其大学毕业，目标是解决这 1000 个家庭将来可能的"啃老"问题。

每一个家庭为新生的下一代投资 10 万元，待其 21 岁大学毕业取用。以历时 20 年计，将经历 4 个周期，再大的金融危机也度过了。如果能达到年回报率 10%，届时这笔投资将达到 67 万元；如果年回报率达 15%，将达到 163 万元；如果年回报率 16%，将达到 195 万元。

就已有的实践看，这种金额不大、立意长远的投资，令这笔资金具有了义无反顾和全力以赴的精神，反而可能获得更为理想的投资表现。以承担较高风险的代价获取较高收益，届时达到一两百万元的可能性还是较大的。

如果这个目标可以达成，意味着一个年轻人在大学毕业走入社会时，除拥有专业知识与青春资本之外，已经有了一笔可观的金融资产。如果能善待资本，以 10% 的年回报率计，每年的财产性收入就有一二十万元，不少于其工作收入，他们也将因此获得更多选择生活的自由和创造的空间。哪个取得了财务自由的年轻人愿意当"啃老"族呢？！

春分时节，北京出乎意料地下了一场三月雪，银装素裹地压在初绽的花瓣上，携着清新可人的空气，将积月以来恼人的阴霾一扫而光。看着人们奔出户外欣赏满园春色，想着这个规划如果能帮助 1000 个家庭达成目标，我们的生活会多 1000 个春天般的欣喜吧。

所谓"春分"也许就是在春天里便分出了高下，不必待到秋凉时，这便是规划的力量！

■ 本期卖出美国市场 QIHU 1000 股，29.06 美元 / 股；FB 500 股，26.24 美元 / 股。买入中远（01919）20 000 股，4.00 港元 / 股；中信（0998）50 000 股，4.73 港元 / 股。支付财务费用 5000 元。期末净资产总值 3 750 551.00 元。

模拟实盘投资组合展示（2013 年 3 月 20 日）

中国内地市场	股数	成本	市价	市值	市值
民生银行（600016）	250 000	6.21	10.67	2 667 500.00	2 667 500.00
片仔癀（600436）	800	68.88	121.79	97 432.00	97 432.00
东阿阿胶（000423）	2 000	41.24	49.72	99 440.00	99 440.00
中信证券（600030）	18 000	11.93	13.08	235 440.00	235 440.00

中国香港市场	股数	成本	市价	市值	市值
谭木匠（00837）	50 000	3.59	5.16	258 000.00	208 489.80
民生（01988）	110 000	5.97	10.44	1 148 400.00	928 022.04
惠理（00806）	40 000	4.55	5.12	204 800.00	165 498.88
洛钼（03993）	35 000	3.33	3.63	127 050.00	102 669.11
中信（0998）	146 000	5.24	4.73	690 580.00	558 057.70
金界（03918）	20 000	5.86	6.12	122 400.00	98 911.44
中远（01919）	20 000	4.00	4.00	80 000.00	64 648.00

美国市场	股数	成本	市价	市值	市值
BIDU	20	49.47	85.42	1 708.40	10 714.40

现金					13 727.63
信用杠杆					（1 500 000.00）
净资产总值					3 750 551.00

备
忘

2013/3/20 中国银行外汇牌价中间价：美元 627.16，港元 80.81。

专栏自 2007 年 4 月开启至今，

上证综指自 3525 点到 2288 点，−35.09%；

香港恒指自 20 520 点到 22 139 点，+7.89%；

道琼斯自 12 923 点到 14 502 点，+12.22%；

专栏投资组合从 100 万元到 375.06 万元，+275.06%。

某天买卖什么并不重要，投资成功道路上最为重要的是合适的投资
理念、规划和持之以恒的执行力。

投资不识

2013 年 4 月 20 日

春光，从这一树跃到那一树，从桃花到杏花，从迎春到海棠，于是各花
便有了不同的命运，有些花谢，有些花开。落英飘飞，令人想起许多年前童安
格的那首《花瓣雨》，依稀那时也是站在洁白的玉兰花下，想着未来的人生到
底会怎样。

在这个专栏 6 周年的时刻，同样起点出发的人们已然划出了不同的人生
财务轨迹，这背后到底是何种命运的力量！

回望过去的 6 年，其中竟有五年半的熊市，令人不由得出了一身冷汗。
当下股市从两个月前的 2400 点跌至 2100 点，将年初的涨幅全部抹杀。即便
遭到如此打击，也该做个总结，看看 72 个月的时光到底去了哪儿？当初提及
的全球 4 个市场 7 个指数同期表现如下：

上证综合指数，	从 3525 点到 2225 点，	−36.88%；
深圳综合指数，	从 985 点到 935 点，	−5.08%；
香港恒生指数，	从 20 520 点到 21 757 点，	+6.03%；
加拿大多伦多指数（TSX），	从 13 623 点到 12 027 点，	−11.72%；
美国道琼斯指数，	从 12 923 点到 14 499 点，	+12.20%；
美国纳斯达克指数，	从 2523 点到 3198 点，	+26.75%；
美国标准普尔 500（S&P 500），	从 1477 点到 1548 点，	+4.81%；

专栏投资组合，　　　　　　　从 100 万元到 321.64 万元，　　+221.64%。

我们再度幸运地保持了一贯的优良传统，专栏投资组合 6 年来累计回报率 221.64%（+221.64%），折合年复利 21.50%（+21.50%）。这并非完美世界的产物，远的不说，看看当下的媒体头条：雅安 7 级地震、黄金创下 30 年来最大单日暴跌纪录、波士顿连环恐怖爆炸、N7H9 禽流感，摊上哪一个都要命。

上述结果亦可以表述为：

最近一年回报 51.06%（+51.06%）；

最近两年回报 24.84%（+24.84%）；

最近三年回报 81.03%（+81.03%）；

最近四年回报 246.58%（+246.58%）；

最近五年回报 182.33%（+182.33%）。

有读者或记得 2011 年 3 月有篇题为《规划出来的百万财富》的文章，提到一个关于如何通过执行财务规划，在现有基础上，以 3 年为期，获取相当于过去 40 年累计财富总和的故事。这个规划若执行，在其两周年的时候（即 2013 年 2 月）就已经实现了目标。可惜的是，该计划未能成行，原因是该文主人公认为"风险太大"。知可达而未能达，这便是命运吧。但成功之人更多地相信"我命在我不在天"！

北京罗马湖畔已是春意盎然，有朋自远方来，相谈甚欢，自是免不了提及股票投资的话题。被问及"你为何会买那只股票"之类的问题，我的答案是："理念重于个股，规划胜于消息"。某天买卖什么并不重要，投资成功道路上最为重要的是合适的投资理念、规划和持之以恒的执行力。

好似每一棵树有千万片翻飞的树叶，每天红红绿绿的股票，近乎无穷的变化，是为"无涯"。而每个人的时间、精力、知识、经验都有限，如果我们每天研究不同的叶片，以"有限"对"无涯"，恐怕追逐一生，也无法解决问题。但无论多少叶片，通常主干却只有一个，抓住主干就有了解决的希望。

朋友又提到，经过 10 多年的股海沉浮，觉得我在书中提到的"投资成功的第一条道路——自己成为巴菲特"实在不易，还是"投资成功的第二条道路——找到巴菲特那样的人"较好。实际上，第二条道路的难度根本不亚于第一条。茫茫人海，能否相遇？倘若相遇，能否相知？倘若相知，能否相信？倘若相信，能否执行？倘若执行，能否坚守？倘若坚守，能坚守多久？没有谁和谁注定要一起，遇见了，请一定要彼此珍惜。

临别，酷爱"飞雪连天射白鹿"的朋友抱拳道："听天南兄高论胜读十年书啊，真是投资不识杨天南，纵横江湖也枉然！"笑别而去。

相濡以沫之后，相忘于江湖的日子终将到来。无论再多努力，我们也只是巍峨投资高山之下蹒跚而行的孩童，不敢说懂了投资，应该是投资不识啊！

■ 本期卖出中国内地市场民生银行（600016）50 000 股，9.74 元 / 股；片仔癀（600436）800 股，117.73 元 / 股。买入中国香港市场中信（0998）29 000 股，4.04 港元 / 股；民生（01988）66 000 股，9.13 港元 / 股。支付财务费用 5000 元。期末净资产总值 3 216 390.26 元。

模拟实盘投资组合展示（2013 年 4 月 19 日）

中国内地市场	股数	成本	市价	市值	市值
民生银行（600016）	200 000	6.21	9.74	1 948 000.00	1 948 000.00
东阿阿胶（000423）	2 000	41.24	42.39	84 780.00	84 780.00
中信证券（600030）	18 000	11.93	12.57	226 260.00	226 260.00

中国香港市场	股数	成本	市价	市值	市值
谭木匠（00837）	50 000	3.59	4.83	241 500.00	194 093.55
民生（01988）	176 000	7.16	9.13	1 606 880.00	1 291 449.46
惠理（00806）	40 000	4.55	4.69	187 600.00	150 774.12
洛钼（03993）	35 000	3.33	3.11	108 850.00	87 482.75
中信（0998）	175 000	5.04	4.04	707 000.00	568 215.90
金界（03918）	20 000	5.86	5.47	109 400.00	87 924.78
中远（01919）	20 000	4.00	3.43	68 600.00	55 133.82

美国市场	股数	成本	市价	市值	市值
BIDU	20	49.47	86.70	1 734.00	10 819.29

现金	11 456.59
信用杠杆	(1 500 000.00)
净资产总值	3 216 390.26

备忘

2013/4/19 中国银行外汇牌价中间价：美元 623.95，港元 80.37。

专栏自 2007 年 4 月开启至今，

上证综指自 3525 点到 2225 点，−36.88%；

香港恒指自 20 520 点到 21 757 点，+6.03%；

道琼斯自 12 923 点到 14 499 点，+12.20%；

专栏投资组合从 100 万元到 321.64 万元，+221.64%。

最近一年 51.06%（+51.06%）；最近两年 24.84%（+24.84%）；最近三年 81.04%（+81.04%）；最近四年 246.59%（+246.59%）；最近五年 182.32%（+182.32%）。

热闹却不解决问题，这是大众多年来一贯的行为。

一项经常"失败"的成功投资

2013 年 5 月 20 日

"中国大妈大战华尔街"是近来最为热闹的新闻。国际金价自 2012 年的 1900 美元 / 盎司的高位，跌至目前 1328 美元 / 盎司，其中今年 4 月两天大跌 14%，据称引发中国大妈购金 300 吨，随后金价稍有上升，于是"中国大妈完胜华尔街"的消息不绝于耳；金价旋即复掉头下挫，网上又满是中国大妈被全线套牢的热议。热闹却不解决问题，这是大众很多年以来一贯的行为方式。

且不说大妈抢购的黄金饰品与黄金投资并非一码事，但至少由此可以看出，大众喜欢以价格短期的涨跌来判断投资的成败。

儿童节又到了，就说说 3 年前开始的儿童财商教育投资计划吧。当年 8 岁的阿威小朋友已经 11 岁，这个以 10 万港元借款起步的投资也已 3 周年，其背景故事可以参阅以往的文章。日前他忽然想起这档子事，问道："爸爸，我的投资怎么样了？"于是利用假期的空档我们整理了一下数据，并写下一篇投资日记。

看着每月数据，按照世俗的"下跌即失败"的观点，这是一个经常"失败"的投资案例。在该计划刚刚开始的前两个月就蒙受市场下行的打击，大跌 15%；在最近的 3 个月又惨跌 15%；在第 13 个月达到一个相对高位后，在下跌徘徊中煎熬了 19 个月才回到原先的位置。但第 32～34 个月这 3 个月的回报，超过前 30 个月累计回报的总和。

在过去 3 年中，这个儿童财商教育计划跑赢大盘并取得绝对盈利，达到

了"职业的和世俗的双重胜利"！虽然这并不能作为其未来表现的保证。每月
末表现如下（单位：港元）。

201004，101 035.49	201105，148 636.17	201206，130 531.33
201005， 95 080.12	201106，139 778.92	201207，132 090.10
201006， 84 275.11	201107，152 851.01	201208，139 428.16
201007，102 339.47	201108，141 901.13	201209，140 537.82
201008，100 002.20	201109，104 607.61	201210，148 055.67
201009，121 610.05	201110，136 924.12	201211，168 324.20
201010，127 802.06	201111，129 579.22	201212，192 133.80
201011，126 832.74	201112，127 209.24	201301，230 677.03
201012，122 181.90	201201，135 249.78	201302，223 943.47
201101，122 687.79	201202，148 240.52	201303，206 039.36
201102，132 964.67	201203，150 236.09	201304，201 425.51
201103，144 888.64	201204，163 248.94	
201104，159 817.11	201205，146 214.58	

在上述从 2010 年 4 月至 2013 年 4 月末：

香港恒生指数从 21 391 点到 22 737 点，升 6.29%（+6.29%），

儿童财商教育投资计划升 101.43%（+101.43%），折合年复利 26.29%
（+26.29%）。

阿威小朋友平时尽管只是以学业为主，并不关心所谓投资之事，但偶尔
地翻阅整理，还是对他产生了一些影响。他在投资日记中写道："爸爸告诉我，
投资跟我们的日常生活一样，要以同样的价格买更多或更好的东西，或者对于
同样的东西付出更低的价格。例如，昨天我在商店里发现一种薯片，同样一盒
薯片在附近的商店卖 14 元，而在另一个商店却是 17 元，差了 3 元。"

往前翻到他在今年初写的日记，有如下内容："爸爸叫我不要随便跟别人

谈论股票的事，因为有可能会造成别人的损失。随便跟别人谈股票是不负责任的表现。""不要在别人的面前夸夸其谈自己的股票，投资需要一个平和的心态，要胜不骄，败不馁。""超人成绩的取得，只有多付出，才有可能赢得胜利。""爸爸叫我要多观察生活，因为生活和投资很多地方是相通的。"

　　阅读这些自己都有些忘却的经历，不由得会心微笑，望着窗外的绿树浓荫，心想这便是成长吧。

■ 本期卖出中国内地市场民生银行（600016）50 000 股，10.68 元 / 股；东阿阿胶（00423）2000 股，43.78 元 / 股；中国香港市场金界（03918）20 000 股，6.69 港元 / 股。买入中国内地市场光大银行（601818）100 000 股，3.20 元 / 股；海信电器（600060）10 000 股，13.59 元 / 股；中信证券（600030）10 000 股，12.91 元 / 股；中国香港市场中信（0998）30 000 股，4.49 港元 / 股；惠理（00806）8000 股，4.87 港元 / 股。支付财务费用5000 元。期末净资产总值 3 657 862.46 元。

模拟实盘投资组合展示（2013 年 5 月 20 日）

中国内地市场	股数	成本	市价	市值	市值
民生银行（600016）	150 000	6.21	10.68	1 602 000.00	1 602 000.00
中信证券（600030）	28 000	12.28	12.91	361 480.00	361 480.00
光大银行（601818）	100 000	3.20	3.20	320 000.00	320 000.00
海信电器（600060）	10 000	13.59	13.59	135 900.00	135 900.00

中国香港市场	股数	成本	市价	市值	市值
谭木匠（00837）	50 000	3.59	5.20	260 000.00	207 636.00
民生（01988）	176 000	7.16	10.28	1 809 280.00	1 444 891.01
惠理（00806）	48 000	4.60	4.87	233 760.00	186 680.74
洛钼（03993）	35 000	3.33	3.10	108 500.00	86 648.10
中信（0998）	205 000	4.96	4.49	920 450.00	735 071.37
中远（01919）	20 000	4.00	3.40	68 000.00	54 304.80

美国市场	股数	成本	市价	市值	市值
BIDU	20	49.47	97.31	1 946.20	12 066.05

现金	11 184.39
信用杠杆	（1 500 000.00）
净资产总值	3 657 862.46

2013/ 5/ 20 中国银行外汇牌价中间价：美元 619.98，港元 79.86。

专栏自 2007 年 4 月开启至今，

上证综指自 3525 点到 2296 点，−34.87%；

香港恒指自 20 520 点到 23 431 点，+14.19%；

道琼斯自 12 923 点到 15 353 点，+18.80%；

专栏投资组合从 100 万元到 365.79 万元，+265.79%。

"这工作不是一般人能干的，甚至可以说，不是人能干的，诸位普通学员，还是回去做老百姓吧，那才是快乐的生活。"

忍耐和等待

2013 年 6 月 20 日

市场今复大跌，破 2100 点，人心涣散，似末日之惶惶。常言的股市终极制胜秘籍——"低买高卖"也常常表现为高的更高，低的更低，令人无所适从。这样的情景经常再现，例如今年以来创业板大涨 50%，而主板几乎原地踏步，当下的市场似在默认 50 倍市盈率的创业板应该继续上行，而 5 倍的蓝筹应继续下挫。此中的对错与否，历史终将揭晓答案。

小时候常看京剧《沙家浜》，却不知道沙家浜镇在常熟境内。近日好友盛情，在虞山脚下幽静雅致的石梅园里，三五相聚小酌。北方的石榴树刚结出花蕾，江南的却已一片火红。与喜欢的人在一起，花间一壶酒，契阔谈宴，应该是人生中最为快意的事了。

谈及投资以及普通人如何投资成功的话题，我想这答案实际已经存在在人们司空见惯的生活中，反观自己即可，根本无须四处寻找。例如，过去的 10 年买房子的人几乎都赚了，买股票的几乎都亏了，这种截然相反的命运经常发生在同一个人身上。就所见而言，几乎从未有人用 100 万元买的房子，在房价跌到 90 万元的时候卖出，但同一个人用 10 元买的股票在跌到 9 元时却会斩仓，美其名曰"止损"。

分析其间的不同，在买房时人们的标准为是否物有所值，而在买股票的问题上却变成了趋势投资者。这样的例子举不胜举，只是反躬自省的人并不多。

有人经常问起公司名字"金石致远"是何意？实际上，"金石"相关的成语有"锲而不舍，金石可镂""精诚所至，金石为开"，讲的是忍耐；"致远"相关的成语是"宁静致远"，讲的是"等待"。投资过程的绝大部分是在忍耐与等待中度过的，投资实际上是一个关于忍耐和等待的时间故事。

巴菲特说"我用屁股赚的钱多过用脑袋赚的钱"讲的也是时间。如果仅仅是需要时间，此间的过程被称为"等待"，如果这期间遇到困难与波折，则被称为"忍耐"。没有谁的成功是白来的。

近日被媒体问及："普通人如何才能投资成功？"令我想起16年前在《中华工商时报》曾刊登过访谈文章《普通投资者有机会干得更好》，当时有朋友看后指出："能做到你所要求的那样实际上已经不是普通人了。"他说得对！我在今年初的年度总结中写道："普通的人只应该得到普通的结果，无所谓的人也不应该有成功的报偿。"

《明朝那些事儿》中"名将是怎样炼成的"一段对于普通人做了非常精彩的建议，作者当年明月总结道："这工作不是一般人能干的，甚至可以说，不是人能干的，诸位普通学员，还是回去做老百姓吧，那才是快乐的生活。"

在别人不努力时努力，在别人不忍耐时忍耐，在别人绝望时坚强，由普通人变成不普通的人，才有成功的可能。用《基度山伯爵》中的话来结束吧，即"人类的一切智慧都蕴含在这四个字之中：等待、希望。"

■ 本期卖出中国内地市场民生银行（600016）20 000股，9.41元/股。买入光大银行（601818）10 000股，2.92元/股；中国香港市场民生（01988）24 000股，8.21港元/股。收到分红：海信电器每股0.37元；光大银行每股0.058元；惠理每股0.16港元。合计收到13 707.90元。支付财务费用5000元。期末净资产总值2 909 533.55元。

模拟实盘投资组合展示（2013 年 6 月 20 日）

中国内地市场	股数	成本	市价	市值	市值
民生银行（600016）	130 000	6.21	9.41	1 223 300.00	1 223 300.00
中信证券（600030）	28 000	12.28	10.91	305 480.00	305 480.00
光大银行（601818）	110 000	3.17	2.92	321 200.00	321 200.00
海信电器（600060）	10 000	13.59	11.43	114 300.00	114 300.00

中国香港市场	股数	成本	市价	市值	市值
谭木匠（00837）	50 000	3.59	5.23	261 500.00	207 970.95
民生（01988）	200 000	7.29	8.21	1 642 000.00	1 305 882.60
惠理（00806）	48 000	4.60	4.10	196 800.00	156 515.04
洛钼（03993）	35 000	3.33	2.87	100 450.00	79 887.89
中信（0998）	205 000	4.96	3.73	764 650.00	608 126.15
中远（01919）	20 000	4.00	3.34	66 800.00	53 126.04

美国市场	股数	成本	市价	市值	市值
BIDU	20	49.47	93.67	1 873.40	11 558.50

现金					22 186.38
信用杠杆					（1 500 000.00）
净资产总值					2 909 533.55

备忘

2013/ 6/ 20 中国银行外汇牌价中间价：美元 616.98，港元 79.53。

专栏自 2007 年 4 月开启至今，

上证综指自 3525 点到 2108 点，−40.20%；

香港恒指自 20 520 点到 20 539 点，+0.09%；

道琼斯自 12 923 点到 14 919 点，+15.45%；

专栏投资组合从 100 万元到 290.95 万元，+190.95%。

从"无知无畏"到"有知有畏"，对市场有了敬畏之心固然是可喜的进步，但"有知无畏"恐怕才符合投资者的真追求。

战胜别人还是做好自己

2013 年 7 月 20 日

仿佛应和着数月以来股市从"建国底（1949 点）"到"鸦片底（1849 点）"的持续下跌，北京夏季少有的连日阴雨在继续着。撑着伞在斜风细雨中踽踽独行，体会戴望舒当年的惆怅彷徨，想起他的《雨巷》，只是没有"丁香一样的姑娘"。

年轻股民如果不知道什么是"血洗"的话，可以看看"6·24"的暴跌，实际上这 5.3% 的下跌，较之历史上 1987 年美国股市的"黑色星期一"道琼斯指数一日大跌 23%，实在是小巫见大巫。

6 月，股市大挫 20%、市场似是而非的流言更是加剧了人们的疑惑。例如，美国股市跌了，中国跟着跌，因为世界经济前景堪忧；美国涨了，中国也跌，因为资本外流都跑到美国去了。

人们甚至可以轻易地发现生活中的矛盾，例如有人抱怨政府对于房产的限购政策，因为推断房价会涨，但他们绝不买价格低廉的房地产股，尽管买房地产股没有限购，因为他们潜意识中感觉到房地产存在泡沫。这种矛盾行为甚至发生在同一个人身上。再如上月银行业闹"钱荒"，有银行开出 10% 利率的理财产品，抱着钱抢购银行理财产品的人们却绝不会买跌破净值的银行股。这一行为的两面表明，一方面是压根认为银行不会倒闭，另一方面认为银行业会出事。

总之，熊市中所有的消息都是坏消息。根据历史经验，我们几乎也可以肯定，如果明后年股市能涨到 3000 点，市场同样会找出千百条原因证明其上涨的合理性。

"如果你认为正确，而全世界都在说你错，你是否要坚持？如果你做错了，是否会为了已有的付出，而拒绝认错？"这是近日我应邀给中国社会科学院博士班的同学做演讲的开篇，实际上也是人们天天面临的难题。

人性中有种特质，喜欢把简单的东西搞复杂。返璞归真地问一句："你觉得 6000 点买股票的人多，还是 2000 点买股票的人多？"至人非异人，至人只是常。

很多人最初涉足股市时初生牛犊不怕虎，正所谓"无知无畏"。几个沉浮下来，经历了动荡惊心，便到了"有知有畏"的阶段，对于市场有了敬畏，一如武林前辈万籁声所言"未入江湖想江湖，入了江湖怕江湖"。但"有畏"之后，天天念叨保本的人恐怕也未必符合投资的真愿望，有谁希望今天的 100 万元，10 年后还是 100 万元？"有知无畏"才是我们的真追求。

有人问："你们如何打败庄家？如何战胜机构？"事实是我们从来没有打算打败谁，甚至根本不知道庄家在哪里！我们仅仅打算做好自己。

看看 102 岁的杨绛先生总结的人生智慧："我们曾如此渴望命运的波澜，到最后才发现：人生最曼妙的风景，竟是内心的淡定与从容……我们曾如此期盼外界的认可，到最后才知道：世界是自己的，与他人毫无关系。"

■ 本期卖出中国内地市场民生银行（600016）50 000 股，8.59 元/股。买入中国香港市场民生（01988）50 000 股，8.00 港元/股。收到分红：A民生银行 0.1425 元/股；H 民生 0.135 元/股；洛钼 0.108 元/股。合计49 305.00 元。支付财务费用 5000 元。期末净资产总值 2 748 095.77 元。

模拟实盘投资组合展示（2013 年 7 月 19 日）

中国内地市场	股数	成本	市价	市值	市值
民生银行（600016）	80 000	6.21	8.59	687 200.00	687 200.00
中信证券（600030）	28 000	12.28	10.33	289 240.00	289 240.00
光大银行（601818）	110 000	3.17	2.77	304 700.00	304 700.00
海信电器（600060）	10 000	13.59	10.69	106 900.00	106 900.00

中国香港市场	股数	成本	市价	市值	市值
谭木匠（00837）	50 000	3.59	5.05	252 500.00	200 990.00
民生（01988）	250 000	7.43	8.00	2 000 000.00	1 592 000.00
惠理（00806）	48 000	4.60	4.08	195 840.00	155 888.64
洛钼（03993）	35 000	3.33	2.79	97 650.00	77 729.40
中信（0998）	205 000	4.96	3.61	740 050.00	589 079.80
中远（01919）	20 000	4.00	3.34	66 800.00	53 172.80

美国市场	股数	成本	市价	市值	市值
BIDU	20	49.47	110.15	2 203.00	13 603.75

现金	177 591.38
信用杠杆	（1 500 000.00）
净资产总值	2 748 095.77

备忘

2013/ 7/ 19 中国银行外汇牌价中间价：美元 617.51，港元 79.60。

专栏自 2007 年 4 月开启至今，
上证综指自 3525 点到 2013 点，−42.89%；
香港恒指自 20 520 点到 21 333 点，+3.96%；
道琼斯自 12 923 点到 15 528 点，+20.16%；
专栏投资组合从 100 万元到 274.81 万元，+174.81%。

很少有人因收藏而致富，倒是有很多人致富之后搞收藏。

乌龟还是兔子

2013 年 8 月 20 日

两个月之后，距离当初 6124 点整整 6 周年。从 6000 点到 2000 点，6 年间跌去 2/3，这是中国股市 23 年以来最长的熊市。想想这期间房价的上涨，看看电视节目里天天播放的红木、翡翠、橄榄核、水晶、琥珀、玛瑙、文玩核桃等收藏品的价格飙升，这实在令股市参与者相形见绌，自叹不如。还别说光大乌龙引发的"8·16 惊魂 20 秒"，这甚至是个"谁谈基本面谁就输在起跑线上"的时代。

这 6 年来最大的收获，应该是在熊市的艰难时光里，结识了一批具有共同价值观的同路人，大家各自走过了大致相同的投资道路，即便在个股方面未见得一致，也属于"君子和而不同"。在自己达到财务自由之后，他们笔耕不辍，将自己的心路历程、投资悟道传达给大众，使那些素不相识的人也有所受益，有机会过上更幸福的日子。这是真正投资家的作为！

黄凡先生就是这些人中的一位，身为德银中国区总监，与我同在《钱经》专栏比邻而居已有些时日了。虽然一直未有日常的交汇，却常从他的文章中获益，甚至在市场阴晴惊骇时，时时翻阅他的新书《淡定，才能富足》，直到前不久我们偶然在微博上有了一次"争论"。

黄凡提道："固定收益产品（如债券）好比是乌龟，回报稳定，但似乎总是不紧不慢欠缺激情。而那些进取型的投资产品好比是白兔，价格跑得快，上蹿下跳来劲得很。长期以来，国内个人投资者多希望跟随财富的'兔子'，实现财富快速增长的目标。在不少时候，乌龟会跑赢兔子。"

我的看法是："国内现阶段'兔子'型投资者多是因为改革开放只有 30 年，等到我们搞市场经济也有 100 年的时候，国内'乌龟'型的投资者自然会多起来。历史的事实是，西方很多现在是'乌龟'型投资者的祖先几乎都是进取的'兔子'。"

几年前也见网上有"富人都买债券，穷人才买股票"的说法，对此有人挪揄道："所以巴菲特是穷人？！"就所见而言，几乎很少有人是靠固定收益即债权类投资而致富的。例如一个以 10 万元起步的投资者，如果完全通过投资债券，几乎不可能达到财务自由的境界。财务成功者在初期基本上采取"集中"的方式专注于权益类投资，即股票、股权类。倒是有不少人在取得财务自由之后，出于"分散"的策略，配置固定收益类产品。

很少有人因为投资债券而致富，倒是有很多人致富之后投资债券。同样的事情放在收藏上，很少有人因收藏而致富，倒是有很多人致富之后搞收藏。

刚起步的年轻人，在财务自由的道路上，应以"兔子"型的进取为主，在可能的时间段，打下较为坚实的财务基础，以应对未来的通胀压力以及日渐衰减的体力，为将来争取更多自由的空间。

以进取之心打江山，以谨慎之心守江山，无论兔子还是乌龟，所表述的是一个社会或一个人在不同财务阶段的不同策略而已。我与黄凡的观点实际上并不矛盾，它们彼此交汇，融为一体，不信你看，连我这样"有知无畏"的进取型倡导者也时时被人认为是个投资的保守派呢，因为我们至今还从未买过创业板！

■ 本期卖出中国内地市场民生银行（600016）80 000 股，9.44 元 / 股；光大银行（601818）110 000 股，2.77 元 / 股；中信证券（600030）28 000 股，10.80 元 / 股；中国香港市场惠理（00806）48 000 股，4.47 港元 / 股。买入中国内地市场兴业银行（601166）100 000 股，10.75 元 / 股；海通证券（600837）50 000 股，10.82 元 / 股；中国香港市场民生（01988）10 000 股，8.64 港元 / 股。收到分红：中信银行（0998）0.15 元 / 股，税后 0.135 元；谭木匠（00837）0.3126 港元 / 股；合计收到分红 40 110.23 元。支付财务费用 5000 元。期末净资产总值 3 064 752.18 元。

模拟实盘投资组合展示（2013 年 8 月 20 日）

中国内地市场	股数	成本	市价	市值	市值
海信电器（600060）	10 000	13.59	12.20	122 000.00	122 000.00
兴业银行（601166）	100 000	10.75	10.75	1 075 000.00	1 075 000.00
海通证券（600837）	50 000	10.82	10.82	541 000.00	541 000.00

中国香港市场	股数	成本	市价	市值	市值
谭木匠（00837）	50 000	3.59	4.91	245 500.00	195 319.80
民生（01988）	260 000	7.48	8.64	2 246 400.00	1 787 235.84
洛钼（03993）	35 000	3.33	3.06	107 100.00	85 208.76
中信（0998）	205 000	4.96	3.83	785 50.00	624 665.34
中远（01919）	20 000	4.00	3.56	71 200.00	56 646.72

美国市场	股数	成本	市价	市值	市值
BIDU	20	49.47	135.42	2 708.40	16 710.01

现金					60 965.71
信用杠杆					（1 500 000.00）
净资产总值					3 064 752.18

> 2013/8/20 中国银行外汇牌价中间价：美元 616.97，港元 79.56。
>
> 专栏自 2007 年 4 月开启至今，
>
> 上证综指自 3525 点到 2083 点，−40.91%；
>
> 香港恒指自 20 520 点到 22 195 点，+8.16%；
>
> 道琼斯自 12 923 点到 15 034 点，+16.34%；
>
> 专栏投资组合从 100 万元到 306.48 万元，+206.48%。

备忘

投资与否，不在于对于市场短期动向的猜测，而在于做好财务规划。

昂贵的免费

2013 年 9 月 17 日 [⊖]

　　阿里巴巴上市事宜正紧锣密鼓，如何以 10% 左右的少数股权控制估值千亿美元的巨无霸，马云的答案是通过合伙人制度。一周前他披露了阿里巴巴合伙人制度，并在其中提道："4 年前，也就是阿里巴巴 10 周年庆的时候，我们宣布 18 名集团的创始人辞去创始人身份，从零开始，面向未来。"这读来让人费解，难道创始人身份还需要"辞去"吗？！是不是听起来不太明白，但是觉得很厉害？

　　白露一过，秋天忽然之间就到了，柿子树上的累累硕果令枝弯欲折。果实虽仍是满眼的青绿色，但往来的人们似乎从未迫切于它们哪月、哪天的哪个时辰会成熟，反正收获的季节到了，自然会瓜熟蒂落。但股市上总少不了催熟的狂热，例如因手游概念近 9 个月大涨 10 倍的中青宝，股价 43 元，静态市盈率达 734 倍，动态为 350 倍，江湖人称"第一妖股"。

　　人们通常认为，认识我久的人一定投资也是很成功的。然而事实并非如此。在 2007 年牛市的喧嚣中，有人曾满脸遗憾地说："如果在 2005 年认识你就好了。"当时我笑着说："认识我也未必能赚钱，因为当时历时 5 年的大熊市从 2200 点跌到 998 点，人们早都对股市心灰意冷。"当时我曾鼓励过很多身边的人投资，甚至在 998 点当天也是如此，但他们多是无动于衷的，以至于两

　　⊖　注：本月因中秋节之故，提前三天截稿。

年之后懊悔不迭，然后表示"下次有机会请一定要告诉我"。这样的事情并非个案。

事实上，对于目前的 2200 点，很多公司估值甚至低于 8 年前的 998 点，但你见到有多少人踊跃入市？！大众通常在好机会出现时（即低迷之际），狐疑不决；在巅峰之时（即喧嚣之际），奋不顾身。不信，就看看当下抢购房屋的逻辑："因为房子涨了 10 倍，所以要买房子；因为股票跌了 2/3，所以不买股票。"

过去的很多年，我们曾经尝试了很多种方式，希望能让身边的人从投资上获益。最初是直接告诉他们买什么股票，结果多以亏损告终。我们甚至发现，即便同一天以同一价格买了同一只股票，也可以盈亏两重天。更有甚者表现出"赚了是自己英明，亏了都因为是你"的选择性记忆倾向。

一次为了回答一个朋友的投资问题，我索性列了一个清单，白纸黑字写下股票与价格。这种尝试也就是今天我写媒体专栏的前身雏形。一年之后再相会，白纸黑字的都赚了，但那朋友一无所获，因为低的时候期待更低，高的时候迫不及待。投资与否，不在于对于市场短期动向的猜测，而是将自己的财务规划好。

得之易则失之易！或许付出代价得到的，应该会重视得多，且秘不示人。如果得到那一张纸的代价是 1 万元，1 个月 1 张，1 年 12 万元。以杂志专栏历史数据为例，6 年的代价是 72 万元。如果以初始投资金额 1000 万元照猫画虎完全拷贝，在经历了包含 5 年半熊市的 6 年之后，能变成 3200 万元，在剔除成本后，仍能获利 2000 万元。以 1 万元买一张纸的人，看似代价高昂，但可能比免费得到这张纸的人更容易取得投资成功，这样的"免费"是否实在过于昂贵？

■ 本期卖出中国香港市场中远（01919）20 000 股，3.96 港元 / 股；中信银行（0998）75 000 股，4.25 港元 / 股；谭木匠（00837）25 000 股，4.62 港元 / 股。买入中国内地市场中远（601919）20 000 股，3.44 元 / 股；海通证券（600837）5000 股，12.67 元；美国市场 BIDU 180 股，142.65 美元 / 股；融券中青宝（300052）3500 股，43.30 元 / 股，融券年利率 9%。本期民生（01988）2013 年中期分红 0.158 元 / 股，税后 0.1422 元，合计 36 972.00 元；上期中信证券（600030）2012 年分红 0.30 元 / 股，税后 0.27 元，合计 7560.00 元。支付财务费用 5000 元。期末净资产总值 3 598 478.11 元。

模拟实盘投资组合展示（2013 年 9 月 17 日）

中国内地市场	股数	成本	市价	市值	市值
海信电器（600060）	10 000	13.59	11.53	115 300.00	115 300.00
兴业银行（601166）	100 000	10.75	12.11	1 211 000.00	1 211 000.00
海通证券（600837）	55 000	10.99	12.67	696 850.00	696 850.00
中远（601919）	20 000	3.44	3.44	68 800.00	68 800.00
中青宝融券（300052）	3 500	43.30	43.30	（151 550.00）	（151 550.00）

中国香港市场	股数	成本	市价	市值	市值
谭木匠（00837）	25 000	3.59	4.62	115 500.00	91 707.00
民生（01988）	260 000	7.48	9.68	2 516 800.00	1 998 339.20
洛钼（03993）	35 000	3.33	3.03	106 050.00	84 203.70
中信银行（0998）	130 000	4.96	4.25	552 500.00	438 685.00

美国市场	股数	成本	市价	市值	市值
BIDU	200	133.33	142.65	28 530.00	175 662.06

现金	217 931.15
对应融券	151 550.00
信用杠杆	（1 500 000.00）
净资产总值	3 598 478.11

2013/ 9/ 17 中国银行外汇牌价中间价：美元 615.71，港元 79.40。

专栏自 2007 年 4 月开启至今，
上证综指自 3525 点到 2208 点，−37.36%；
香港恒指自 20 520 点到 23 188 点，+13.00%；
道琼斯自 12 923 点到 15 529 点，+20.17%；
专栏投资组合从 100 万元到 359.85 万元，+259.85%。

备忘

试问：什么人在用谁的钱接手不断升高的创业板内幕人士的抛售？

长久的存在

2013 年 10 月 19 日

本月是"6000 点 6 周年"的日子。从 2007 年 10 月的 6124 点跌到如今 2233 点，6 年间上证指数累计下跌了 3891 点，跌幅 63.54%。A 股总市值由 33.62 万亿元回落到 24.85 万亿元，蒸发 26%。

清楚地记得 2008 年危机最为严重的 8 月，一个美国的亿万富翁和一个德国的亿万富翁不约而同地于同日自杀，方式分别是开枪自尽和撞火车。岁月过后，已没有几人还记得往日的悲惨。

人们感叹日子过得真快，尽管还没有完全走出金融危机的阴影，但废墟之上已有新发的景象，美国道琼斯指数已经创出历史新高，甚至毫不理会美国联邦政府因经费短缺而需要关门的影响。

中国股市今年以来也走出"结构型牛市"，在主板停滞不前的同时，创业板大涨。投资史上有名言曰"这次不一样"（This time is different）。这一次真的不一样了吗？好像的确是！

从新闻中，人们所见到的是，知晓公司内幕的创业板高管在解禁之时大肆减持，与此同时被减持的股票不断被推着创出新高。是否有人好奇地问一句："什么人在用谁的钱接手不断升高的创业板内幕人士的抛售？"此间的繁荣不由得让人想起一篇小说里的话："当春风再次吹来的时候，年轻人茂盛得像坟头上的青草。"

人们通常理解的忍受寂寞，多为严寒中万物萧条时的煎熬。实际上另一种寂寞是"一半是海水，一半是火焰"，你买的股票趴在原地不动，四周却是烟花璀璨，热闹狂欢。2001年，巴菲特就是因为不愿参与当时科技股的狂欢，而差点被人扔西红柿，使他免于厄运的是随之到来的网络股崩盘。

"长久的存在"一直是我所考虑的投资生涯中最为重要的点之一。有了一定的财务基础之后，投资人最为重要的考虑应该是避免遭受重大打击。这样的故事经常发生。例如，近来的报道，巴西首富巴蒂斯塔在过去的一年多，失去345亿美元的身价，旗下公司市值蒸发96%。另一个例子是去年中国台湾地区首富王雪红，其产品是与苹果、三星争霸的著名的HTC。今年以来业绩亏损，股价自去年以来下跌了90%。遭受重大打击之后往往很难东山再起，像史玉柱那样由"负翁"再成为"富翁"的例子并不多见。

从失败的能人那里学习是"为胜常思败"的好方法。例如，对于当年如日中天的长期资本公司，人们多赞叹其发起人中两位诺贝尔奖获得者在数学量化投资方面功夫如何了得，很少想过："为何他们最终失败了？"投资名著《股票作手回忆录》的主角杰西·利弗莫尔被无数人称为投资投机史上最伟大的作手，但他最终以自杀结束自己的生命。这样的牛人对于投资界、投资史最大的贡献恐怕不是他的投资或投机理念，而是他在遗书中写下的令人深思的那句话："我的一生是一场失败。"

人们热衷于讨论企业如何成为百年老店，但冀望于股价天天上涨与成为百年老店的目标兼得，恐怕就像以百米冲刺的速度跑完马拉松一样是不可能完成的任务。

■ 本期卖出中国内地市场海信电器（600060）10 000股，11.59元/股；中国香港市场中信银行（0998）130 000股，4.28港元/股。中国内地市场融券中青宝（300052）4500股，34.78元/股；买入中国内地市场海通证券（600837）5000股，11.83元/股；美国市场BIDU 400股，161.70美元/股。支付财务费用5000元。期末净资产总值3 432 392.27元。

模拟实盘投资组合展示（2013 年 10 月 18 日）

中国内地市场	股数	成本	市价	市值	市值
兴业银行（601166）	100 000	10.75	11.20	1 120 000.00	1 120 000.00
海通证券（600837）	60 000	11.06	11.83	709 800.00	709 800.00
中远（601919）	20 000	3.44	3.47	69 400.00	69 400.00
中青宝融券（300052）	8 000	38.51	34.78	（278 240.00）	（278 240.00）

中国香港市场	股数	成本	市价	市值	市值
谭木匠（00837）	25 000	3.59	4.82	120 500.00	95 375.75
民生（01988）	260 000	7.48	9.30	2 418 000.00	1 913 847.00
洛钼（03993）	35 000	3.33	3.09	108 150.00	85 600.73

美国市场	股数	成本	市价	市值	市值
BIDU	600	152.24	161.70	97 020.00	595 431.14

现金	313 117.65
对应融券	308 060.00
信用杠杆	（1 500 000.00）
净资产总值	3 432 392.27

备忘

2013/ 10/ 18 中国银行外汇牌价中间价：美元 613.72，港元 79.15。

专栏自 2007 年 4 月开启至今，

上证综指自 3525 点到 2194 点，−37.76%；

香港恒指自 20 520 点到 23 288 点，+13.49%；

道琼斯自 12 923 点到 15 368 点，+18.92%；

专栏投资组合从 100 万元到 343.24 万元，+243.24%。

不要总是问"牛市什么时候来?"请问牛市来了,你能解决什么问题?

解　决

2013 年 11 月 18 日

新的一年即将开始了,尽管我们要在这里道别。由于移动互联时代的巨大冲击,这是我们的"投资理财第一刊"《钱经》杂志的最后一期。

"天南财务健康谈"——这个起始于 2007 年的专栏本打算写一年,由于遭遇 2008 年金融危机,原先的写作计划被重新调整为 10 年(2007～2017年)。目的是想看看 10 年之间,这个世界到底有着怎样的变迁,以及在无常的资本市场中,人们到底是否可以通过投资股票这种方式取得财务成功。这 10 年或许也是你我生命中最为宝贵的时光。而今这计划或许再生变数,也算是世事变幻的一种映射吧。

过去的 79 个月,在一年仅有 12 个交易日,经历了跌宕起伏抑或劫波渡尽之后,专栏组合与当初选择的全球 7 个指数表现相较如下:

上证综合指数,	从 3525 点到 2197 点,	−37.67%;
深圳综合指数,	从 985 点到 1052 点,	+6.80%;
香港恒生指数,	从 20 520 点到 23 660 点,	+15.30%;
加拿大多伦多指数(TSX),	从 13 623 点到 13 483 点,	−1.03%;
美国道琼斯指数,	从 12 923 点到 15 962 点,	+23.52%;
美国纳斯达克指数,	从 2523 点到 3986 点,	+57.99%;

美国标准普尔 500（S&P 500），　　从 1477 点到 1795 点，　　　+21.53%；

《钱经》专栏投资组合，　　　　　从 100 万元到 350.16 万元，+250.16%。

换言之，在经历了包含六年熊市在内的六年半时间里，当初的每一个 100 万元成长为 350.16 万元，折合年回报率 20.97%（+20.97%），基本达成了"投资成功的三个标准"——跑赢大市、绝对盈利以及解决问题。

冬季里别去，颇有"挥手自兹去，萧萧班马鸣"之感，但实际上也没有什么好遗憾的。因为迄今为止，几乎所有的投资智慧都已经被写在书本上。不止一个读者反馈说，每当市况悲惨之时，就会找出我的文章来读一读，这样可以令动荡不已的心情有所平复。如此说来，我的文字在无意间充当了投资界"治愈系"的角色。

今年的"结构型牛市"令市场上到处充斥着赚钱的热闹，这个抓住了涨停，那个赚了三四倍。听多了，令人自惭形秽乃至动摇，但一旦把持不住决定"弃暗投明"之后，却不巧赶上华谊兄弟、光线传媒腰斩，抑或昌九生化爆仓。

遥想当年，铁杆追随巴菲特或一心认准索罗斯的都成功了，尽管他们的风格迥然不同。但如果自作聪明，老巴涨了追老巴，老索涨了追老索，最后两者都成功了，唯独剩下两边不靠的。条条皆大道，投资者最重要的是找到合适的道路。

"涉市不久"的人总喜欢问："股市什么时候能涨？"其实，不要总是问"牛市什么时候来"，自问一下："牛市来了，你能解决什么问题？"如今 90% 的股市参与者的资本金在 10 万元以下，涨了又如何？这也牵涉到我们所关心的投资成功的两个重点之一的"解决问题"。

这个专栏结果所展示的意义不仅仅在于跑赢大市和绝对盈利。数据显示，在最近一年中，投资组合收到股息 147 655.13 元，在减去 6 万元财务成本后，共收取 87 655.13 元现金分红。如果不以股息再投资，而是每年取出家用，折合每月 7300 元，相当于家里多了一个劳动力，虽不至于达到财务自由的阶段，但至少解决了一部分财务问题。

十八届三中全会召开了，市场似稍有振奋。相信世道必进，后胜于今，在历史前进的潮流中，希望"诸君莫作等闲看"，不要错过自己应得的那份中华红利。假以时日，我们认为通过投资达成财务自由的目标一定可以实现！

■ 本期卖出中国内地市场中远（601919）20 000 股，3.15 元/股；中国香港市场洛钼（03993）35 000 股，3.30 港元/股；平仓中青宝（300052）融券 3500 股，28.87 元/股。买入美国市场 BIDU 350 股，162.33 美元/股。支付财务费用 5000 元。期末净资产总值 3 501 599.87 元。

模拟实盘投资组合展示（2013 年 11 月 18 日）

中国内地市场	股数	成本	市价	市值	市值
兴业银行（601166）	100 000	10.75	11.43	1 143 000.00	1 143 000.00
海通证券（600837）	60 000	11.06	11.70	702 000.00	702 000.00
中青宝融券（300052）	4 500	38.51	28.87	（129 915.00）	（129 915.00）

中国香港市场	股数	成本	市价	市值	市值
谭木匠（00837）	25 000	3.59	4.58	114 500.00	90 569.50
民生（01988）	260 000	7.48	9.38	2 438 800.00	1 929 090.80

美国市场	股数	成本	市价	市值	市值
BIDU	950	155.96	162.33	154 213.50	945 822.24

现金	164 522.33
对应融券	156 510.00
信用杠杆	（1 500 000.00）
净资产总值	3 501 599.87

备忘

2013/ 11/ 18 中国银行外汇牌价中间价：美元 613.32，港元 79.10。

专栏自 2007 年 4 月开启至今，

上证综指自 3525 点到 2197 点，-37.67%；

香港恒指自 20 520 点到 23 660 点，+15.30%；

道琼斯自 12 923 点到 15 962 点，+23.52%；

专栏投资组合从 100 万元到 350.16 万元，+250.16%。

> 中国学习巴菲特而投资成功的人，没有一个是因为买了伯克希尔股票而致富的。无一例外。

世上再无巴菲特

2013 年 12 月 20 日

2013 年迪拜股市大涨 99%，成为年度最牛股市；上证综指下跌 8%，名列全球倒数第 3。网上列出"2013 买啥最后悔"的话题，提到年初金价 340 元 / 克，年末 235 元 / 克，每买 1 千克黄金就损失 10.5 万元。看来"中国大妈 PK 高盛"应该有了结论。

A 股市场"蓝筹滞涨、创业板繁荣"呈现"结构型牛市"，创业板动辄呈现 3 倍、5 倍乃至 10 倍的涨幅，简直亮瞎人的双眼，哪里还看得上巴菲特 20% 的年回报率。只是市盈率数以百倍计的创业板能否经得住注册制放开、新三板大扩容的考验，尚需时间观察。

猪飞得久了，有时会忘记还有台风这回事。曾荣获中国经济年度人物终身成就奖的郭鹤年老先生语重心长地说过："不要忘记，有时候成功也是失败之母。"

随着中国经济的发展，投资以及国际化投资成为社会需求。从 2007 年 4 月起为《钱经》杂志撰写投资专栏，我们试图从一个家庭的现实角度出发，跟随市场的脚步，秉承投资的理念，记录共同走过的历史并求证证券投资是人们可以通往财务自由的道路之一。虽然最终未必能成功，但是在追求理想的道路上总会有人到达目的地。

如今很高兴能在《中国金融家》这个新阵地上继续 6 年多以来追求财务自

由的社会实验，结合月刊的现实情况，专栏刊出每月 20 日的投资组合，范围覆盖中国内地、中国香港、美国等市场，股价、汇价均以中间价为准，融资、融券分别以 4%、9% 的利率计算。由于交易次数有限，不再计算交易费用。专栏没有股评或推荐，组合也仅作为展示，而非推荐。

所有参与股市投资的人都怀有一颗成为巴菲特的心，人们的崇敬多源自其无比巨大的财务成功以及其勤学慎思、朴素平易、专注持久的人格魅力。从历史上看，巴菲特谈不上是一个好丈夫、好爸爸，所以即便时光倒流，也没有几个姑娘真会青睐当年没房、没"稳定"工作的巴菲特。

巴菲特的成功除了内在原因外，与整个国家经济的大发展背景也有关系。其事业生涯之初，整个世界渐渐从第二次世界大战的废墟中爬起，股市起初也并不为人重视，所以很多股票能以较为低廉的价格被买到，那时甚至可以找到标价一倍市盈率的股票。

在低迷中起航、于暗夜里出发，这也是成就巴菲特奇迹的部分原因。反观中国 A 股的过去 20 年，从 1993 年的 1500 点到 2013 年的 2200 点，当初整个股市就被高估，这也是中国股民整体亏大于赚的根本原因。

不少颇有声望的投资人被称为"中国巴菲特"。实际上，在不能复制历史背景的前提下，可以说"世上再无巴菲特"！但这也没关系，当下在中国股市生存超过 15 年的专业投资人，他们的投资回报率均远超同期伯克希尔的表现，尽管这并不表明他们比巴菲特更伟大。还有一个有趣的现象是，中国学习巴菲特而投资成功的人，没有一个是因为买了伯克希尔股票而致富的，无一例外。

对于巴菲特的学习，学习可以学习的部分，扬弃不能复制的部分，重神不重形，不拘一格很重要。对于那些遗憾自己的父亲不是国会议员、抱怨没有赶上好时代的人，可以参考杨绛先生的忠告："年轻人，你的问题主要在于读书不多而想得太多。"

■ 本期平仓中青宝（300052）融券 4500 股，25.15 元 / 股。买入美国市场 BIDU 150 股，171.86 美元 / 股。支付融券成本 4621.00 元，支付财务费用 5000 元。期末净资产总值 3 205 671.46 元。

模拟实盘投资组合展示（2013 年 12 月 20 日）

中国内地市场	股数	成本	市价	市值	市值
兴业银行（601166）	100 000	10.75	9.94	994 000.00	994 000.00
海通证券（600837）	60 000	11.06	11.10	666 000.00	666 000.00

中国香港市场	股数	成本	市价	市值	市值
谭木匠（00837）	25 000	3.59	4.24	106 000.00	83 655.20
民生（01988）	260 000	7.48	8.60	2 236 000.00	1 764 651.20

美国市场	股数	成本	市价	市值	市值
BIDU	1 100	158.13	171.86	189 046.00	1 156 885.90

现金					40 479.16
信用杠杆					（1 500 000.00）
净资产总值					3 205 671.46

2013/ 12/ 20 中国银行外汇牌价中间价：美元 611.96，港元 78.92。

专栏自 2007 年 4 月开启至今，

上证综指自 3525 点到 2107 点，−40.23%；

香港恒指自 20 520 点到 22 825 点，+11.23%；

道琼斯自 12 923 点到 16 233 点，+25.61%；

专栏投资组合从 100 万元到 320.57 万元，+220.57%。

备忘

投资名家 · 极致经典

巴菲特唯一授权亲笔著作
杨天南精译

最早买入亚马逊，持股超过20年
连续15年跑赢标准普尔指数

每一份投资书目必有这本大作
美国MBA投资学课程指定参考书

金融世界独一无二的好书
风险与其说是一种命运
不如说是一种选择

美国富豪投资群Tiger21创始人
有关投资与创业的忠告

通往投资成功的心理学与秘密
打败90%的资产管理专家

富达基金掌舵人长期战胜市场之道
彼得·林奇、赛斯·卡拉曼推荐

巴菲特力荐的经典著作
化繁为简学习《证券分析》精华

金融周期领域实战专家
30年经验之作

杨天南◎著

下

机械工业出版社
China Machine Press

图书在版编目（CIP）数据

一个投资家的 20 年：典藏版，下册 / 杨天南著 . -- 北京：机械工业出版社，2021.7
（2022.2 重印）
ISBN 978-7-111-68492-3

I. ①一… II. ①杨… III. ①投资 – 基本知识 IV. ①F830.59

中国版本图书馆 CIP 数据核字（2021）第 116897 号

一个投资家的 20 年　典藏版（下册）

出版发行：机械工业出版社（北京市西城区百万庄大街 22 号　邮政编码：100037）

责任编辑：顾　熙　　殷嘉男　　　　　　　责任校对：马荣敏

印　　刷：文畅阁印刷有限公司　　　　　　版　　次：2022 年 2 月第 1 版第 2 次印刷

开　　本：170mm×230mm　1/16　　　　　印　　张：21.25

书　　号：ISBN 978-7-111-68492-3　　　　定　　价：138.00 元（上下册）

客服电话：（010）88361066　88379833　68326294　　　投稿热线：（010）88379007

华章网站：www.hzbook.com　　　　　　　　读者信箱：hzjg@hzbook.com

| 目 录 |

2014

　　每个人心中都应该有一个英雄。我们向他学习，或许未必能百分之百地像他一样成功，但即便达到其百分之一、万分之一，也算是有所成就、不负此生了。

经历同样的过程，投资回报的高低与买入成本关系巨大。

异国他乡讲述中国的银行故事

2014 年 1 月 20 日

往来北美的航班上，满眼望去尽是华人面孔，旅游、探亲访友或投资，看来当年《国际歌》中的"英特纳雄耐尔"今天以另一种意想不到的方式实现了。

朋友邀请去加拿大高贵林（Coquilam）海边的森林中采灵芝，原始森林中浓荫蔽日，尽是三五人合抱的大树。小径伸向密林深处渐渐模糊，大家各自专心于复杂的路况，脚下厚软的腐殖土伴着噼啪松枝踩断的声音，欢声笑语渐无。忽然前面发现了灵芝的身影，大的竟有两尺多长、一尺余宽，走在前面的人大声道："越往深处走人越少，就会有更多更大的呢！"

晚上一位年轻的 ABC（American-Borned Chinese，当地华人）颇兴奋地说："去年纳斯达克涨了 30%！"但他并不了解当下 4000 点的纳斯达克指数 14 年前曾经在 5000 点高位之上。2013 年的中国股市再现了 2000 年美股"蓝筹股低的更低、概念股高的更高"的"盛况"。激动于 2013 年投资创业板动辄 300%、500% 的回报率，于是有乐观的人展望未来："一年 300% 的回报，以 10 万元为本金的话，10 年后的 2024 年你大概有超过 1048 亿元的资产。"

晚饭席间，听到中国银行业竟有 5% 分红的股票时，当地人颇为好奇。我解释这主要归结为市场担心经济放缓、呆坏账爆发、房地产崩盘、互联网金融、利率市场化等因素导致股价低迷。又谈及过去 10 年外资银行在中国银行业身上大赚数千亿元的故事，这倒是个好话题，因为未来具有不确定性，过去却是定格的。

20 世纪 90 年代中后期，中国银行业整体坏账率高达约 1/4，相对于现今（2013 年）1% 的不良率，这是个多么可怕的数字。如果 1% 的不良率售价为 1 倍市净率，5 倍市盈率，那么 20% 的不良率应该如何标价呢？

于是 10 年前中国的银行业大规模引进外资银行入股，包括工行、农行、中行、建行、交行等。当时外资对于中国银行业的评级均在 BBB 以下，甚至低至 C。低质当然理所应当低价，2004 年汇丰入股交行 1.86 元 / 股，相当于 1.76 倍市净率，恒生入股兴业 1.80 倍市净率，花旗入浦发 1.54 倍市净率。之后在这些案例中，整体令外资银行大赚数千亿元，仅美银一家就从建行身上赚了上千亿元，这些数据相对于 2007 年牛市中动辄标价 5 倍、10 倍市净率而言，引发了著名的"银行贱卖论"。

中国人有没有机会投资银行？试以 A 股上市较久的浦发银行为例。浦发 1999 年 9 月发行 4 亿股，发行前每股净资产 1.88 元。IPO 价 10.00 元，市盈率 22.7 倍，市净率 5.32 倍。首日涨跌幅 +177.50%。

自上市以来，浦发共融资 669.95 亿元，共分红 247.72 亿元。如果其上市时买入 100 股，到 2013 年底累计收取分红 13 次共 685.24 元，经过送转共持有 461.37 股。以 2014 年 1 月 20 日股价 9.10 元 / 股计，两项合计共值约 5000 元。

浦发银行（600000）历史分配

报告期	每股收益（元）	分红方案（每 10 股）			除权日	上市时持有每 100 股
		送股	转增	分红（元，税前）		
2012 年	1.833	0	0	5.5	2013-06-03	累计 685.24 元 +461.37 股
2011 年	1.463	0	0	3	2012-06-26	累计 431.49 元 +461.37 股
2010 年	1.6	0	0	1.6	2011-06-03	累计 293.08 元 +461.37 股
2010 年	1.6	3	0	0	2011-06-03	累计 236.30 元 +461.37 股
2009 年	1.62	0	0	1.5	2010-06-10	累计 236.30 元 +354.90 股
2009 年	1.62	3	0	0	2010-06-10	累计 195.35 元 +354.90 股

（续）

报告期	每股收益（元）	分红方案（每10股）			除权日	上市时持有每100股
		送股	转增	分红（元，税前）		
2008年	2.211	0	0	2.3	2009-06-09	累计195.35元+273股
2008年	2.211	4	0	0	2009-06-09	累计150.50元+273股
2007年	1.26	0	0	1.6	2008-04-24	累计150.50元+195股
2007年	1.26	3	0	0	2008-04-24	累计126.50元+195股
2006年	0.77	0	0	1.5	2007-07-18	累计126.50元+150股
2005年	0.65	0	0	1.3	2006-05-25	累计104.00元+150股
2004年	0.50	0	0	1.2	2005-05-12	累计84.50元+150股
2003年	0.403	0	0	1.1	2004-05-20	累计66.50元+150股
2002年	0.356	0	0	1	2003-06-23	累计50.00元+150股
2001年	0.441	0	0	2	2002-08-22	累计35.00元+150股
2001年	0.441	0	5	0	2002-08-22	累计分红15.00元+150股
1999年	0.439	0	0	1.5	2000-07-06	分红15.00元+100股

根据上述数字，假如1999年上市时买入浦发银行100股：

如果以市场价27.75元/股买入，需投2775.00元，简单回报率为80%（+80%）；

如果能以发行价10.00元买入，需投1000.00元，回报率为400%（+400%）；

如果能以花旗入股价2.90元（1.54倍市净率）买入，需投290.00元，回报率为1624%（+1624%）；

如果能以净资产价格1.88元买入，需投资188.00元，回报率为2560%（+2560%）。

上证指数同期从1600点到2000点，上升25%（+25%）。如果当年能有机会以净资产价格买入浦发，获利25倍，好于大势100倍。试想当年能以净资产价格投资188.00元，以2013年持有461.37股、每股分红0.55元计，1年分红已达253.75元，一次性成本收回，心态一定是宁静致远的。如果当年的

188 万元投资，1 年就收取 253 万的分红，谁还会烦恼于每天股价的波动呢？由此看来，经历同样的过程，投资回报的高低与买入成本关系巨大！

"如果谁能以净资产价抓住机会，看起来很吸引人啊！"虽然不常回国，海外华人还是关心祖国的。看看前几天的新闻"中国银行业股票集体破净"，例如浦发每股净资产 10.96 元 / 股，市价 9.10 元 / 股。当年 1.5 倍市净率算是"贱卖"的，现在打九折卖还能再商量！

■ 本期卖出美国市场 BIDU 550 股，170.90 美元 / 股（得资 574 149.66 元）。买入 QIHU 1000 股，92.46 美元 / 股（耗资 564 773.42 元）。支付财务费用 5000 元。期末净资产总值 2 900 697.94 元。

模拟实盘投资组合展示（2014 年 1 月 20 日）

中国内地市场	股数	成本	市价	市值	市值
兴业银行（601166）	100 000	10.75	9.25	925 000.00	925 000.00
海通证券（600837）	60 000	11.06	10.21	612 600.00	612 600.00

中国香港市场	股数	成本	市价	市值	市值
谭木匠（00837）	25 000	3.59	4.33	108 250.00	85 257.70
民生（01988）	260 000	7.48	7.76	2 017 600.00	1 589 061.76

美国市场	股数	成本	市价	市值	市值
BIDU	550	158.13	170.90	93 995.00	574 149.66
QIHU	1 000	92.46	92.46	92 460.00	564 773.42

现金					49 855.40
信用杠杆					（1 500 000.00）
净资产总值					2 900 697.94

备忘

2014/ 1/ 20 中国银行外汇牌价中间价：美元 610.83，港元 78.76。

专栏自 2007 年 4 月开启至今，

上证综指自 3525 点到 1995 点，−43.40%；

香港恒指自 20 520 点到 22 987 点，+12.02%；

道琼斯自 12 923 点到 16 437 点，+27.19%；

专栏投资组合从 100 万元到 290.07 万元，+190.07%。

14 年前上证指数 2000 点，现在还是 2000 点，打平；14 年前纳斯达克 5000 点，如今 4000 点，还跌了 20%。

过去 20 年最大收购案的结局

2014 年 2 月 20 日

时下，股市上最热门的板块非 TMT 莫属了，TMT 是 technology（科技）、media（媒体）、telecom（通信）的简称。市场流行的看法是 TMT 代表了新兴产业，具有无限的前景，一位公募基金经理的看法是："有人认为它们太贵，我看到的却是美好未来。"也有人认为市盈率 70 倍的创业板需要依靠"讲故事"作为支撑。是否有泡沫？格林斯潘说："泡沫是很难确定的，除非它破了。"

往来京港的航班上，我顺手拿了一份报纸，几十页的报纸在机舱座位间翻阅起来并不方便，不一会儿手指也被油墨染黑了。难怪在这互联时代，传统纸质媒体遭到巨大冲击。去年以来国内的《好运 MONEY》《钱经》《新闻晚报》等报纸杂志陆续停刊。国际上也一样，美国就有两家百年老字号相继易主，其中之一是 1872 年创刊，已有 141 年历史的《波士顿环球邮报》。纽约时报公司在 2013 年以 7000 万美元出售其 1993 年花了 11 亿美元巨资收购的《波士顿环球邮报》，历时 20 年损失 90% 多。谁说坚持就一定能胜利？！

另一家具有 136 年历史的著名报纸《华盛顿邮报》，以 2.5 亿美元被出售给电商巨头亚马逊的 CEO 贝佐斯。而亚马逊属于 TMT 行业，这又是一个传统产业被新兴 TMT 产业替代的例证。

近来 TMT 产业震动市场的消息还包括，美股著名的社交网络公司 Facebook 刚以 190 亿美元收购了仅有 50 名员工的 WhatsApp 公司。Facebook

目前的市值已达 1700 亿美元，为人津津乐道的是，美国历史上只有 30 家公司的市值超过 1500 亿美元，微软从上市到达到这个里程碑用了 11 年，苹果用了 27 年，英特尔用了 27 年，蓝色巨人 IBM 花了漫长的 83 年，亚马逊用了 17 年，而 Facebook 仅仅用了 1 年半！

这次 190 亿美元的收购，被称为过去 20 年来资本市场上第二大收购案。循着这个线索，令人好奇谁是第一大？答案是 2000 年美国在线（AOL）以 1600 亿美元收购时代华纳公司，这个当年的大手笔纪录至今尚无人打破。两家巨无霸公司合并后，当年总市值达到 3500 亿美元。总裁史蒂夫·凯斯自豪地宣布：这是一个"改变通信和媒体业前景的历史性时刻"。

无论是 AOL，还是时代华纳都属于当今仍然热门的 TMT 行业，即便经过 2001 年科技股崩盘的打击之后，众多当年的明星公司都随雨打风吹去之后，AOL 公司今天依旧存在，但今天它的总市值不足 35 亿美元。也就是说，在经过 14 年之后，这家当初前景无限的公司，市值从 3500 亿美元下跌了 99%。而它当年最大的"敌人"微软这 14 年来股价也从 58 美元跌至目前的 37 美元。

烟花易冷，青春易逝，有多少个 14 年可以重来？今天人到中年者再过一个 14 年差不多要退休了；青春勃发者大约也就两个 14 年的黄金时光。如今整体市盈率超过 70 倍、前途光明的创业板 14 年后会有怎样的结局？

■ 本期卖出中国内地市场海通证券（600837）60 000 股，10.24 元/股（得资 614 400.00 元）；中国香港市场民生（01988）60 000 股，8.08 港元/股（得资 382 216.32 元）。买入中国内地市场茅台（600519）1000 股，149.79 元/股（耗资 149 790.00 元）；美国市场 QIHU 1000 股，105.67 元/股（耗资 646 129.78 元）。支付财务费用 5000 元。期末净资产总值 3 097 628.64 元。

模拟实盘投资组合展示（2014 年 2 月 20 日）

中国内地市场	股数	成本	市价	市值	市值
兴业银行（601166）	100 000	10.75	9.71	971 000.00	971 000.00
茅台（600519）	1 000	149.79	149.79	149 790.00	149 790.00

中国香港市场	股数	成本	市价	市值	市值
谭木匠（00837）	25 000	3.59	4.38	109 500.00	86 329.80
民生（01988）	200 000	7.48	8.08	1 616 000.00	1 274 054.40

美国市场	股数	成本	市价	市值	市值
BIDU	550	158.13	172.06	94 633.00	578 642.94
QIHU	2 000	92.46	105.67	211 340.00	1 292 259.56

现金					245 551.94
信用杠杆					（1 500 000.00）
净资产总值					3 097 628.64

备忘

2014/ 2/ 20 中国银行外汇牌价中间价：美元 611.46，港元 78.84。

专栏自 2007 年 4 月开启至今，

上证综指自 3525 点到 2157 点，−38.81%；

香港恒指自 20 520 点到 22 520 点，＋9.75%；

道琼斯自 12 923 点到 16 084 点，+24.46%；

专栏投资组合从 100 万元到 309.76 万元，＋209.76%。

有一种成功叫善终。

股市上谈理想的三种人

2014 年 3 月 20 日

桌上紫红色的蝴蝶兰，月前有着八朵盛开的花和两三个花骨朵。上周，最末端的一朵谢了，最前端的一个花骨朵昨日还含苞欲放，今天完全绽放开来，这般花开花落好似微缩了的世界。

打开邮箱，收到伯克希尔 5 月召开股东年会的通知，地点依然是美国中部内布拉斯加州的奥马哈。持有巴菲特的股票大约 15 年了，忽然有兴趣查阅一下这期间的股价变化。伯克希尔这么多年没有送股，没有配股，没有分红，为今天的计算省却了许多麻烦。

自 1999 年 3 月到 2014 年 3 月，伯克希尔与道琼斯指数、标准普尔 500 指数数据如下：

伯克希尔股价从 77 800.00 美元到 186 540.00 美元，累计 139.77%，年复合回报率为 6%（+6%）；

道琼斯指数从 9904 点到 16 331 点，累计 64.89%，年复合回报率为 3.39%（+3.39%）；

标准普尔 500 指数从 1299 点到 1872 点，累计 44.11%，年复合回报率为 2.47%（+2.47%）。

据最新 2013 年年报，伯克希尔营收 1820 亿美元，净利润 195 亿美元，创历史新高，公司账面净值增加了 18.20%。在巴菲特掌管期间（1965～2013 年）净值年复合增长率为 19.70%，远超同期标准普尔 500 指数的 9.8%。

即便 15 年前找到巴菲特这样世界顶尖的投资家，即便在大幅跑赢指数的情况下，至今也就是累计 140% 的回报率。见了这些数据，那些希望"炒"股票而发财的朋友多少会有些失望吧。

这期间甚至还包括一些令人难熬的特别时期，例如 1998 年 7 月到 2000 年 2 月，这一年半的时间，巴菲特的股票从 78 000 美元到 47 000 美元，大跌 40%（-40%），而同期的纳斯达克指数从 1914 点到 4363 点，大升 128%（+128%）。只是这两个数字自那时至今（2000 年 2 月到 2014 年 3 月），14 年过去了，纳斯达克原地踏步，而伯克希尔上升超过 300%。

读历史的好处在于，以史为鉴，少走些弯路。上述投资历史，揭示了为何巴菲特建议普通人投资买指数而自己不买的原因，也解释了为何我一直以来建议"普通人应专注于自己的本职不要炒股"的原因。它同样解释了，为何过去一二十年以来所有推崇巴菲特的人，几乎没有一个因为持有伯克希尔股票而达到财务自由的境界，这也是我在数年前写下《寻找 40 年前的巴菲特》一文的缘由。

多年以前有人找我来投资，问其预期，答曰："时间越短越好，回报越高越好。"很多年过去，这些"很傻、很天真"的想法在年纪渐长的人心中渐渐消散，但依然激荡在初生牛犊们的心里，正可谓"发如韭，割复生"。杨百万说："中国的股民像韭菜，割了一茬又一茬。"

小时候读到"谈笑有鸿儒，往来无白丁"，以为"白丁"是指没有知识学问的人。现在想来，经过多年的知行以后，兼具学识与财务自由的人才脱离了"白丁"的范围。打算通过股票投资达到财务自由的境界是一种理想，需要搭乘理想者的风帆，经历知行合一的旅程，但这并不容易。

资本市场上，我见过三种谈理想的人：

第一种谈着谈着，他和你的钱都越来越多。

第二种谈着谈着，他和你的钱都越来越少。

第三种谈着谈着，他的钱越来越多，你的钱越来越少。

巴菲特就是我喜欢的第一种人。

和喜欢的人在一起，做喜欢的事，这应该是一种追求。如果用 30 年不懈的专注努力，这种追求应该有实现的可能，所谓"念念不忘，终有回响"。只是这"道阻且长"，有多少人能不忘初心。

再过 15 年，我们这一代人差不多要退休了，那些看似遥远的未来很快就到了。再过 15 年，巴菲特也近百岁了，他多年的知行合一告诉人们，有一种成功叫善终。

■ 本期卖出美国市场 QIHU 800 股，110.42 美元 / 股（得资 542 913.06 元）。买入中国内地市场浦发（600000）50 000 股，9.08 元 / 股（耗资 454 000.00 元）。支付财务费用 5000 元。期末净资产总值 2 938 517.52 元。

模拟实盘投资组合展示（2014年3月20日）

中国内地市场	股数	成本	市价	市值	市值
兴业银行（601166）	100 000	10.75	8.94	894 000.00	894 000.00
茅台（600519）	1 000	149.79	171.75	171 750.00	171 750.00
浦发（600000）	50 000	9.08	9.08	454 000.00	454 000.00

中国香港市场	股数	成本	市价	市值	市值
谭木匠（00837）	25 000	3.59	4.28	107 000.00	84 679.80
民生（01988）	200 000	7.48	7.28	1 456 000.00	1 152 278.40

美国市场	股数	成本	市价	市值	市值
BIDU	550	158.13	159.15	87 532.50	537 974.75
QIHU	1 200	92.46	110.42	132 504.00	814 369.58

现金	329 464.99
信用杠杆	（1 500 000.00）
净资产总值	2 938 517.52

备忘

2014/3/20 中国银行外汇牌价中间价：美元 614.60，港元 79.14。

专栏自 2007 年 4 月开启至今，
上证综指自 3525 点到 2012 点，－42.92%；
香港恒指自 20 520 点到 21 307 点，+3.84%；
道琼斯自 12 923 点到 16 257 点，+25.80%；
专栏投资组合从 100 万元到 293.85 万元，+193.85%。

我们的作品会不会长存下去，就看它们会不会活在那一些我们从来不认识的人的心里。

一笔失联 26 年的投资

2014 年 4 月 20 日

又是人间四月天，"山色空蒙雨亦奇"的季节里，在西子湖畔见到了林徽因的纪念碑，镂空得别致，虽然没有像，却分明辨得出她年轻时的影，这是清华纪念其百年诞辰的作品。这个祖籍福建、活跃于北平、留学美国的女子却出生在杭州。

她"是一位非常有社会责任感的建筑学家"（梁再冰语），与梁思成并称"梁林"。但人们更多乐道的是美女兼才女，提到诗歌，会即刻联想到徐志摩；提到"太太的客厅"，会想起费正清夫妇、胡适、沈从文、朱光潜等大师，连辗转颠沛却终身不离的老邻居也是清华大学哲学系的创始人。那是个大师辈出的年代，多是古今合璧、学贯中西。相形之下，我们的时间都去哪儿了？

像林徽因这样，将严谨的学术专业与浪漫的情怀，结合得如此美妙的的确少见。例如，在去山西考察古建筑的路上，林徽因写下："居然到了山西，天是透明的蓝，白云更流动得使人可以忘记很多的事，单单在一点什么感情底下，打滴溜转；更不用说到那山山水水，小堡垒，村落，反映着夕阳的一庙、一座塔！景物是美得到处使人心慌心痛。眼看去的都是图画，日子都是可以歌唱的古事。"诗情画意消散了枯燥与颠簸，令读者忽然之间就有了一种想走就走的冲动。

除了在建筑、诗歌、剧作、散文界拥有的众多头衔之外，我认为林徽因还可以称作文学评论家。在纪念徐志摩的一篇文字里，她写道："我们的作品会不会长存下去，就看它们会不会活在那一些我们从来不认识的人，我们作品的读者，散在各时、各处互相不认识的人的心里的……"

这段文字很少被人提起，却深触我心。社会的人情多是"五伦之内有亲情"，有多少人会考虑"那些散在各时、各处互相不认识的人"？当年巴菲特谈投资管理时，曾提到将投资者视为他将要出远门的姐姐。即便杳无音讯，失去联系 10 年或者更久，依然还有人在履行职责、坚守诺言。

至今马航 MH370 失联一个多月，依旧下落不明。但另一个失联 26 年的例子却有着另一番意外的结局。

1988 年，台胞陈文德投资 55 万元人民币参与兴业银行成立，之后再无联系。在失联 26 年之后，陈先生近来重新出现，据媒体计算，该笔投资经过多年的送配分红，已经变成 257.38 万股，另外有 488.60 万元分红。根据目前大约 10 元/股的价格，总共价值约 3000 万元，升值约 55 倍，折合年复利回报率为 16.63%。有人根据统计局的数据，计算得出 1988～2013 年累计通货膨胀率达 397%，也就是当年的 1 元大约抵得上今天的 5 元。无论以何种标准看，这都是一笔不错的投资。

目前尚不清楚陈先生因何原因失联这么多年，但按常理推断，如果他天天盯盘"炒"股，估计赚不了这么多。今天科技的进步化遥远为咫尺，变漫长为刹那，带来便利的同时，令人们难以再静心平和。不久前，一个每天坐庄的大户满面疲惫地感叹："现在社会太浮躁了。"

根据最新的年报（2013 年），兴业今年每股分红 0.46 元（税前），当年 55 万元的投资本年度一年可获得 118.39 万元分红。将投资放在值得托付的对象上，时间会酿造一切，宁静致远大约就这样得到了。

漫步在西湖天地里，与神交已久的朋友相约，谈起当年"乘长风、破万里浪"的理想，推断未来关山重重之后的锦绣，脑海中忽然跳出"自非攀龙客，何为欻来游"这两句古诗来。既然不着急明天发财，何必急急忙忙、紧紧张张？

　　与"散在各处"、相识或不相识的志同道合的人同行，路途上的艰难或是层层风景，枯燥或是悦目怡情，一路行来，最终不经意间忽然发现财务自由的境界竟然也达到了。

■ 本期买入乐视（300104）1000 股，39.12 元 / 股（耗资 39 120.00 元）；美国市场 BIDU 260 股，155.80 美元 / 股（耗资 249 472.57 元）。支付财务费用 5000 元。期末净资产总值 3 082 062.65 元。

模拟实盘投资组合展示（2014 年 4 月 18 日）

中国内地市场	股数	成本	市价	市值	市值
兴业银行（601166）	100 000	10.75	9.98	998 000.00	998 000.00
茅台（600519）	1 000	149.79	175.54	175 540.00	175 540.00
浦发（600000）	50 000	9.08	9.72	486 000.00	486 000.00
乐视（300104）	1 000	39.12	39.12	39 120.00	39 120.00

中国香港市场	股数	成本	市价	市值	市值
谭木匠（00837）	25 000	3.59	4.78	119 500.00	94 906.90
民生（01988）	200 000	7.48	8.07	1 614 000.00	1 281 838.80

美国市场	股数	成本	市价	市值	市值
BIDU	810	157.38	155.80	8 126 198.00	777 203.00
QIHU	1 200	92.46	93.85	112 620.00	693 581.53

现金					35 872.42
信用杠杆					（1 500 000.00）
净资产总值					3 082 062.65

备忘

2014/ 4/ 18 中国银行外汇牌价中间价：美元 615.86，港元 79.42。

专栏自 2007 年 4 月开启至今，

上证综指自 3525 点到 2090 点，−40.65%；

香港恒指自 20 520 点到 22 758 点，+10.91%；

道琼斯自 12 923 点到 16 414 点，+27.01%；

专栏投资组合从 100 万元到 308.21 万元，+ 208.21%。

下一代的成长所带来的快乐与惊喜，已经是予以我们的最好报答。

已经到来的未来

2014 年 5 月 20 日

15 年前股市"5·19"的大涨行情令人怀念，而今市场却以下迫 2000 点的冷漠作为回应。据统计，2014 年 5 月 19 日，上证综指的市盈率为 8.90 倍，市净率为 1.21 倍，而 2008 年 10 月 28 日全球金融危机创下最低 1664 点时的市盈率是 13.23 倍，市净率为 1.98 倍；2005 年 6 月 6 日创下上一轮熊市最低 998 点时的市盈率为 16.89 倍，市净率为 1.64 倍。总之，至少从市盈率和市净率这两个指标看，当下的股市比之历史上的"最低"还低。

如果熊市本身尚未令人恐惧的话，此时若正好有一笔早先安排的投资到了结算之时，那么实在是运气不佳；如果市场给予投资对象的估值下跌 90%，一定更是雪上加霜。面对这样"系统"与"个股"双杀的局面，令人顿感刺骨之寒。而这恰恰是我们今天的话题。

在《规划财富人生：天南话投资》中，儿童财商教育是最引人热议的部分，有人建议多写一些，殊不知积累这些故事需要岁月。六一到了，今天终于有了一个积攒了 12 年的与此相关的故事。

曾是"财商少年班"主人公之一的格宁小朋友今年被北美最好的大学之一录取了。在他上小学一年级时，我用约 2000 元买了一家 A 股上市公司的 200 股作为礼物，并言明，"待以后上大学时用作学费"。这是发生在 2002 年 8 月的事，12 年如同白驹过隙，现在到了要兑现的时候。

这个故事的投资对象恰恰是今天被市场弃之如敝屣的银行股，当年约 10

元/股的招商银行（600036），经过历年的分红、送股、转增等行为，在不参与配股的情况下，每100股至今变为294股，累计取得分红712.77元（税前）。以目前股价10元/股上下计，当初的每1000元大约成长为3600元，即约260%（+260%）的回报率。上述同期（2002年8月～2014年5月）上证指数从1644点到2000点，上升约20%（+20%）。

这笔投资在2002年买入之时，招商银行估值市盈率33倍，市净率3.5倍；在2007年上证6000点巅峰之时，市盈率高达90倍，市净率为12倍。目前市盈率4倍左右，市净率0.9倍。12年来市场对其估值大跌88%，这项投资之所以还能盈利的主要原因是公司盈利增长，招商银行净利润从2002年的18亿元增长到2013年的517亿元。

根据最近招商银行公布的2013年的分红方案，每股派发0.62元，即当初的1000元投资在本年度一年可以获得182.28元（税前）。

对于今天的市场或者是市场一部分的低估水平，已经到了不需要读MBA、不需要懂得艰涩的经济学理论就能懂的地步，所需的恐怕仅仅是潘恩的名著的书名——《常识》。从上述这个跑赢指数、绝对盈利却未能解决问题的历史原材料中，每个人都可以推导出自己的结论。

我们这代人终于也到了做父母的时候，眼见孩子一天天长大，从依偎怀中到蹒跚学步，再到行走、奔跑；从口不能言到咿呀学语，再到听说读写。一路行来，朋友们也多少有了些共识：下一代的成长所带来的快乐与惊喜，已经是予以我们的最好报答。

社会的竞争早已不是一代人的竞争，至少是两代人的竞争。不从我们开始，便从下一代开始。今天做父母的，自己着手解决财务自由的问题，将来下一代长大成人，就少了些财务上的羁绊，可以轻装上阵，会有更多选择生活的自由，为社会做出更好的贡献。这样的年轻人多了，我们的社会自然就更好了。这正是"世道必进，后胜于今"的原因所在，也是我们这一代人要努力追求财务自由的原因所在。

- 本期卖出 QIHU 800 股，81.38 美元 / 股（得资 401 209.91 元）。买入乐视（300104）3000 股，38.47 元 / 股（耗资 115 410.00 元）; BIDU 290 股，158.11 美元 / 股（耗资 282 566.92 元）。支付财务费用 5000 元。期末净资产总值 2 878 379.67 元。

模拟实盘投资组合展示（2014 年 5 月 20 日）

中国内地市场	股数	成本	市价	市值	市值
兴业银行（601166）	100 000	10.75	9.69	969 000.00	969 000.00
茅台（600519）	1 000	149.79	146.52	146 520.00	146 520.00
浦发（600000）	50 000	9.08	9.54	477 000.00	477 000.00
乐视（300104）	4 000	38.63	38.47	153 880.00	153 880.00

中国香港市场	股数	成本	市价	市值	市值
谭木匠（00837）	25 000	3.59	5.01	125 250.00	99 573.75
民生（01988）	200 000	7.48	7.71	1 542 000.00	1 225 890.00

美国市场	股数	成本	市价	市值	市值
BIDU	1 100	157.57	158.11	173 921.00	1 071 805.55
QIHU	400	92.46	81.38	32 552.00	200 604.96

现金					34 105.41
信用杠杆					（1 500 000.00）
净资产总值					2 878 379.67

备忘

2014/ 5/ 20 中国银行外汇牌价中间价：美元 616.26，港元 79.50。

专栏自 2007 年 4 月开启至今，

上证综指自 3525 点到 2010 点，−42.98%；

香港恒指自 20 520 点到 22 836 点，+11.29%；

道琼斯自 12 923 点到 16 421 点，+27.07%；

专栏投资组合从 100 万元到 287.84 万元，+187.84%。

以金石之精神，求致远之效果，追求身体与财务的双健康才是我们一生的宏愿。

宏　愿

2014 年 6 月 20 日

A 股一贯喜新厌旧，近日 IPO 重启令大盘下迫 2000 点，市场隔夜利率从 3% 一跃升至 16%。市场承受新股分流资金下跌之余，还要饱受一些专家的可怕预言——"中国无法逃避一场危机""即将爆发的中国危机"，诸如此类。加拿大央行 6 月 12 日公布的《金融系统回顾报告》（*Financial System Review, June 2014*）甚至以大篇幅提示中国可能面临严重的金融危机。我的回应是："请转告加拿大央行，我们已经爆发了，不是面临。"

参照 1998 年亚洲金融危机中国香港股市下跌 60%、2008 年全球金融危机美国道琼斯指数下跌 50%，过去 7 年中国内地股市下跌近 70%（从 6100 点到 2000 点），这哪里是将要爆发危机，我们分明早已身处"后危机时代"！

这是 24 年来最为漫长的熊市，那些牛市中曾经的信誓旦旦早已烟消云散，那些在 6000 点坚定于"黄金 10 年"的热血渐渐变为危机忧患。马云曾言："今天很残酷，明天更残酷，后天很美好。"但如何度过残酷坚持到美好？

在 2008 年金融危机的日子里，偶然接触到太极，不拘时间、场地，渐渐喜欢起来。但行云流水、绵绵不绝的背后，需要多少年的付出？偶尔练习一遍并不难，但坚持却不易，因为每天总有更重要的事。直到看到拳谚有云："一遍不忘两遍熟，三遍四遍长功夫。"于是立下一个宏愿："年练太极千遍！"

少时读书，时常读到修行之人为了证悟大道，常立下一个个宏愿，例如

"如不能证得此道，绝不起此坐"。于是"宏愿"一词在我心中就与坚忍不拔、顽强不屈的精神联系在一起。"年练千遍"，三年大约一千个小时。练一遍好似铺下一层纸，看似毫无厚度，一千层积累下来便渐渐显出坚持的力量。

为何太极这种古老的慢悠悠的运动会成为世界范围内参与人数最多的运动之一？真正的原因在于，对应于"紧张、快"的外部世界，它暗合了人们对于"放松、慢"的内在需求。

中医名家徐文兵解释："身为躯干，体为四肢。"人的重大疾病多发生在身上，例如胃癌、肝癌、肺癌、膀胱癌、胰腺癌、直肠癌等，都是身上的问题，体上很少听说有腿癌、胳膊癌的。今人多坐着工作，即便偶有运动，也是练体不练身，很多健身运动实际上是"健体"。而太极以腰为轴、腰转、腰带的方法，常年行之，是很好的练身、练脏腑之法。

人们每天自早晨起床，睁开眼睛看外界，竖起耳朵听外界，心神时刻牵挂身外的世界，忙碌一天，即便夜晚也时时难以收回心神，近日看世界杯熬夜疲劳毙命的已有数例。太极力求松静柔缓、心神内敛，能达致《黄帝内经》所言的"精神内守，病安从来"之效。

年纪渐长之后多有骨质疏松之弊，相对于练肌肉数月即可见到成效，练骨却不易。太极练习中的肌肉放松与动作匀慢，能敛气入骨，所以很多老师傅骨质沉密。台湾拳师钟文渊更是提出："想着骨骼在练拳，忘了筋肉。"体会所谓"御衣挂宝树"的感觉，联想佛法修持中的"白骨观"，这种练法的好处在于即刻能放下世俗纷扰。

总之，针对"练体容易练身难，练肉容易练骨难"的问题，我个人体会"练身"和"练骨"是太极的两个特别之处。如果仅仅将太极当作四肢的运动，追求外在与速度，则效果不彰。

至于能否出功夫，倒是另外的话题了。当年大师们常年苦练不辍，每天练功十余个小时，因为克敌制胜的必杀技更多的是谋生手段。但自从八国联军时一代八卦掌大师程廷华倒在德国排枪之下以后，冷兵器时代基本就终结了。有人动辄争论功夫或门派的高下，令人觉得"相轻"之风绝不仅限于文人，实无必要。那些动辄击人数丈开外、凌空发人五内俱裂的神技更多地存在于神话、演义、传说或骗局之中。

有人曾问练太极的老师傅："你和泰森比，谁厉害？"老师傅回答："你应该问泰森到了我这个年纪，还有没有我厉害。"胜一时，还是赢一世？在这"后危机时代"，以金石之精神，求致远之效果，追求身体与财务的双健康才是我们一生的宏愿。

■ 本期卖出中国内地市场茅台（600519）1000股，152.96元/股（得资152 960.00元）。买入乐视（300104）4000股，43.55元/股（耗资174 200.00元）。分红：中国香港市场民生（01988）分红方案10送2派1.00元，税后为0.70元，6月12日除权，20万股股息14 000元；谭木匠（00837）每股派息0.2517元，5月26日除权，25 000股取得股息6292.50元。支付利息5000元。净资产总值3 184 061.21元。

模拟实盘投资组合展示（2014年6月20日）

中国内地市场	股数	成本	市价	市值	市值
兴业银行（601166）	100 000	10.75	9.92	992 000.00	992 000.00
浦发（600000）	50 000	9.08	9.67	483 500.00	483 500.00
乐视（300104）	8 000	41.09	43.55	348 400.00	348 400.00

中国香港市场	股数	成本	市价	市值	市值
谭木匠（00837）	25 000	3.59	4.76	119 000.00	94 462.20
民生（01988）	240 000	6.23	7.01	1 682 400.00	1 335 489.12

美国市场	股数	成本	市价	市值	市值
BIDU	1 100	157.57	174.93	192 423.00	1 183 863.27
QIHU	400	92.46	88.66	35 464.00	218 188.71

现金	28 157.91
信用杠杆	（1 500 000.00）
净资产总值	3 184 061.21

备忘

2014/6/20中国银行外汇牌价中间价：美元615.24，港元79.38。

专栏自2007年4月开启至今，

上证综指自3525点到2019点，−42.72%；

香港恒指自20 520点到23 222点，+13.17%；

道琼斯自12 923点到16 949点，+31.15%；

专栏投资组合从100万元到318.41万元，+218.41%。

每个人心中都应该有一个英雄。即便达到其百分之一、万分之一，也算是有所成就、不负此生了。

将巴菲特思想引进中国的第一本书

2014 年 7 月 20 日

今年年初，有关单位希望我能翻译最新版本的《巴菲特之道》一书。真是缘分，因为我走上今天的道路，与这本书的第 1 版有着莫大的关系，它在 20 年前第一次将巴菲特的思想引入中国，也是这么多年来数以百计论述巴菲特的书中，最为经典的著作之一。

罗伯特·哈格斯特朗所著的《巴菲特之道》原书第 1 版出版于 1994 年。国内自 1996 年起陆续有不同的出版社翻译出版，译名还有《股王之道》《胜券在握》《沃伦·巴菲特之路》等。

阅读作者的序言，顿有昔日重来之感。一个年轻人当年对于自己的热爱的记录，无意间激起万里之外另一些陌不相识的年轻人的热爱，所谓的"薪火相传"就像蝴蝶效应一般荡漾开来。

1995 年深秋，我有幸读到从美国带回国内的该书第 1 版，犹闻天书，这种感觉多年之后被记录在《一个投资家的 20 年》一文中："如同黑屋中忽然射进一道灿烂的日光，又如茫茫暗夜中的航船发现了指路的明灯。"

它引领我认识了巴菲特，更为幸运的是，在其投资思想的光辉之下，接下来的两年我从股市获利约 10 倍，打下了日后赴美留学的基础。1997 年，我将载有我和巴菲特图片报道的报纸寄到奥马哈，随之收到巴菲特的回信。再后来，2001 年、2004 年我两度前往奥马哈亲见巴菲特和芒格。

巴菲特的思想影响了一批人，对于他的景仰之情，记录在我另一篇文章中："高山仰止，景行行止。虽不能至，心向往之。"他的思想言行也是促使我今天希望能为社会多做些力所能及的贡献的源泉。

每个人心中都应该有一个英雄。我们向他学习，或许未必能百分之百地像他一样成功，但即便达到其百分之一、万分之一，也算是有所成就、不负此生了。今天有些自称为"贫二代"的，既有羡慕之心又有愤懑之情，而我看到的却是另一番景象——经过在正确方向上的不懈进取，所谓"贫二代"可能成为"富二代"的父母；反之，今天的"富二代"可能成为"贫二代"的父母。世事轮回，孰能预料。

这本畅销中美两地的著作如今已是第 3 版，总结了巴菲特投资的 4 大类12 条准则及案例，补充了新内容，对于那些想了解投资、了解巴菲特的人，无疑是最佳学习路径之一。大家羡慕伯克希尔的股价目前已是 192 500 美元 /股，而早年巴菲特的买入价约 8 美元 / 股。今年已经 84 岁的巴菲特真正受人瞩目几乎是 65 岁之后的事，这也从另一个侧面反映出投资道路的不易。

虽然这本书蕴含了巴菲特的人生哲学，但终究是一本以投资为主题的著作，对于那些希望快速致富的年轻读者，我倒是有两点额外的提示：

（1）资金太少，不值得投入太多精力。巴菲特过去半个世纪的投资业绩约为年回报 20%，当今 A 股市场上 90% 的参与者资金在 10 万元以下，且不说亏损，就算能取得如巴菲特一样的成绩，恐怕也难以解决问题。

（2）专注主业是绝大多数人利益最大化的选择。至少在踏入社会的早期阶段，随着本职工作技能的提高，大多数人工作、事业带来的收入会超过投资收益。

问问身边那些曾经 20 岁、如今 40 岁的人，他们过去 10 年、20 年的"炒"股经历很能说明问题。如果你是个更有进取心的人，那么创富的最佳路径是潜心做自己喜欢的事业，最终使自己的企业上市。

尽信书不如无书，就像当初年轻的巴菲特若是尽信了他的伟大导师格雷厄姆的理论，绝不会有今天的成就一样。读书，多读，兼听，多思考，信也不要迷信，并与实践相结合，这才是阅读的真义。

■ 本期共得现金股息 75 050.00 元，其中浦发（600000）每股税前 0.66 元，税后 0.627 元；兴业银行（601166）每股税前 0.46 元，税后 0.4370 元。卖出 QIHU 200 股，87.50 美元 / 股（得资 107 744.00 元）。买入中国内地市场乐视（300104）2000 股，32.65 元 / 股（耗资 65 300.00 元）；BIDU 100 股，189.35 美元 / 股（耗资 116 579.01 元）。支付财务费用 5000 元。净资产总值 3 200 968.39 元。

模拟实盘投资组合展示（2014 年 7 月 18 日）

中国内地市场	股数	成本	市价	市值	市值
兴业银行（601166）	100 000	10.75	9.50	950 000.00	950 000.00
浦发（600000）	50 000	9.08	9.01	450 500.00	450 500.00
乐视（300104）	10 000	39.40	32.65	326 500.00	326 500.00

中国香港市场	股数	成本	市价	市值	市值
谭木匠（00837）	25 000	3.59	4.71	117 750.00	93 528.83
民生（01988）	240 000	6.23	7.08	1 699 200.00	1 349 674.56

美国市场	股数	成本	市价	市值	市值
BIDU	1 200	160.22	189.35	227 220.00	1 398 948.10
QIHU	200	92.46	87.50	17 500.00	107 744.00

现金					24 072.90
信用杠杆					（1 500 000.00）
净资产总值					3 200 968.39

备忘

2014/ 7/ 18 中国银行外汇牌价中间价：美元 615.68，港元 79.43。

专栏自 2007 年 4 月开启至今，

上证综指自 3525 点到 2056 点，−41.67%；

香港恒指自 20 520 点到 23 350 点，+13.79%；

道琼斯自 12 923 点到 17 046 点，+31.90%；

专栏投资组合从 100 万元到 320.10 万元，＋220.10%。

巴菲特财富中的 90% 是 60 岁之后获得的，99% 是 50 岁之后获得的。

巴菲特会买百度吗

2014 年 8 月 20 日

　　2014 年 8 月，巴菲特以一种独特的方式来庆祝自己 84 岁的生日—— 伯克希尔股价有史以来首次向上突破 20 万美元 / 股，这是目前全球单股最高股价，巴菲特的财富也因此达到了 663 亿美元，其中 90% 是 60 岁之后获得的，99% 是 50 岁之后获得的。看来我们都还有机会。

　　8 月，苹果股票又创出历史新高，市值达到 6000 亿美元；著名的搜索公司谷歌上市正好 10 周年，股价上涨 17 倍，市值达 4000 亿美元。很多人心中思忖着："中国什么时候才会有这样的好企业？"

　　经过多年以来的不懈前行，今天中国终于有了可以称之为"伟大"的公司，例如腾讯、百度等。即便以投资经典著作《巴菲特之道》一书中列出的 12 条投资准则而言，无论是管理层诚信、可持续经营，还是一美元原则、利润率等，这些中国企业的表现都是可圈可点的。

　　例如所谓的"一美元原则"。一家公司有了净利润可以选择分红给股东，也可以选择留存不分，这个问题引起了很多争议。赞成分红的人认为，如果不分，管理层会乱花钱（事实上这样的例子不少）；反对分红的人认为，分红还要多缴税，与其如此，不如不分。

　　在这个问题上，巴菲特创造了一个指标—— 一美元原则。如果公司选择不分红，那么留存在公司里的每一美元，至少要创造一美元的市场价值。

　　市场短期的波动固然难以预料，但是经过周期之后，公司的价值自然会在市场上得以反映。善于创造股东价值的企业会以市值的升高来回报股东，而毁灭价值的企业则会以市值的下降令股东受损。巴菲特认为"优秀的企业每保留一美元最终都会创造出至少一美元的市场价值"，这个比率越高越好。

在人们惊叹谷歌上市 10 年股价增长了 17 倍之余，实际上它的中国同行 —— 百度自 2005 年上市以来，涨幅甚至超过谷歌。

2005 年 8 月，百度以 27 美元 / 股首次公开募股，上市第一天盘中最高达到 151 美元，以 122 美元收盘，市值 40 亿美元。今天，百度的股价为 218 美元 / 股，实际上是 2010 年实施"一拆十"之后的股价，相当于之前的 2180 美元 / 股。从 27 美元到 2180 美元，大约涨了 80 倍，即便以首日收盘价计也涨了 18 倍。但如果上市第一天就买入百度，会在第二年面临痛苦的折磨，因为股价几乎跌了一半。

当年百度可是真的不便宜，发行价静态市盈率就高达 540 倍，以收盘价计更是高达 2450 倍，而当时谷歌也不过 74 倍而已。如此高价还能有这么好的回报，完全归功于公司运营极为出色。在 2004 年到 2013 年这 10 年中，百度营业收入从 1.17 亿元到 319 亿元，增长了 270 倍；净利润从 0.12 亿元增长到 105 亿元，增长了 870 倍。而其净利润率也令人欣喜，2013 年是 33%，2012 年更是高达 47%。

上市以来，百度累计盈余约 300 亿元人民币，全部留存，没有进行一分钱现金分红，也没有玩过分拆上市或退市的所谓"财技"，市值从 40 亿美元增长到 766 亿美元，以人民币计市值增长 4000 多亿元。也就是说每 1 元人民币的留存创造了 13 元的市值，巴菲特最为钟爱的盖可保险公司的这个比率是 1 : 3.12，如果他旗下出了家 1 : 13 的公司，他一定乐得合不拢嘴。百度完全是一美元原则的优等生！

但巴菲特会买百度吗？虽一贯对于高科技公司不太感兴趣，但他也是一个不断自我进化的人，例如他年前大举买入 IBM。除了"能力圈"因素之外，或许他会认为 45 倍的市盈率还不够低吧。

■ 本期卖出中国香港市场民生（01988）40 000 股，7.70 港元 / 股（得资 244 706.00 元）；美国市场 QIHU 200 股，101.18 美元 / 股（得资 124 613.28 元）。买入中国内地市场招商证券（600999）10 000 股，11.17 元 / 股（耗 资 111 700.00 元）；港股复星国际（00656）13 000 股，9.54 港元 / 股（耗 资 98 533.89 元）。支付财务费用 5000 元。净资产总值 3 737 121.12 元。

模拟实盘投资组合展示（2014 年 8 月 20 日）

中国内地市场	股数	成本	市价	市值	市值
兴业银行（601166）	100 000	10.75	10.46	1 046 000.00	1 046 000.00
浦发（600000）	50 000	9.08	9.67	483 500.00	483 500.00
乐视（300104）	10 000	39.40	39.95	399 500.00	399 500.00
招商证券（600999）	10 000	11.17	11.17	111 700.00	111 700.00

中国香港市场	股数	成本	市价	市值	市值
谭木匠（00837）	25 000	3.59	4.49	112 250.00	89 182.63
民生（01988）	200 000	6.23	7.70	1 540 000.00	1 223 530.00
复星国际（00656）	13 000	9.54	9.54	124 020.00	98 533.89

美国市场	股数	成本	市价	市值	市值
BIDU	1 200	160.22	217.47	260 964.00	1 607 016.31

现金	178 158.29
信用杠杆	（1 500 000.00）
净资产总值	3 737 121.12

备忘

2014/ 8/ 20 中国银行外汇牌价中间价：美元 615.80，港元 79.45。

专栏自 2007 年 4 月开启至今，

上证综指自 3525 点到 2242 点，−36.40%；

香港恒指自 20 520 点到 25 123 点，+22.43%；

道琼斯自 12 923 点到 16 946 点，+31.13%；

专栏投资组合从 100 万元到 373.71 万元，+ 273.71%。

损失所带来的痛苦是盈利带来的喜悦的两倍到两倍半。

是什么阻碍了我们的坚持

2014 年 9 月 20 日

9 月 19 日，马云的阿里巴巴在纽交所上市，以 68 美元首次公开募股，首日收盘 93.89 美元，市值达到 2314 亿美元，一跃成为全球仅次于谷歌的第二大科技公司。马云本人持有 7.8%，晋升中国新首富。

但从中受益最多的是日本投资巨人孙正义，他旗下的软银持有阿里巴巴 32.4% 的股份，大赚 2500 倍。这次上市创出多项历史纪录，为了这一天，阿里巴巴用了 15 年。马云当天穿着的橙色 T 恤上写着："梦想是一定要有的，万一实现了呢！"

今日盛景的背后，有谁还记得 2001 年科技股崩盘之后，孙正义身价跌去 98% 的惨状？有谁知道马云 30 岁经历了 4 次创业失败时，涕泪交加地高唱《真心英雄》？可见梦想还是要坚持，不然就连万一的机会都没有了。

近日读到美国投资家比尔·鲁安的故事，也是历经悲惨，然后坚持以至成功的过程。

鲁安是著名的红杉基金的创始人、巴菲特的同班同学，同时受教于证券投资鼻祖格雷厄姆。鲁安于 1970 年开创红杉基金，有相当一部分投资人来自巴菲特的推荐，当时巴菲特解散了自己的合伙企业，全力转向伯克希尔的经营。据《福布斯》杂志报道，在红杉基金起步时的 1 万美元投资，到 1999 年成长为 110 万美元。到 2005 年鲁安以 79 岁高龄过世时，红杉基金管理的资金超过 140 亿美元。

鲁安的红杉基金起步不久就遇上了大熊市，更糟糕的是，基金不但亏钱，而且还严重跑输大盘。到1974年底，大亏的红杉基金输给大盘36个百分点。遇到这种糟糕的业绩，投资客户免不了怒气冲天地打电话到公司。鲁安后来回忆当时悲催的惨状："我们藏在桌子下面，不敢接电话，我们也想知道风暴何时会过去。"暴风雨最终过去，在成立7周年之际，红杉基金累计回报率220%，同期标准普尔500指数的表现是60%。在历经折磨与忍耐之后，鲁安赢了！

无论是孙正义还是鲁安，在经历了巨大的动荡之后，最终都取得了胜利，其中的关键之一就是坚持。这也正是普通人所缺乏的，是什么阻碍了我们的坚持？

经过长期的研究，诺贝尔奖获得者卡尼曼和斯坦福大学心理学教授特沃斯基用数学方法证明，对于同样数量的损失和盈利，人们的感受是不一样的，损失所带来的痛苦是盈利带来的喜悦的两倍到两倍半。很多实验证明，人们需要两倍盈利去覆盖其损失，换言之，亏一元钱带来的痛苦需要赚两元才能弥补。但投资人面对亏损痛苦之后，往往更是心焦气躁，"低买高卖"的梦想常被"高买低卖"的现实所取代，愈加陷入非理性的循环泥沼，难以自拔。

另外两个行为金融学家泰勒和贝纳茨根据研究指出，投资成功与两个因素有关：时间长度、看结果的频率。

投资时间越长，投资结果就变得越吸引人；关注投资结果越频繁，越可能导致失败。

时间越短，股票的波动越不可测。如果将考察股价的时间延长，那么投资的风险就越小。持股少看净值表现，能保持内心淡泊，但多长时间效果最为理想？泰勒和贝纳茨的答案是"一年看一次"。

巴菲特曾经说过，股市最好一年只开放一天交易，看来这与心理学中的短视损失厌恶理论有关。由此推之，如果你每个月看一次净值，失败的风险就比一年看一次增大了 12 倍；每周看一次，失败的概率提高了 50 倍；每天都看一次，投资失败的概率提高了 360 倍！看来，如果你亏损了，多是便利惹的祸。

- 本期买入 BIDU 100 股，227.08 美元／股（耗资 22 708.00 美元，合 139 552.01 元）。支付财务费用 5000 元。净资产总值 3 706 880.87 元。

模拟实盘投资组合展示（2014 年 9 月 19 日）

中国内地市场	股数	成本	市价	市值	市值
兴业银行（601166）	100 000	10.75	10.34	1 034 000.00	1 034 000.00
浦发（600000）	50 000	9.08	9.81	490 500.00	490 500.00
乐视（300104）	10 000	39.40	37.16	371 600.00	371 600.00
招商证券（600999）	10 000	11.17	11.02	110 200.00	110 200.00

中国香港市场	股数	成本	市价	市值	市值
谭木匠（00837）	25 000	3.59	4.76	119 000.00	94 355.10
民生（01988）	200 000	6.23	7.30	1 460 000.00	1 157 634.00
复星国际（00656）	13 000	9.54	9.78	127 140.00	100 809.31

美国市场	股数	成本	市价	市值	市值
BIDU	1 300	165.36	227.08	295 204.00	1 814 176.18

现金	33 606.28
信用杠杆	（1 500 000.00）
净资产总值	3 706 880.87

备忘

2014/ 9/ 19 中国银行外汇牌价中间价：美元 614.55，港元 79.29。

专栏自 2007 年 4 月开启至今，

上证综指自 3525 点到 2319 点，−34.21%；

香港恒指自 20 520 点到 24 288 点，+18.36%；

道琼斯自 12 923 点到 17 304 点，+33.90%；

专栏投资组合从 100 万元到 370.69 万元，+270.69%。

你我"都还在"也是不容易的，志摩有诗："走着走着，就散了……回头发现，你不见了。"

牛市永不来又如何

2014 年 10 月 20 日

秋天到了，历时两个半月，终于完成了新书《巴菲特之道》(第 3 版）的翻译，温故知新，挑战自我，这算是今年最有意义的工作了。

北京虽然时不时笼罩在雾霾里，却也有着金黄收获的喜悦。柿树上挂满了沉甸甸的果实，一棵树上竟然有二三百只之多，坠得枝丫弯曲欲折。如果有人不知道什么是硕果累累的话，应该看看秋天的柿子树。

可惜的是，资本市场上却是完全不同的景象。过去的一个月，世界颇不平静，埃博拉致命病毒与克里米亚战火一同蔓延，全球股市动荡，仅美股在 10 月前 15 天跌去的市值就相当于整个中国股市的 40%。苹果公司合作商、蓝宝石玻璃巨头 GTAT 更是在过去的 30 天下跌了 96%，其中 10 月 6 日单日大跌 93%，令人再次大开眼界，以至于投资大佬罗杰斯都惊呼："抛掉所有资产逃命吧！"

即便目光放得长远些，也未必是乐观的景象。距离 2007 年 10 月创下 6124 点的历史纪录整整过去 7 年了，如今股市依旧徘徊在 2300 点。有多少 7 年可以重来？今天走上社会的年轻人，两个 7 年就年届不惑了。普通人一生的黄金时代，大约也就是 4 个 7 年。

A 股表现不佳，那些出海的合格境内机构投资者（QDII）基金表现如何？据报道，2007 年 10 月发行时，曾创下"日募千亿"、需要抽签才能认购的 4

只 QDII 基金，当年均为 1 元 / 份，7 年之后的今天，净值分别是 0.762 元、0.854 元、0.67 元和 0.577 元。

无论是 1 个月还是 7 年，无论是国内还是海外，凡此种种都再次说明了一个道理：投资成功是很难的。于是人们想着："如果牛市来了，就好了吧！"实际上，即便不远的将来牛市重来，A 股再次涨到 6000 点或更高，也未必是什么好事。

首先，绝大多数人解决不了什么问题。因为据统计，90% 股市参与者的资金量不超过 10 万元。或许这些人本来就是"玩一玩"，根本没有打算解决问题，也就不可能解决问题。

比这更糟糕的是，如果牛市重来，而牛熊交替的历史规律无可更改，将会导致更多的人亏损更多的钱。因为，届时"股神"会蜂拥重现，一夜暴富的神话会再次到处流传，一贯"买高不买低"的大众会蜂拥而入，以更高的价格买入更多的股票。很少有人会理性分析是否物有所值，因为大家相信总有傻瓜在后面。当然，最终一定会发现谁是傻瓜。

再者，如果短期股价上涨过快，投资者将面临市场整体高估的两难困境。面对不低的股价，买还是不买？这是个问题。有人或许会建议："等它跌下来再买。"呵呵，北京 10 年前不买房的人就是这么想的，结果是"当年咬牙还能买得起，现在咬牙都买不起了"。事后都易，当下最难。

总之，如果不久的将来牛市的突然来临令物有所值的投资机会消失，且非但不能帮众人解决问题，反而可能致使大众癫狂冒进而后陷入万劫不复的境地，那么这样的牛市还是不来为好。

没有牛市还能赚钱吗？本专栏资深的读者应该可以替我回答这个问题。这个专栏的投资组合在 2007 年 10 月股市 6000 点时的净资产总值为 170 万元；今天上证是 2350 点，专栏组合总值为 350 万元，翻了一番有余。简单换算，我们已经是站在 12 000 点之上。即便未来 7 年，股市一个点不涨，我猜也能盈利，其间的奥秘早已藏在这90篇专栏文章里。

依稀记得2009年专栏两周年纪念文章《有人夸我文章好》的结尾："我们还能胜出吗？希望可以看得见。当然这一切至少需要两个前提：第一，我还在；第二，《钱经》还在。排名不分先后。"

长期而言，有没有牛市无所谓。当然，至少要有一个前提——我还在。你我"都还在"也是不容易的，所以志摩有诗云："走着走着，就散了……回头发现，你不见了。"

■ 本期卖出中国香港市场民生（01988）80 000股，7.44港元/股（得资471 338.88元人民币）。买入中国内地市场格力（000651）3000股，27.79元/股（耗资83 370.00元）；招商证券（600999）12 000股，11.78元/股（耗资141 360.00元）；复星国际（00656）20 000股，8.66港元/股（耗资137 157.08元）；美国市场BIDU 100股，214.14美元/股（耗资131 556.91元）。支付财务费用5000元。净资产总值3 592 997.70元。

模拟实盘投资组合展示（2014 年 10 月 20 日）

中国内地市场	股数	成本	市价	市值	市值
兴业银行（601166）	100 000	10.75	10.21	1 021 000.00	1 021 000.00
浦发（600000）	50 000	9.08	9.89	494 500.00	494 500.00
乐视（300104）	10 000	39.40	36.07	360 700.00	360 700.00
招商证券（600999）	22 000	11.50	11.78	259 160.00	259 160.00
格力（000651）	3 000	27.79	27.79	83 370.00	83 370.00

中国香港市场	股数	成本	市价	市值	市值
谭木匠（00837）	25 000	3.59	4.68	117 000.00	92 652.30
民生（01988）	120 000	6.23	7.44	892 800.00	707 008.32
复星国际（00656）	33 000	9.01	8.66	285 780.00	226 309.18

美国市场	股数	成本	市价	市值	市值
BIDU	1 400	168.84	214.14	299 796.00	1 841 796.73

现金	6 501.17
信用杠杆	（1 500 000.00）
净资产总值	3 592 997.70

备忘

2014/10/20 中国银行外汇牌价中间价：美元 614.35，港元 79.19。

专栏自 2007 年 4 月开启至今，

上证综指自 3525 点到 2349 点，−33.36%；

香港恒指自 20 520 点到 23 171 点，+12.92%；

道琼斯自 12 923 点到 16 331 点，+26.37%；

专栏投资组合从 100 万元到 359.30 万元，+259.30%。

投资成功的人无不有着对于生活的热爱与体察入微。

夜访尤金话有效

2014 年 11 月 20 日

每个季节都有自己应季的水果，柚子是深秋时节里最为酸甜可口的佳品。投资界德高望重的"一只花蛤"先生工作之余，笔耕不辍，写了大量投资文章，其中一篇《柚子树下》令人印象颇深，它甚至是篇与投资无关的文字，回忆当年那些果树下的人情温暖，风格仿佛许地山的名篇《落花生》。由此可见，投资成功的人无不有着对于生活的热爱与体察入微。

对于纷乱复杂的世界，体察也是不容易的。例如，在最近公布的三季报中，著名的水产第一股獐子岛一次性亏损 8 亿元，相当于过去数年利润的总和，原因是播散的虾夷扇贝被罕见冷水团冻死。有人愤愤不平地要求："活要见贝贝，死要见贝壳"。据说公司答复是："贝贝被冻死了，贝壳被海水冲走了。"

放眼国际，受油价大跌等因素拖累，俄罗斯卢布今年以来大跌了 28%，同时股市也大跌，目前俄罗斯整个股市市值为 5310 亿美元，而美国苹果一家公司的市值就达到 6520 亿美元。11 月 17 日，酝酿已久的"沪港通"开闸，但市场的兴奋仅仅维持了半天。不缺钱的阿里巴巴在美首次公开募股集资 280 亿美元之后，又发行了 80 亿美元的企业债，创亚洲新纪录，原因是利率太低。

这些数不尽的各类信息，每时每刻都在影响着股市参与者的心理，最终影响股价变化。这种认为所有信息都被反馈在股价上的理论，就是 2013 年诺贝尔经济学奖获得者——尤金·法玛教授提出的著名的有效市场理论。

有效市场理论认为，市场预测毫无意义，因为股价已经反映了各种消息，没有人可以战胜市场。但巴菲特对此持有异议，甚至断言："如果有效市场理论有用的话，我应该是个乞丐。"总之，赞成者人数多，不赞成者成就大，看来这场争论还将继续。

巴菲特的老师格雷厄姆说，股市"短期是台投票机，长期是台称重机"。我的看法是："**股市短期是红海，长期是蓝海，因为关心眼前的人要远远多于着眼长远的人。**"

3个月前，受另一篇文字的启发，我写了篇情景假设的短文——《夜访尤金话有效》，至今读来依然有益且有趣。

有投资者晚上给尤金打电话，诉说中国内地"银粉"们数年来的投资惨状。老先生闻听后，在电话里说："嗯，这再一次证明了我几十年前的那个著名判断：投资人是理性的，市场是有效的。"

Q：您的意思是说，中国内地银行股从7年前的50倍以上市盈率跌到今天的4倍是市场有效性的体现？

尤老：是这样的。

Q：近两年内地的创业板热闹得很，被认为高估的创业板，70倍市盈率反而屡创新高、风生水起，您怎么看？

尤老：这说明市场是有效的。

Q：假如未来中国内地创业板重演2001年美国科技股崩盘的情况呢？

尤老：这说明投资人是理性的，市场是有效的。

Q：如果将来有一天银行股绝地反击，再度受到追捧呢？

尤老：这正说明投资人是理性的，市场是有效的。

Q：您一晚上只是翻来覆去地说这一句话，是否因为年纪太大了，或天色已晚？

尤老沉吟了一会儿，答道：你能提出这样的问题，说明你是具有理性的。如果更多的人像你一样思考，那么这个市场终将是有效的。

依稀之间，在尤金深奥思想隧道的尽头，我仿佛看见了巴菲特。

■ 本期卖出中国香港市场谭木匠（00837）25 000 股，4.52 港元 / 股（得资 89 484.70 元）；民生（01988）40 000 股，7.70 港元 / 股（得资 243 905.20 元）。买入中国内地市场招商证券（600999）18 000 股，13.27 元 / 股（耗资 238 860.00 元）；美国市场 RSX 700 股，20.98 美元 / 股（耗资 90 197.01）。11 月 5 日招商证券（600999）2014 年上半年分红每股派息 0.153 元（含税），税后 0.1454 元，合计 3198.80 元。本期支付财务费用 5000 元。净资产总值 3 902 253.80 元。

模拟实盘投资组合展示（2014 年 11 月 20 日）

中国内地市场	股数	成本	市价	市值	市值
兴业银行（601166）	100 000	10.75	10.54	1 054 000.00	1 054 000.00
浦发（600000）	50 000	9.08	10.52	526 000.00	526 000.00
乐视（300104）	10 000	39.40	33.51	335 100.00	335 100.00
招商证券（600999）	40 000	12.30	13.27	530 800.00	530 800.00
格力（000651）	3 000	27.79	28.22	84 660.00	84 660.00

中国香港市场	股数	成本	市价	市值	市值
民生（01988）	80 000	6.23	7.70	616 000.00	487 810.40
复星国际（00656）	33 000	9.01	8.85	292 050.00	231 274.40

美国市场	股数	成本	市价	市值	市值
BIDU	1 400	168.84	238.81	334 334.00	2 053 379.13
RSX	700	20.98	20.98	14 686.00	90 197.01

现金					9 032.86
信用杠杆					（1 500 000.00）
净资产总值					3 902 253.80

备忘

2014/11/20 中国银行外汇折算价：美元 614.17，港元 79.19。

专栏自 2007 年 4 月开启至今，
上证综指自 3525 点到 2448 点，−30.55%；
香港恒指自 20 520 点到 23 357 点，+13.83%；
道琼斯自 12 923 点到 17 662 点，+36.67%；
专栏投资组合从 100 万元到 390.23 万元，+290.23%。

相对于"炒股票玩一玩"的大多数人，我们是怀揣理想的少数。

关键的三五天

2014 年 12 月 20 日

从年初担心中国经济为开端，到年末以俄罗斯经济崩溃收场，2014 年就这样过去了。有谁猜中了开头？又有谁猜中了结尾？

过去的 12 个月，这个专栏白纸黑字的投资组合取得了 60.07% 的回报。这样，自专栏起始以来的七年零八个月，当初的 100 万元成长为 513.11 万元，年复合回报 23.78%（+23.78%），累计回报 413.11%（+413.11），而同期股市大盘，以上证综指为例，非但没有涨，反而下跌了 12.96%（-12.96%）。

今年获利的大部分实际上来自过去的 40 天，但在此之前，整整忍耐和等待了 21 个月。再细分下去，会发现这 40 天中，主要盈利来自其中的三五天。也就是说，如果错过了这关键的三五天，我们在过去的 22 个月中将乏善可陈、毫无建树。

更为重要的是，我们事先对于何日是这关键的三五天并不确知。就所见而言，大凡预测者似乎没有人是成功的投资家；相反，成功的投资家似乎都承认自己无法预测市场，尤其是短期变化。此间的奥妙，恐怕需要用心体察才行。

大盘终于上破久违的 3000 点，日成交量更是连续突破 1 万亿元人民币的世界纪录，中国也成为市值全球第二大的股市。过去的一个月水火交融，既有"风起时，猪漫天"的壮观，也有 12 月 9 日单日大跌 5.4% 时"大猪小猪落玉盘"的惊恐；既有"满仓踏空"的懊丧，也有满仓跌停的失措。

眼下，油价腰斩、卢布腰斩，12 月 16 日，为了挽救已经贬值 49% 的卢布，俄罗斯央行将 10.5% 的基准利率火速上调至 17%。这固然令人吃惊，但有几人记得 1998 年金融危机时，俄罗斯央行一周将利率由 30% 疯狂上调至 150%。

非但是散户小民预测水平有限，即便是顶级机构又如何。7 年前，高盛预测石油资源将尽，供不应求，价格将上破 200 美元，令中国各大航空公司据此做出错误决策，导致亏得几乎破产。2014 年，石油价格从 6 月的 106 美元，到 12 月跌破 60 美元，半年近乎腰斩，创 5 年来新低。近期，高盛则预测石油会供过于求，明后年将继续下跌。7 年之间，高的时候预测会更高，低的时候预测会更低，这样的分析报告即便厚以盈尺，纵使充满深奥的公式抑或玄虚的术语，又有何意义？顶级机构尚且如此，遑论其他。由此，我们的看法是："预测？那是上帝干的事！"

这些年来，股市参与者好学精神的体现之一是向经济学家请教怎么炒股票。但大家忽略了，经济学家之所以是经济学家，是因为他们通常都不是成功的投资家。看看数年前罗杰斯和郎咸平同台 PK 的视频，或许多少可以了解一些实干家与理论家的区别。

相对于大多数人抱着"炒股票玩一玩"的心态，我们是怀揣理想的少数，这个理想就是"追求投资成功，解决财务问题"。虽然二者的外在行为都表现为以股票交易为手段，但形虽相似，实为陌路。那些打算问"现在买股票时机好不好"的人，可以看看 92 个月前这个专栏的开篇之作——《最好的时候是现在》！

由于自知没有能力预测哪一天是最好的那一天，所以无论是熊市还是牛市，无论它们是浩荡而来，还是呼啸而去，我们始终都在，始终坚持寻找、投资并持有相对物有所值的标的。在一个喧嚣的市场上，选择不争；在一个不完美的世界里，选择相信；在一个无法改变他人的社会中，选择完善自我。

8000万股市参与者是13亿人里的人中之人、盐中之盐，身处这样一个市场中，我们的策略是："在一个充满聪明人的世界中，承认自己比较笨。"牛的人很多，但我们所想的是如何活得久。

■ 本期卖出中国内地市场招商证券（600999）15 000股，28.61元/股（得资429 150.00元）。买入格力（000651）7000股，36.83元/股（耗资257 810.00元）；美国市场RSX 300股，15.86美元/股（耗资29 121.34元）。支付财务费用5000元。净资产总值5 131 157.34元。

模拟实盘投资组合展示（2014 年 12 月 19 日）

中国内地市场	股数	成本	市价	市值	市值
兴业银行（601166）	100 000	10.75	14.26	1 426 000.00	1 426 000.00
浦发（600000）	50 000	9.08	13.92	696 000.00	696 000.00
乐视（300104）	10 000	39.40	33.38	333 800.00	333 800.00
招商证券（600999）	25 000	12.30	28.61	715 250.00	715 250.00
格力（000651）	10 000	34.12	36.83	368 300.00	368 300.00

中国香港市场	股数	成本	市价	市值	市值
民生（01988）	80 000	6.23	9.30	744 000.00	587 164.80
复星国际（00656）	33 000	9.01	10.02	330 660.00	260 956.87

美国市场	股数	成本	市价	市值	市值
BIDU	1 400	168.84	233.45	326 830.00	2 000 363.02
RSX	1 000	19.44	15.86	15 860.00	97 071.13

现金					146 251.52
信用杠杆					（1 500 000.00）
净资产总值					5 131 157.34

备忘

2014/12/20 中国银行外汇折算价：美元 612.05，港元 78.92。

专栏自 2007 年 4 月开启至今，
上证综指自 3525 点到 3068 点，−12.96%；
香港恒指自 20 520 点到 23 102 点，+12.58%；
道琼斯自 12 923 点到 17 810 点，+37.82%；
专栏投资组合从 100 万元到 513.12 万元，+413.12%。

2015

经济有荣枯，股市有牛熊。但世界总要前行，想想那些原本一样的人，怎么渐渐地就不一样了呢？

成功者总是善于发现"可学之处"，执着精进；
失败者总是善于发现"不可学之处"，怨天尤人。

学习可以学习的

2015 年 1 月 20 日

2015 年 1 月 19 日 A 股大跌，两融资金踩踏而出，引发股市恐慌，上证大跌 7.7%，创 7 年以来单日跌幅之最，市值蒸发 3 万亿元，香港媒体称之为"8 级地震"！根据以往的经历推断，无论是满仓踏空，还是满仓跌停，大多数人将很快忘记这个可怕的"1·19"，就像仅仅时隔 40 天已想不起上月的"12·9"暴跌一样。

1 月公布的 2014 年中国 GDP 增速 7.4% 为 24 年以来的最低值，经济总量为 63 万亿元，首次超过 60 万亿元，也是首次突破 10 万亿美元大关，位居世界第二。我常常想，如果我们的祖国能重回 200 年前，每一个中华儿女应该如何抓住历史赋予的机遇。

在平安 2014 年全国范围私募基金总排名中，我们的产品以 69.74% 的年度回报列第三位，朋友多来道贺。实际上，无论是 2013 年发生账面亏损，还是 2014 年业绩耀人，我们做的是一样的事，非但理念没有变化，甚至连持股也无重大变化。更有甚者，那些上半年带来亏损最多的股票，恰恰是年末带来收益最多的。我们没有变，但市场情绪的钟摆从一边摆到了另一边。对于同一个我，你觉得应该指责还是表扬？

翻译的新书《巴菲特之道》预计于春节面世。总有迫不及待的读者来询问，问何时何处能买到？问有什么新内容？问我有什么感想？

这个最新版本增添了大约 1/3 的新内容、新案例，例如除保留巴菲特著名的可口可乐、富国银行、美国运通投资案例之外，新增了 IBM、亨氏食品的案例；在影响人物上，除格雷厄姆、费雪之外，新增了关于芒格的篇章。同时，书中还展示了不断自我进化的巴菲特，例如巴菲特曾经说："我的方法 15% 来自费雪，85% 来自格雷厄姆。"而作者判断，如果今天巴菲特有机会再做一次表述，结果可能是 "50% 来自费雪，50% 来自格雷厄姆"。

世间的知识大约可以分为"可学的"和"不可学的"。成功者总是善于发现"可学之处"，执着精进；失败者总是善于发现"不可学之处"，怨天尤人。

记得 1998 年亚洲金融危机之时，索罗斯在国内的知名度远远超过巴菲特，他的《金融炼金术》、反身性理论，尽管晦涩难懂，众人还是趋之若鹜；他狙击英镑、一夜大赚 10 亿的故事更是家喻户晓。学巴菲特还是学索罗斯？这是一道选择题。当年因为看到索罗斯说："当我背痛的时候，我就知道有重大交易机会来了。"天呐，这没法学！还是巴菲特"好企业好价格"的理念相对容易理解。

"学习可以学习的"是条很重要的学习之道。即便提到巴菲特的道路，有人也会纠缠于："巴菲特生在美国""巴菲特他爸是国会议员""他运气好，遇到了格雷厄姆这样的好老师"，等等。这让我想起儿时听过的相声段子，一个"立志"于写小说的年轻人情绪沮丧地发现："我本来想写本《红楼梦》，没想到已经被曹雪芹写了；打算写本《三国演义》吧，发现被罗贯中抢了先。"

他们没有看到巴菲特持续 60 年不断地学习及自律，也极少知道，20 世纪 30 年代大危机时，巴菲特父亲破产，靠开杂货店的爷爷接济度日。更少有人提到，美国社会普遍存在"想赚钱就不要当官"的氛围，看看前总统小布什、纽约市长布隆伯格等，都是有了钱以后，想为社会做些事情，才去参加竞选的。

我依然记得当年在美国读 MBA 时一位同学的论文，开篇的第一句话就是："我经常想，上帝给了每一个人一天24个小时，为什么后来我们却不一样了？" 10多年过去了，这个人生命题的答案终于渐渐清晰起来。

- 本期卖出乐视（300104）1000股，51.10元/股（得资51 100.00元）；招商证券（600999）2000股，22.97元/股（得资45 940.00元）。买入格力（000651）2000股，41.95元/股（耗资83 900.00元）；美国市场NOAH 1300股，18.13美元/股（耗资144 303.56元）。收到民生2014年中期股息0.075元/股（含税），税后0.0675元/股，共得5400.00元。支付财务费用5000元。净资产总值5 256 780.06元。

模拟实盘投资组合展示（2015 年 1 月 20 日）

中国内地市场	股数	成本	市价	市值	市值
兴业银行（601166）	100 000	10.75	14.90	1 490 000.00	1 490 000.00
浦发（600000）	50 000	9.08	14.88	744 000.00	744 000.00
乐视（300104）	9 000	39.40	51.10	459 900.00	459 900.00
招商证券（600999）	23 000	12.30	22.97	528 310.00	528 310.00
格力（000651）	12 000	35.43	41.95	503 400.00	503 400.00

中国香港市场	股数	成本	市价	市值	市值
民生（01988）	80 000	6.23	9.90	792 000.00	625 521.60
复星国际（00656）	33 000	9.01	10.37	342 210.00	270 277.46

美国市场	股数	成本	市价	市值	市值
BIDU	1 400	168.84	220.43	308 602.00	1 889 446.61
RSX	1 000	19.44	14.95	14 950.00	91 532.87
NOAH	1 300	18.13	18.13	23 569.00	144 303.56

现金					10 087.96
信用杠杆					（1 500 000.00）
净资产总值					5 256 780.06

备忘

2015/1/20 中国银行外汇折算价：美元 612.26，港元 78.98。

专栏自 2007 年 4 月开启至今，

上证综指自 3525 点到 3145 点，−10.78%；

香港恒指自 20 520 点到 23 873 点，+16.34%；

道琼斯自 12 923 点到 17 468 点，+35.17%；

专栏投资组合自 100 万元到 525.68 万元，+425.68%。

很多人认为富人的优势是有钱，但实际上真正富有的人的优势在于
有时间思考。

投资的道

2015 年 2 月 14 日

春节到了，新理了发，蓦然间发现镜中的自己两鬓添霜不少，不禁想起
前两年筷子兄弟那首令人热泪盈眶的《老男孩》："青春如同奔流的江河，一去
不回来不及道别……当初的愿望实现了吗？"

总有一些愿望还没有来得及实现，例如一直希望能再去京都，春天的樱
花、秋天的红枫，金阁寺、银阁寺里静谧的松柏禅院，以及朴素而富于变化的
枯山水，还有那些彼处保存完好、我们已经失传的文物。马未都曾展示过一把
唐朝的琵琶，说是被珍藏在京都的某处，国内已经找不到了。

但最令我记忆犹新的，却是一条距银阁寺不远的小径，名为"哲学の道"。
这名字似乎不寻常，后来才知道，是因哲学家西田几多郎曾经常来此散步、思
索人生哲理而得名。小道大约仅有数百米长，傍着一条小溪，沿途种满了樱花
树和枫树，每至春秋，格外绚丽。能在这样的小路上散步、思考，的确是人生
美事。

很多人认为富人的优势是有钱，但实际上真正富有的人的优势在于有时
间思考。毫无疑问，思考是令人进步的重要因素之一。可惜的是，当今的快节
奏令人越来越缺少宁静思考的时间。

如今是移动互联的时代，世间再也不缺信息，难的是从千丝万缕中理出
头绪。值得思考、分析的问题简直数不胜数，仅当下 2 月正在发生的例子就能

够让人信手拈来。

2月，丹麦央行3周内降息4次，目前利率为−0.75%。你没有看错，是−0.75%，也就是存钱不但没有利息，还要倒给银行钱。想想中国那些被高利贷逼得走投无路的悲催的老板们，令人叹息不已。

2月，深陷债务危机多年的希腊表示没钱还债，逼急了就脱离欧元区，还声称德国应该就第二次世界大战给希腊造成的损失赔款1620亿欧元。希腊总债务约为3180亿欧元。顺便查了一下，希腊总人口1000万。看到这些数字，应该明白中国人为什么只能靠自己。

春节前，马云在致员工新年信中豪情满怀："决定今年不给全体员工发放红包！"再次赢得市场一片喝彩。只是他没有提到，阿里在刚刚过去的6个月发放了73亿元用于员工激励（其中，2014年第三季度支出30亿元实施员工激励，第四季度再次支出43亿元用于员工激励计划）。此举导致本月公布的2014年四季度财报净利润下滑28%。加之与工商总局的论战，阿里市值两天跌去300亿美元。

据悉阿里大约有2.6万名员工，同为三巨头之一的百度有4.5万名员工，第四季度股权奖励支出为3.39亿元。阿里认为"没有满意的员工就不可能有满意的客户，没有满意的客户绝对不可能有满意的股东"。面对阿里，客户、员工、股东三个角色，你愿意做哪一个？

世界就是这么精彩纷繁，一刻也不闲着。面对同一个世界，不同的思考与解读，决定了每个人命运的不同。

北京东北部有个罗马湖，湖光水色，杨柳依依，南岸一溜是各色的餐厅，北岸是一条沿着湖水的小道，是垂钓、散步的好去处。前不久的秋天，约了宝忠、可兴等同道中人，漫步其间，切磋心得，谈笑晏晏间，相约将来每逢金秋，邀请各处的投资家来此相聚，如能持之既久，也算是业内的盛事。

成为一个投资家是很不容易的，这至少包括五个要素，一个投资家应该在穿越周期的时间里，跑赢指数，绝对盈利，解决问题，并将投资知识传播于社会，帮助他人达到财务自由的境界。

投资大道上的人多了，人们也就更幸福了。投资家来得多了，这条大道也就可以称为"投资的道"了。

■ 本期卖出中国香港市场民生（01988）80 000 股，9.06 港元 / 股（得资572 881.92 元）。买入中国香港市场复星国际（00656）12 000 股，12.01 港元 /股（耗资 113 912.45 元）；美国市场 NOAH 1200 股，21.72 美元 / 股（耗资 159 850.51 元）；YNDX 2 800 股，16.77 美元 / 股（耗资 287 981.15 元）。支付财务费用 5000 元。净资产总值 5 506 392.90 元。

模拟实盘投资组合展示（2015 年 2 月 17 日）

中国内地市场	股数	成本	市价	市值	市值
兴业银行（601166）	100 000	10.75	14.15	1 415 000.00	1 415 000.00
浦发（600000）	50 000	9.08	14.50	725 000.00	725 000.00
乐视（300104）	9 000	39.40	87.84	790 560.00	790 560.00
招商证券（600999）	23 000	12.30	26.75	615 250.00	615 250.00
格力（000651）	12 000	35.43	40.23	482 760.00	482 760.00

中国香港市场	股数	成本	市价	市值	市值
复星国际（00656）	45 000	9.81	12.01	540 450.00	427 171.68

美国市场	股数	成本	市价	市值	市值
BIDU	1 400	168.84	210.12	294 168.00	1 804 132.34
RSX	1 000	19.44	17.82	17 820.00	109 290.06
NOAH	2 500	19.85	21.72	54 300.00	333 021.90
YNDX	2 800	16.77	16.77	46 956.00	287 981.15

现金					16 225.77
信用杠杆					（1 500 000.00）
净资产总值					5 506 392.90

备忘

2015/2/17 中国银行外汇折算价：美元 613.30，港元 79.04。

专栏自 2007 年 4 月开启至今，
上证综指自 3525 点到 3243 点，−8.00%；
香港恒指自 20 520 点到 24 755 点，+20.61%；
道琼斯自 12 923 点到 18 002 点，+39.30%；
专栏投资组合自 100 万元到 550.64 万元，+450.64%。

仅凭"勇敢"赚钱，如果失败了，叫作"正常"；如果成功了，叫作"意外"。

相信美好的事情终将发生

2015 年 3 月 20 日

"东风来了，春天的脚步近了"，这一儿时就耳熟能详的朱自清的名篇——《春》，恰是此时节气的写照。

无论是桃李芬芳，还是樱花盛开，无论是玉渊潭，还是武大、京都、温哥华，扑面而来的皆是春天的气息，禁不住在微博中写下："在灿若云霞的季节里，相信美好的事情终将发生。"

资本市场也很是提气，上证综指向上收报 3600 点，历经千回百折，在阔别 7 年又 11 个月之后，终于回到这个专栏当年出发的起点。是否有人还记得我们曾谈说过的"信念的好处"？

今年以来，中国股市中涨得最多的市场恰是估值最高的创业板，目前已达到 2200 点，再次演绎了"高的，可以更高"的大戏。日前证监会公布的信息显示，两市静态市盈率 25 倍，其中主板 21 倍，中小板 64 倍，创业板 96 倍。散户交易量占市场的 90%。看来，"乱拳打死老师傅"的时代再次降临。

有人说，美国高科技集中的纳斯达克市场近几年涨得不错，已经从 2010 年的 2000 多点涨到目前的 5000 多点。也有人指出，当年美国纳斯达克最高峰时市盈率曾达 811 倍。依此类推，中国的创业板市盈率目前为 96 倍，还有 8 倍的上涨空间。对此，我们只能无奈地笑笑了。在一个人人勇敢的市场里，说出"勇于不敢"也是需要勇气的。

创业板会不会大跌，谁也不能确定。可是，过于年轻的人们可能不清楚，早在 15 年前的 2000 年，纳斯达克指数就达到过 5100 点。也就是说，15 年过去了，指数仅仅是回到了原地。只是那些曾经风华正茂的 25 岁青年，现在已是年届不惑。在"可怜白发生"的年纪，依旧对于股市感到迷惑，甚至迷糊。

在这喧嚣的氛围里，我们对于普通人的投资建议，一如既往，并无改变。对于热衷于股市中图热闹的人，建议阅读一下 8 年前的专栏文章，题为《股市涨了，你家的问题解决了吗》，在此重温其中的一句："投资，更多的时候是寂寞的，在熊市的时候需要勇气，在低迷的时候需要忍耐，在喧嚣的时候需要冷静，哪一点都不是容易的。"

如果仅凭"勇敢"就可以赚钱，如果失败了，叫作"正常"；如果成功了，叫作"意外"。意外如果总是发生，那还叫意外吗？

近日，证券行业从业数年的年轻人郑旭先生请我为他申请就读清华的管理硕士班写个推荐函。身处浮躁的市场中，决定挤出工作之余的时间，再次为自己充充电，而不是埋身于短线涨跌、杀进杀出地"炒"股，这样的选择值得鼓励。

"往者不可谏，来者犹可追。"人们终将会看到，同样的年轻人今日不同的选择，如何造就不同的未来。过去的 15 年已经定型，未来的 15 年呢？如果上天是公平的，每个人一定是不一样的。

学习可以学习的，努力可以努力的，帮助可以帮助的，得到可以得到的。这大约就是可行的处世之道。即便相信明日的美好，也要为之做好今日应有的准备。相信美好的事情终将发生，但美好不会无缘无故地发生。

■ 本期卖出美国市场 BIDU 150 股，214.81 美元 / 股（得资 198 149.34 元）；RSX 1000 股，16.81 美元 / 股（得资 103 374.78 元）。买入中国内地市场格力（000651）2500 股，43.07 元 / 股（耗资 107 675.00 元）；美国市

场 NOAH 1100 股，22.29 美元 / 股（耗资 150 782.04 元）；YNDX 500 股，14.68 美元 / 股（耗资 45 138.06 元）。支付财务费用 5000 元。净资产总值 6 041 255.15 元。

模拟实盘投资组合展示（2015 年 3 月 20 日）

中国内地市场	股数	成本	市价	市值	市值
兴业银行（601166）	100 000	10.75	17.06	1 706 000.00	1 706 000.00
浦发（600000）	50 000	9.08	15.73	786 500.00	786 500.00
乐视（300104）	9 000	39.40	91.00	819 000.00	819 000.00
招商证券（600999）	23 000	12.30	29.20	671 600.00	671 600.00
格力（000651）	14 500	36.75	43.07	624 515.00	624 515.00

中国香港市场	股数	成本	市价	市值	市值
复星国际（00656）	45 000	9.81	13.51	607 950.00	481 861.17

美国市场	股数	成本	市价	市值	市值
BIDU	1 250	168.84	214.81	268 512.50	1 651 244.47
NOAH	3 600	20.60	22.29	80 244.00	493 468.50
YNDX	3 300	16.45	14.68	48 444.00	297 911.22

现金					9 154.79
信用杠杆					（1 500 000.00）
净资产总值					6 041 255.15

备忘

2015/ 3/ 20 中国银行外汇折算价：美元 614.96，港元 79.26。

专栏自 2007 年 4 月开启至今，

上证综指自 3525 点到 3601 点，+2.16%；

香港恒指自 20 520 点到 24 438 点，+19.09%；

道琼斯自 12 923 点到 18 079 点，+39.90%；

专栏投资组合从 100 万元到 604.13 万元，+504.13%。

为何一个赚 10 倍的人没有解决问题，而一个只赚 20% 的人却能成为世界首富？

耐心的报偿

2015 年 4 月 20 日

这个 4 月时值专栏 8 周年，回顾来时的道路，如果当初知道这 8 年中竟然有 7 年多是熊市，这个令人胆寒的挑战，一定使人心生畏惧。

好在我们幸运地保持了一贯的优良传统，过去 96 个月，白纸黑字记录的专栏组合表现远远胜过当年在全球范围内选定的 7 个指数，具体如下：

上证综合指数，	从 3525 点到 4273 点，	+21.22%；
深圳综合指数，	从 985 点到 2115 点，	+114.72%；
香港恒生指数，	从 20 520 点到 27 365 点，	+33.36%；
加拿大多伦多指数（TSX），	从 13 623 点到 15 430 点，	+13.26%；
美国道琼斯指数，	从 12 923 点到 17 967 点，	+39.03%；
美国纳斯达克指数，	从 2523 点到 4976 点，	+97.23%；
美国标准普尔 500（S&P 500），	从 1477 点到 2094 点，	+41.77%。
专栏组合	从 100 万元到 698.83 万元，	+598.83%。

在历经种种磨难，屡受打击、考验之后，当初的每个 100 万元都成长为约 700 万元，累计回报 598.83%，折合年复利回报 27.51%（+27.51%）；同期上证指数累计上升 21.22%（+21.22%），折合年复利回报 2.43%（+2.43%）。

环顾现实，不得不承认，这个回报率比起动辄大赚 200%、350%，乃至赚 10 倍的例子着实逊色。令人深思的问题是："为何一个赚 10 倍的人没有解决问题，而一个只赚 20% 的人却能成为世界首富？"

央行宣布 4 月 20 日下调存款准备金率 1 个百分点，是今年继 2 月之后的第二次降准，也是自 2008 年之后，6 年多来首次降幅达 1% 的降准。加之放开"一人一户"的限制，多重利好刺激股市，A 股一天成交量 1.8 万亿！再创新纪录。

蛰伏已久的"老股民"们纷纷复苏，坊间更是流传："大妈抢着入市，连学生也在蜂拥而入。"这些股市"新人"将来会有怎样的结局有谁知道？

北京的春天满是"桃之夭夭，灼灼其华"的盛景，短暂而精彩，令人不禁想起刘禹锡的两句感慨："种桃道士归何处，前度刘郎今又来。"回望过去，一路走来"多少人曾在你生命中来了又还"[⊖]，然后再无踪迹。

未来不可确知，但总结过去也能有所收获。在过去 8 年中，这个组合曾遭遇过 4 次大调整：

第一次，2007 年 10 月～2009 年 10 月，24 个月。

第二次，2009 年 11 月～2010 年 9 月，10 个月。

第三次，2011 年 4 月～2012 年 12 月，20 个月。

第四次，2013 年 2 月～2014 年 11 月，23 个月。

4 次调整合计时间 77 个月，正好占 96 个月中的 80%。也就是说，我们有八成的时间是在寂寞、忍耐和等待中度过的。

统计结果表明，在用 100 万元赚的 600 万元中：

第一个 100 万元用了 42 个月（三年半，2007 年 4 月到 2010 年 10 月）。

第二个 100 万元用了 27 个月（2010 年 10 月到 2013 年 1 月）。

第三个 100 万元用了 22 个月（2013 年 1 月到 2014 年 11 月）。

第四个 100 万元用了 1 个月（2014 年 11 月到 2014 年 12 月）。

⊖ 语出水木年华组合之《一生有你》歌词。

第五个 100 万元用了 2 个月（2014 年 12 月到 2015 年 3 月）。

第六个 100 万元用了 1 个月（2015 年 3 月到 2015 年 4 月）。

也就是赚后三个 100 万元的时间总和只是赚第一个 100 万元的 1/10。这便是耐心的报偿。

年轻时，总是急于想知道结果。有人问："太极和拳击到底哪个厉害？"这个的确不确定，但我见过 20 岁练拳击的，到 60 岁改练太极，却从来没有见过 20 岁练太极的，到 60 岁改练拳击。老子说"自知者明"，有些结果只能由岁月来回答，唯有时光，从不撒谎。

说明：由于环境的改变，本专栏从下月起，结算日期由原来每月 20 日改为月末，其他规则不变。

- 本期卖出美国市场 BIDU 450 股，210.86 美元 / 股（得资 581 230.32 元）。买入中国内地市场格力（000651）6000 股，46.64 元 / 股（耗资 279 840.00 元）；美国市场 NOAH 1600 股，29.78 美元 / 股（耗资 291 867.82 元）。支付财务费用 5000 元。净资产总值 6 988 312.56 元。

模拟实盘投资组合展示（2015 年 4 月 20 日）

中国内地市场	股数	成本	市价	市值	市值
兴业银行（601166）	100 000	10.75	20.13	2 013 000.00	2 013 000.00
浦发（600000）	50 000	9.08	18.16	908 000.00	908 000.00
乐视（300104）	9 000	39.40	82.10	738 900.00	738 900.00
招商证券（600999）	23 000	12.30	35.30	811 900.00	811 900.00
格力（000651）	20 500	39.64	46.64	956 120.00	956 120.00

中国香港市场	股数	成本	市价	市值	市值
复星国际（00656）	45 000	9.81	18.29	823 050.00	650 456.42

美国市场	股数	成本	市价	市值	市值
BIDU	800	168.84	210.86	168 688.00	1 033 298.34
NOAH	5 200	23.42	29.78	154 856.00	948 570.43
YNDX	3 300	16.45	20.50	67 650.00	414 390.08

现金					13 677.29
信用杠杆					（1 500 000.00）
净资产总值					6 988 312.56

备忘

2015/4/20 中国银行外汇折算价：美元 612.55，港元 79.03。

专栏自 2007 年 4 月开启至今，

上证综指自 3525 点到 4273 点，+21.22%；

香港恒指自 20 520 点到 27 365 点，+33.36%；

道琼斯自 12 923 点到 17 967 点，+39.03%；

专栏投资组合从 100 万元到 698.83 万元，+598.83%。

试图对于非理性行为做出理性的判断，本身或许也是非理性的。

越亲近未必越赚钱

2015 年 5 月 31 日

5 月，白兰花未眠的季节，正好也是我儿阿威接触财商教育 5 周年。周末时光，我们一起整理了以往的投资情况。

一直阅读专栏的朋友一定记得，5 年前阿威 8 岁时主动提出学习投资的要求，并以 6% 的利息向爸爸借了 10 万港元进行实践。从 8 岁到 13 岁，从孩童到少年，日子真是快！这艘财务的小舟到底是在怎样的资本风浪里穿行的？

虽然经历了 "5·28" 大跌 6.5%，这个 5 月依然是红 5 月。央行宣布了半年以来的第 3 次降息，降幅达 0.25 个点，上证指数上破 5000 点大关。一直被认为高估的创业板继续高歌猛进，突破 3600 点，平均市盈率为 130 倍，被愤愤不解的人们称为 "神创板"。只是，**试图对于非理性行为做出理性的判断，本身或许也是非理性的**。

5 月里，另一个震撼性的新闻是 "首富身价一日蒸发千亿"。在 2015 年初的富豪榜中，李河君以 1600 亿元人民币的身价超过马云。其旗下的汉能薄膜发电过去一年上涨了 7 倍，李河君持有该公司 81% 的股份。但 5 月 20 日开盘 20 分钟大跌 46.95%，报 3.91 港元，公司市值蒸发 1400 亿港元（1 港元约合 0.80 元人民币）。次日在美国市场再跌 50% 至 0.25 美元（合 1.94 港元 / 股）。

一切的一切表明，赚点钱不容易。有人问："股市涨了，你快乐吗？" 答曰："快乐！" 再问："股市涨了，你的解决问题了吗？"……

阿威的儿童财商教育账户从 10 万港元起步至今，2010 年 4 月至 2015

年 4 月的 60 个月，在没有扣除 6% 利息的情况下，历年年末资产总值分别为 122 181.90 港元、127 209.24 港元、192 133.80 港元、190 586.51 港元、222 188.77 港元，2015 年 4 月末为 242 056.58 港元。对比同期大盘表现如下：

财商教育账户 10 万港元到 24.206 万港元，累计回报 142.05%（+142.05%），年复利 19.34%（+19.34%）。

恒生指数从 21 391 点到 28 133 点，累计回报 31.52%（+31.52%），年复利 5.63%（+5.63%）。

上证指数从 3111 点到 4442 点，累计回报 42.78%（+42.78%），年复利 7.38%（+7.38%）。

相对于网上动辄大赚 300%、500% 的"牛人们"，这个结果一定会令很多人感到失望。根据每月数据统计，在众所周知的 2014 年大牛市中，这个账户的回报仅仅为 16.58%（+16.58%），落后于大盘，且落后于我自己管理的所有基金。更有甚者，其 2015 年 4 月末的市值刚刚恢复到 2013 年初的水平，也就是说，在最近的 27 个月里几无盈利。

每一项投资都有其个性，启动的时机、资金的多少、性质的长短、未来的目标、配合的默契程度、面对市场的不同等原因，都可能造成即便是同一管理人也有不同的结果，消除这种不一致的唯一方法就是统一管理。

这个例子也表明并非越亲近的人，回报就一定越高；并非找到专业人士就一定年年都大赚。那些急功近利、预期过高、赚了钱还嫌少的人，往往会对此大失所望。

5 年累计回报 142.05%，年复利 19.34%。虽不至于卓越，但也战胜了指数并取得了绝对盈利，符合当初的规划。还记得曾经的春分计划吗？在一个孩子出生时，安排一笔 10 万元的投资，20 年后当其走上社会之时，如何成长为 200 万元？答案是取得年复利回报 16%。

阿威在笔记本上认真记录了上述数字，当我告诉他"5 月又跌了"时，他很宽厚地笑了笑说："没关系，反正现在也不用。"

- 本期收到分红兴业银行（606611）每股 0.57 元；招商证券（600999）每股 0.265 元；乐视网（300104）每 10 转增 12 股，每股 0.046 元；共收到分红 60 312.85 元。卖出乐视网（300104）3300 股，67.07 元 / 股（得资 221 331.00 元）；招商证券（600999）3000 股，30.79 元 / 股（得资 92 370.00 元）。买入广誉远（600771）2000 股，49.26 元（耗资 98 520.00 元）；复星国际（00656）5000 股，20.09 港元 / 股（耗资 100 450 港元，合 79 285.19 元）；诺亚财富（NOAH）1000 股，32.17 美元 / 股（耗资 32 170 美元，合 196 867.53 元）。支付财务费用 5000 元。净资产总值 7 547 900.81 元。

模拟实盘投资组合展示（2015 年 5 月 29 日）

	股数	成本	市价	市值	市值
中国内地市场					5 680 660.00
兴业银行（601166）	100 000	10.18	17.87	1 787 000.00	1 787 000.00
浦发银行（600000）	50 000	9.08	17.03	851 500.00	851 500.00
乐视网（300104）	16 500	17.89	67.07	1 106 655.00	1 106 655.00
招商证券（600999）	20 000	12.04	30.79	615 800.00	615 800.00
格力电器（000651）	20 500	39.64	59.57	1 221 185.00	1 221 185.00
广誉远（600771）	2 000	49.26	49.26	98 520.00	98 520.00
中国香港市场					792 851.85
复星国际（00656）	50 000	10.84	20.09	1 004 500.00	792 851.85
美国市场					2 566 370.54
百度（BIDU）	800	168.84	199.20	159 360.00	975 219.46
诺亚财富（NOAH）	6 200	24.83	32.17	199 454.00	1 220 578.70
央捷科斯（YNDX）	3 300	16.45	18.35	60 555.00	370 572.38
现金					8 018.42
信用杠杆					（1 500 000.00）
净资产总值					7 547 900.81

备忘

2015/5/29 中国银行外汇折算价：美元 611.96，港元 78.93。

专栏自 2007 年 4 月开启至今，

上证综指自 3525 点到 4565 点，+29.50%；

香港恒指自 20 520 点到 27 430 点，+33.67%；

道琼斯自 12 923 点到 18 048 点，+39.66%；

专栏投资组合自 100 万元到 754.79 万元，+654.79%。

远望方觉风浪小，凌空乃知海波平。

16 年 10 倍的纪念

2015 年 6 月 30 日

6月的 A 股，"6·19"暴跌 6.4%，"6·26"再次暴跌 7.4%。央行宣布 6 月 28 日"双降"（降息、降准），为 7 年来的首次。上证综指从 5100 点下探 4100 点，创业板指数更是一个月之间从 4000 点暴跌至 2500 点。一些股民和机构使用 1：5 乃至 1：20 的融资配资杠杆，这使得他们的财富在股价稍有波动的情况下，几乎瞬间灰飞烟灭，于是我们对于悲剧的发生时有耳闻，"要命"一词不再仅仅是个形容词。

如何在飘摇的世间，寻一丝慰藉的光，今天就来看一个"16 年 10 倍"的故事，借此体会一下何谓"远望方觉风浪小，凌空乃知海波平"。

每次到香港，我都会在路边书摊上买一本周刊杂志，为的是读其中的一个一页纸的专栏，名为"天下第一仓"。未曾想这次翻开杂志，映入眼帘的恰是这个专栏的大结局，最后一期的题目是"后会有期"。

"天下第一仓"专栏始于 1999 年 6 月，由托尼·梅萨（Tony Measor）主持撰写，每周一篇投资财经文章，同时配上一个 100 万港元起步的模拟实盘投资组合，起步时恒生指数是 13 000 点。到 2015 年 4 月末专栏结束时，资产总值为 1027 万港元，16 年 10 倍，累计回报 927%，同期恒生指数累计上升 118.7%。

对于这个模式是否很熟悉？一点儿都没错，我们的这个"天南财务健康谈"专栏的诞生最初就是受到了它的启发。

托尼·梅萨，一个以中国香港为家的英国人，具有近40年的股市投资经验。他将投资目标定为年回报15%。过去的16年，从100万港元到1027万港元，年复合回报率为15.67%（+15.67%）。最初的梦想终于实现了，而且是以接力的方式，因为在2011年2月，80岁高龄的托尼老先生因健康原因无法工作，将专栏交由他多年的好友、具有30年投资经验的艾萨继续主持。

所幸的是"君子和而不同"，虽然持股各异，但理念相通，这两个具有同样价值观的人，在各自的主持期间都跑赢了大盘，且取得了绝对盈利，以接力方式完成了这段投资佳话。不知今后还有没有人敢于白纸黑字地连续写专栏投资组合，并最终胜出，毕竟这是个极大的挑战。

我最早听说这个专栏的存在，大约是在2002年的温哥华。当时互联网还没有如今这么发达，只好找当地商家订阅，一本杂志虽然定价20港元，但远跨重洋，自然是价格不菲。航空的速度快，但更贵，于是下决心订了海运而来的价格稍低些的过期杂志，往往要时隔三个月以上。

我几乎就为读一页纸上的"天下第一仓"专栏，订阅了每期二三百页厚的杂志，这样持续了好几年。

后来回国，将这个"为了一页纸而买一本杂志"的故事讲给《钱经》杂志的朋友听，以启发思路。未曾想，编辑部讨论之后，认为找到一个既懂投资又会写文章的人并不容易，于是力邀我亲自操刀。

受托尼专栏启迪而发端的"天南财务健康谈"从2007年4月以100万元人民币开始，到2015年4月（"天下第一仓"结束），累计回报约600%，同期"天下第一仓"的记录从600万港元到1027万港元，累计回报约70%。

"天下第一仓"结束了，将来"天南财务健康谈"也会有告别的那一天，但即便如此，相信青蓝冰水，终有来者。

托尼或许从不知道"天南财务健康谈"的存在，不知道他曾经的作为影响了一些素昧平生的人，价值精神薪火相传，虽然时空远隔，但绵绵不绝。

"是否还记得我，还是已忘了我"，周华健曾吟唱的这首《最真的梦》，托尼实现了。

注：文中涉及的时间节点如下，

1999 年 6 月，

"天下第一仓"专栏 100 万港元开始。

2007 年 4 月，

"天下第一仓"专栏 600 万港元。

"天南财务健康谈"专栏 100 万元开始。

2015 年 4 月，

"天下第一仓"专栏 1027 万港元终结。

"天南财务健康谈"专栏 698 万元。

■ 本期收到分红浦发银行（600000）每股 0.757 元；共收到分红 35 957.50 元。卖出招商证券（600999）20 000 股，24.92 元/股（得资 498 400.00 元）；百度（BIDU）540 股，201.60 美元/股（得资 108 864 美元，合 665 550.95 元）。买入广誉远（600771）12 000 股，38.69 元（耗资 464 280.00 元）；复星国际（00656）25 000 股，17.80 港元/股（耗资 445 000 港元，合 350 927.00 元）；猎豹移动（CMCM）2000 股，29.50 美元/股（耗资 59 000 美元，合 360 702.40 元）。支付财务费用 5000 元。

模拟实盘投资组合展示（2015 年 6 月 30 日）

	股数	成本	市价	市值	市值
中国内地市场					5 083 600.00
兴业银行（601166）	100 000	10.18	16.64	1 664 000.00	1 664 000.00
浦发银行（600000）	50 000	9.08	16.45	822 500.00	822 500.00
乐视网（300104）	16 500	17.89	48.66	802 890.00	802 890.00
格力电器（000651）	20 500	39.64	61.10	1 252 550.00	1 252 550.00
广誉远（600771）	14 000	40.20	38.69	541 660.00	541 660.00
中国香港市场					1 052 781.00
复星国际（00656）	75 000	13.16	17.80	1 335 000.00	1 052 781.00
美国市场					2 111 013.86
百度（BIDU）	260	168.84	201.60	52 416.00	320 450.46
诺亚财富（NOAH）	6 200	24.83	29.59	183 458.00	1 121 588.83
央捷科斯（YNDX）	3 300	16.45	15.28	50 424.00	308 272.17
猎豹移动（CMCM）	2 000	29.50	29.50	59 000.00	360 702.40
现金					27 017.47
信用杠杆					（1 500 000.00）
净资产总值					6 774 412.33

备忘

2015/6/30 中国银行外汇折算价：美元 611.36，港元 78.86。

专栏自 2007 年 4 月开启至今，

上证综指自 3525 点到 4064 点，+15.29%；

香港恒指自 20 520 点到 26 178 点，+27.57%；

道琼斯自 12 923 点到 17 646 点，+36.55%；

专栏投资组合自 100 万元到 677.44 万元，+577.44%。

奋斗 8 年却或许少了 300 亿的企业家

2015 年 7 月 31 日

入夏以来，汛情不断，常常一夜暴雨过后，树上青涩的果实零落一地。

股市上也尽是"绿肥红瘦"的景象，6 月 15 日至 7 月 8 日，股市遭到血洗，上证综指从 5100 点大跌至 3400 点，创业板从 4000 点大跌至 2300 点，短短 17 个交易日，如此大的跌幅极为罕见。当"去杠杆"遭遇跌停板，更是发生踩踏，爆仓者不断，包括一些著名的机构，清水源旗下多只产品爆仓，其中一只仅运作 7 天便亏损近 1/4，击穿平仓线。2014 年以 273% 的回报名列亚军的福建滚雪球，也公告称旗下的某只产品以 0.45 元的预估净值击破止损线爆仓。7 月 27 日市场再次大跌 8.48%，创近 8 年来单日最大跌幅。

人们周围流传的悲惨故事多仅限于国内的 A 股，实际上同期的港股、美股、中概股遭受的打击有过之而无不及。由于没有 10% 涨跌停板的限制，海外市场一天之内大跌 20%、30% 乃至 50% 的例子比比皆是。

或许此次大跌的好处在于再次提醒大家一下："股市赚钱是很难的。"其坏处在于，让很多人依旧相信："股市是个赌场。"

据说安慰人最好的方法就是"告诉他，你比他还惨"。那就看看我们这个专栏吧，在此轮惨烈的行情中一路满仓，从 6 月上旬至 7 月末，大约下跌了 30%。但即便如此，放眼更为长远的时段，人们或许会见到一个完全不同的景象。今天就看看如何做好资产配置，如何可能令一个聪明又勤奋的企业家，在 8 年之间，多出 300 亿元财富。

2010 年 2 月曾经写过一篇题为"写给潘石屹的信"的文章，大意是讲，取得成功的企业家应该考虑一下资产配置，以利于财富的保全与壮大。

著名的房地产公司 SOHO 中国（00410）老板潘石屹被认为是绝顶聪明的人，在全球金融危机大爆发前夕，他使公司于 2007 年 10 月在港上市。IPO 路演时，老潘曾经用"具有大象的基因"来喻示未来的美好前景，公司上市之初股价达 11.98 港元，总市值 600 亿港元。老潘家族持有约 2/3 的股份，约值 400 亿港元。到 2015 年 7 月，SOHO 中国从当年高位跌至 4.88 港元 / 股，市盈率 5 倍，市净率 0.5 倍，股息率 5%，总市值 253 亿港元。这些年虽然有分红、回购行为，但老潘家族持股比例变动不大，只是财富从当初的 400 亿港元缩水至 160 亿港元。

经过 8 年的努力，公司净利润从 2007 年约 20 亿港元，到 2012 年 105 亿港元、2014 年 40.8 亿港元，的确变得更多了，但可惜的是，无论是公司总市值还是老潘的家族财富都缩水了 60%。

如果 2007 年上市之后，老潘家族变现 20% 的股份，其 400 亿港元市值财富的结构就会变为"320 亿港元股份 +80 亿港元现金"。在不影响第一大股东地位的前提下，用 80 亿港元现金另行构建一个资产配置的投资组合，情况可能迥然不同。

以本专栏投资组合的同期表现为例，从 2007 年 10 月到 2015 年 7 月，从 135 万元到今天大跌之后的 580 万元，依旧上升了 330%（+330%）。按照同比例计算，80 亿港元可以升值为 344 亿港元。

如果老潘执行这样的财务规划，其财富可由 8 年前的"320+80"的 400 亿港元，可以变为"130+344"的 474 亿港元。也就是在原有 320 亿港元公司股份市值缩水 60% 至 130 亿港元的同时，其 80 亿港元的投资组合却上升至 344 亿港元，已经远远超出其本业。

遗憾的是，这一切都是"如果"，这个理想中的 474 亿港元，在现实中只是 160 亿港元，相差 314 亿港元，可见财富规划的力量有多大，知行合一有多难！

经济有荣枯，股市有牛熊。但世界总要前行，想想那些原本一样的人，怎么渐渐地就不一样了呢?

- 本期收到分红格力电器（000651）每 10 股转增 10 股，每股 3 元；复星国际（00656）每股 0.17 港元；共收到分红 68 486.03 元。本期增加信用杠杆 150 万元，所有条件与之前相同。卖出乐视网（300104）6500 股，48.29 元（得资 313 885.00 元）；央捷科斯（YNDX）3300 股，14.18 美元 / 股（得资 37 435.20 美元，合 286 248.26 元）。买入浦发银行（600000）50 000 股，14.91 元（耗资 745 500.00 元）；格力电器（000651）5000 股，21.97 元（耗资 109 850.00 元）；广誉远（600771）6000 股，36.95 元（耗资 221 700.00 元）；复星国际（00656）5000 股，16.17 港元 / 股（耗资 80 850 港元，合 63 798.74 元）；诺亚财富（NOAH）800 股，22.72 美元 / 股（耗资 18 176 美元，合 111 186.23 元）；猎豹移动（CMCM）3000 股，26.41 美元 / 股（耗资 79 230 美元，合 484 665.76 元）。支付财务费用 5000 元。

模拟实盘投资组合展示（2015 年 7 月 31 日）

	股数	成本	市价	市值	市值
中国内地市场					5 259 520.00
兴业银行（601166）	100 000	10.18	15.36	1 536 000.00	1 536 000.00
浦发银行（600000）	100 000	12.00	14.91	1 491 000.00	1 491 000.00
乐视网（300104）	10 000	17.89	48.29	482 900.00	482 900.00
格力电器（000651）	46 000	20.05	21.97	1 010 620.00	1 010 620.00
广誉远（600771）	20 000	39.23	36.95	739 000.00	739 000.00
中国香港市场					1 020 779.76
复星国际（00656）	80 000	13.35	16.17	1 293 600.00	1 020 779.76
美国市场					2 057 604.64
百度（BIDU）	260	168.84	174.13	45 273.80	276 948.89
诺亚财富（NOAH）	7 000	24.59	22.72	159 040.00	972 879.49
猎豹移动（CMCM）	5 000	27.65	26.41	132 050.00	807 776.26
现金					453 936.03
信用杠杆					（3 000 000.00）
净资产总值					5 791 840.43

备忘

2015/7/31 中国银行外汇折算价：美元 611.72，港元 78.91。

专栏自 2007 年 4 月开启至今，
上证综指自 3525 点到 3675 点，+4.26%；
香港恒指自 20 520 点到 24 565 点，+19.71%；
道琼斯自 12 923 点到 17 728 点，+37.18%；
专栏投资组合自 100 万元到 579.18 万元，+479.18%。

那些牛市中鼓满风帆的理想，此刻它们在哪里？

全世界都在下跌时的勇敢

2015 年 8 月 31 日

8 月又是惊魂一月，18 日大跌 6.1%，24 日大跌 8.5%，25 日大跌 7.6%，上证综指五个交易日累计跌去近千点，下破 3000 点，创业板也击穿 2000 点。央行再次实行降准降息，为 2014 年底以来的第五次降息。24 日美股道琼斯指数开盘大跌逾千点，触发熔断机制，导致美股三大交易所一度暂停交易。媒体最为醒目的新闻标题是："全世界都在下跌！"

在不到三个月的时间里，A 股几乎腰斩，这在史上极为罕见。被清盘的私募基金已有 1000 只，有的人是职业上"被消灭"，有的人是肉体上被消灭。此间的感受，有的人用"痛得无法呼吸"来形容，更多的则是"欲渡黄河冰塞川，将登太行雪满山"的迷茫与困惑。

格雷厄姆说："牛市是普通投资者亏损的主要原因。"芒格说："反过来想一想。"

反过来，想什么？格雷厄姆的话反过来就是：熊市是投资者赚钱的主要原因，所以，我们是否应该在全世界都在下跌时勇敢些？！

在恐慌的时候更恐慌，你一定也会觉得愚蠢，但在全世界都在下跌的时候，勇敢是很难的。

20 年前，罗大佑在《闪亮的日子》中有两句歌词："是否你还记得，过去的梦想？""为了理想，历尽了艰苦。"

那些对于财务自由的渴望，那些牛市中鼓满风帆的理想，此刻它们在哪里？在近日给投资伙伴的信中，提出了未来五年的投资规划，建议从当下到2020年，每年初根据家庭财务情况，拿出短期不用的资金用于投资安排。届时，即便股市一个点不涨，赚钱也应是大概率事件。

执行这个规划的关键在于，忘却涨跌、忽略牛熊地坚定执行。这看似简单的要求，实际上是很难的，因为人们通常喜欢在熊市中犹豫不决，而在牛市中奋不顾身。总之，在万千变化、阴晴不定的市场中，总有一种理由让人不坚定。

近日做公司研究时，看到持有其股票的一家上市公司的 CEO 在电视访谈节目结尾时，深情地朗诵着：无论遭受何样的嘲笑、讽刺、打击、挫折，"我们依然在大大的绝望里，小小地努力着。这种不想放弃的心情，它们变成无边黑暗里的小小星辰" [⊖]。

这家公司的营收最近一年增长超过100%，过去五年增长了20倍，但在这次股市震荡中该公司股价也下跌了60%。看了这些，你觉得应该怎么办？它会永远暗淡无光，还是会重放异彩？

事后都易，当下最难。这样的艰难抉择在现实中屡见不鲜，例如郭广昌的复星国际（00656），2008年金融危机爆发前股价达到15港元/股，危机中跌至1.13港元，七年努力之后的2015年6月达到22港元。下跌90%多，上涨20倍，你愿意在何时出手？

市场贪婪时更贪婪，市场恐惧时更恐惧，这些都是人性之必然，本也无可厚非。但如果想成为不一样的人，在全世界都下跌时需要更勇敢，至少不要在畏怯时更畏怯，不要在沮丧时更沮丧。

近来流行的漫画作品《老树画画》充满洒脱、通透，老友看到后发来感慨："春种夏忙秋荒，愁无瓜果飘香；俯视杯中清影，忽见两鬓微霜。"

⊖ 引号中的文字出自电影《小时代》台词。

我附其后道："虽已两鬓微霜，半生未见白忙；今日着手规划，早日财务健康！"

- 本期卖出乐视网（300104）5000 股，33.48 元 / 股（得资 167 400.00 元）；百度（BIDU）260 股，149.72 美元 / 股（得资 38 927.20 美元，合 248 717.56 元）。买入猎豹移动（CMCM）5000 股，17.72 美元 / 股（耗资 88 600 美元，合 566 091.98 元）。支付财务费用 10 000 元。

模拟实盘投资组合展示（2015 年 8 月 31 日）

	股数	成本	市价	市值	市值
中国内地市场					4 351 860.00
兴业银行（601166）	100 000	10.18	14.07	1 407 000.00	1 407 000.00
浦发银行（600000）	100 000	12.00	14.47	1 447 000.00	1 447 000.00
乐视网（300104）	5 000	17.89	33.48	167 400.00	167 400.00
格力电器（000651）	46 000	20.05	18.01	828 460.00	828 460.00
广誉远（600771）	20 000	39.23	25.10	502 000.00	502 000.00
中国香港市场					871 225.92
复星国际（00656）	80 000	13.35	13.21	1 056 800.00	871 225.92
美国市场					2 054 415.52
诺亚财富（NOAH）	7 000	24.59	20.62	144 340.00	922 231.56
猎豹移动（CMCM）	10 000	22.69	17.72	177 200.00	1 132 183.96
现金					293 961.61
信用杠杆					（3 000 000.00）
净资产总值					4 571 463.05

备忘

2015/8/31 中国银行外汇折算价：美元 638.93，港元 82.44。

专栏自 2007 年 4 月开启至今，

上证综指自 3525 点到 3159 点，−10.38%；

香港恒指自 20 520 点到 21 596 点，+5.24%；

道琼斯自 12 923 点到 16 538 点，+27.97%；

专栏投资组合自 100 万元到 457.15 万元，+357.15%。

在不易的世间，寻到合适的道路，到下一次超级月亮出来时，过上自己想要的生活。

活到春暖花开

2015 年 9 月 30 日

今年的中秋，恰逢超级月亮与月全食同时出现。儿子告诉我，科学家预测这样的盛景下一次出现需要等到 2033 年。遥想 18 年之后的情景，那时祖国一定更强大了吧？人们的生活一定会更好了吧？！

只是如何度过眼下的艰难倒是个巨大的挑战。惶惶不安的股市，危机重重的世界，当前的难关并非中国独自面对。有报道称："在美股三大指数中，（9 月末）纳斯达克指数是最后出现死亡交叉的指数，道琼斯指数和标准普尔500 指数已于 8 月出现死亡交叉，在那之后这两大指数又出现一波跌势。"美股如此，港股更惨，所谓"美股跌，港股跟着跌；A 股跌，港股也跟着跌"。

一个又一个的"死亡交叉"，摄人心魂的可怕！有人感慨："在无情的世界里深情地活着。"活着不易，深情地活着、长久地深情地活着，更不易。如何在资本市场上穿越牛熊地活着，这是多年来投资界探究的话题。

"凡夫畏果，菩萨畏因。"一般人投资往往看重是否赚钱的结果，而不究其因。但好结果的产生，可能是因运气，也可能是因实力，真正重要的是分辨其内在逻辑。

中国股市经过 25 年来千万人的摸索，形成的普遍认同的结论是："投资方式虽然有很多种，但合适的才是最好的，建立适合自己的投资体系才是成功的保障。"

好友周展宏先生恰好今年出版了自己的著作《投资者的记分牌》，其中谈到了这方面的内容。巴菲特说："投资就像打棒球，你要让记分牌上的得分增加，就必须盯着球场，而不是记分牌。"展宏先生深以为然，并将这个比喻用于书名。

股市上太多人仅仅关注记分牌上数字的变化，反而忘记了"盯着球场"。有感于此，他提醒投资者，如果想让自己的财富不断增长，只是一味地盯着股票报价是没有用的，必须紧盯着所投资企业的经营情况才行。

展宏先生曾主持著名的财经杂志《财富》中文版工作多年，现转战投资界。他工作之余，笔耕不辍，将自己的投资经验与思考一一记录。此次将撰写的约百篇文章重新筛选编辑，分为理念篇、方法篇、实践篇三个部分，并针对资深投资者和股市小白提出了不同的阅读方案。该书既有投资理论的探讨，又有具体案例的分析，在每篇文首还附上了当时的市场指数，令人犹如重临当年的历史现场。

书中，作者回顾多年经历，总结了自己认同的投资三原则：市场先生原则、安全边际原则、能力圈原则，并提出"对于大概率的投资机会，应该下大注"的集中投资法。他将自己的公众号起名为"能力圈"，并断言只有不断拓展自己的能力圈、持续地学习，才有可能跻身成功者的行列。

我曾经有一篇专访，题目是："投资就是在正确道路上的忍耐"。有人回顾巴菲特的成功，认为他了不起的地方在于，年轻的时候就明白了道理，然后用一生去坚持。"知"不容易，"行"也需要时间，就像我今年8月去了趟少林，实现了30年前的心愿。

展宏书中开篇的一句为："历史只有一种结果，而未来则有无限的可能。"翻开这本书，阅读物美、蒙牛、福记、苹果这些经典案例，重温凯恩斯、凯利、芒格、巴菲特等大家的观点，我们学习谁，未必可以成为谁，但终归可以提高一些决胜未来、大展宏图的可能。

对于眼前的艰难，"你要忍，忍到春暖花开；你要走，走到灯火通明；你要看过世界辽阔，再评判时好时坏；你要变成想象中的样子，这件事，一步都不能让。"年轻作家卢思浩写得很好。

在不易的世间，寻到合适的道路，深情地活着，活到春暖花开，活到相亲相爱，到下一次超级月亮出来时，过上自己想要的生活。

■ 本期卖出浦发银行（600000）50 000 股，16.27 元 / 股（得资 813 500.00 元）。买入中信银行（00998）150 000 股，4.50 港元 / 股（耗资 675 000 港元，合 554 040.00 元）；中信证券（06030）18 000 股，13.60 港元 / 股（耗资 244 800 港元，合 200 931.84 元）；猎豹移动（CMCM）3000 股，14.61 美元 / 股（耗资 43 830 美元，合 278 815.78 元）。支付财务费用 10 000 元。

模拟实盘投资组合展示（2015 年 9 月 30 日）

	股数	成本	市价	市值	市值
中国内地市场					3 697 350.00
兴业银行（601166）	100 000	10.18	14.46	1 446 000.00	1 446 000.00
浦发银行（600000）	50 000	12.00	16.27	813 500.00	813 500.00
乐视网（300104）	5 000	17.89	41.31	206 550.00	206 550.00
格力电器（000651）	46 000	20.05	16.05	738 300.00	738 300.00
广誉远（600771）	20 000	39.23	24.65	493 000.00	493 000.00
中国香港市场					1 626 989.76
复星国际（00656）	80 000	13.35	13.21	1 056 800.00	872 017.92
中信银行（00998）	150 000	4.50	4.50	675 000.00	554 040.00
中信证券（06030）	18 000	13.60	13.60	244 800.00	200 931.84
美国市场					2 238 159.79
诺亚财富（NOAH）	7 000	24.59	23.13	161 910.00	1 029 958.08
猎豹移动（CMCM）	13 000	20.83	14.61	189 930.00	1 208 201.71
现金					63 673.99
信用杠杆					（3 000 000.00）
净资产总值					4 626 173.54

2015/9/30 中国银行外汇折算价：美元 636.13，港元 82.08。

专栏自 2007 年 4 月开启至今，

上证综指自 3525 点到 3057 点，−13.27%；

香港恒指自 20 520 点到 20 811 点，+1.01%；

道琼斯自 12 923 点到 16 177 点，+25.18%；

专栏投资组合自 100 万元到 462.62 万元，+362.62%。

备忘

现实道路虽然曲折，但心怀光明的人应该更能接近光明。

股市光明派

2015 年 10 月 31 日

又值深秋，小鸟在清晨的阳光里叽喳，欢快地啄食那些高悬枝头无法采摘的果实。院子里的柿树只结了 20 多个大柿子，数量较之去年的二三百个少了 90%。行家说："果树也有大年、小年之分。去年太累了，今年要歇一歇。"

恰逢霜降之时，央行再次宣布"双降"（降准、降息），惊恐数月的股市略做喘歇。自去年（2014 年）11 月央行开启降息闸门后，已经多次降准、降息，股市也相应地从 12 个月前的 2000 点涨到目前的 3400 点，但在这貌似大涨五成的背后，股民却是亏多于赚，因为最近的四个月上证综指从 5100 点大跌了约 40%。

"抄底"通常是股民羡慕的股市绝技之一，但熊市抄底并非易事。即便在排除专业知识和经验的前提下，抄底至少还需要两个因素：胆量与资本。有胆没钱不行，有钱没胆免谈，没胆没钱很常见。既有胆又有钱，是一件很奢侈的事。

10 月，投资界量化对冲派顶尖的传奇人物西蒙斯关闭了旗下的一只基金，原因是回报太低，"自 2007 年成立以来平均年化收益 2.86%"。10 月，瑞信发布《全球财富报告》，认为中国已经是世界第二富的国家，2015 年家庭财富总额已达 22.8 万亿美元，较去年增加了 1.5 万亿美元，超过日本跃居世界第二位，仅次于美国。中产阶级人数达 1.09 亿人，已经超过美国的 9200 万人，居全球第一位。

祖国过去30年的发展有目共睹。周围越来越多的朋友自己解决问题之余，也以自己的聪明才智积极回馈社会。

《一个投资家的20年》(第1版)曾经提出定义投资家的五个要素，实际上讲的是在修身齐家的同时，在力所能及的范围内帮助可以帮助的人。多年来，我们也进行了一些社会实验，对于初级阶段、中产阶段、高端阶段的不同人群，分别提出了不同的财务计划，相对应的是十万元起步的春分计划、百万元起步的杂志专栏、千万元起步的接力计划。

专栏文章当初设想的是30岁时有100万元，虽然不少但不解决问题。如果能成长为1000万元，对于一个普通家庭基本就可以聊以解忧了。这个中产计划在四个月前已达800万元，只是近来数月遭受重挫，目前回落至560万元左右。

我们在工作中还发现，处于财务初级阶段的人群也有投资愿望，其中的一些人除了资金规模较小之外，从理念到素质都完全具备"合格投资人"的标准。于是有了"1000个家庭的春分计划"，设想是一个夫妻双方30岁左右刚有小孩的家庭，拿出10万元投资，如能达到年回报16%，在小孩大学毕业之时大约就有200万元立足于社会的资本，进而可以有更多选择的自由。这个计划在推出春分计划微信版一年之后，终于在今年成行。

再后来，有朋友创办了一个面向企业家二代的媒体，于是有了面对高端的千万起步的"接力计划"，至今已有18个月，在经历了今年股市大震荡之后累计约有60%的回报。

无论是十万、百万还是千万，人们追求幸福的心都是一样的。太多原本一样的人，为什么过着过着就不一样了？怀揣梦想与规划，选择与志同道合者同行，应该是一条大道。今年年初，在给全体投资伙伴的年度回顾——《理想伙伴》结尾之处提出，不懈前行的理想伙伴是那些"明知晦暗，却心怀光明"

的人。现实道路虽然曲折，但心怀光明的人应该更能接近光明。

股市的喧嚣从未改变，有人喜欢用派别来划分股市参与者，价值、成长、宏观、趋势、量化、对冲等，令人眼花缭乱。如果你一定要问我属于股市哪一派，呵呵，请叫我"股市光明派"。

■ 本期卖出浦发银行（600000）50 000 股，16.53 元 / 股（得资 826 500.00 元）；中信证券（06030）18 000 股，16.79 港元 / 股（耗资 302 220 港元，合 247 608.85 元）。买入中信银行（00998）50 000 股，5.06 港元 / 股（耗资 253 000 港元，合 207 282.90 元）；中国银河（06881）90 000 股，6.73 港元 / 股（耗资 605 700 港元，合 496 250.01 元）；猎豹移动（CMCM）3000 股，19.85 美元 / 股（耗资 59 550 美元，合 378 112.73 元）。支付财务费用 10 000 元。

模拟实盘投资组合展示（2015 年 10 月 30 日）

	股数	成本	市价	市值	市值
中国内地市场					3 143 010.00
兴业银行（601166）	100 000	10.18	15.26	1 526 000.00	1 526 000.00
乐视网（300104）	5 000	17.89	48.11	240 550.00	240 550.00
格力电器（000651）	46 000	20.05	17.41	800 860.00	800 860.00
广誉远（600771）	20 000	39.23	28.78	575 600.00	575 600.00
中国香港市场					2 254 140.09
复星国际（00656）	80 000	13.35	14.17	1 133 600.00	928 758.48
中信银行（00998）	200 000	4.64	5.06	1 012 000.00	829 131.60
中国银河（06881）	90 000	6.73	6.73	605 700.00	496 250.01
美国市场					3 249 102.64
诺亚财富（NOAH）	7 000	24.59	27.73	194 110.00	1 232 501.44
猎豹移动（CMCM）	16 000	20.65	19.85	317 600.00	2 016 601.20
现金					46 137.20
信用杠杆					（3 000 000.00）
净资产总值					5 692 389.93

> 2015/10/30 中国银行外汇折算价：美元 634.95，港元 81.93。
>
> 专栏自 2007 年 4 月开启至今，
>
> 上证综指自 3525 点到 3382 点，−4.06%；
>
> 香港恒指自 20 520 点到 22 730 点，+10.77%；
>
> 道琼斯自 12 923 点到 17 722 点，+37.14%；
>
> 专栏投资组合自 100 万元到 569.23 万元，+469.23%。

备忘

"在大师门下学习几个小时，远远胜过自己苦苦摸索 10 年。"

我的投资教育理想

2015 年 11 月 30 日

"就像看到了一道光！"这是巴菲特多年之后，回忆第一次接触格雷厄姆投资思想时的描述。那一年，巴菲特 19 岁。

正是在这道光的引领下，年轻的巴菲特千里迢迢，进入哥伦比亚大学商学院追随格雷厄姆学习证券分析课程。在那里，他不仅得到了投资的真谛，奠定了日后辉煌人生的基础，更结识了一批包括比尔·鲁安、沃尔特·施洛斯在内的杰出同学，这群人就是日后名满天下的"格雷厄姆·多德部落的超级投资者"。

巴菲特在总结自己的成功时感叹："在大师门下学习几个小时，远远胜过自己苦苦摸索 10 年。"对此，我也感同身受。20 年前初次读到《巴菲特之道》时，感觉"如同黑屋中忽然射进一道灿烂的日光"，他的理念瞬间便令我信服了。对于人生中的疑问，如果能早些找到生命中的明灯来答疑解惑、指引航向，实在是人生之大幸。

投资成功是很难的，如果按照我曾经提出的衡量投资成功的三个标准（战胜指数、绝对盈利、解决问题）来看，那么，考虑到现实，目前绝大多数股市参与者在本金不超过 10 万元的情况下，最终能通过股市二级市场达到"投资成功"境界的人不会超过 1%。尽管江湖上流传着有人以 10 万元赚到 60 亿元的故事，但也是演义多于实际。

对于各行各业而言，成功都是稀缺的。但相较于其他行业的成功不易，投资成功尤其之难的表现在于，在相当多的时间段里，付出与得到往往不成正比，更有甚者，越"勤奋"亏得越多。

有鉴于此，在通往投资成功的两条道路上，我实际上是不鼓励大众走第一条道路的。但时常会有极具天赋和热情的年轻人来询问投资之道，我倒也乐于探讨。三年前曾经受邀为一所大学商学院的学生讲授投资课程，这激发了我将来尝试投资教育的信念，希望在工作之余，在大学里兼职，系统地教授投资。

鉴于已经"没有什么投资知识不被写在书本上"，上课的频率不用太高，每月1次、一年10次足矣。该课程最为重要的特点是将投资知识与现实目标相结合，致力于知行合一。课程的实操部分可以像现在每月撰写的投资专栏一样，从开学起，用100万元的起始资金构建一个跟踪现实股市的投资组合，以供学习辅助之用。

这样一月一次的频率，经常会遭到短线挫败的巨大挑战，就像专栏8周年时进行的总结："即便在96个月的时间里，每一个100万元成长为约700万元，但是其中有80%的时间是不赚钱的"。好在一般而言，大学本科为期4年，研究生为期3年，无论是4年还是7年，基本上都可以视为穿越经济周期的时间长度。只要有了这样的时间长度，根据过去的经验，即便股市不涨，也有赚钱的可能。

如果这个投资组合能像专栏投资组合一样，在4年中取得150%的收益，或在8年中使每一个100万元变成约700万元，那么一个学子在度过4年或7年校园时光之后，在汲取理论知识的同时，或有可能将这几年吃、穿、用上的花费都赚回来。能取得知识与财务的双丰收，这样的课程应该会有人欢迎吧?！

受到这个理想的鼓舞，我甚至开始准备教科书，整理过去8年的专栏文章，计划出一本全集，也就是将专栏文字部分和投资组合部分都详细刊出。穿越了周期，甚至完整地经历了2008年全球金融危机，最终胜出所有指数且绝对盈利的投资记录，应该有探究的价值。至于书名，朋友建议就使用那篇被广为流传的文章题目——《一个投资家的20年》。

■ 本期没有交易。支付财务费用 10 000 元。

模拟实盘投资组合展示（2015 年 11 月 30 日）

	股数	成本	市价	市值	市值
中国内地市场					3 282 040.00
兴业银行（601166）	100 000	10.18	15.59	1 559 000.00	1 559 000.00
乐视网（300104）	5 000	17.89	48.42	242 100.00	242 100.00
格力电器（000651）	46 000	20.05	18.29	841 340.00	841 340.00
广誉远（600771）	20 000	39.23	31.98	639 600.00	639 600.00
中国香港市场					2 255 709.96
复星国际（00656）	80 000	13.35	13.94	1 115 200.00	920 374.56
中信银行（00998）	200 000	4.64	4.94	988 000.00	815 396.40
中国银河（06881）	90 000	6.73	7.00	630 000.00	519 939.00
美国市场					3 390 817.51
诺亚财富（NOAH）	7 000	24.59	32.19	225 330.00	1 441 255.75
猎豹移动（CMCM）	16 000	20.65	19.05	304 800.00	1 949 561.76
现金					36 137.20
信用杠杆					（3 000 000.00）
净资产总值					5 964 704.67

备忘

2015/11/30 中国银行外汇折算价：美元 639.62，港元 82.53。

专栏自 2007 年 4 月开启至今，

上证综指自 3525 点到 3399 点，−3.57%；

香港恒指自 20 520 点到 22 051 点，+7.46%；

道琼斯自 12 923 点到 17 779 点，+37.58%；

专栏投资组合自 100 万元到 596.47 万元，+496.47%。

一句"我还在!"看似云淡风轻,实则豪气干云。

我们投资的核心竞争力之一

2015 年 12 月 31 日

冬天的华北大地,**雾霾愈演愈烈**,北京连续发出红色警报,人们戴着防毒面具似的口罩出行,白天也似乎在暗夜里摸索。空气污染之外,货币贬值是另一个人们关注的话题。12 月,随着美联储 10 年来首次加息 0.25 个百分点,多国取消外汇管制,阿根廷货币比索即刻下跌 41%,阿塞拜疆货币大跌 47%。

2015 年过去了,如果要为这一年选一个主题词,应该是"活着"。

活着是不容易的。伴随着全年 A 股呈现抛物线形的大起大落,有人是职业上不在了,有人是肉体上不在了,涉及范围从高官到高管、从大佬到机构,被消灭的方式是"总有一款适合你"。难怪有人说"中国股市专治各种不服"。

相对于太多各式各样"不在了"的故事,可以屹立数十年不倒,一句"我还在!"看似云淡风轻,实则豪气干云。

有人断言:"2015 年太难,2016 更难。"在所谓"经济不好"的时候,投还是不投?到底是应该等"好了"的时候再出手、顺势而为,还是人弃我取、逆向投资?这始终是两难抉择。

这令我想起 2015 年 6 月至 9 月大跌之时,朋友圈中有人发微信称:"我去年(2014 年)就说过,中国会发生金融危机……"这似乎验证了自己看准了大势。没错,P2P 仓皇跑路、实业度日维艰,发生危机的预言好像是说对了。但他忘了,即便经历了从 5000 点到 3000 点的大跌洗礼,股市依然比 12 个月前的 2000 点高了 50%。

2007 年 4 月以《最好的时候是现在》为本专栏开篇，当时上证综指是 3525 点，现在是 3500 点。换而言之，大盘 8 年多来几乎原地踏步，而专栏的投资组合累计升幅为 480%。假如当时我们有上帝般的预知能力，知道这些年来的危机重重而却步不前，恐怕就没有今天的成绩。

近日，将过去 8 年的所有文章包括历史投资组合一并交给了出版社，编辑仔细看后略有惊讶："这么多年你的组合好像没有什么惊人的股票，尽是些人人皆知的公司啊。"

到底是什么因素，让我们拿着些尽人皆知的股票在历经险阻之后能够胜出？与多年老友讨论回顾，最后落在一个问题上："我们的核心竞争力到底是什么？"反复思考之后，我认为在这个充满聪明人的快节奏时代，忍耐和等待是我们最为重要的核心竞争力之一，应该占到一半甚至更多的权重。

8 周年回顾之作——《耐心的报偿》一文提到，96 个月中有 77 个月不赚钱，也就是赚钱的好时光仅仅发生在 20% 的时间段。其间经历了 4 次重大调整，最长的一次历时 24 个月，最短的一次 10 个月。这种跌宕起伏与二八分化，在未来也一定会重现。当下，我们正在经历第 5 次大调整。

艾力在《你一年的 8760 小时》中写道："几乎每一个成功的人，都有一段沉默的努力时光，里面有艰辛的汗水，也有无数次失败时的泪水。很多人在黎明前一刻认输，只有那些能从黑暗中穿行而过的人，最后才会获得真正的成功。"

我们虽然不能确定是否能取得最后真正的成功，但在眼下茫然的雾霾里，认定心中的光明方向，这恐怕是当下最重要的事。

■ 本期没有交易。支付财务费用 10 000 元。

模拟实盘投资组合展示（2015 年 12 月 31 日）

	股数	成本	市价	市值	市值
中国内地市场					3 683 040.00
兴业银行（601166）	100 000	10.18	17.08	1 708 000.00	1 708 000.00
乐视网（300104）	5 000	17.89	58.80	294 000.00	294 000.00
格力电器（000651）	46 000	20.05	22.64	1 041 440.00	1 041 440.00
广誉远（600771）	20 000	39.23	31.98	639 600.00	639 600.00
中国香港市场					2 165 028.12
复星国际（00656）	80 000	13.35	12.13	970 400.00	803 297.12
中信银行（00998）	200 000	4.64	5.03	1 006 000.00	832 766.80
中国银河（06881）	90 000	6.73	7.10	639 000.00	528 964.20
美国市场					2 943 094.32
诺亚财富（NOAH）	7 000	24.59	27.97	195 790.00	1 271 381.94
猎豹移动（CMCM）	16 000	20.65	16.09	257 440.00	1 671 712.38
现金					26 137.20
信用杠杆					（3 000 000.00）
净资产总值					5 817 299.64

备忘

2015/12/31 中国银行外汇折算价：美元 649.36，港元 82.78。

专栏自 2007 年 4 月开启至今，

上证综指自 3525 点到 3559 点，−0.96%；

香港恒指自 20 520 点到 21 917 点，+6.81%；

道琼斯自 12 923 点到 17 506 点，+35.46%；

专栏投资组合自 100 万元到 581.73 万元，+481.73%。

2016

　　文字的好处在于可以跨越时空，与那些心灵相通、志同道合的人不期而遇。在历经艰难之时，得到勉励与支持，使人常怀"十里春风不如君"的感念与欣慰。

我从没见过有人因预测而成功，因预测而挨打的倒是不止一个。

在聪明人的世界里笨笨地做好自己

2016 年 1 月 25 日

动笔写作本文之际，恰逢羊年最后一个节气——大寒，此次北京创下 30 年最为严寒的纪录，内蒙古自治区气温更是低至零下 49.1 度。除了天气的严寒，资本市场的寒潮也在变本加厉地扫荡着全球，道琼斯工业指数、德国 DAX 指数、日经 225 指数无一幸免。人们翘首以盼的"开门红"彻底落空，用"哀鸿遍野"来形容一点也不为过。

A 股仅在新年的前四个交易日里，就四次触发熔断，总市值一周蒸发 6.2 万亿元。香港股市本已是全球主要股市中的最低估值者，股价看似跌到了地板价，可依然逃不过被连续打击的命运。跌至 8000 点的恒生国企指数更是进入了令人瞠目的"双五时代"——市盈率 5 倍、股息率 5%。市净率跌破 1，这意味着股市已经丧失了最基本的财富增值功能。

受累于原油跌破 30 美元，俄罗斯、巴西、南非等国再遭"股汇双杀"。8 年前当油价为 140 美元时预言"将达 200 美元"的高盛"著名分析师"如今安在？环球贸易风向标波罗的海干散货指数（BDI）不断创下新低，从 2008 年最高的 11 793 点跌至 354 点，只剩下零头的零头，以至于"大海之上，已无货船"，只剩下凄凉与恐慌。

整个世界似乎重新回到了 2008 年全球金融危机或 1998 年亚洲金融危机的时代，连已宣布退休的索罗斯也忍不住跳出来发表评论，"全球面临通缩压力"，并放言"我已做空"！

在如此恐慌的市场氛围中，我们的新基金顺利超额地成立了。有人问后市如何看？我们打算怎么干？

我从没见过有人因预测而成功，因预测而挨打的倒是不止一个。"逃顶"与"抄底"，这两项散户羡慕的股市绝技或许根本就不存在。即便是"别人贪婪我恐惧，别人恐惧我贪婪"的巴菲特也不例外。1999 年 7 月，在巴菲特于太阳谷年会看空科技股之后，狂热的纳斯达克指数又继续上涨了 80%，直到 2000 年 3 月才见顶。熊气弥漫的 2008 年 10 月，他在报纸上发表文章，申明"买入美国"，之后，美股实际上又跌了 30%，到 2009 年 3 月才见底。

至于危机之中是否有机会，倒是有一个股市谚语可供参考："好投资都是在坏时候做出的。"近日有心人在微博上整理了一组有趣的数据，2008 年 7 月和 2016 年 1 月的上证指数同为 2900 点，换而言之，将近 8 年时间大盘涨幅为零。但伊利股份、格力电器、福耀玻璃、贵州茅台等优秀企业脱颖而出，而南方航空、中国石油、中国船舶、宝钢股份等企业的股价，要么与大盘表现同步，要么远远落后于大盘。在共同见证的时光中，有从 1.2 元涨至 18.8 元的格力电器，也有从 13 元跌到 7 元的中国石油，对比鲜明。这些案例再次验证了"时间是好企业的朋友"。

"生活不止眼前的苟且，还有诗和远方。"这是近年因脱口秀而闻名的著名音乐人高晓松的名言，引得无数人反思是否应该弃置眼前的蝇营狗苟，奔赴远方的锦绣美好。但由于感受到肩负的责任，我们打算继续专注于"眼前的苟且"，在充满聪明人的世界中笨笨地做好自己，因为"希望所有投资伙伴都有一个好结果"才是我们心中追求的诗和远方。

■ 本期没有交易。支付财务费用 10 000 元。

模拟实盘投资组合展示（2016 年 1 月 25 日）

	股数	成本	市价	市值	市值
中国内地市场					3 320 560.00
兴业银行（601166）	100 000	10.18	15.01	1 501 000.00	1 501 000.00
乐视网（300104）	5 000	17.89	58.80	294 000.00	294 000.00
格力电器（000651）	46 000	20.05	19.26	885 960.00	885 960.00
广誉远（600771）	20 000	39.23	31.98	639 600.00	639 600.00
中国香港市场					1 845 976.40
复星国际（00656）	80 000	13.35	10.14	811 200.00	682 056.96
中信银行（00998）	200 000	4.64	4.46	892 000.00	749 993.60
中国银河（06881）	90 000	6.73	5.47	492 300.00	413 925.84
美国市场					2 943 094.32
诺亚财富（NOAH）	7 000	24.59	23.81	166 670.00	1 092 638.52
猎豹移动（CMCM）	16 000	20.65	14.37	229 920.00	1 507 286.54
现金					16 137.20
信用杠杆					（3 000 000.00）
净资产总值					4 782 598.66

备忘

2016/1/25 中国银行外汇折算价：美元 655.57，港元 84.08。

专栏自 2007 年 4 月开启至今，

上证综指自 3525 点到 2934 点，−16.77%；

香港恒指自 20 520 点到 19 340 点，−5.75%；

道琼斯自 12 923 点到 15 983 点，+23.68%；

专栏投资组合自 100 万元到 478.26 万元，+378.26%。

> 我们并不需要一年有很多好主意，而是需要将一个好主意坚持很多年。

李牧之战

2016 年 2 月 29 日

新的一年转眼已过去了 1/6，春风又绿了江南，再过一个月，北京也要到姹紫嫣红的季节。在傍晚的暮色里，开车经过西二环，远远望见 20 年前曾经办公的地方，星移斗转、物是人非，那些曾一同并肩的年轻人早已青春不再，四散天涯。

收音机里传出脍炙人口的歌声《喜欢你》，只是演唱者不再是当年的黄家驹，而是当红女歌手邓紫棋。人们对于音乐的喜爱，除了旋律之外，恐怕还有附在那些旋律之上的青春。

莫说 20 年来的变迁，即便过去的 8 个月，伴随着从 5100 点到 2700 点的大跌，面目全非的股市已令不少人"甚至开始怀疑人生"[一]。证监会 1 月宣布 A 股市场投资者突破 1 亿人。这 1 亿人可以说是中国最聪明的人的集合，是中华民族的精华。根据"七亏二平一赚"的定律，约有 9000 万人不可能赚钱，从这最聪明的 1 亿人中脱颖而出，跻身于顶尖的 10%，恐非易事。

投资者既要勤奋努力地研究分析，又要有强大的内心以承受股价的巨幅波动，还要面对一些"合法却无良"的公司实际控制人的明火执仗，最终达到投资成功的目标，这实在太难了。近日，在美上市仅 22 个月、过去半年大跌

一　引自歌曲《梦醒时分》。

85%的中概股聚美优品乘股价低迷之机，宣布以IPO三折的价格私有化，引发群情激愤。

"沧海笑，滔滔两岸潮，浮沉随浪记今朝。"⊖ 多年以后回看今天的纷繁，或许如我辈今日读史一样。

30多年前，我初次在《东周列国志》中读到李牧的故事。李牧，赵国武安君，战国四大名将之一，另外三位是白起、王翦、廉颇。能安邦胜敌者获封武安君，同样获此封号的还有战神白起、挂六国相印的苏秦、项羽的祖父楚国大将项燕。对于战神白起、负荆请罪的廉颇，大家几乎耳熟能详，而李牧的故事却几乎湮灭鲜闻，他最为著名的一役是雁门击匈奴。

春秋战国时代，北方烽烟不断，匈奴以游牧骑兵不断骚扰北部边境。为了防御匈奴，燕、赵、秦都各自筑起了长城。李牧为赵国驻守雁门郡，他广集情报，厚待将士，但规定：匈奴如果入侵，不许接战，要收拢人马退入营垒固守。匈奴每次入侵，烽火传来警报，人马立即退入营垒固守。这样过了好几年，人马物资没有什么损失。匈奴认为李牧胆小，连赵国守边的官兵也认为主将怯战。赵王责备李牧，李牧依然如故。赵王怒，召回替以他人。此后一年多里，匈奴每犯，赵军便出兵交战，屡屡失利，损伤很多，边境无法耕牧。赵王只好再请李牧，李牧报病固辞。赵王一再坚持，李牧说："大王一定要用我，就请按我的办法来，才敢奉命。"赵王应其要求。

李牧回到边境，悉数按照原有章法，匈奴一连数年一无所获。李牧手下官兵得到厚待，都愿誓死效力。后李牧准备战车1300辆、战马13 000匹、冲锋陷阵勇士5万人、善射弓箭手10万人，加紧训练，同时让大批牲畜到处跑，作为诱饵。匈奴小股人马入侵，李牧就佯装失败，让对方尝到甜头。单于闻知，认定李牧胆怯，率大军深入抢夺战利品。李牧布下奇兵，两翼包抄反击，

⊖ 引自歌曲《沧海一声笑》。

一举大败匈奴，歼敌 10 多万。

之后，李牧趁势收拾了匈奴属国，灭襜褴，破东胡，收降林胡。此后 10 多年，单于远遁，胡人再不敢南下牧马。李牧多年的坚忍，终得报偿。雁门一役彻底解决了北方的忧患，也创造了古代历史中以步兵为主的大兵团全歼骑兵大兵团的经典战例。

掩卷长思，想起以前回复投资伙伴的信："我们并不需要一年有很多好主意，而是需要将一个好主意坚持很多年。"只是，这种坚持也很难。

- 本期卖出诺亚财富（NOAH）7000 股，23.83 美元 / 股（得资 166 810 美元，合 1 091 804.81 元）。买入中国银河（06881）150 000 股，5.50 港元 / 股（耗资 825 000 港元，合 694 567.50 元）；猎豹移动（CMCM）4000 股，14.90 美元 / 股（耗资 59 600 美元，合 390 093.92 元）。支付财务费用 10 000 元。

模拟实盘投资组合展示（2016 年 2 月 29 日）

	股数	成本	市价	市值	市值
中国内地市场					3 223 720.00
兴业银行（601166）	100 000	10.18	14.06	1 406 000.00	1 406 000.00
乐视网（300104）	5 000	17.89	58.80	294 000.00	294 000.00
格力电器（000651）	46 000	20.05	19.22	884 120.00	884 120.00
广誉远（600771）	20 000	39.23	31.98	639 600.00	639 600.00
中国香港市场					2 521 658.88
复星国际（00656）	80 000	13.35	10.14	811 200.00	682 949.28
中信银行（00998）	200 000	4.64	4.32	864 000.00	727 401.60
中国银河（06881）	240 000	5.96	5.50	1 320 000.00	1 111 308.00
美国市场					1 950 469.60
猎豹移动（CMCM）	20 000	19.50	14.90	298 000.00	1 950 469.60
现金					13 280.59
信用杠杆					（3 000 000.00）
净资产总值					4 709 129.07

备忘

2016/2/29 中国银行外汇折算价：美元 654.52，港元 84.19。

专栏自 2007 年 4 月开启至今，

上证综指自 3525 点到 2697 点，−23.49%；

香港恒指自 20 520 点到 19 216 点，−6.35%；

道琼斯自 12 923 点到 16 618 点，+28.59%；

专栏投资组合自 100 万元到 470.91 万元，+370.91%。

好的文章应是"人人心中有，个个笔下无"。

嘉树下成蹊

2016 年 3 月 31 日

三月春风里，收到出版社寄来的新书清样，将杂志连载 8 年的"天南财务健康谈"专栏文章与投资组合完整汇集，那篇曾被阅读数百万次的自述的文章标题《一个投资家的 20 年》被定为书名。

从《钱经》杂志到《中国金融家》，这个无心插柳的专栏使我在投资主业之外，无意间创造了另外一项纪录——国内连续撰写财经专栏最长的作家。

从 2007 年 4 月到 2015 年 4 月的 8 年中，上证综指上升了 21%，专栏投资组合从 100 万元上升为 699 万元，幸运地战胜了在全球范围内选定的全部 7 个指数标杆。如果拆解到每个周年单独计算，相较于道琼斯指数，8 年中胜出 6 次；相较于上证综指，则 8 年全部胜出。

翻阅过往的记录，发现有些愿望已经提前实现了，例如第一年有文提到的："如果每年回报能达到 15%，那么我们今天的 100 万元，到 10 年之后的 2017 年可以成为 400 万元。"考虑到每个月只有一个交易日等苛刻的条件约束，这的确算是一个小小的奇迹，不知未来是否可以重演。

文字的好处在于可以跨越时空，与那些心灵相通、志同道合的人不期而遇。在历经艰难之时，得到勉励与支持，使人常怀"十里春风不如君"的感念与欣慰。当年读书时老师曾言：好的文章应是"人人心中有，个个笔下无"。今日有幸被人称为"投资界写文章最好的人"，实际上并不是因为我文章写得好，而是因为我说出了人们心中的话。

不过，这光鲜业绩的背后，充满了失误与亏损、套牢与割肉，从来没有精准的预测，也从来没有幸运的逃顶，大部分时光是在危机、打击、折磨、忍耐中度过的。细心的读者也许会发现，我们几乎在所有的时候都是满仓，并且在很多时候使用了融资杠杆，间或还有些卖空行为。我们甚至还买过一些最终大跌归零的股票，例如贝尔斯登、联合银行等。

如果细细分解过去8年这96个月的历程，会发现期间经历了4次大跌或大调整，长的24个月，短的10个月，累计77个月，即80%的时间投资并不赚钱，所有令人瞩目的盈利都来自剩余20%的时间。此时此刻（2016年3月）我们正在经历第5次大调整，至今已有10个月的时间。

最惨的遭遇当属2008年全球金融危机，从2007年10月到2008年11月，我们的投资跌去了65%。股市投资最为残酷的莫过于"涨到你买，跌倒你卖"，因为忍无可忍。还好，我们忍过来了，再后来，才遇见了"一个月的盈利超过前五年总和"的好时光。

到底是什么原因使得我们在犯了如此多错误的情况下，最终依然能"战胜指数、跑赢大势且绝对盈利"？其间经验的确值得细究。本书将来也可以用作我在大学里讲课的教材，课题应该是"投资与实践"。多年来，追求"知行合一"的理想渐渐露出熹微的光芒。

投资之道千万条，他人的成功只可借鉴，未必能照搬照抄，心领神会更重要。我一直秉承"理念重于个股"，之所以很少提及个股，主要是担心提及个股会误导大众。这次整理新书《一个投资家的20年》，是第一次将历史上每个月的投资组合细节公布出来，更加便于查阅。读者会发现，它们大多都是人们耳熟能详的公司，或与人们梦寐的秘籍相去甚远。

吹面不寒杨柳风，在这桃李争春的三月，热衷于喋喋争论的也大有人在，我喜欢的却是"夫唯不争，故天下莫能与之争"。嘉树下成蹊，有缘终相遇，翻译成当下的语言，就是"你若盛开，蝴蝶自来"。

"桃李不言，下自成蹊"，那才是令人向往的自在境界。

■ 本期卖出兴业银行（601166）30 000 股，15.55 元 / 股（得资 466 500.00 元）；广誉远（600771）20 000 股，28.78 元 / 股（得资 575 600.00 元）。买入洽洽食品（002557）5000 股，18.22 元 / 股（耗资 91 100.00 元）；贵州茅台（600519）1000 股，248.65 元 / 股（耗资 248 650.00 元）；复星国际（00656）10 000 股，11.07 港元 / 股（耗资 110 700 港元，合 92 246.31 元）；腾讯控股（00700）1500 股，158.20 港元 / 股（耗资 237 300.00 港元，合 197 742.09 元）；中国太平（00966）28 000 股，16.95 港元 / 股（耗资 474 600.00 港元，合 395 484.18 元）。支付财务费用 10 000 元。

模拟实盘投资组合展示（2016 年 3 月 31 日）

	股数	成本	市价	市值	市值
中国内地市场					2 606 370.00
兴业银行（601166）	70 000	10.18	15.55	1 088 500.00	1 088 500.00
乐视网（300104）	5 000	17.89	58.80	294 000.00	294 000.00
格力电器（000651）	46 000	20.05	19.22	884 120.00	884 120.00
洽洽食品（002557）	5 000	18.22	18.22	91 100.00	91 100.00
贵州茅台（600519）	1 000	248.65	248.65	248 650.00	248 650.00
中国香港市场					3 712 684.82
复星国际（00656）	90 000	13.10	11.07	996 300.00	830 216.79
中信银行（00998）	200 000	4.64	4.76	952 000.00	793 301.60
中国银河（06881）	240 000	5.96	7.48	1 795 200.00	1 495 940.16
腾讯控股（00700）	1 500	158.20	158.20	237 300.00	197 742.09
中国太平（00966）	28 000	16.95	16.95	474 600.00	395 484.18
美国市场					2 110 227.92
猎豹移动（CMCM）	20 000	19.50	16.33	326 600.00	2 110 227.92
现金					20 158.01
信用杠杆					（3 000 000.00）
净资产总值					5 449 440.75

备忘

2016/3/31 中国银行外汇折算价：美元 646.12，港元 83.33。

专栏自 2007 年 4 月开启至今，

上证综指自 3525 点到 3008 点，−14.67%；

香港恒指自 20 520 点到 20 781 点，+1.27%；

道琼斯自 12 923 点到 17 713 点，+37.07%；

专栏投资组合自 100 万元到 544.94 万元，+444.94%。

> 学习的捷径之一是向成功者学习如何成功。

和而不同的投资之道

2016 年 4 月 30 日

4 月，丁香花盛开的季节，终于有机会在日出的清晨做一件不负春光的事：阅读姚斌先生发来的书稿——《在苍茫中传灯》。

姚斌先生是价值投资界响当当的人物，如果你不熟悉这个名字，也不奇怪，因为他广为人知的是网名"一只花蛤"。

数年前他在文中引了我《秋凉中寻桂花香》一文的片段，再后来，我在专栏文章中提及他的《柚子树下》，恨晚相惜之情由此展开。2015 年春天，我们不约而同，各自写下《七年坚守、只待花开》和《八载忍耐、终有回响》两篇文章，辉映成趣，就连美国同行也在电话中感叹："你们俩的文风真的是很像啊！"

一只花蛤是投资界忠厚勤笃的表率，为探索投资大道，多年来耕读不辍，读书数以千计，七八年来写了七八百篇文章，平均下来大约一周两篇。考虑到写作并非其主业，这样的速度，实在令人惊叹。

这次他将精选的百余篇文字结集成书，实在是渴望学习投资的人们的佳音，因为这是一个认真的读书人兼成功的投资者，将其阅读所思与实践所得相结合的精华。我一贯主张"向成功者学习如何成功"，但遇见一个能够且乐于分享的成功者，并非易事。

在这里，人们可以穿越历史，读到精彩非凡的真实故事，而这些故事可能会经常重演，例如克拉默的故事。

克拉默是畅销书《克拉默投资真经》的作者、美国金牌财经节目主持人、对冲基金经理。在 20 世纪 90 年代网络股大行其道时，他宣称互联网公司"会一路上涨"，并称"如果遵照格雷厄姆的观点，哪怕是一星半点，将不会赚到任何钱"。令人叹息的是，如果将 10 000 美元平均投入克拉默所选择的股票，到 2002 年底，只能剩下 597.44 美元，损失高达 94%。

阅读姚斌先生的这本书，另一个显著的感受是，可以省下大量时间，快速汲取业界精华。我的确爱读书，但相对于 30 年前阅读对象的普遍匮乏，现在是信息绝对泛滥的时代，如何进行有质量的筛选成为难题。一只花蛤先生在前面带路，从《证券分析》到《光环效应》，从《伯格投资》到《安全边际》，为认真的读者提供了一张投资阅读地图。

"自下而上"的投资策略引发的对企业的探究，使得**这本书更是一本值得企业家认真阅读的书**。其中《不起眼的产品也能做到极致》一文提到如何将订书机这种普通产品不普通化的商业成功；《奎可的商业模式》提到处于医疗服务行业的奎可公司如何进行极具颠覆性的创新；《有趣的竞争优势》提到从事瓶装水和鲜花速递的公司如何名列美国最大的 200 家非上市公司。

在"投资人物"部分，尽是波澜起伏的投资家故事：建议人们"永远不要停止阅读"的塞斯·卡拉曼，但他同时认为只有"5%"的书有价值；从最富有的经济学家到贫病而亡的欧文·费雪，这是一个令人扼腕叹息的故事；专注内在、屏蔽外界、对客户忠贞不渝的极简主义者沃特·施洛斯；不断寻找低价股的约翰·邓普顿；主张"主街投资"的罗伯特·迈尔斯；90 岁还能工作的、格雷厄姆的继任班主任罗杰·莫雷；曾经风光无限但最终清盘的老虎基金创始人朱利安·罗伯逊。总之，我阅读时的感觉，就像一个三天没吃饭的人，忽然闯入了一个自助餐的盛宴。

在我翻译的《巴菲特之道》一书中，专门有一节提到，即便是身处同时代的伟大投资家，诸如芒格、辛普森、鲁安等，他们的持股也不相同，但这并不阻碍他们各自的成功。同样，姚斌在书中提到的股票，我几乎从来都没有买过。由是推之，我们投资的具体标的可能完全不同，但君子和而不同，并不妨碍最终殊途同归。

透过股市的迷雾，穿越历史的繁华，阅览不同的起伏，获得各自的感悟。这本书果然不负其名——《在苍茫中传灯》。

■ 本期卖出中国银河（06881）220 000 股，6.88 港元/股（得资 1 513 600.00 港元，合 1 260 223.36 元）。支付财务费用 10 000 元。

模拟实盘投资组合展示（2016 年 4 月 29 日）

	股数	成本	市价	市值	市值
中国内地市场					2 658 130.00
兴业银行（601166）	70 000	10.18	16.16	1 131 200.00	1 131 200.00
乐视网（300104）	5 000	17.89	58.80	294 000.00	294 000.00
格力电器（000651）	46 000	20.05	19.22	884 120.00	884 120.00
洽洽食品（002557）	5 000	18.22	19.78	98 900.00	98 900.00
贵州茅台（600519）	1 000	248.65	249.91	249 910.00	249 910.00
中国香港市场					2 314 698.78
复星国际（00656）	90 000	13.10	10.82	973 800.00	810 785.88
中信银行（00998）	200 000	4.64	4.89	978 000.00	814 282.80
中国银河（06881）	20 000	5.96	6.88	137 600.00	114 565.76
腾讯控股（00700）	1 500	158.20	159.55	239 325.00	199 262.00
中国太平（00966）	28 000	16.95	16.12	451 360.00	375 802.34
美国市场					1 928 627.54
猎豹移动（CMCM）	20 000	19.50	14.93	298 600.00	1 928 627.54
现金					1 270 381.37
信用杠杆					（3 000 000.00）
净资产总值					5 171 837.69

备忘

2016/4/29 中国银行外汇折算价：美元 645.89，港元 83.26。

专栏自 2007 年 4 月开启至今，

上证综指自 3525 点到 2940 点，−16.60%；

香港恒指自 20 520 点到 21 130 点，+2.97%；

道琼斯自 12 923 点到 17 733 点，+37.22%；

专栏投资组合自 100 万元到 517.18 万元，+417.18%。

回顾过去的 20 多年，我们一直在"恐吓"中成长，在"摧残"中长大。

事事关心 vs. 静水流深

2016 年 5 月 31 日

5 月，令人尊敬的杨绛先生以 105 岁高龄离开了。她沉静、充满睿智的文字，留下太多的人生启发与感慨；她的养生秘诀多半归结为来自内心的安宁和大隐于世的淡泊。如果她老人家天天像股市小散一般"心怀天下"，恐怕无法写出如此多的作品，更不可能如此高寿。

转眼之间，此次熊市已有一年，市场所遭受的摧残，用"面目全非""恍如隔世"来形容并不为过。上证综指过去 12 个月跌去 45%，从去年 6 月的5100 点到今天的 2800 点，很多公司的股价跌去了 50%、60%，乃至 75%，中国股民人均损失 46.6 万元。

具有 10 年以上社会工作经验的人，通过不断学习和经历，早已脱离"无知无畏"的阶段，但当下除了作为"有产者"遭受财产损失的打击之外，还要作为"有知者"遭受心灵恐吓。

在权威人士 5 月解读中国经济的发展将呈 L 型走势之后，各种解读随之而来，从经济的 L 型推导出股市的 I 型走势。

目前无法得知哈先生的预测是否准确，我只是记得 2007 年当原油达到120 美元时，高盛预言会上升到 200 美元，后来跌得只剩下零头；我也记得2008 年最低 1600 点时，高盛经过连篇累牍的大数据分析，预测会跌到 1200点，不幸的是，市场拒绝服从高盛的指挥棒，次年升至 3400 点。对于这些，估计哈继铭先生早已忘却了，人们对此，除了哈哈一笑还能说什么呢？

5月人民币面临5年来最大贬值，6月英国公投决定是否脱离欧盟、美联储是否加息等，这些无穷无尽的信息传到市场上，只有一个效果：熊市中，所有的消息都是坏消息。

如果这些悲观的预言成真，我们这个专栏在明年此时，也就是10周年之际，可能会跌回当初的100万元。想想10年之功或毁于一旦，腿也是有些发抖的。回顾过去的20多年，我们一直在"恐吓"中成长，在"摧残"中长大。

每一个当下都是很难的。就像2007年10月到2008年10月，股市从6100点跌到最低1600点，多少后来者感叹"如果在1600点抄底就好了"。但今天的人们或许已经忘了，当年国内著名的空头大师断言会跌到700点。箭法精准固然高，但临渊而射两股不颤，几人能够？大众同时也是健忘的，可以肯定的是，不久的将来，没有几人还会记得什么熊市1.0、2.0、3.0的哀鸿遍野。

30年前，读到"风声雨声读书声，声声入耳；家事国事天下事，事事关心"时，理解更多的是知识分子心怀天下的抱负。多年之后，听到中医名家徐文兵先生解读养生之道，提到如果真是"声声入耳""事事关心"的话，那人一定会魂不守舍、终日惶惶。

种种所谓事事关心，只不过是想早些知道命运的安排罢了。人们是否太过心急？如果能不那么着急，能慢一些、心平气和一些，或许我们就能在同一个世界里有些不同的视角。

近日，PC龙头联想报出2015年财报，媒体新闻多聚焦于其巨亏8.4亿元，总裁杨元庆宣布放弃争议已久的1.18亿元年薪，此外该公司股价过去一年大跌60%。看到这个消息，我想到的却是：公司巨亏，股价下跌60%，那么，那些没有亏损甚至盈利有所增长的公司，股价也下跌60%是否合理？

投资的道路上，与其惶惶终日，不如多一些"钝感力"。就绝大多数人而言，对股市上的喧嚣什么都没听见、什么都没看见，恐怕更能接近杨绛先生静水流深的超然境界。

- 本期买入国金证券（600109）15 000 股，12.71 元 / 股（耗资 190 650.00 元）；中联重科（01157）100 000 股，2.48 港元 / 股（耗资 248 000 港元，合 210 031.20 元）；中国太平（00966）62 000 股，14.84 港元 / 股（耗资 920 080 港元，合 779 215.75 元）。支付财务费用 10 000 元。

模拟实盘投资组合展示（2016年5月31日）

	股数	成本	市价	市值	市值
中国内地市场					2 851 730.00
兴业银行（601166）	70 000	10.18	16.09	1 126 300.00	1 126 300.00
乐视网（300104）	5 000	17.89	58.80	294 000.00	294 000.00
格力电器（000651）	46 000	20.05	19.22	884 120.00	884 120.00
洽洽食品（002557）	5 000	18.22	19.15	95 750.00	95 750.00
贵州茅台（600519）	1 000	248.65	260.91	260 910.00	260 910.00
国金证券（600109）	15 000	12.71	12.71	190 650.00	190 650.00
中国香港市场					3 284 998.07
复星国际（00656）	90 000	13.10	11.02	991 800.00	839 955.42
中信银行（00998）	200 000	4.64	4.54	908 000.00	768 985.20
中国银河（06881）	20 000	5.96	6.85	137 000.00	116 025.30
腾讯控股（00700）	1 500	158.20	172.30	258 450.00	218 881.31
中国太平（00966）	90 000	15.50	14.84	1 335 600.00	1 131 119.64
中联重科（01157）	100 000	2.48	2.48	248 000.00	210 031.20
美国市场					1 406 590.20
猎豹移动（CMCM）	20 000	19.50	10.69	213 800.00	1 406 590.20
现金					80 484.42
信用杠杆					（3 000 000.00）
净资产总值					4 623 802.69

2016/5/31 中国银行外汇折算价：美元 657.90，港元 84.69。

专栏自 2007 年 4 月开启至今，

上证综指自 3525 点到 2870 点，−18.58%；

香港恒指自 20 520 点到 20 796 点，+1.35%；

道琼斯自 12 923 点到 17 811 点，+37.82%；

专栏投资组合自 100 万元到 462.38 万元，+362.38%。

备忘

是在黑暗中寻找光明的方向，还是在黑暗中论证不可避免的绝望，这恐怕是两条完全不同的道路。

目前唯一的好消息

2016 年 6 月 30 日

手机里的微信群越来越多，其中有一位"著名经济学家"时常发些日后连自己都记不起来的股市预测。6 月末，他忽然发了一条"人民币暴跌 600 点"的消息，并提示不下跌到某个点位绝不入市云云。猛一看，读者还以为股市跌了 600 点，若果真如此，那可真是够惊心动魄的。

仔细读了读文章内容，所谓"人民币暴跌 600 点"的消息，是指受英国公投脱欧影响，人民币兑美元从 6.5776 元跌至 6.6375 元，100 个基点等于 0.01 元，即下跌了 599 个基点，跌 0.9%（−0.9%）。

人民币下跌 0.9% 的同一天，英镑的跌幅是人民币跌幅的 8 倍有余。6 月 24 日，英国公投，脱欧派胜出，当日引发全球股市震荡，市值损失约 3 万亿美元。英国苏格兰皇家银行股价开盘大跌 34%，英镑兑美元当天大跌 8.45%（−8.45%）。

但意外的是，英国今年上半年股市还上升了 4.2%（+4.2%），而贬值幅度少得多的中国股市上半年却下跌了 17%（−17%）。

在众多"经济学家"论之凿凿、不遗余力地唱衰中国的股市、债市、汇市、房市将不可避免地走向之时，似乎没有哪个学者指出，中国股市过去一年大跌 45%。反倒是股市有谚："价值是跌出来的。"

那些指点债市的"专家"，忘了他们当年曾指责"保本保息的刚兑不符合市场规律"；那些因人民币贬值而唱衰中国经济的"学者"，忘了前几年美元因量化宽松而贬值时，他们论证中国因持有太多的外汇储备而会被美国再一次"剪羊毛"。为什么总有那么一些"专家""学者"多年以来不遗余力地唱衰中国经济，这一现象本身值得思考。

22年前，市场外汇价格是1美元兑换12元人民币，当时所有人都认为美元会继续上升，人民币将继续下跌，没有一个人想到20年光景美元贬值一半，即人民币升值一倍。

在房价高歌猛进的10多年间，不止一个"著名经济学家"建议千万别买房，断言房价会下跌，并指责房价高昂扼杀了社会的活力与进步，如今也没看见这些人站出来论证"如果房市泡沫破裂，社会将更具活力"。

经济学家的学术精神或许就是因批判才具有存在感。只是可怜了中国的股民，在坍塌的股市废墟之下，闪烁着无数迷离惶恐、无所适从的眼神，伴随着"我读书少，你可不要骗我"的孱弱之声，有谁为他们指出光明所在？是在黑暗中寻找光明的方向，还是在黑暗中论证不可避免的绝望，这恐怕是两条完全不同的道路。

在没有星光的暗夜里坚持前行，在没有希望的时候保持理性，并非易事。因为道路太曲折，以至于让人怀疑是否还有光明存在。对此，结伴而行或许是个好方式。

这次新书《一个投资家的20年》面世之际，有人建议成立一个"天南读友会"。未来的8年能否取得像过去8年一样的表现，我们并无把握，但经历周期之后，能有这样的结果，多少值得总结。随着时间的推移，越来越多的读者朋友发来自己的投资经历与感悟，也值得分享与借鉴。

针对如何保证参与者的素质，大家也提了很多有益的建议。至少，我们希望的是与心怀光明、志同道合的人在一起，让那些抱怨的留在原地，让那些怀揣梦想的继续前行。

有人或问："股市跌成这样，你有什么好消息吗？"整个市场放眼望去没有任何好消息，这恐怕就是唯一的好消息。

- 本期收到分红兴业银行（606611）每股 0.61 元；洽洽食品（002557）每股 0.5 元；国金证券（600109）每股 0.08 元；腾讯控股（00700）每股 0.47 港元；除兴业外皆扣 10% 的所得税，税后共收到分红 46 572.31 元。卖出乐视网（300104）3000 股，50.52 元 / 股（得资 151 560.00 元）；猎豹移动（CMCM）15 000 股，9.46 美元 / 股（得资 141 900 美元，合 940 967.28 元）。买入贵州茅台（600519）400 股，294.11 元 / 股（耗资 117 644.00 元）；中国银河（06881）40 000 股，6.90 港元 / 股（耗资 276 000 港元，合 235 897.20 元）；腾讯控股（00700）1500 股，175.15 港元 / 股（耗资 262 725 港元，合 224 551.06 元）；网易（NTES）500 股，188.79 美元 / 股（耗资 94 395 美元，合 625 952.12 元）。支付财务费用 10 000 元。

模拟实盘投资组合展示（2016 年 6 月 30 日）

	股数	成本	市价	市值	市值
中国内地市场					2 764 814.00
兴业银行（601166）	70 000	10.18	15.30	1 071 000.00	1 071 000.00
乐视网（300104）	2 000	17.89	50.52	101 040.00	101 040.00
格力电器（000651）	46 000	20.05	19.22	884 120.00	884 120.00
洽洽食品（002557）	5 000	18.22	18.64	93 200.00	93 200.00
贵州茅台（600519）	1 400	261.64	294.11	411 754.00	411 754.00
国金证券（600109）	15 000	12.71	13.58	203 700.00	203 700.00
中国香港市场					3 688 158.71
复星国际（00656）	90 000	13.10	9.97	897 300.00	766 922.31
中信银行（00998）	200 000	4.64	4.70	940 000.00	803 418.00
中国银河（06881）	60 000	6.59	6.90	414 000.00	353 845.80
腾讯控股（00700）	3 000	166.68	175.15	525 450.00	449 102.12
中国太平（00966）	90 000	15.50	14.16	1 274 400.00	1 089 229.68
中联重科（01157）	100 000	2.48	2.64	264 000.00	225 640.80
美国市场					939 607.88
猎豹移动（CMCM）	5 000	19.50	9.46	47 300.00	313 655.76
网易（NTES）	500	188.79	188.79	94 395.00	625 952.12
现金					5 539.63
信用杠杆					（3 000 000.00）
净资产总值					4 398 120.22

备忘

2016/6/30 中国银行外汇折算价：美元 663.12，港元 85.47。

专栏自 2007 年 4 月开启至今，

上证综指自 3525 点到 2930 点，−16.88%；

香港恒指自 20 520 点到 20 721 点，+0.98%；

道琼斯自 12 923 点到 17 821 点，+37.90%；

专栏投资组合自 100 万元到 439.81 万元，+339.81%。

那些能成功地避过下跌的，同样可以成功地错过上升。

看似关爱的伤害

——兼谈美国老虎基金的清盘

2016 年 7 月 31 日

新书《一个投资家的 20 年》终于面世了，序言开篇有道："人世间所有的追求，最终莫过于两个健康：财务健康和身体健康。有了这两样，应该可以说幸福在握了。"对此有人质疑，提出两个健康之外，还有心理健康、精神健康云云。

近日，在给中国农业大学经管学院 MBA 授课时，专门回答了这个问题。迄今为止，我从来没有见过一个财务和身体都健康的人会心理不健康或精神不健康，但由于财务或身体的长期不健康，而导致心理不健康的案例倒是不止一个。

追求财务健康的道路是艰难的，自股市从去年 6 月 5100 点的高位下跌至今，一年之间指数几乎腰斩，当时成立的私募基金如今 70% 已不复存在。它们多是设有 20% 或 30% 清盘线的结构化产品，也就是说 1 元起始的基金在下跌到 0.8 元或 0.7 元时，由于下跌触及清盘线而引发终结。大盘的下跌就像踏入雷区，一个接着一个连环引爆，甚至令一些百亿规模的私募基金数日之间，在大盘下跌 20% 的情况下，灰飞烟灭，销声匿迹。

业内很多人热衷于设立"结构化"产品，这是令人深思的现象，因为这种设置从本质上而言，并不符合投资者（即出资者）的根本利益。如果一个投资对象在 1.00 元物有所值的话，跌到 0.80 元就应该是物超所值。在物超所值的情况下，非但不能买更多，反而被迫卖出，经历这样的"高买低卖"，不出几个回合，将再无出头之日。

相对于私募基金 100 万元的参与门槛，当一个投资人以 100 万元进入，以 80 万元被迫退出时，他甚至被剥夺了参与私募基金的投资资格。

近 10 多年来，由于金融危机的此起彼伏，市场动荡不已，如何控制产品的"净值回撤"成为业内人士的关注点，人们似乎一边倒地认为"净值回撤小"的产品就好。"净值回撤小"翻译成俗话就是"股市下跌的时候你不在"。但历史经验表明，那些能成功地避过下跌的，同样可以成功地错过上升。凭什么涨的时候你在，跌的时候不在？

相对于投资大众的非专业性，由银行、信托、证券公司、第三方等"专业人士"组成的渠道推销商本应负有教育引导的责任，以求投资人回报最大化。但现实中，渠道推销商通常会迁就市场偏好，熊市之时大卖保本产品，牛市之时大卖进取型产品，因为这样推销起来容易得多。

对于投资管理人而言，跌下来之后清盘了结倒是最容易的解脱方法，因为跌 50% 需要涨 100%、跌 25% 需要涨 33% 才能恢复到原位，难度很大。此外，由于私募基金的取费方式通常使用"历史高水位法"，只有净值创出新高，才能取得业绩费。由于在相当长的时间段处于"白干"状态，还要忍受精神上的折磨，所以在大跌之后，清盘对于管理人而言往往也是上佳之选。

例如，以业内例行的 20% 业绩费而言，一只 1 亿元的基金，下跌至 0.5 亿元之后，从 0.5 亿元回到 1 亿元需要上涨 100%。在这个翻一番的上涨过程中，没有一分钱的业绩费。但是，如果在跌到 0.5 亿元时清盘基金，同时成立一只新基金，在同样从 0.5 亿元到 1 亿元的过程中，管理人可以取得 0.1 亿元的业绩费。二者经历同样的历程，管理人获利却相差巨大。于是，咬牙坚持远不如另起炉灶。

历史上，美国著名的老虎基金 1998 年鼎盛之时管理 230 亿美元的资金，到 2000 年清盘时只有 65 亿美元。当年我还在美国读书，闻听这个消息万分遗憾并十分费解，因为 65 亿美元即便在今天也是令人惊羡的规模，解散多可惜。时至今日，分析老虎基金从辉煌到解散的文章连篇累牍，多是总结其投资失利的经验教训，但至今没有一篇文章提到，导致这个历史结局的一个很重要的原因就是，回到原来的历史高位太难了。曾经年轻的我们，用了十几年的时间，才洞悉其中的奥妙。

同样，如果巴菲特或芒格当初采用的是结构化投资工具，早已被清盘数次，哪有今日之辉煌？熊市之时，结构化产品的设计以保护为名，其实剥夺了投资者未来的潜在回报，看似关爱实际上却是伤害。

■ 本期收到分红贵州茅台（600519）每股 6.171 元；中联重科（01157）每股 0.15 元；中信银行（00998）每股 0.212 元；复星国际（00656）每股 0.17 港元；因税率不一，为了简便，统一使用 10% 税率，税后共收到分红 71 243.24 元。卖出猎豹移动（CMCM）4000 股，9.91 美元 / 股（得资 39 640 美元，合 263 649.60 元）。买入中国太平（00966）24 000 股，15.44 港元 / 股（耗资 370 560 港元，合 317 755.20 元）。支付财务费用 10 000 元。

模拟实盘投资组合展示（2016 年 7 月 29 日）

	股数	成本	市价	市值	市值
中国内地市场					2 801 136.00
兴业银行（601166）	70 000	10.18	15.46	1 082 200.00	1 082 200.00
乐视网（300104）	2 000	17.89	47.45	94 900.00	94 900.00
格力电器（000651）	46 000	20.05	19.22	884 120.00	884 120.00
洽洽食品（002557）	5 000	18.22	20.43	102 150.00	102 150.00
贵州茅台（600519）	1 400	261.64	315.94	442 316.00	442 316.00
国金证券（600109）	15 000	12.71	13.03	195 450.00	195 450.00
中国香港市场					4 199 700.58
复星国际（00656）	90 000	13.10	10.24	921 600.00	790 272.00
中信银行（00998）	200 000	4.64	4.92	984 000.00	843 780.00
中国银河（06881）	60 000	6.59	6.79	407 400.00	349 345.50
腾讯控股（00700）	3 000	166.68	188.15	564 450.00	484 015.88
中国太平（00966）	114 000	15.49	15.44	1 760 160.00	1 509 337.20
中联重科（01157）	100 000	2.48	2.60	260 000.00	222 950.00
美国市场					746 353.19
猎豹移动（CMCM）	1 000	19.50	9.91	9 910.00	65 912.40
网易（NTES）	500	188.79	204.61	102 305.00	680 440.79
现金					12 677.27
信用杠杆					（3 000 000.00）
净资产总值					4 759 867.04

备忘

2016/7/29 中国银行外汇折算价：美元 665.11，港元 85.75。

专栏自 2007 年 4 月开启至今，

上证综指自 3525 点到 2986 点，−15.29%；

香港恒指自 20 520 点到 21 992 点，+7.17%；

道琼斯自 12 923 点到 18 419 点，+42.53%；

专栏投资组合自 100 万元到 475.99 万元，+375.99%。

124

人们常说能者多劳，其实应该是劳者多能。

我们对于世界的四种态度

2016 年 8 月 31 日

8 月，悄悄地过去，我们留下了什么可以在未来追忆？

翻译的投资经典《巴菲特之道》年初获得"财经图书大奖"，喜悦之余，竟也时不时地收到相约翻译其他作品的邀请，实在无法一一答应，因为撰文、译书都是我的业余爱好，多在繁忙的本业之外，见缝插针地完成。但近期倒是有两本经典著作，实在心仪，反复斟酌之后，应承下来。

所谓经典，可以穿越时空、历久弥新，能让人读彼时之文字、发现实之感慨，能让人透过历史跌宕的图景窥见繁复表面下的真知。此外，如果还能让人在收获精神盛宴的同时，达成财务自由之向往，那就更好了，也实现了冯仑所说的"追求理想，顺道赚钱"。

为此，我计划在目前本已负重前行的情况下，每天再少睡一个小时米完成这项任务。心急的朋友也不用再催了，通常两年才能完成一本书的翻译任务，我争取半年完成。在力所能及的范围内，做些有益于社会的事，可以拓展生命宽度，即便牺牲一些生命的长度也在所不惜。

在里约奥运会上，游泳健将傅园慧一句表情夸张的"洪荒之力"，赢得世界无数粉丝的喜爱。对于国人而言，最振奋人心的莫过于郎平带领女排重新夺回久违的冠军，媒体赞誉不断，其中醒目的一条是"有一种坚持叫郎平"！只是在从所谓的"叛徒"到英雄的历程中，亲历者恐怕早已洞穿世态炎凉，心中波澜难再。

多少日积月累的坚持方能成就洪荒之力，对此，我是耳熟能详了。退休已久的老父亲在总结其一辈子工作经历时，提及年轻时如何多次主动承担他人逶迤推脱的工作，但正是这样积极承担的态度，反而使自身积累了知识，锻炼了能力，奠定了最终的人生成功。

每每回顾这些，他都语重心长地说："人们常说能者多劳，我却认为是劳者多能。"他老人家说得对，这种任劳任怨、吃亏是福的精神已在润物无声中得以世代相传。

专心致志、坚持不懈是郎平女排精神成功的秘密，但社会热点纷纭，从"宝万之争"（宝能与万科对弈）到"宝马之争"（王宝强离婚），总有一些热闹让人难以专注。这个世界到底是一个怎样的世界？对此，也众说不一，即使在大师们的眼中，似乎也截然不同。

索罗斯说："整个世界经济史是一部假象和谎言的连续剧。"巴菲特则说："我每天跳着踢踏舞去上班，我很高兴能和我喜欢的人在一起，做喜欢的事。"如果不了解这两位大家几乎同龄、同行、同处西方社会等因素，人们甚至可能会以为他们生活在完全不同的世界。

同一片阳光下，阳光里的得到阳光，阴影中的见到阴影，终究还在于自己的选择。对于整个世界的态度大约可以分为四种：改变、适应、离开、抱怨。

第一种是改变世界的人，应该属于伟人量级。第二种所谓"适应"即改变自己，不足的可以提升，不懂的可以学习。第三种人是既无法改变世界又不愿改变自己的人，可以选择离开。第四种人，既无力改变世界又不愿改变自己，同时还没有能力离开，只剩下抱怨。可惜从来没有人因为抱怨而成功。

曾经一心玩命追求"世界因我而不同"的李开复，总结自己"时常针砭时弊，也对一些负面的社会现象口诛笔伐"，在突然检查出身患癌症之后，震惊之余，遇星云大师开示："一个人倘若一心除恶，表示他看到的都是恶。真正有益于世界的做法不是除恶，而是行善；不是打击负能量，而是弘扬正能量。"
当下电闪雷鸣，醍醐灌顶。

里约奥运会结束了，下一届东京奥运会是在四年之后的 2020 年。可以想见，在 2020 年到来之时，那些今天一样的人一定会再次变得不一样。积跬步以至千里，积细流以成江海，那些改变未来的洪荒之力，恰恰来源于我们认定了方向之后的坚持，来源于今天对待世界的态度。

■ 本期收到分红中国银河（06881）每股 0.328 188 元；格力电器（000651）每股 1.50 元；（上期漏记）因税率不一，为了简便，统一使用 10% 税率，税后共收到分红 79 822.15 元。卖出乐视网（300104）1000 股，46.07 元 / 股（得资 46 070.00 元）；国金证券（600109）15 000 股，13.38 元 / 股（得资 200 700.00 元）。买入中国太平（00966）6000 股，15.70 港元 / 股（耗资 94 200 港元，合 81 247.50 元）；网易（NTES）170 股，211.02 美元 / 股（耗资 35 873.40 美元，合 240 021.74 元）。支付财务费用 10 000 元。

模拟实盘投资组合展示（2016 年 8 月 31 日）

	股数	成本	市价	市值	市值
中国内地市场					2 580 200.00
兴业银行（601166）	70 000	10.18	16.06	1 124 200.00	1 124 200.00
乐视网（300104）	1 000	17.89	46.07	46 070.00	46 070.00
格力电器（000651）	46 000	20.05	19.22	884 120.00	884 120.00
洽洽食品（002557）	5 000	18.22	18.88	94 400.00	94 400.00
贵州茅台（600519）	1 400	261.64	308.15	431 410.00	431 410.00
中国香港市场					4 460 763.75
复星国际（00656）	90 000	13.10	10.83	974 700.00	840 678.75
中信银行（00998）	200 000	4.64	5.09	1 018 000.00	878 025.00
中国银河（06881）	60 000	6.59	7.27	436 200.00	376 222.50
腾讯控股（00700）	3 000	166.68	203.00	609 000.00	525 262.50
中国太平（00966）	120 000	15.50	15.70	1 884 000.00	1 624 950.00
中联重科（01157）	100 000	2.48	2.50	250 000.00	215 625.00
美国市场					1 030 874.30
猎豹移动（CMCM）	1 000	19.50	12.69	12 690.00	84 906.25
网易（NTES）	670	194.43	211.02	141 383.40	945 968.05
现金					8 000.18
信用杠杆					（3 000 000.00）
净资产总值					5 079 838.23

2016/8/31 中国银行外汇折算价：美元 669.08，港元 86.25。

专栏自 2007 年 4 月开启至今，

上证综指自 3525 点到 3076 点，−12.74%；

香港恒指自 20 520 点到 23 002 点，+12.10%；

道琼斯自 12 923 点到 18 387 点，+42.28%；

专栏投资组合自 100 万元到 507.98 万元，+407.98%。

备忘

那些曾经的酸甜苦辣，经过岁月的沉淀酝酿，反倒成为记忆的甜酒。

一个企业家的移民投资录

2016 年 9 月 30 日

中秋时节，在如水的月光下，与久违的老友一起分享月饼，还有那些熟悉的人和事。

上一次中秋相会应该是很多年前在洛杉矶的聚会。那时，住所周围种满了柠檬树，果实成熟的季节里，黄澄澄拳头大小的柠檬簇拥着挂满枝头，时不时三三两两地落在散步的小路上。当时还有一首非常流行的歌曲——*Lemon Tree*，歌手名叫苏慧伦。

在人生的道路上，有些原本领先的渐渐落了后，有些原本后进的不知不觉领了先，但绝大多数人今天都过上了当初想都没有想到的好日子。

国力日增，更促进了中华文化在世界各地开枝散叶。虽然国内媒体常有报道，一些人带着很多钱移民海外等，但就所见而言，他们绝大部分仍以持有中国资产为主，在取得当地身份后基本上也是以回国为主，正所谓"出去的越多，回来的越多"。

移民境外对于企业家而言，多以投资移民为主。办理移民是一件不容易的事情，各地虽然规定不同，但从准备到最终完成实际耗时将近 10 年。各地的移民投资规定门槛也是越来越高，以中国香港地区的移民投资为例，可投资的标的从最早可以是房屋、保险、证券，到最后只限于证券。投资金额门槛从先前的 650 万港元，到后来的 1000 万港元，直至前年彻底叫停。

移民投资也有一些有别于普通账户投资的规定，以中国香港地区为例，规定中有：在长达 7 年的时间里，只能投资香港证券交易所挂牌公司；必须满仓，不许空仓；卖出股票，14 天内必须买回；不许融资；除了分红外，不许提现等限制。其中，单单"不许空仓"这一条，这些年就要了不少人的命，因为过去 10 年基本上是股市危机为主的 10 年。

在此过程中，由于身处不熟悉的新环境，投资失利的大有人在。朋友提到，上月还遇见一个案例，委托香港一家著名银行管理 1000 万港元的证券投资，历时 10 多年，跌去一半还多，不知应该如何是好。谈起这等话题，恰好我们今年也有一个香港移民投资管理期满的案例。

该项投资从最初起步的 650 万港元，到 2016 年 8 月末结束时为 1829 万港元。如果以 7 年为期计，折合年复合回报率 15.93%（+15.93%），达到了"跑赢大势、绝对盈利"的投资管理目标。

整体而言，这个结果看似完满，但期间波澜起伏，或是云霄之上的凌空惊心，或是噩耗绝望的无底深渊，从来没有一年不"面临错综复杂的国际、国内环境"。

2008 年初开始着手，旋即遭遇全球金融危机，被打击得满地凋零。当年即便是大蓝筹如汇丰股票也曾遭遇一天大跌近一半的惨况，汇丰是几代港人的精神与财富的寄托，香港电视主持人播放该条新闻时，不能自已，潸然泪下，涕泪横流。在这样的氛围下，起步的 650 万港元，很快就跌到 400 余万港元。

历经重重磨难之后，上述投资在 2015 年 5 月终于站上了新高峰，达到 3000 万港元。随后再次遭遇"痛得无法呼吸"的新一轮危机，这轮危击一直延续到期满，至今也未结束。

总之，过去的 7 年、8 年、9 年或 10 年，都是一段以危机为主的历史阶段，这项投资从起步的 650 万港元，到 2008 年的 400 万港元，再到 2015 年的 3000 万港元，到最后的 1800 万港元，历尽悲欢离合、阴晴圆缺，令人再次体会到"人生不如意者十之八九"的含义，但是最终结局还算圆满。

在皎洁的月光里，与老友心如止水般细数着前程往事。一路走来，有多少人迎面而来，又有多少人擦肩而过，那些曾经的酸甜苦辣，经过岁月的沉淀酝酿，成为记忆的甜酒。历经劫波之后，我们都还在，这应该就是最好的消息。

- 本期收到分红网易（NTES）每股 0.78 美元，共收到分红 3489.81 元。卖出兴业银行（601166）10 000 股，15.98 元 / 股（得资 159 800.00 元）；乐视网（300104）1000 股，44.37 元 / 股（得资 44 370.00 元）。买入贵州茅台（600519）200 股，294.82 元 / 股（耗资 58 964.00 元）；中国太平（00966）11 000 股，15.45 港元 / 股（耗资 169 950 港元，合 146 326.95 元）。支付财务费用 10 000 元。

模拟实盘投资组合展示（2016年9月30日）

	股数	成本	市价	市值	市值
中国内地市场					2 533 662.00
兴业银行（601166）	60 000	10.18	15.98	958 800.00	958 800.00
格力电器（000651）	46 000	20.05	22.05	1 014 300.00	1 014 300.00
洽洽食品（002557）	5 000	18.22	17.77	88 850.00	88 850.00
贵州茅台（600519）	1 600	265.79	294.82	471 712.00	471 712.00
中国香港市场					4 706 957.85
复星国际（00656）	90 000	13.10	11.82	1 063 800.00	915 931.80
中信银行（00998）	200 000	4.64	5.16	1 032 000.00	888 552.00
中国银河（06881）	60 000	6.59	7.14	428 400.00	368 852.40
腾讯控股（00700）	3 000	166.68	214.90	644 700.00	555 086.70
中国太平（00966）	131 000	15.49	15.45	2 023 950.00	1 742 620.95
中联重科（01157）	100 000	2.48	2.74	274 000.00	235 914.00
美国市场					1 161 202.64
猎豹移动（CMCM）	1 000	19.50	12.42	12 420.00	82 938.27
网易（NTES）	670	194.43	241.00	161 470.00	1 078 264.37
现金					369.04
信用杠杆					（3 000 000.00）
净资产总值					5 402 191.53

备忘

2016/9/30 中国银行外汇折算价：美元 667.78，港元 86.10。

专栏自 2007 年 4 月开启至今，

上证综指自 3525 点到 3001 点，−14.87%；

香港恒指自 20 520 点到 23 362 点，+13.85%；

道琼斯自 12 923 点到 18 276 点，+41.42%；

专栏投资组合自 100 万元到 540.22 万元，＋440.22%。

投资是难的，因为它离钱最近、离人心最近，而"人心莫测"。

知行合一拜阳明

2016 年 10 月 31 日

多年前读历史，看到清末日俄战争一段。日本海军在黄海击溃强大的沙皇俄国太平洋舰队，怒火中烧的俄国人随即组成第二太平洋舰队，千里迢迢从波罗的海出发，历时 8 个月赶到对马海峡打算教训日本人，结果再次遭到全歼。对马海战日本海军的完胜，成为近代历史上第一次东方人击败西方的案例。

在这场战役中，胜方的统帅是后来被日本尊为"军神"的海军元帅东乡平八郎。在庆祝宴会上，据说面对与会众人的一片夸赞问询之声，东乡平八郎默默不语，取出随身的腰牌示与众人，上书七个字："一生俯首拜阳明"。

这个"阳明"就是 500 年前的王阳明。王守仁，号阳明，从小立志做圣贤，提出"心即理""知行合一""致良知"的主张，创立"心学"，是中国历史上立德、立功、立言的表率。

读王阳明的历史，说"阳明先生的一生是战斗的一生、辉煌的一生"，并无夸张。一个读书人，上马能克敌制胜，下马能治国修德，有人评价他是中国历史上"两个半圣人"中的一个。

早就知道阳明先生的故居在余姚，心中念着有机会一定要去拜谒。10 月，宁波的朋友盛情邀请，分享投资心得。得知余姚就在宁波，欣喜之情，溢于言表。月末的最后一天，冒着蒙蒙细雨，前往阳明故居，恰好赶上诞辰纪念日活动，正是"择日不如撞日"。

听着讲解员的解说，一一体会当年阳明先生的龙场悟道、格物致知、知行合一、天泉证道，感悟他写下的"**破山中贼易、破心中贼难**"。阳明先生的最后时光，是在广西平叛后赶回家乡的途中度过的，病重，已奄奄一息，他对弟子的临终遗言只有一句："此心光明，亦复何言！"每读至此，心中不禁一阵怆然。

阳明学说影响了一代又一代的人，乃至远播海外，余音回响，至今不绝。例如著名教育家陶行知，名字即源于对"知行合一"的纪念。10月邀我演讲的中国青年金融家俱乐部也正执行一个"行知计划"，意在培养金融界的年轻才俊理论结合实践的知行理想。

中山先生提过"知难行易"，成语有云"知易行难"，各行各业均可从阳明心学中汲取精华修正、指导自己的行为。对于我们所从事的投资行业，我认为投资是"知不易、行更难，知行合一难上难"的。

投资是难的，因为它离钱最近、离人心最近，而"人心莫测"。莫说去测市场1亿股民的心，能测中己心的人，又有几个？就是因为这样，才会发生"5000点泱泱而入，3000点惶惶而出"的景象。遥想9年前的10月，那些6000点豪情万丈的誓言，在9年之后跌至3000点的如今，早已烟消云散。

阳明心学提出"知而不行，即为不知"，我认为应该"以知导行，以行证知"，如此循环往复，以期不断朝着正确的方向前进。

"纸上得来终觉浅，绝知此事要躬行。"没有"以行证知"，没有"以术证道"，没有实践，所谓的"知"与"道"就是空的，并无意义可言。

9年前，如果有人预测"将来的9年，从2007年10月到2016年10月，股市会从6000点跌到3000点"，那么如今历史会显示，他说对了。只是，同期我们的专栏组合从168万元到552万元，相当于当年近两万点的水平，历史同样显示，我们做对了。说得没错，做得也没错，但那些"听话没做"的人，已经错过了9年时光。这到底应该怨谁？

过去的 10 天，从北到南参加了三场读友见面会，分享投资感悟，相聚甚欢。有人提出将来最好能定期举办活动，这倒是"以行证知"的好方法，让我们有机会遵循阳明之道，以良知和光明之心，追求财务自由的未来。

- 本期卖出洽洽食品（002557）5000 股,17.53 元 / 股（得资 87 650.00 元）。买入贵州茅台（600519）100 股，319.80 元 / 股（耗资 31 980.00 元）；中国太平（00966）3000 股，15.03 港元 / 股（耗资 45 090 港元，合 39 332.01 元）。支付财务费用 10 000 元。

模拟实盘投资组合展示（2016 年 10 月 31 日）

	股数	成本	市价	市值	市值
中国内地市场					2 549 660.00
兴业银行（601166）	60 000	10.18	16.26	975 600.00	975 600.00
格力电器（000651）	46 000	20.05	22.40	1 030 400.00	1 030 400.00
贵州茅台（600519）	1 700	268.97	319.80	543 660.00	543 660.00
中国香港市场					4 708 431.16
复星国际（00656）	90 000	13.10	11.37	1 023 300.00	892 624.59
中信银行（00998）	200 000	4.64	5.05	1 010 000.00	881 023.00
中国银河（06881）	60 000	6.59	7.37	442 200.00	385 731.06
腾讯控股（00700）	3 000	166.68	207.40	622 200.00	542 745.06
中国太平（00966）	134 000	15.48	15.03	2 014 020.00	1 756 829.65
中联重科（01157）	100 000	2.48	2.86	286 000.00	249 477.80
美国市场					1 264 862.35
猎豹移动（CMCM）	1 000	19.50	10.84	10 840.00	73 322.84
网易（NTES）	670	194.43	262.92	176 156.40	1 191 539.51
现金					6 707.03
信用杠杆					（3 000 000.00）
净资产总值					5 529 660.54

备忘

2016/10/31 中国银行外汇折算价：美元 676.41，港元 87.23。

专栏自 2007 年 4 月开启至今，

上证综指自 3525 点到 3092 点，−12.28%；

香港恒指自 20 520 点到 22 910 点，+11.65%；

道琼斯自 12 923 点到 18 162 点，+40.54%；

专栏投资组合自 100 万元到 552.97 万元，+452.97%。

你终究就是你，是另一片树叶，每个人最终还是要找到合适的道路，才能活出自己的精彩。

以企业家视角看投资

2016 年 11 月 30 日

过去两个月，上证指数大约上涨了 300 点，那些在股市 2900 点时断言会"跌到 2200 点"的"专家"，忽然头头是道地分析起"牛市第二波的策略"来，看来他们认为"牛市第一波"已经过去了。

这些云山雾罩、莫衷一是的"墙头草"充斥着市场，再加上 90% 的股民怀着一颗"只不过是玩一玩"的"炒"股之心，由是推之，股市上绝大部分人最终不赚钱几乎是注定的命运。

想在投资上最终有所建树，阅读是必不可少的一环。阅读是天底下最合算的事，因为一本好书可能是一个人 10 年、20 年乃至一生的经验总结。越广泛地阅读，越能使人了解世界的全景，越能坚定信念、不易初心。所以，巴菲特说"我的工作是阅读"，芒格被称为"长了两条腿的书架子"。

有内容的书需要时间的沉淀与累积，术与道的正确与否也需要时间验证。近来，好友张可兴先生正好做了一件这样的事，他将过去撰写的文章辑录成册，并发来书稿，希望我写个序言。

张可兴先生是格雷投资的创始人，崇尚价值投资，甚至公司名字"格雷"二字，也是源自巴菲特的老师、价值投资之父 —— 格雷厄姆。他也将价值投资的理念融入生活点滴之中，从买车到买房，乃至在超市里比较维达与恒安两家公司的纸巾哪一个具有更优的性价比。对于这样的故事，我听说过不少。

　　张可兴专职做证券投资始于 2006 年，资历并不算很深，但与同行相比，他有一个独特的优势：在此之前他经营过企业。10 年前，他在西安创办了英语培训学校，风头在当地一度盖过著名的新东方，成为西安同业的领军者。但历经了实业界的百转千回之后，他终于认定股票投资更适合自己，于是世界上多了一个投资家。没错，是投资家，因为他多年以来的言行符合我们定义的"投资家的五个标准"。

　　可以说"以企业家视角看投资"奠定了张可兴成功的基础，他一贯秉承"买股票就是买企业股权"这一核心价值观，这正与他企业家的经历相关。巴菲特曾说："我是一个好的投资家，因为我是一个好的企业家；我是一个好的企业家，因为我是一个好的投资家。"张可兴用自己的经历再次验证了巴菲特的这句名言。

　　在新书的自序中，张可兴写的标题是"买入，持有，富有"。2012 年我曾经发表过的一篇文章《负债投资》提到加拿大华人首富迈克尔·李秦旗下的基金公司 AIC 著名的口号就是"买入，持有，富有"（buy，hold and prosper）。我猜测他并没有读过这篇文章，能不约而同、殊途同归，正可谓英雄所见略同。

　　在书中，张可兴除了论述投资的基础性概念之外，也将自己实际工作中运用的十八般兵刃一一亮出，例如第六章"我们的选股逻辑"包括筛选企业标准，企业评估基本原则，企业评估检查清单，成长性分析，管理层了解、调查和判断，财务和定量分析，风险全面筛查，评估企业价值等，洋洋洒洒数十条，可供那些渴望"干货"的读者借鉴。

　　书中还有专门的一章，将 2008～2015 年张可兴每年写给投资人的年度投资信件一一列出，有意者可以看到在共同经历的簸荡历史中私募基金经理人的心路历程。

　　读一本书，哪怕一页纸、一句话能有所启发，也算是物有所值了。但你终究就是你，是另一片树叶，每个人最终还是要找到合适的道路，才能活出自己的精彩。

■ 本期卖出兴业银行（601166）40 000 股，16.92 元 / 股（得资 676 800.00元）；猎豹移动（CMCM）1000 股，10.18 美元 / 股（得资 10 180 美元，合 70 104.57 元）。买入期权 50ETF 购 6 月 2153A（10000727）200 000份，0.2903 元 / 份（耗资 58 060.00 元）；招商证券（06099）19 000股，12.62 港元 / 股（耗资 239 780 港元，合 212 900.66 元）；京东（JD）2500 股，27.04 美元 / 股（耗资 67 600 美元，合 465 527.40 元）。支付财务费用 10 000 元。

模拟实盘投资组合展示（2016 年 11 月 30 日）

	股数	成本	市价	市值	市值
中国内地市场					2 251 576.00
兴业银行（601166）	20 000	10.18	16.92	338 400.00	338 400.00
格力电器（000651）	46 000	20.05	28.47	1 309 620.00	1 309 620.00
贵州茅台（600519）	1 700	268.97	320.88	545 496.00	545 496.00
50ETF 期权 2153A(10000727)	200 000	0.290 3	0.290 3	58 060.00	58 060.00
中国香港市场					5 403 155.63
复星国际（00656）	90 000	13.10	11.49	1 034 100.00	918 177.39
中信银行（00998）	200 000	4.64	5.10	1 020 000.00	905 658.00
中国银河（06881）	60 000	6.59	7.80	468 000.00	415 537.20
腾讯控股（00700）	3 000	166.68	193.30	579 900.00	514 893.21
中国太平（00966）	134 000	15.48	17.81	2 386 540.00	2 119 008.87
中联重科（01157）	100 000	2.48	3.57	357 000.00	316 980.30
招商证券（06099）	19 000	12.62	12.62	239 780.00	212 900.66
美国市场					1 523 415.00
网易（NTES）	670	194.43	229.28	153 617.60	1 057 887.60
京东（JD）	2 500	27.04	27.04	67 600.00	465 527.40
现金					7 123.54
信用杠杆					（3 000 000.00）
净资产总值					6 185 270.17

> 2016/11/30 中国银行外汇折算价：美元 688.65，港元 88.79。
>
> 专栏自 2007 年 4 月开启至今，
>
> 上证综指自 3525 点到 3258 点，−7.57%；
>
> 香港恒指自 20 520 点到 22 822 点，+11.22%；
>
> 道琼斯自 12 923 点到 19 174 点，+48.37%；
>
> 专栏投资组合自 100 万元到 618.53 万元，+518.53%。

备忘

猜不对，没啥用；猜对了，又如何？

从巴布森突变看预测

2016 年 12 月 31 日

新年到了，各类机构因循惯例，举行各种展望论坛，对未来一年市场走势进行预测，众多股民也四处打探，翘首聆听，生怕错失下一次发财的机会。

这种热闹的情形，让我想起大约 20 年前读到的"巴布森突变"的故事。

1921～1929 年 9 月，美国股市蓬勃繁荣，反复向上，上涨了七八倍。在长期的高歌猛进之后，人们陷入一种持久的狂欢与热烈之中。但 1929 年 9 月 5 日，在马萨诸塞州一个午餐会上，当时一个并不起眼的投资顾问罗杰·巴布森发表了自己对市场的看法："我认为一场股市崩盘将会来临。工厂将会倒闭，工人将会失业，恶性循环将周而复始，结果将是严重的商业萧条。"

当天下午，股市开始大跌，接下来，一发不可收拾，坏消息一个接着一个，暴跌接着暴跌，黑色接着黑色，美国股市发生了有史以来最严重的大崩溃。

这场史无前例的大崩溃从 1929 年一直延续到 1932 年，并成为世界经济大萧条的导火索。道琼斯指数从 1929 年最高的 381 点到 1932 年最低的 41 点，下跌了 89%（-89%），无数财富灰飞烟灭，甚至连价值投资的开山鼻祖、巴菲特的导师格雷厄姆也未能幸免。直到 1954 年，整整 25 年之后，股市才恢复到 1929 年股灾前的水平。

这就是历史上著名的"巴布森突变"，巴布森也因此载入史册。一个人能预言市场的崩溃，并且如此精准，这个故事给我留下了极其深刻的印象，以至于再后来读到巴菲特说"没有人能够预测短期的市场走势"时，我心中一直还有一个巴布森先生存在。

只是，当年能够得到的信息实在有限，除了上述信息之外，我再也没有看到过任何关于巴布森的消息，直到很多年以后。

很多年以后，随着现代社会信息获取的便捷才知道，当年巴布森预言股市会跌20%。巴布森在1929年之前，每年都在重复同样内容的预言，有史可查的至少有3年。

也就是说，巴布森先生并没有料到股市会跌80%～90%，也没能测准崩溃何时发生。

如果有人有幸遇见并接受了他的预测，在成功躲过了股市大跌20%之后出手接盘，也无异于抓住天上掉下的利刃，同样避免不了遭到重创的命运。

以道琼斯指数大跌89%试算，没有听从巴布森预言的人，从100元跌到11元，亏损89%（-89%）；听从巴布森预言的人，幸运地在大跌20%之后捡便宜入场，从80元跌到11元，亏损86%（-86%）。一个跌89%与一个跌86%，这样的结果是否有本质上的区别？

或许有人"聪明"地想："如果听了巴布森的话，做空股市，应该可以赚钱了吧?"实际上，如果在巴布森预言之初就做空股市，更是极有可能被淹没在"非理性繁荣"之中，在崩溃来临之前就已经被市场消灭归零了。

依我国目前绝大多数私募基金所谓的"结构化"产品设计，如果按照这种预测行事，无论做多还是做空，早已不知道被清盘多少次了。

这就是我多年以来最佩服的一个能"成功预测"的人物的真实水平。由此可见，预测，尤其是短期预测，几乎没有成功的可能。靠预测发财，更是无异于天方夜谭。

猜不对，没啥用；猜对了，又如何？更有甚者，与那些纯粹"猜涨跌"的预测"专家"相比，那些唱空做多或唱多做空的人，令人怀疑的还不仅仅是能力问题。

当下，人民币贬值是人们最为关心的话题之一，其实就像房价、通胀一样，对于所有这些与财富保值相关的话题，唯一要考虑的是如何提高投资回报率，只要投资回报能跑赢，这些都不是问题，根本无须猜涨跌。

投资的最终成功，不可能来源于猜对一两次升跌，而是要秉承良好的规划，长年如一日地知行合一。

只管播种，莫问收成；但行好事，莫问前程。一切水到渠成最好。

■ 本期收到分红网易（NTES）每股 0.78 美元，共收到分红 3625.28 元。卖出复星国际（00656）50 000 股，10.92 港元 / 股（得资 546 000 港元，合 488 397.00 元）。买入期权 50ETF 购 6 月 2153A (10000727) 100 000 份，0.1905 元 / 份（耗资 19 050.00 元）；京东（JD）2500 股，25.57 美元 / 股（耗资 63 925 美元，合 443 447.73 元）。支付财务费用 10 000 元。

模拟实盘投资组合展示（2016 年 12 月 30 日）

	股数	成本	市价	市值	市值
中国内地市场					2 083 605.00
兴业银行（601166）	20 000	10.18	16.06	321 200.00	321 200.00
格力电器（000651）	46 000	20.05	24.84	1 142 640.00	1 142 640.00
贵州茅台（600519）	1 700	268.97	330.95	562 615.00	562 615.00
50ETF 期权 2153A (10000727)	300 000	0.257 0	0.190 5	57 150.00	57 150.00
中国香港市场					4 567 639.02
复星国际（00656）	40 000	13.10	10.92	436 800.00	390 717.60
中信银行（00998）	200 000	4.64	4.91	982 000.00	878 399.00
中国银河（06881）	60 000	6.59	6.97	418 200.00	374 079.90
腾讯控股（00700）	3 000	166.68	189.90	569 700.00	509 596.65
中国太平（00966）	134 000	15.48	15.92	2 133 280.00	1 908 218.96
中联重科（01157）	100 000	2.48	3.38	338 000.00	302 341.00
招商证券（06099）	19 000	12.62	12.02	228 380.00	204 285.91
美国市场					1 904 203.73
网易（NTES）	670	194.43	218.88	146 649.60	1 017 308.28
京东（JD）	5 000	26.31	25.57	127 850.00	886 895.45
现金					26 648.09
信用杠杆					（3 000 000.00）
净资产总值					5 582 095.84

备忘

2016/12/30 中国银行外汇折算价：美元 693.70，港元 89.45。

专栏自 2007 年 4 月开启至今，

上证综指自 3525 点到 3099 点，−12.09%；

香港恒指自 20 520 点到 21 944 点，+6.94%；

道琼斯自 12 923 点到 19 786 点，+53.11%；

专栏投资组合自 100 万元到 558.21 万元，+458.21%。

2017

巴菲特不止一次提道："我们只喜欢与那些我们喜欢、尊敬、信任的人打交道。"这句话说的是在懂你的人群中散步。遇见"懂你的人"，是投资管理中最难的事。

在这样一个快节奏的时代，总有一件事情令人分心，让人偏离初心，
渐行渐远，忘却原本的目标。

工匠精神话唐朝

2017 年 1 月 26 日

提起唐朝，人们会想到"强汉盛唐""远迈汉唐"这样的豪迈词语，因为
在人们心目中，那是一个强盛、开放、昌明、繁荣的时代。

这里提到的唐朝，是个笔名。他是财经网站上的知名大咖，是在投资的
道路上，历经坎坷甚至破产打击，终于取得了财务自由的人。他在自己投资之
余，热心于回答人们的各类投资问题，以至于忽然一日心血来潮，将其结集成
书，名为《手把手教你读财报》，将原本枯燥的财务报表，春风化雨般娓娓道
来，解答了投资者遇到的多种疑问。

能将味同嚼蜡的内容深入浅出地道出，虽然是用中文解析中文，却也可
以算是"翻译"了。这种"中翻中"的手法虽不至于前无古人，但作为财经书
籍并不多见。这本书受到市场热捧的程度令人吃惊，以至于成为一本"现象
级"的财经书，也令"手把手"一词成为爆款，仿者甚众。

唐朝无意间成为畅销书作家，此次再接再厉完成的《手把手教你读财报
2：18 节课看透银行业》，专门解读了银行这个行业。

在中国股市上，银行类的股票，从五大行、股份制银行到城商行，数目
占中国上市公司的比例虽然不大，但该行业的利润、市值等指标在整个证券市
场具有举足轻重的地位。引发 2008 年全球金融危机、令整个世界垮掉的恰恰
是美国金融业的坏账。欧美银行业坏账连环爆发，至今未绝。出事的欧美银行

股跌得只剩下零头，相比之下，"完美得多"的中国银行业竟然境遇相仿，这种现象正应了股市那句谚语："所谓熊市就是，出事的跌，没出事的，估计要出事，也跌！"

中国银行业的这种低估，到底是"陷阱"还是"馅饼"，广大投资者对此心存疑虑。而产生疑虑的根本原因是心中没底，唐朝的这本新书正可以帮助投资者摸摸底。

通过18个章节的条分缕析，新书对于银行业进行了全貌概括、业务解析，一气呵成。这本书已经超越了投资的范围，不仅可以作为银行股投资者的参考必备，甚至可以作为银行业从业人员的学习读本。

唐朝用了近一年的时间打磨这部作品，为此专门阅读了60多本有关银行的专著。读者有机会用数十元换取一年青春时光，同时还伴随着投资上的回报，无论怎么算，都是读书人的福音。

近一两年，"工匠精神"一词日渐风靡。人们讨论德国工业4.0、日本千年老店，将这些成就归结于工匠精神。所谓的工匠精神，就是用时光去打磨一件心爱的东西。在这样一个快节奏、碎片化的时代，心无旁骛、专心致志是不容易的，因为总有一件事情令人分心，总有一个意外让人猝不及防，让人偏离初心，渐行渐远，忘却本来的目标。

此外，工匠精神还意味着，极有可能在相当长的一段时间里，没有经济效益，也就是不赚钱，甚至以后赚不赚钱，也不确定。因此，如果不是出于热爱，就不会有坚持，就不可能达到忘我的工匠精神境界。

巴菲特曾说："有钱的好处在于，我可以有选择的自由。"20年前读到这句话，神往不已。现在经过多年的努力，当国人不再被贫瘠的经济基础所困，他们内心的工匠精神开始迸发出火焰，为社会增添光彩，唐朝的这本书可以说是这种历史必然的体现。

本月我国刚刚公布了亮眼的2016年经济成绩单：GDP增长6.7%，增速全球第一，经济总量达 74.4 万亿元。

　　新年来了，如果我只有一次机会，可以许下一个心愿，我希望，再给中国一点时间、一点耐心，人们会看到那些具有工匠精神的人如何渐渐胜出，看到祖国如何重回"远迈汉唐"的美好时代。

■　本期没有交易。支付财务费用 10 000 元。

模拟实盘投资组合展示（2017 年 1 月 26 日）

	股数	成本	市价	市值	市值
中国内地市场					2 179 135.00
兴业银行（601166）	20 000	10.18	17.02	340 400.00	340 400.00
格力电器（000651）	46 000	20.05	25.72	1 183 120.00	1 183 120.00
贵州茅台（600519）	1 700	268.97	345.05	586 585.00	586 585.00
50ETF 期权 2153A (10000727)	300 000	0.257 0	0.230 1	69 030.00	69 030.00
中国香港市场					4 826 078.55
复星国际（00656）	40 000	13.10	11.90	476 000.00	420 879.20
中信银行（00998）	200 000	4.64	5.13	1 026 000.00	907 189.20
中国银河（06881）	60 000	6.59	7.25	435 000.00	384 627.00
腾讯控股（00700）	3 000	166.68	204.90	614 700.00	543 517.74
中国太平（00966）	134 000	15.48	17.07	2 287 380.00	2 022 501.40
中联重科（01157）	100 000	2.48	3.92	392 000.00	346 606.40
招商证券（06099）	19 000	12.62	11.95	227 050.00	200 757.61
美国市场					2 122 871.99
网易（NTES）	670	194.43	251.21	168 310.70	1 154 409.43
京东（JD）	5 000	26.31	28.24	141 200.00	968 462.56
现金					16 648.09
信用杠杆					（3 000 000.00）
净资产总值					6 144 733.63

备忘

2017/1/26 中国银行外汇折算价：美元 685.88，港元 88.42。

专栏自 2007 年 4 月开启至今，
上证综指自 3525 点到 3156 点，−10.47%；
香港恒指自 20 520 点到 23 352 点，+13.80%；
道琼斯自 12 923 点到 19 851 点，+53.61%；
专栏投资组合自 100 万元到 614.47 万元，+514.47%。

从迎合市场转变为引导市场，对于广大金融机构而言，并非易事。

诺亚财富会是十倍股吗

2017 年 2 月 28 日

10 年前（2007 年）的 2 月，上证指数首次升破 3000 点大关，群情振奋。10 年后，指数几乎原地踏步，但这貌似逡巡不前的表象之下，已是"沉舟侧畔千帆过"。有统计表明，2007 年 3 月 3250 点，市场平均市盈率 40 倍，而 2017 年 2 月 3250 点，市盈率 15 倍，其中蓝筹（上证 50）市盈率仅 10 倍。

股市多年不涨，如何赚钱？当年林奇提出的"十倍股"（tenbagger）一词早已深入人心。近日看了篇名为《十倍股之诺亚财富》的文章，诺亚财富与我们还算是同行，不同的是，诺亚财富多是渠道商角色，我们所在的证券私募投资基金属于制造商角色。正好诺亚财富今天公布了 2016 年财报。

诺亚财富（NOAH）创立于 2005 年，2010 年 11 月以 IPO 价格 12 美元，成为第一家在美上市的中国第三方理财公司。2010～2016 年，公司净利润（以人民币计）从 0.7 亿元到 7.23 亿元，大约增长了 10 倍，年复合增长率达到 45%，这个速度相当惊人。

但相对于净利润的高速增长，股价表现却有些让人失落。上市首日股价达到 15 美元，市值达 10 亿美元，市盈率 100 倍。今天（2017 年 2 月底）股价为 25 美元，市值 14.5 亿美元（约合 100 亿元），市盈率 16 倍。也就是说，如果首日即买入并持有至今，累计回报率为 67%，不足 1 倍。

目前诺亚财富的 AUM（管理资产）达 1200 亿元，年度分销募集量达到 1000 亿元。这样的公司估值仅 100 亿元，的确有些令人遗憾。面对中国以数十万亿元计的财富容量，诺亚财富应该具备十倍股潜力，但潜力与现实并不是一码事。

一家公司最终值多少钱，最终还是要靠实力说话。这个实力就是盈利能力。以诺亚财富目前的盈利当然无法支撑千亿市值，但同样的资源换一种算法，情况却有可能不一样。

目前诺亚财富配置的资产绝大多数为固定收益产品和私募股权基金，如果诺亚财富能将 AUM 中的 1000 亿元配置到二级市场，取得 5 年翻一番的投资回报，按照 20% 取得业绩费，5 年时间，就会有 1000 亿元回报，公司可以获得 200 亿元业绩费，平均到每一年，就有 40 亿元的净利润。仅以这部分盈利，如有 25 倍市盈率，市值即可达 1000 亿元，这就是一个十倍股！

以 5 年为周期基本上可以穿越牛熊，至于"5 年翻一番"（即年化 15%）的目标，的确可以说是一个挑战。巴菲特过去 50 年的记录是 20%。我们在实际工作中也以此为目标，过去 4 年（2012～2016 年）已实现。这个专栏的公开记录也是一例，2007 年 4 月至今已有 118 个月，累计回报 580%，当初的 100 万元已上升为 680 万元，年化回报率达 21%，而同期上证指数是下跌的。

诺亚财富若要成为十倍股，第一，需要完成从渠道商到制造商的角色转变，即从以收服务费为主，转变为以投资盈利为主。金融业收取费用多以"服务性费用"（即赚投资人的钱）为主，以"业绩费"（即赚投资的钱）为目标的是少数。这主要是因为：一是市场有服务的需求；二是"投资赚钱"不是一件容易的事。目前来看，诺亚财富的强项在资产端，投资端能力有待验证。

第二，需要从"迎合市场"转为"引导市场"。市场流行什么就卖什么，迎合大众固然易于营销、提升费用收入，但如果没有人弃我取的精神，实际上并不利于客户利益最大化，最终也束缚了自身的发展。

第三，加强与投资者沟通，例如宣布没有私有化计划，以安定人心；再如不要推广产品时用中文，而发布财报时用英文，因为关心诺亚财富的中国人比美国人多。

总之，诺亚财富拥有强大的渠道优势，如何将资产端优势与投资端优势相结合，将是能否变为十倍股的关键。

■ 本期卖出网易（NTES）90股，305.26美元/股（得资27 473.40美元，合188 879.63元）。买入京东（JD）880股，30.76美元/股（耗资27 068.80美元，合186 098.00元）。支付财务费用10 000元。

模拟实盘投资组合展示（2017 年 2 月 28 日）

	股数	成本	市价	市值	市值
中国内地市场					2 268 633.00
兴业银行（601166）	20 000	10.18	16.81	336 200.00	336 200.00
格力电器（000651）	46 000	20.05	27.33	1 257 180.00	1 257 180.00
贵州茅台（600519）	1 700	268.97	356.39	605 863.00	605 863.00
50ETF 期权 2153A (10000727)	300 000	0.257 0	0.231 3	69 390.00	69 390.00
中国香港市场					5 081 249.97
复星国际（00656）	40 000	13.10	12.21	488 400.00	432 624.72
中信银行（00998）	200 000	4.64	5.35	1 070 000.00	947 806.00
中国银河（06881）	60 000	6.59	7.67	460 200.00	407 645.16
腾讯控股（00700）	3 000	166.68	209.30	627 900.00	556 193.82
中国太平（00966）	134 000	15.48	18.34	2 457 560.00	2 176 906.65
中联重科（01157）	100 000	2.48	4.02	402 000.00	356 091.60
招商证券（06099）	19 000	12.62	12.12	230 280.00	203 982.02
美国市场					2 460 697.25
网易（NTES）	580	194.43	305.26	177 050.80	1 217 224.25
京东（JD）	5 880	26.98	30.76	180 868.80	1 243 473.00
现金					9 429.72
信用杠杆					（3 000 000.00）
净资产总值					6 820 009.94

备忘

2017/2/28 中国银行外汇折算价：美元 687.50，港元 88.58。

专栏自 2007 年 4 月开启至今，
上证综指自 3525 点到 3243 点，−8.00%；
香港恒指自 20 520 点到 24 874 点，+21.22%；
道琼斯自 12 923 点到 20 811 点，+61.04%；
专栏投资组合自 100 万元到 682.00 万元，+582.00%。

影响投资结果的因素有两个：回报率高低和本金多少。

巴菲特只做没说的事

2017 年 3 月 31 日

春天来了，虽然牛市还没有来，但是"高筑墙、广积粮"、学习知识、储备技能的好时节到了，否则，即便机会迎面而来，也会擦肩而过。

各地读友日广，热情日增，只可惜时间有限，即便是亲自来京的，也不一定有时间相见。数月前原本与两三位朋友相约，消息透漏，忽然来了数十位读友，于是由谈天变为演讲，倒是由此产生了一种提高见面效率的方法。于是，近日在京沪杭举办了读友见面会，五日三地，马不停蹄，令人想起李白的诗句："银鞍照白马，飒沓如流星。"

无论是阳光灿烂的陆家嘴，还是烟雨迷蒙的西子湖畔，虽然没有把酒言欢，却也言笑晏晏。与喜欢的人在一起，谈谈喜欢的事，人生快意，莫过于此。

沿海经济发达源于经济头脑发达。在杭州，这个出了中国首富、很快会出现世界首富的城市里，连送我去机场的司机小哥都很关心经济。对于首富，他的羡慕之情很接地气："估计马云到任何地方吃饭都不用掏钱了。"

有感于此，我总结了"从掏钱吃饭问题，看人生三个阶段：你吃饭你掏钱；你吃饭别人掏钱；你吃饭别人掏钱并且还给你钱"。司机小哥点头称是，他竟然也非常清楚巴菲特午餐拍卖 300 万美元的事，欣然表示人生有了努力的方向。

在这几次读书分享会中，有一些内容值得回顾。

人们在投资过程中，通常面临两种风险：一是本金的永久性损失；二是回报不足。对于第一点，人们一般还是较为了解的。

但对于"回报不足"的风险，人们想到的比较少。上周，在翻译坎宁安教授新版的《巴菲特致股东的信》一书过程中，得知巴菲特曾写过这样一段话：

在长达 63 年的过程中，市场一般年化回报率略低于 10%，包括分红在内。按此计算，如果投资 1000 美元，在 63 年中，以复利再投资的形式，可以增长到 40.5 万美元。然而，如果回报率为 20%，最终的结果将会达到约 9700 万美元。

这个例子讲的就是"回报不足"的风险。在今天熊市环境下，人们喜欢追求安全、追求保本、追求低风险、追求小"回撤"，但过于追求低风险而导致回报不足，这何尝不是一种损失。

与过于追求安全而导致回报不足的情况相反，过于追求回报越高越好，乃至于铤而走险，甚至一朝清零，这又走向了另一个极端。

遍观投资历史，以较为成熟的美国股市而言，过去半个世纪，专业投资基金回报率长期平均大约为 10%，能长期取得 15% 回报率的基金已属杰出之列。而屹立在投资金字塔之巅者，如巴菲特，过去 50 年年化回报率为 20% 左右。

由此可见，一个人通过学习、磨砺，长期而言，能取得 15% ~ 20% 的年化回报率，已属世界顶级投资家的行列，这已经近乎投资回报的天花板。

当一个投资者在提升投资回报方面接近天花板后，能否获得更多盈利？答案是：能！但必须换一个努力方向。

股市中的人们通常会在提高回报率上下功夫，其根本原因在于资本有限，希望以有限的资本获取更多的盈利。

影响投资结果的因素有两个：回报率高低和本金多少。当提升回报率的努力已经达到升无可升的时候，应该努力的方向是扩大本金规模。以 20% 的回报率计，100 万元的投资每年可以赚 20 万元，100 亿元能赚 20 亿元。

在回报率一定的情况下，想方设法扩大投资资本，是财富迈上新台阶的重点。这一点巴菲特没有说，但他一直在这么做。

- 本期收到分红网易（NTES）每股 1.01 美元，共收到分红 4041.61 元。卖出复星国际（00656）40 000 股，11.61 港元 / 股（得资 464 400 港元，合 412 294.32 元）。买入中国太平（00966）12 000 股，18.72 港元 / 股（耗资 224 640 港元，合 199 435.39 元）；京东（JD）970 股，31.33 美元 / 股（耗资 30 390.10 美元，合 209 670.42 元）。支付财务费用 10 000 元。

模拟实盘投资组合展示（2017年3月31日）

	股数	成本	市价	市值	市值
中国内地市场					2 472 703.00
兴业银行（601166）	20 000	10.18	16.18	323 600.00	323 600.00
格力电器（000651）	46 000	20.05	31.12	1 431 520.00	1 431 520.00
贵州茅台（600519）	1 700	268.97	386.09	656 353.00	656 353.00
50ETF 期权 2153A（10000727）	300 000	0.257 0	0.204 1	61 230.00	61 230.00
中国香港市场					4 911 791.02
中信银行（00998）	200 000	4.64	5.15	1 030 000.00	914 434.00
中国银河（06881）	60 000	6.59	7.21	432 600.00	384 062.28
腾讯控股（00700）	3 000	166.68	224.50	673 500.00	597 933.30
中国太平（00966）	146 000	15.75	18.72	2 733 120.00	2 426 463.94
中联重科（01157）	100 000	2.48	4.07	407 000.00	361 334.60
招商证券（06099）	19 000	12.62	11.89	225 910.00	200 562.90
美国市场					2 613 193.35
网易（NTES）	580	194.43	283.02	164 151.60	1 132 531.13
京东（JD）	6 850	27.60	31.33	214 610.50	1 480 662.22
现金					6 659.84
信用杠杆					（3 000 000.00）
净资产总值					6 977 347.21

备忘

2017/3/31 中国银行外汇折算价：美元 689.93，港元 88.78。

专栏自 2007 年 4 月开启至今，

上证综指自 3525 点到 3216 点，−8.77%；

香港恒指自 20 520 点到 24 218 点，+18.02%；

道琼斯自 12 923 点到 20 692 点，+60.12%；

专栏投资组合自 100 万元到 697.73 万元，+597.73%。

为了能遇见生命中更好的人，为了人生中有限的"座位"。

我们为什么一直要努力

2017 年 4 月 30 日

这个柳絮飘飞的 4 月，"天南财务健康谈"建栏整整 10 周年。冬去春来、牛熊轮转，当太多太多都随风而逝之后，我们还在这里。

这种"文字 + 组合"模式持续了 10 年之久，在财经媒体的长河中，也算是一个小小的奇迹。虽不至于"后无来者"，但"前无古人"几乎是肯定的。

回顾过去的 120 个月，专栏投资组合以及同期全球 7 个指数的表现如下：

上证综合指数，	从 3525 点到 3146 点，	−10.75%；
深证综合指数，	从 985 点到 1900 点，	+92.89%；
香港恒生指数，	从 20 520 点到 24 630 点，	+20.03%；
加拿大多伦多指数，	从 13 623 点到 15 567 点，	+14.27%；
美国道琼斯指数，	从 12 923 点到 20 957 点，	+62.17%；
美国纳斯达克指数，	从 2523 点到 6057 点，	+140.07%；
美国标准普尔 500 指数，	从 1477 点到 2388 点，	+61.68%；
天南专栏组合，	从 100 万元到 726.59 万元，	+626.59%。

这 10 年，我们幸运地达成了"跑赢大势、绝对盈利"的专业目标，取得了年复利 21.94%（+21.94）的回报，而同期的上证综指在这 10 年之中竟有 9 年半是熊市，最终不但没涨，甚至还是负数。如果有人能在未来 10 年在此基础上重复我们过去的 10 年，那么在 2027 年的时候，每一个当初 100 万元的起步投资 10 年之后将超过 5000 万元。

目前专栏的净资产总值比起两年前的 698.83 万元，变动似乎微不足道。但彼时上证指数是 4273 点，此时是 3146 点，"沉舟侧畔千帆过"，那些看似一样的，实际上，已经渐渐有了本质上的分别。

即便有了最近数月的反弹，我们也并未突破专栏曾经的高点（2015 年 6 月中曾向上突破 800 万元），也就是说即便你在 23 个月前找到了我们，到现在也还没盈利。

当下的我们正处于近 10 年里的第 5 次大调整之中，正经历着近 10 年来第二大熊市（仅次于 2008 年全球金融危机）。这次调整至今已近两年，至于什么时候结束，根据以往的经验，只有事后才知道。

有人问我："这 10 年是怎么过来的？"我写下了 8 个字：**戒急用忍，衔枚不懈**。

在投资的过程中，绝大多数时间是不赚钱的，光芒四射的日子更是少数。但你需要一直努力，牛市的时候要努力，熊市的时候也要努力，别人关注的时候要努力，别人忘记的时候也要努力。要努力坚持到好日子来的时候，你还在。

我清楚地记得在 2016 年 6 月的愁云惨淡中，写下那篇《目前唯一的好消息》，其中提道："在没有星光的暗夜坚持前行，在没有希望的时候保持理性。"在全世界都下跌时保持勇敢，这是多么的难！

文字的好处在于，可以跨越时空遇见那些志同道合的人。如今我们常常收到各地朋友的来信，洋溢的热情、默契的言语，常令人"有动于衷"。如今我还能"在"，全是仰仗你们一直以来的勉励与支持，感谢文字让我遇见这么多"素昧平生却一见如故"的人。

在前不久的读者见面会上，有人问我"为什么还要这么努力？"我想起数月前，曾回复一位内蒙古自治区的企业家的来信："因为会遇见生命中更好的人。"

　　读者粉丝的队伍日渐扩大，实在没有时间一 一见面，5 月我们打算举行首届投资人年会，以提高效率，但由于场地有限，与会资格仅限于投资伙伴。对于有兴趣的读者，办法倒是也有：找到那些有资格的人，因为他们每人手中有两个名额。至于怎么才能找到这样的人，只能自己开动脑筋了。

　　说起"场地有限"的话题，让我想起多年前读到巴菲特曾说过的一句话："你今天可以站起来走人，但我不能保证，你回来的时候还有座位。"为了这句话，我已经努力了 20 年。

　　时光飞快，大家都还在路上，我们要一直努力，是为了能遇见生命中更好的人，为了人生中有限的"座位"，也为了成为更好的自己。

■ 本期卖出中国银河（06881）10 000 股,7.13 港元 / 股（得资 71 300 港元，合 63 157.54 元）。支付财务费用 10 000 元。

模拟实盘投资组合展示（2017 年 4 月 28 日）

	股数	成本	市价	市值	市值
中国内地市场					2 596 485.00
兴业银行（601166）	20 000	10.18	15.42	308 400.00	308 400.00
格力电器（000651）	46 000	20.05	33.11	1 523 060.00	1 523 060.00
贵州茅台（600519）	1 700	268.97	416.45	707 965.00	707 965.00
50ETF 期权 2153A（10000727）	300 000	0.257 0	0.190 2	57 060.00	57 060.00
中国香港市场					4 895 480.00
中信银行（00998）	200 000	4.64	4.93	986 000.00	873 398.80
中国银河（06881）	50 000	6.59	7.13	356 500.00	315 787.70
腾讯控股（00700）	3 000	166.68	243.60	730 800.00	647 342.64
中国太平（00966）	146 000	15.75	19.60	2 861 600.00	2 534 805.28
中联重科（01157）	100 000	2.48	3.66	366 000.00	324 202.80
招商证券（06099）	19 000	12.62	11.88	225 720.00	199 942.78
美国市场					2 714 078.16
网易（NTES）	580	194.43	264.08	153 166.40	1 055 791.31
京东（JD）	6 850	27.60	35.12	240 572.00	1 658 286.85
现金					59 817.38
信用杠杆					（3 000 000.00）
净资产总值					7 265 860.54

备忘

2017/4/28 中国银行外汇折算价：美元 689.31，港元 88.58。

专栏自 2007 年 4 月开启至今，

上证综指自 3525 点到 3146 点，−10.75%；

香港恒指自 20 520 点到 24 630 点，+20.03%；

道琼斯自 12 923 点到 20 957 点，+62.17%；

专栏投资组合自 100 万元到 726.59 万元，+626.59%。

与时俱进的巴菲特才是真正的巴菲特。

投资中最难的事

2017 年 5 月 31 日

　　荔枝红熟的季节，乘着出差的空隙，在深穗两地举办了读者见面会。无论是在绽放花园，还是在珠江之畔、三水之滨，都得到了很多热心志愿者的支持，没有他们，就没有大家相聚之缘。

　　有企业家朋友专门提前从外地赶来，为活动忙前忙后。从酒店前往会场，不远不近的路程，共享单车是最佳的选择。想想这样的情景，身价千万、亿万的企业家，背着双肩包，骑着小黄车，怀着愉快的心情，在清晨的阳光里出发，为渴望知识的年轻人免费提供服务，自己也感觉回到了 20 岁，其间的快乐岂是金钱可比的。

　　近年来，有两本书在投资界颇受好评：一本是霍华德·马克斯的《投资中最重要的事》，另一本是邱国鹭先生的《投资中最简单的事》。只是大多数人会发现，就算读了 100 本关于投资的书，还是做不好投资，个中原委就是我在会上提到的"投资中最难的事"。

　　人们通过学习书本，固然可以知道净资产收益率、市盈率、市盈增长比率、流动比率、速动比率、杜邦分析等，通过学习固然可以增加自己的知识与开阔眼界，但凡是能从教科书上学习到的，都是相对容易的。"绝知此事要躬行"，其中"躬行"就是实践。而在实践中，面对瞬息万变的市场，如何活学活用、以变应变，却是最难的。

　　这也正是人们对于巴菲特的一些行为产生怀疑之处，例如他曾说不买航空股，结果去年买了航空股；他说不买科技股，结果买了IBM、苹果的股票；他建议人们买指数基金，但自己从来不买；他的导师格雷厄姆建议"以0.4美元买1美元的东西"，他却以3倍市净率买了喜诗糖果……如此种种，令人迷惑。

但在我看来，所有这些恰恰展现了一个真实的巴菲特，因势而化、与时俱进，这才是真正的巴菲特。

面对繁复万千的现实世界，"此心不动、随机而行"才是投资最终成功的要旨。"此心"的"心"就是原则，"此心不动"就是要坚持原则；"随机而行"就是要灵活应变、见机行事、不认死理。

比如一个月前，大家都在说华尔街有句话，"Sell in May and go away"（5月卖出，走人），中国股市也有"五穷"之说，那些能"预测"的专家都认为5月将是个糟糕的月份，但如果固执于这些所谓的"道理"，就没有我们专栏本月创下的历史新纪录。

因势而化、与时俱进、此心不动、随机而行，这些才是投资中最难的事。归结为一句话，就我们今年首届投资人年会上的热词——看情况，一切视具体情况而定。

投资成功是很难的，即便不是亲力亲为，投资人找到一个合适的管理人，也如同管理人遇见志同道合、三观一致的投资人一样不容易。

我近来不断引用"两个选择对象"的小故事，用以描述人生中相互寻找的过程。

如果我们年轻的时候，只有一份时间和精力选择一个人做朋友，对面有两个选择：一个好人、一个坏人。你选择哪一个？答案似乎很明显，当然是前者。

经过10年的努力，你成了更优秀的人，现在需要再做一次选择，面对两个人：一个好人、一个更好的人。你如何选择？这次稍微难了一点儿，但理性的行为是，选择那个"更好的人"。

然而这些情景都将你我放在选择者的主动位置上。再想一想，位置对调一下，如果你我就是那个被选择的人呢？我们选择社会，社会也在选择我们，为了更好的未来，我们要一直努力。

巴菲特不止一次提道："我们只喜欢与那些我们喜欢、尊敬、信任的人打交道。"这句话说的是在懂你的人群中散步。遇见"懂你的人"，是投资管理中最难的事。幸运的是，在这个"日啖荔枝三百颗"的季节里，我们正遇见越来越多"懂的人"。

- 本期卖出 50ETF 期权 2153A（10000727）（6 月到期）300 000 份，0.3251 元 / 份（得资 97 530.00 元）。买入 50ETF 期权 10000897（12 月到期）450 000 份，0.2874 元 / 份（耗资 129 330.00 元）。支付财务费用 10 000 元。

模拟实盘投资组合展示（2017 年 5 月 31 日）

	股数	成本	市价	市值	市值
中国内地市场					2 774 720.00
兴业银行（601166）	20 000	10.18	16.61	332 200.00	332 200.00
格力电器（000651）	46 000	20.05	33.83	1 556 180.00	1 556 180.00
贵州茅台（600519）	1 700	268.97	445.30	757 010.00	757 010.00
50ETF 期权 10000897	450 000	0.287 4	0.287 4	129 330.00	129 330.00
中国香港市场					5 067 383.33
中信银行（00998）	200 000	4.64	4.82	964 000.00	849 091.20
中国银河（06881）	50 000	6.59	7.20	360 000.00	317 088.00
腾讯控股（00700）	3 000	166.68	272.20	816 600.00	719 261.28
中国太平（00966）	146 000	15.75	20.80	3 036 800.00	2 674 813.44
中联重科（01157）	100 000	2.48	3.47	347 000.00	305 637.60
招商证券（06099）	19 000	12.62	12.04	228 760.00	201 491.81
美国市场					3 038 575.07
网易（NTES）	580	194.43	285.95	165 851.00	1 138 285.16
京东（JD）	6 850	27.60	40.42	276 877.00	1 900 289.91
现金					18 017.38
信用杠杆					（3 000 000.00）
净资产总值					7 898 695.78

备忘

2017/5/31 中国银行外汇折算价：美元 686.33，港元 88.08。

专栏自 2007 年 4 月开启至今，
上证综指自 3525 点到 3127 点，−11.29%；
香港恒指自 20 520 点到 25 734 点，+25.41%；
道琼斯自 12 923 点到 20 997 点，+62.48%；
专栏投资组合自 100 万元到 789.87 万元，+689.87%。

为何总是自谦犯错的人成了世界首富，而那些声称赚了十倍、百倍的人却未能解决问题。

屡屡犯错却能最终胜出的投资奥秘

2017 年 6 月 30 日

6 月 18 日这一天，我在"桨声灯影里的秦淮河"畔，与一群一见如故的南京读者相聚。此前一天，在厦门与吴晓波频道举办了读书会。会前抽空专门去了一趟厦大，那是我 20 年前对厦门仅有的依稀印象。正值毕业季，成群的年轻人在校园留影、在食堂齐唱同一首歌，令人仿佛回到了纯真年代。往来的过客恍然之间内心若有感动的话，多是因为这音乐、这画面也承载着自己曾经的青春。

距厦门不远的另一个城市，素昧平生的庞浩先生邀请我为他的新书写一篇序言，书名是《跟巴菲特学习仓位管理》。市面上关于巴菲特的书籍虽不至于汗牛充栋，但也数以百计，再多一本，是否会有新意？

作者并非财经专业出身，但对于投资有执着的热爱。在通读各种关于巴菲特的书籍之后，发现市面流传的关于巴菲特的故事多有不实之处，既有恶意的诋毁，也有善意的谎言。于是，作者决定通过自己的努力，去伪存真，寻求真相。经过多方面搜集资料、阅读思考，包括查阅美国证券交易委员会（SEC）备案的伯克希尔公司季度、年报，秉承"实事求是、原汁原味"两大原则，在保持信息准确性的前提下，逐渐成文，终成此书。

人们总结巴菲特的成功，或说"长期持股"，或说"安全边际"，或说找到"超级成长明星股"等，作者通过分析后认为巴菲特除了"进攻"之外，还有一套"防守"体系，包括五个环节：买什么、何时买、买多少、何时卖、卖多少，由此总结了巴菲特投资九字诀："好标的、好价格、好仓位"。

这个"好仓位"的观点，让我想起了一位年轻读者在读了《一个投资家的20年》一书后的读后感："杨先生在8年的交易中涉及个股数量仅有76只。其中，盈利卖出的为46只，亏损卖出的为30只。按此比例，他买对股票的概率仅为60%。"但为什么100万元就变成了700万元呢？

这个问题的答案可以解释，为何总是自谦犯错的人成了世界首富，而那些声称赚了十倍、百倍的人却未能解决问题。

我曾经写过一篇文章——《一项经常"失败"的成功投资》，提到了类似的现象。这种现象背后的原因是"大比例正确，伴随着小比例试错"。以"守正出奇"的观点来解释，就是"正"的部分配置大部资金，以稳为主；"奇"的部分配置小部资金，以期达到"以正合、以奇胜"的守正出奇的目的。只不过，大众出于猎奇心理，往往关注非常之处较多，格外留意了"奇"的部分而已。

今天，这本著作在一定程度上解答了这个问题。全书共九章，前三章是过渡章节作为引线，具有史料价值；第四章主要论述仓位管理的作用和地位；第五章从仓位管理的角度重新解读巴菲特的投资；第六、七、八章是这本书的高潮部分，主要涉及巴菲特的仓位布局与具体手法等；第九章是关于巴菲特如何在牛熊周期中进行仓位管理的。

对于这本书的一些观点，我个人持保留态度，但"君子和而不同"，正如作者当初秉承"尽信书，不如无书"的观点，才有此书的面世。广征博览，才能达到"兼听，以求全景之世界"的效果。

在行文结束之际，随手翻到书的前言，一段话映入眼帘：

大家都知道巴菲特投资《华盛顿邮报》赚了100倍，但是，很少有人知道这笔投资一开始就遭遇了 4 年之久的亏损，其间最大跌幅到达 40%。面对如此情况，你将如何抉择？

这种"先败后胜"的秘密，可以在书中寻找答案。

■ 本期收到分红网易（NTES）每股 1.08 美元，共收到分红 4243.48 元。卖出中信银行（00998）50 000 股，4.80 港元 / 股（得资 240 000 港元，合 208 296.00 元）。买入钜派投资（JP）4000 股，7.80 美元 / 股（耗资 31 200 美元，合 211 361.28 元）。支付财务费用 10 000 元。

模拟实盘投资组合展示（2017 年 6 月 30 日）

	股数	成本	市价	市值	市值
中国内地市场					3 184 196.00
兴业银行（601166）	20 000	10.18	16.77	335 400.00	335 400.00
格力电器（000651）	46 000	20.05	40.86	1 879 560.00	1 879 560.00
贵州茅台（600519）	1 700	268.97	470.98	800 666.00	800 666.00
50ETF 期权 10000897	450 000	0.287 4	0.374 6	168 570.00	168 570.00
中国香港市场					4 691 641.74
中信银行（00998）	150 000	4.64	4.80	720 000.00	624 888.00
中国银河（06881）	50 000	6.59	6.96	348 000.00	302 029.20
腾讯控股（00700）	3 000	166.68	279.00	837 000.00	726 432.30
中国太平（00966）	146 000	15.75	19.83	2 895 180.00	2 512 726.72
中联重科（01157）	100 000	2.48	3.73	373 000.00	323 726.70
招商证券（06099）	19 000	12.62	12.24	232 560.00	201 838.82
美国市场					3 230 392.28
网易（NTES）	580	194.43	303.63	176 105.40	1 193 008.42
京东（JD）	6 850	27.60	39.35	269 547.50	1 826 022.58
钜派投资（JP）	4 000	7.80	7.80	31 200.00	211 361.28
现金					9 195.58
信用杠杆					（3 000 000.00）
净资产总值					8 115 425.60

备忘

2017/6/30 中国银行外汇折算价：美元 677.44，港元 86.79。

专栏自 2007 年 4 月开启至今，

上证综指自 3525 点到 3182 点，−9.73%；

香港恒指自 20 520 点到 25 739 点，+25.43%；

道琼斯自 12 923 点到 21 376 点，+65.41%；

专栏投资组合自 100 万元到 811.54 万元，+711.54%。

面对同样的世界，每个人都会有不同的解读，乃至踏上不同的道路，渐行渐远。

现实很现实

2017 年 7 月 31 日

日前，一位业内的朋友谈及："我们一直都投 50 亿元以下的小市值公司，没想到今年是小市值跌、大市值涨。"我平静应道："在我们的眼中，不是什么小市值跌了、大市值涨了，而是那些被高估的跌了、被低估的涨了。"所谓滴水见太阳，此之谓也。⊖

今年以来，中小创股票的大跌与蓝筹股的大升形成鲜明反差，导致很多经年以来重仓中小创股票、曾经风光无限的基金如今度日维艰。很多私募基金公司同时还要面临合规成本日渐增高的两线压力，卖壳求存已经成为私募基金行业今年以来常见的现象。

这种"二八"乃至"一九"的分化景象，几乎与三四年前完全颠倒过来。那时，创业板的估值高了可以更高，而蓝筹股低了可以更低（被称为"烂臭股"），生动演绎了"顶在顶上、底在底下"的股谚。如果说市场变幻倒也罢了，只是当时竟然有人将"做多创业板、做空蓝筹股"称之为"对冲"策略，这种买多高估值、卖空低估值的做法，简直让人匪夷所思，甚至令人觉得有些人不仅仅是能力有问题。

这种景象也似乎印证了常常听到的一句话："现实很残酷。"但静下心来

⊖ 有人总问我何为"隐语"，这便是其中一例，需要读者自己琢磨。

观察，人们会发现在很多情况下，并非现实很残酷，而是"现实很现实"。

例如，常常会有人回忆起儿时的美好："那时候，我们没钱，但很快乐。"这话听起来，似乎"没钱"是快乐之本，如果真是这样，那简直是太容易了，因为现实中"赚钱"比这难多了。回头认真想一想，儿时的我们所具有的快乐并非源于"没钱"，而是因为"没责任"。天真无邪的孩童，无忧无虑，所以快乐。

对于同样的世界，每个人都会有不同的解读，进行不同的选择，乃至踏上不同的道路，渐行渐远，分道扬镳。

7月酷暑中出差武汉，顺便开了一场读者见面会。70余位"从未谋面却一见如故"的读者，坐在同一个大厅里，即便是互不相识的人，大家心中也都怀着相同的价值观，这种愉悦和踏实的感觉很美妙。其中一位30多岁的G先生，是现场唯一的投资伙伴，与我是首次见面，会后单独留下交谈了几分钟。

G先生是典型的三口之家，工作10多年，在武汉当地已有房，去年陆续投资我们基金150万元，目前已经超过200万元。对于这样典型的普通中产之家，妥当进行资产配置往往能极大改变家庭面貌。以目前的状况而言，即便我们从今往后只能实现10%的年化回报（这仅仅是我们以往业绩的一半），也相当于这个家庭每年多了20万元，而有多少普通人工作一年能攒下20万元？

展望未来，如果在未来的一个周期，能打一次重大战役（相关理念，建议参考《一场战斗和战争的区别》），取得一倍或两倍的回报，那么这笔投资就接近四五百万元之多。如果从那以后，每年只有10%的收益率，每年也有四五十万元的回报。对一个普通家庭而言，基本上可以说达到了财务自由的境界。至于这个规划能否实现，今天并不确定，但终将会有答案。

是否还有人记得2011年3月的那篇《规划出来的百万财富》？这篇文章讲的是一个几乎没有财富积累的三口之家，如何根据当时既有的情况规划财富人生。当时有读者质疑："2007 年那种大牛市已经过去，还有机会吗？"如今 6 年过去了，如果当年故事的主人公执行了这个计划，以专栏公开记录为准，家庭财富多出的何止是 100 万元，应该超过 4 个 100 万元了。

你一定会问："那他们现在到底怎么样了？"回答这个问题，徐志摩诗中的一句用在这里最为合适："走着、走着，就散了。回头发现，你不见了。"没有谁和谁注定要在一起。

是否觉得前一个例子很美妙，后一个故事很残酷？其实，它们都是真真切切发生在我们身边的事。

现实既不美妙，也不残酷，现实很现实。它有所奖励、有所抛弃，不多不少正正好。

■ 本期收到分红兴业银行（601166）每股 0.61 元；格力电器（000651）每股 1.80 元；贵州茅台（600519）每股 6.787 元；中信银行（00998）每股 0.215 元；中国银河（06881）每股 0.155 元；腾讯控股（00700）每股 0.61 港元；中国太平（00966）每股 0.10 港元；中联重科（01157）每股 0.15 元；招商证券（06099）每股 0.187 元；因税率不一，为了简便，统一使用 10% 的税率，税后共收到分红 161 340.03 元。买入 50ETF 期权 10000897（12 月到期）300 000 份，0.5039 元 / 份（耗资 151 170.00 元）。支付财务费用 10 000 元。

模拟实盘投资组合展示（2017 年 7 月 31 日）

	股数	成本	市价	市值	市值
中国内地市场					3 366 141.00
兴业银行（601166）	20 000	10.18	17.84	356 800.00	356 800.00
格力电器（000651）	46 000	20.05	39.30	1 807 800.00	1 807 800.00
贵州茅台（600519）	1 700	268.97	484.48	823 616.00	823 616.00
50ETF 期权 10000897	750 000	0.374 0	0.503 9	377 925.00	377 925.00
中国香港市场					4 691 641.74
中信银行（00998）	150 000	4.64	5.08	762 000.00	656 539.20
中国银河（06881）	50 000	6.59	6.87	343 500.00	295 959.60
腾讯控股（00700）	3 000	166.68	309.90	929 700.00	801 029.52
中国太平（00966）	146 000	15.75	23.30	3 401 800.00	2 930 990.88
中联重科（01157）	100 000	2.48	3.92	392 000.00	337 747.20
招商证券（06099）	19 000	12.62	12.29	233 510.00	201 192.22
美国市场					3 504 303.85
网易（NTES）	580	194.43	311.90	180 902.00	1 217 162.93
京东（JD）	6 850	27.60	45.21	309 688.50	2 083 677.13
钜派投资（JP）	4 000	7.80	7.56	30 240.00	203 463.79
现金					9 365.61
信用杠杆					（3 000 000.00）
净资产总值					9 103 269.08

2017/7/31 中国银行外汇折算价：美元 672.83，港元 86.16。

备忘

专栏自 2007 年 4 月开启至今，
上证综指自 3525 点到 3264 点，−7.40%；
香港恒指自 20 520 点到 27 185 点，+32.48%；
道琼斯自 12 923 点到 21 896 点，+69.43%；
专栏投资组合自 100 万元到 910.33 万元，+810.33%。

即便是追求投资成功，普通人也未必要成为投资家。

德才兼备的人也是稀缺资源

2017 年 8 月 31 日

　　从西南回到京城，无论是成都的宽窄巷还是重庆的磁器口，气温都比北京高出 15 摄氏度左右。京城的早晚已经有些凉意，秋天在不知不觉中渐渐降临了。

　　这次蓉渝之行，除了与业内人士见面之外，还在长江证券以及当地朋友的热情帮助下，组织了两场读者见面会。与近 200 位亲切的读者欢聚一堂，言笑晏晏，气氛如同天气一般热烈。今年累计而言，这样的活动有意无意之间已经举办了近 15 场。话题太多，泛泛之外，更深入的交流恐怕只能用拍卖"天南的午餐"的方式解决了。

　　从冬到夏，每到各地都会遇见令人感动的人与事。虽然，这些读者中的大部分此生或许不会再相见，但财务自由的种子广播在各处人们的心中，假以时日，总有一些终会开花结果。想一想这样的美好，见与不见都令人欣慰。

　　在很多场合，我不止一次提到两个概念："投资成功的人"和"成功的投资人"。这两个词组，虽然构词的字与字数都一样，但排列的不同，使其含义有着天壤之别。观察周围，就身边的例子而言，前一种人远远多于后一种。

　　所谓"投资成功的人"，他们的投资获益丰厚，但其本人或许并不太懂投资。所谓"成功的投资人"，在这条道路上如果以"投资成功的三个标准"来衡量，到达终点的人极为稀少，以至于马克·塞勒尔对常春藤的精英学子直言不讳地说："你们已经没有机会成为伟大投资者了！"

人们通常并不太愿意接受"无法成为巴菲特"这样的现实，但随着时间的推移，越来越多的人意识到这个问题。成都见面会的参与者中仅有一对中年夫妇是我们的投资伙伴，他们感叹道："现在我们终于可以省下时间，做自己喜欢的事情了。"这就是社会分工的好处。

大约 4 年前，曾经有一个北美著名大学的基金联系我们，它的名字可以归为人们耳熟能详、如雷贯耳的那一类。这所著名的大学培养了众多的栋梁精英，学子成功后回馈捐赠母校，日积月累，数十年下来，竟有 400 亿美元之巨。为了妥善管理这些资金，学校专门成立了基金管理公司。当我了解到该公司总共只有 7 个人时，惊讶地问："7 个人如何管理数百亿美元？"

对方代表沉静地望着我，说："你想错了。我们的工作并不是亲自管理这些钱，而是在全世界寻找像你这样的基金经理（portfolio manager）。我上月在伦敦，下月去巴西，就像今天在北京见你一样。"经过数十年的经验总结，以学术严谨而著称的精英阶层彻底得出了一个结论：培养一个合格的投资家，耗费时日且不说，还不能保证成功。与其如此，不如找到合适的管理人。

这件事更加印证了我一直以来的一个看法：即便是追求投资成功，普通人也未必要成为投资家。

经过 10 年、20 年亲力亲为的尝试，越来越多的人有意选择第二条道路，但人们忽然发现了另一个问题：第一条道路很难，但第二条道路也不容易。

找到一个合适的人是不容易的。一个人终其一生，无论是上个好学校还是找份好工作，无论是勤奋刻苦还是广结人缘，最后希望交什么人做朋友？是人品不坏但庸庸碌碌的人，还是聪明能干但表里不一的人？最终的答案是与德才兼备的人为伍。只有这样，才能实现我们的愿望：与喜欢的人打交道，做自己喜欢的事，不急功近利，假以时日，蓦然发现，钱也没少赚。

但德才兼备的人在世间也是稀缺资源，那些"有限的座位"，凭什么就能轻而易举地归了你？

红尘陌上，天天都面临选择，就像宽窄巷子入口天天川流不息的人们，面对着两个不同方向的指示牌：宽巷子、窄巷子。

■ 本期卖出港股中信银行（00998）50 000 股，5.14 港元 / 股（得资 257 000.00 港元，合 216 805.20 元）；中国银河（06881）50 000 股，7.07 港元 / 股（得资 353 500.00 港元，合 298 212.60 元）；招商证券（06099）19 000 股，12.63 港元 / 股（得资 239 970.00 港元，合 202 438.69 元）。美股京东（JD）850 股，41.96 美元 / 股（得资 35 666.00 美元，合 235 431.27 元）。买入 A 股 50ETF 期权 10000897（12 月到期）550 000 份，0.6001 元 / 份（耗资 330 055.00 元）；港股华泰（06886）15 000 股，17.48 港元 / 股（耗资 262 200.00 港元，合 221 191.92 元）；美股钜派投资（JP）5000 股，11.58 美元 / 股（耗资 57 900.00 美元，合 382 197.90 元）。支付财务费用 10 000 元。

模拟实盘投资组合展示（2017 年 8 月 31 日）

	股数	成本	市价	市值	市值
中国内地市场					3 776 348.00
兴业（601166）	20 000	10.18	17.71	354 200.00	354 200.00
格力（000651）	46 000	20.05	39.24	1 805 040.00	1 805 040.00
茅台（600519）	1 700	268.97	492.34	836 978.00	836 978.00
50ETF 期权 10000897	1 300 000.00	0.469 7	0.600 1	780 130.00	780 130.00
中国香港市场					4 693 790.40
中信银行（00998）	100 000	4.64	5.14	514 000.00	433 610.40
腾讯（00700）	3 000	166.68	328.50	985 500.00	831 367.80
中国太平（00966）	146 000	15.75	23.55	3 438 300.00	2 900 549.88
中联重科（01157）	100 000	2.48	3.64	364 000.00	307 070.40
华泰证券（06886）	15 000	17.48	17.48	262 200.00	221 191.92
美国市场					3 406 588.63
网易（NTES）	580	194.43	276.02	160 091.60	1 056 764.65
京东（JD）	6 000	27.60	41.96	251 760.00	1 661 867.76
钜派投资（JP）	9 000	9.90	11.58	104 220.00	687 956.22
现金					18 808.55
信用杠杆					(3 000 000.00)
净资产总值					8 895 535.58

备忘

2017/8/31 中国银行外汇折算价：美元 660.10，港元 84.36。

专栏自 2007 年 4 月开启至今，
上证综指自 3525 点到 3354 点，−4.85%；
香港恒指自 20 520 点到 27 928 点，+36.10%；
道琼斯自 12 923 点到 21 948 点，+69.84%；
专栏投资组合自 100 万元到 889.55 万元，+789.55%。

将有限的时光放在那些喜欢、欣赏和信任的人身上。

如何在一只不盈利的基金中赚钱

2017 年 9 月 30 日

清秋的早晨，已是凉意微习，北京又到了银杏硕果累累、山楂一树火红的季节。

今年以来，做了不少事情，写专栏、翻译书、参加投资人年会、参加各地读者见面会、大学兼职教授投资学、拍卖天南午餐，甚至教邻居练太极，有人担心这些是否耽误了工作主业？

这些看似繁复的背后，实际上始终围绕着"一个中心，一个原则"。一个中心就是以投资工作为中心，一个原则就是遵循"边际成本增量不大"的工作原则。翻译是学习提高，写作是厘清思路，见面是投资者教育与沟通，上课是教学相长，教人太极更是打算活得长久。这些全都在"一个中心一个原则"之下有序进行，这些表面的多样，实则发挥了良好的协同效应，极大地提高了工作效率。

专栏写作坚持到今天，已经十年零五个月，累计回报约 740%，尽管整体不错，但并非任何时间介入都会有令人满意的结果。例如在 6000 点参与，到 1600 点会损失惨重；在八周年时专栏资产总值为 698.83 万元，到了十周年为 726.59 万元，这意味着两年之间几无盈利，虽然这期间涵盖了从 5000 点到 3000 点的股市大跌。看到这些，恐怕当初慕了我虚名而来的人多少会失望。

在同样的历史进程中，在无法预测股市涨跌的情况下，如何才能取得更好的投资效果？在做了大量的案例分析与反省之后，结论是，如果想最终取得不错的投资成果，最好的方法是坚持定投。尤其是在市场艰难的时候，效果更为显著。

例如，一只以 1.00 元 / 份为起点的基金，在第 12 个月末跌至 0.50 元 / 份，在第 24 个月回升到 1.00 元 / 份。甲在开始时投资 100 万元，后续没有任何行动，两年之后还是 100 万元，结果没亏没赚。乙在开始之初投入 100 万元，次年再投 100 万元（可增持 200 万份），满两年时，乙投入 200 万元，最终得到 300 万元，实现整体 50% 的回报。上述案例的情景表明，在同一基金、同一期间的投资中，一个没赚钱，一个获利 50%。

有人会问："你怎么知道跌下去之后会回来？"这的确是个简单却又深刻的问题。

在 2012 年 11 月的《股票投资到底如何赚钱》一文中，提到过股票投资的盈亏最终来源于价值和价格两个因素。如果完全是依靠股价变化而获利，最终将落入投机的陷阱，但基于公司基本面变化而进行的投资，则有大概率终将回归获利，只要股票背后所代表的公司长期而言运作良好。

作为普通人，我们所追求的只不过是在"终将回归"的道路上，将回报尽可能提高一些而已。

现在我们每天都会收到各种申请投资合作的信件，也常常拒绝一些申请，其中一些令人忍俊不禁，例如有人来信："如何证明你们是好人？"也有人在得知中国证券投资基金协会规定私募基金起点不少于 100 万元时，恼怒地表示："如果我有这么多钱还找你们干吗？！"

投资合作成功也是不容易的，在不依靠"好运气"的情况下，一定是"合适的人、合适的钱"才有可能。现实中，这些因素可以用"很好、一般、糟糕"进行表示，除了"糟糕"之外，大约会遇到四类情况：人很好，钱很好；人很好，钱一般；人一般，钱很好；人一般，钱一般。

我们始终将"人"放在"钱"的前面，最终我们只希望与前两类人打交道，他们一定是熟读过"100条"并符合"四个原则"的人。9月28日，又有一位纵横期货江湖20年的大佬因橡胶大跌而跳楼殒命。不想重蹈覆辙，正是我们合作门槛越来越高的原因。

春去秋来，人生有限，让我们将有限的时光放在那些喜欢、欣赏和信任的人身上。

■ 本期收到网易（NTES）第二季度分红，每股0.83美元，共收到分红3195.00元。卖出A股兴业（601166）20 000股，17.31元/股（得资346 200.00元）。港股中信银行（00998）100 000股，4.97港元/股（得资497 000.00港元，合422 300.90元）。买入港股中国太平（00966）4000股，21.03港元/股（耗资84 120.00港元，合71 476.76元）；民生银行（01988）100 000股，7.21港元/股（耗资721 000.00港元，合612 633.70元）。支付财务费用10 000元。

模拟实盘投资组合展示（2017年9月29日）

	股数	成本	市价	市值	市值
中国内地市场					3 365 153.00
格力（000651）	46 000.00	20.05	38.03	1 749 380.00	1 749 380.00
茅台（600519）	1 700.00	268.97	520.69	885 173.00	885 173.00
50ETF 期权 10000897	1 300 000.00	0.469 7	0.562 0	730 600.00	730 600.00
中国香港市场					4 657 333.16
腾讯（00700）	3 000.00	166.68	335.30	1 005 900.00	854 713.23
中国太平（00966）	150 000.00	15.89	21.03	3 154 500.00	2 680 378.65
中联重科（01157）	100 000.00	2.48	3.41	341 000.00	289 747.70
华泰证券（06886）	15 000.00	17.48	17.25	258 750.00	219 859.88
民生银行（01988）	100 000.00	7.21	7.21	721 000.00	612 633.70
美国市场					3 298 066.76
网易（NTES）	580.00	194.43	260.86	151 298.80	1 004 155.01
京东（JD）	6 000.00	27.60	38.33	229 980.00	1 526 354.26
钜派投资（JP）	9 000.00	9.90	12.85	115 650.00	767 557.49
现金					96 393.99
信用杠杆					(3 000 000.00)
净资产总值					8 416 946.91

备忘

2017/9/29 中国银行外汇折算价：美元 663.69，港元 84.97。

专栏自 2007 年 4 月开启至今，
上证综指自 3525 点到 3349 点，−4.99%；
香港恒指自 20 520 点到 27 482 点，+33.93%；
道琼斯自 12 923 点到 22 369 点，+73.09%；
专栏投资组合自 100 万元到 841.69 万元，+741.69%。

这不是一个人的胜利，这是一代人的光荣。

艰苦卓绝 & 硕果累累

2017 年 10 月 31 日

10 月，终于落下帷幕。这是一个值得纪念的月份，因为 10 年前的 2007 年 10 月，上证综指创下迄今为止的最高纪录 6124 点，10 年之后的今天才 3393 点。

被问起这 10 年的感受，让我想起今年 8 月酷暑中，重返久违的重庆时，在黄山抗战博物馆，云岫楼墙上写着的四个字——艰苦卓绝。用"艰苦卓绝"来形容过去 10 年的股市，实不为过。

此次重庆之行，还了 20 多年来的一桩心愿：拜谒梅花山张自忠将军墓。虽然是第一次来，但这里的一草一木早已了然于胸。遥想当年，一向简衣朴素、本不必死的张将军，在自己抗倭人生的最后一役中，抱定必死之决心，戎装而出。每每想到这一幕，儿时学到的那些词语：慷慨赴死、舍生取义、以身许国、为国捐躯……都禁不住从内心跳出来。那一年，张自忠 49 岁。

张自忠殉国两个多月后，夫人才获知噩耗，沉痛地说："张自忠为国家战死疆场，我不难过。我虽然是一个妇女，也应当有份。"言毕七日后离世。很多年前，当我初次读到"我不难过"这句时，泪如雨下。之后每当再见时，心中依然难过不已。可见，没有代价与牺牲，就没有最终的胜利。

这个 10 月是一个值得纪念的月份，还因为我们这个公开记录的连载专栏，在坚持了 126 个月的时候，资产净值创出了历史新高，首次向上突破 1000 万元大关，实现了跑赢大市、绝对盈利的"十年半十倍"。这不是一个人的胜利，这是一代人的光荣。终于用时间证明，在纷繁喧嚣的市场中，总有人坚韧不懈、精进前行，即便在被人视为赌场，甚至连赌场都不如的股市中，终究还有大道可寻。

20 年前，几乎所有投资案例都是外国的。经过了一代人的努力，我今天站在大学的讲堂上，终于有机会给同学们讲一讲中国人自己用岁月积淀的投资案例和数据。如果 10 年、20 年还不足够有说服力的话，那么就再用 20 年。

这个 10 月是一个值得纪念的月份，还因为有十九大的召开。大会前一日的股市收盘，上证综指报收 3372.04 点，深证成指报收 11 275.3 点，而我们专栏首次实现"十年半十倍"纪录恰恰是在 2017 年 10 月 17 日这一天。这些数字每组各自加起来，奇迹般的都是 19。

10 月里值得纪念的，还有我们金石 19 分红基金的成立。一些跟随多年的投资人，从风华正茂渐渐步入退休阶段，由人生赚钱投资的高峰渐渐到了从投资资产中取现日用的阶段。分红基金的目的是为了满足这一趋势，减少赎回份额才能取得现金的麻烦。希望将来在有盈利积累的情况下，以每月分红的形式派发现金，以至于能达到常分常有、越分越多、解决问题的境界。

这样的例子在生活中已不止一例。我同多年老友 X 一家，相识已有二三十年，年轻时候大家都没有多少钱，X 一直奋斗到 2007 年所在公司上市，作为高管终于有了一笔较为可观的资金，委托 1500 万元投资，当时股市已是 4000 点，在此前后时不时有些小资金出入。2010 年 X 家移居北美，自那时起，每年都需要从投资资产中提取现金，用途涉及购房、留学、日常支出，多则四五百万，少则一二百万。这样不知不觉已经提取了 8 年，最近一次是 2017 年 1 月。近日忽然心血来潮，大家都想知道，在这项家庭投资案例中，到底投入多少、取出多少、还剩多少。

通过将 10 年来进进出出的数字加加减减，得出结论：截至 2017 年 10 月，累计净投资金额约 600 万元，当前资产净值为 6000 万元。也就是说，根据以往的业绩，如果这个家庭未来每年的用度是 200 万元的话，几乎可以永世不竭，而且钱越用越多。这就是我们所谓"常分常有、越分越多"的由来。

回想当初，他们也曾眼看着用青春岁月攒下的几乎全部身家，满仓遭遇 2008 年全球金融危机的重创，也曾经历 2015 年以来熊市 1.0、2.0、3.0 以及熔断的无情打击，这需要何等强大的信心！

在历经这些惊心动魄的恐怖、暗夜无光的曲折之后，人们最终应该明白，没有谁的幸福是白来的。在艰苦卓绝的世间，成功终究属于那些坚韧不屈、勇于牺牲、敢于胜利的人。期待 2027 年 10 月能见证更多的累累硕果。

■ 本期买入国内市场 50ETF 期权（10000897）100 000 份，每份 0.6597 元 / 份（耗资 65 970.00 元）。支付财务费用 10 000 元。

模拟实盘投资组合展示（2017 年 10 月 31 日）

	股数	成本	市价	市值	市值
中国内地市场					3 956 058.00
格力（000651）	46 000.00	20.05	43.02	1 978 920.00	1 978 920.00
茅台（600519）	1 700.00	268.97	619.74	1053 558.00	1053 558.00
50ETF 期权 10000897	1 400 000.00	0.483 3	0.659 7	923 580.00	923 580.00
中国香港市场					5 345 525.52
腾讯（00700）	3 000.00	166.68	350.90	1 052 700.00	896 163.51
中国太平（00966）	150 000.00	15.89	25.62	3 843 000.00	3 271 545.90
中联重科（01157）	100 000.00	2.48	3.74	374 000.00	318 386.20
华泰证券（06886）	15 000.00	17.48	16.97	254 550.00	216 698.41
民生银行（01988）	100 000.00	7.21	7.55	755 000.00	642 731.50
美国市场					3 901 259.31
网易（NTES）	580.00	194.43	278.82	161 715.60	1 073 743.07
京东（JD）	6 000.00	27.60	37.66	225 960.00	1 500 306.61
钜派投资（JP）	9 000.00	9.90	22.21	199 890.00	1327 209.63
现金					20 423.99
信用杠杆					(3 000 000.00)
净资产总值					10 223 266.82

备忘

2017/10/31 中国银行外汇折算价：美元 663.97，港元 85.13。

专栏自 2007 年 4 月开启至今，
上证综指自 3525 点到 3387 点，−3.91%；
香港恒指自 20 520 点到 28 269 点，+37.76%；
道琼斯自 12 923 点到 23 370 点，+80.84%；
专栏投资组合自 100 万元到 1 022.33 万元，+922.33%。

有心人可以从他人的故事中，读出自己的未来。

两个没有讲完的小故事

——写给券商年轻的投顾们

2017 年 11 月 30 日

11 月份结束了，这个月腾讯（00700.HK）股价上触 430 港元，市值 40 864 亿港元（约合 5231 亿美元），首次向上突破 5000 亿美元，成为全世界市值第 5 高的公司，前 4 个分别是苹果、谷歌、微软、亚马逊，第 6 位是脸书。海信以 129 亿日元（约合 8 亿元人民币）收购了日本东芝电视 95% 的股权。红黄蓝（RYB）幼儿园爆出虐童案，股价单日大跌 40%。

市场上从来不缺热闹，如何从同一个热闹的世间看出乃至走出不一样的人生，这是每一个读者都应该思考的命题。

11 月，我在北理工经管学院教授的 MBA 投资学课程结束了。在短暂的时间内将同学们培养成投资家，这几乎是不可能完成的任务，但即便无法记住所有的上课内容，哪怕只是记住两点，这个课就没有白上：第一，"人生路上，存在两种类型的收入"；第二，"普天之下，投资成功有两条道路"。

月中，应华泰证券之邀，在其内部投顾培训会上做了一次演讲。故事太多，原定的一个小时明显不够，意犹未尽之后，又增加了一堂。

站在台上，分享多年投资心得与鉴往知来的理想，看着来自各地的年轻精英，忽然觉得他们好幸福，因为二十年前，我们遇到的一些投资问题，全中国根本没有人知道真正的答案。现在的很多答案可以说都是用青春与金钱换来的。

我们公开的基金产品与华泰证券合作已近五年，在历经牛熊之后，取得了费后年化 22% 的收益，也就是说，每一个五年前的 100 万元都已经成长为 270 万元。而长达十年有余的公开专栏投资记录更是从 100 万元达到了 1000 万元。过去的五年、十年、二十年，一些家庭的命运在我们共同经历的时光中，已经不知不觉发生了变化。

会上的时间明显不够，会后想了想还是有两个小故事没有来得及讲。在语法的时态上，这两个故事分别属于"现在进行时"和"现在完成进行时"。有心人可以从他人的故事中，读出自己的未来。

第一个小故事是现在进行时。一个典型的人，如果有了十五年的工作经验，积累一两百万元的金融资产很常见，这可以是通往财务自由大门的敲门砖。今年七月，我在武汉读者见面会的现场，遇到现场唯一的投资伙伴 G 先生。他去年陆续投了 150 万元，在七月见面之时已经增长到 200 万元左右。当时提到，未来即便每年只是取得 10% 的回报，也会有 20 万元的收入。在一般发达地区，如果每年 20 万元可以满足生活所需，基本上这个家庭就可以说达到了财务自由的境界。四个月后的今天，当前年度的目标已经达成。

第二个小故事是现在完成进行时。也就是上个月提到的，十年前的 2007 年，在 4000 点高位投资 1500 万元的案例。在历时八年、每年从投资资产中提取 100 万元到 400 万元不等的生活支出之后，净投入为 600 万元，截至上月的投资资产净值为 6000 万元。

也就是说，如果每年 200 万元够用的话，即便在未来仅能实现以往业绩一半的回报，钱也会越用越多。这种情形就是我在十五年前从海外给家人的信中提到的观点："会用钱的人，钱会越用越多。"

你或许会有所惊讶地问："这样的计划能实现吗？！"事实是，在过去的一个月中，这个 6000 万元已经一度逼近 7000 万元。

金融机构投资顾问，并非只是个推荐热股、赚取佣金的角色。你们一定见过不少炒股多年的人，在浮来暂去中虚度了光阴。实际上，投顾更可以成为帮助人们改变财务命运、达到财务自由境界的桥梁。最终，成就他人，成就自己。

- 本期卖出中国内地市场 50ETF 期权 10000897（12 月到期）1 4000 000 份，0.7242（得资 1 013 880.00 元）；美股 JD 2000 股，37.56 美元 / 股（得资 75 120.00 美元，合 496 047.41 元）。买入中国内地市场 50ETF 购期权 10000989（3 月到期）1 018 500 份（100 张），0.4657 元 / 份（耗资 474 315.45 元），中国香港市场中国人保（01339）200 000 股，4.00 港元 / 股（耗资 800 000.00 港元，合 676 640.00 元）。支付财务费用 10 000 元。

模拟实盘投资组合展示（2017 年 11 月 30 日）

	股数	成本	市价	市值	市值
中国内地市场					3 513 083.45
格力（000651）	46 000.00	20.05	42.51	1 955 460.00	1 955 460.00
茅台（600519）	1 700.00	268.97	637.24	1 083 308.00	1 083 308.00
50ETF 期权 10000989	1 018 500.00	0.465 7	0.465 7	474 315.45	474 315.45
中国香港市场					6 628 365.44
腾讯（00700）	3 000.00	166.68	401.70	1 205 100.00	1 019 273.58
中国太平（00966）	150 000.00	15.89	29.80	4 470 000.00	3 780 726.00
中联重科（01157）	100 000.00	2.48	3.31	331 000.00	279 959.80
华泰证券（06886）	15 000.00	17.48	16.18	242 700.00	205 275.66
民生银行（01988）	100 000.00	7.21	7.88	788 000.00	666 490.40
中国人保（01339）	200 000.00	4.00	4.00	800 000.00	676 640.00
美国市场					3 337 952.67
网易（NTES）	580.00	194.43	324.50	188 210.60	1 242 825.91
京东（JD）	4 000.00	27.60	37.56	150 240.00	992 094.82
钜派投资（JP）	9 000.00	9.90	18.56	167 040.00	1 103 031.94
现金					369 395.95
信用杠杆					(3 000 000.00)
净资产总值					10 848 797.51

备忘

2017/11/30 中国银行外汇折算价：美元 660.34，港元 84.58。

专栏自 2007 年 4 月开启至今，

上证综指自 3525 点到 3324 点，−5.70%；

香港恒指自 20 520 点到 29 240 点，+42.50%；

道琼斯自 12 923 点到 24 171 点，+87.04%；

专栏投资组合自 100 万元到 1084.88 万元，+984.88%。

阅读这本书，我的感觉是在美酒的海洋中徜徉。

巴菲特成功的八字诀

2017 年 12 月 31 日

"世上有朵美丽的花，那是青春吐芳华。"冯小刚的贺岁新片《芳华》首日票房突破亿元大关，获得一片好评，感动了无数人。看到别人的芳华，想起了自己的青春；看到别人的曲折，想起了自己的委屈。所谓感动，是因为从他人的故事里，看到了自己。

2018 新年到了，我翻译的新版《巴菲特致股东的信》终于要面世了。这本书虽由坎宁安教授编排，但内容素材却完全来源于巴菲特历年亲自撰写的年报。

今年 88 岁的巴菲特，至今还能"每天跳着踢踏舞上班"。他一生奋斗，沐风栉雨，履险如夷，丰富的经历、深邃的思考、数十年的磨练使其思维极为缜密。这个特点转化在文字上，表现为英语语法中的从句套从句，以至于我在原书中甚至遇见一句话长达七八行，中间没有任何停顿和标点符号。如何将这样的语句在尊重原意的情况下，翻译为适合于中文读者的文字，多多少少要费一番脑筋。

通常人们在形容读到一本好书的感受时，会说"像是品尝了一杯美酒"，而我在翻译的过程中，在多处感觉像是在美酒的海洋中徜徉。我们今天遇到的很多问题，他老人家在数十年前就遇见过，并且已经给出了充满智慧的答案。

关于巴菲特一生成功的秘诀，已经有无数人做出了评价，我个人认为可以归结为八个字：**与时俱进，良性循环**。

巴菲特早年师从格雷厄姆，后来遇见费雪，再后来与芒格搭档，可以说是一个终身学习的典范。巴菲特曾经说过自己85%是格雷厄姆，15%是费雪，但按照《巴菲特之道》作者哈格斯特朗的说法，"如果今天有机会再做一次表述，巴菲特可能会承认他的方法50%来自格雷厄姆，50%来自费雪"。谈到芒格对自己的影响，巴菲特说是芒格"让自己从猩猩进化为人类"。

可见，任何对于巴菲特投资理念僵化不变、刻板固执的想法，都是画地为牢、作茧自缚。真正的巴菲特是"活"的巴菲特，是与时俱进的巴菲特。

除了投资功力上的与时俱进之外，我认为还有一个非常重要的特征对于他今天的成功至关重要——良性循环。良性循环又分为两个层面：一是财务上的良性循环；二是人际和社会关系的良性循环。

一家公司的失败可能由各种导火索引发，或是研发不力，或是营销无方，或是库存积压，或是应收账款无法收回，等等。但无论是什么原因，最终有一点都是一样的——财务恶化。人们见过的所有企业失败基本上都是财务上无法形成良性循环的结果。

反观巴菲特，无论是早年投资2500万美元买下喜诗糖果，还是后来投资10亿美元入手可口可乐，如今获得的分红早已远超当年的投资本金，而后续分红依然源源不断，且呈现出越分越多的趋势。这种"每做一笔投资，就多出一股现金流"的行为坚持了几十年，如今伯克希尔旗下拥有数十家企业，每年可以提供源源不断的资金弹药，这才是巴菲特可以大声说"我喜欢熊市"的底气所在。

良性循环的第二个层面是人际和社会关系的良性循环。"与坏人打交道、做成一笔好生意，这样的事情，我从来没有遇见过。"坚持与合适的人和企业打交道，与人为善、良性互动、相互尊重、相得益彰，这是巴菲特多年一直保持成功的关键。

跳出投资看投资，这对于我们也具有十分重要的现实指导意义。我们所说的"好人会遇见更好的人""认真的人得到认真的结果",可以说就是良性循环第二层面的必然因果。

新年到了,祝大家在2018年,成为身心更好的自己,遇见德才兼备的伙伴,抓住自己应得的中华红利,谱写自己美好的芳华乐章。

■ 本期买入中国内地市场50ETF购期权10000989(3月到期)203 700份(20张,1张=10 185份),0.4526元/份(耗资92 194.62元)。中国香港市场中国人保(01339)80 000股,3.85港元/股(耗资308 000.00港元,合257 457.20元)。收到网易(NTES)2017年度第三季度分红0.72美元/股,合2728.68元。支付财务费用10 000元。

模拟实盘投资组合展示（2017 年 12 月 29 日）

	股数	成本	市价	市值	市值
中国内地市场					3 778 872.72
格力（000651）	46 000.00	20.05	43.92	2 020 320.00	2 020 320.00
茅台（600519）	1 700.00	268.97	709.05	1 205 385.00	1 205 385.00
50ETF 期权 10000989	1 222 200.00	0.463 5	0.452 6	553 167.72	553 167.72
中国香港市场					6 715 745.99
腾讯（00700）	3 000.00	166.68	405.70	1 217 100.00	1 017 373.89
中国太平（00966）	150 000.00	15.89	29.25	4 387 500.00	3 667 511.25
中联重科（01157）	100 000.00	2.48	3.38	338 000.00	282 534.20
华泰证券（06886）	15 000.00	17.48	15.57	233 550.00	195 224.45
民生银行（01988）	100 000.00	7.21	7.80	780 000.00	652 002.00
中国人保（01339）	280 000.00	3.96	3.85	1 078 000.00	901 100.20
美国市场					3 481 238.80
网易（NTES）	580.00	194.43	343.90	199 462.00	1 303 324.60
京东（JD）	4 000.00	27.60	41.59	166 360.00	1 087 029.51
钜派投资（JP）	9 000.00	9.90	18.55	166 950.00	1 090 884.69
现金					12 472.81
信用杠杆					(3 000 000.00)
净资产总值					10 988 330.32

> 备忘
>
> 2017/12/29 中国银行外汇折算价：美元 653.42，港元 83.59。
>
> 专栏自 2007 年 4 月开启至今，
> 上证综指自 3525 点到 3301 点，−6.35%；
> 香港恒指自 20 520 点到 29 924 点，+45.83%；
> 道琼斯自 12 923 点到 24 795 点，+91.87%；
> 专栏投资组合自 100 万元到 1098.83 万元，+998.83%。
> 过去一年 +96.85%，过去三年 +114.15%，过去五年 +426.01%，过去十年 +716.00%。

2018

　　早在二十多年前，我就曾经读到过巴菲特说过的话："我们的座位是有限的，你可以站起来走人，但我不能保证你回来的时候还有座位。"当时读到这段话，心中极为震撼。看似平常的话语，其中蕴含的张力却力透纸背。

这是一次"化虚为实"的社会实践。

天南的午餐

2018 年 1 月 31 日

冬季的江南罕见地下了一场雪，银装素裹，乐坏了大人和孩子们。今年冬天的北京，至今还没有下过一场雪，虽有遗憾，却也有着别样的欢喜，例如日前，接到滇西北支教团发起人的电话，邀请我前去见一见 2017 年 9 月慈善捐助的对象——一群来自云南山区品学兼优的孩子。

滇西北支教团至今坚持已逾十年，志愿者教师队伍也扩大到 2000 人。这次他们组织了一群从七岁到十岁的学生到北京参加冬令营，孩子们的面孔多是高原特色的黑里透红，牙齿洁白，言语羞涩，对北京的一切充满好奇。笑容虽腼腆，但一旦开口唱起民歌来，神情专注，从容忘我。在悠长的歌声中，仿佛有大山的影子与云雾的缭绕，让人沉静、安详。细细想来与这群孩子的缘分，还要从"天南的午餐"说起。

近年来随着文字的传播，希望见面的各方朋友也日益增多，为了提高效率，我们想了很多方法以充分利用时间，例如投资人年会、各地读者见面会等，其中包括"天南的午餐"。这个主意最初自然是受到了巴菲特午餐的启发，巴菲特目前二三百万美元的拍卖价固然是可望而不可及，但是 1000 元起拍的"天南的午餐"，想想应该还是有人感兴趣的。

开始之前，我们已着手考虑将拍卖所得捐给哪一家慈善机构。为此，先后专门查询了四家大型公益机构，直至接触到第五家滇西北支教团。它虽然规模最小、成立最晚，但因其认真执着最终进入我们的视野。

当时设想，2017 年 9 月第一年拍出三五千元、第二年七八千元……，第二十次（也就是第二十年）拍到 100 万元，这样循序渐进最好。没想到，此次经过 102 轮的竞价，最终以 16 万元成交，激烈程度和成交价格都远超预想。这个价格相当于 2.44 万美元，有人查阅到 2000 年巴菲特午餐第一次拍卖的成交价格为 2.5 万美元，那一年巴菲特 70 岁。

最终竞得者来自四川的林先生，是一家上市公司的负责人。在竞价成功之后的第三天，他直接将 16 万元汇给了滇西北支教团所属的公益机构——四海弘洋基金会。林君具有多年的北美留学经历，这一点我们有相仿之处，不过，他更加年轻有为，远胜于我。之后，与林君几番往来，其温文尔雅、文笔清晰，让人不由得想起古人的赞誉之词："将军向宠，性行淑均。"

有人关心午餐吃什么？实际上，吃什么并不重要，重要的是与谁在一起。

此次午餐的拍卖，也是一次"化虚为实"的社会实践。知识、经验、眼界、规划，这些看似"虚"的东西，实际上具有强大的"实"力，我们的确用这些"虚"的东西让山区艰苦的教学环境得到了真"实"的改善。

此外，如何对得起林君的公益之举，也时时萦绕心头。实际上，这个问题已经解决了，因为这四个月来，且不提我们的投资回报远超拍卖价，就连随此次拍卖附赠的"接力计划"，其投资组合也已从 2100 万元上升到了 2900 万元。

思绪飞舞之间，孩子们纯净的歌声忽然将我拉回到眼前。契阔寒暄，言笑晏晏，没人提比特币暴涨 18 倍又近乎腰斩，没人提獐子岛的扇贝又"游走"了，没人提负债累累的乐视公告巨亏 116 亿元，也没人提我们的投资又创出了历史新高，这就是陶渊明提到的"心远地自偏"。

今年新年信件的开篇一句是："我们所有基金的所有投资人全都盈利，无一例外。"此时此刻，我们曾经的愿望、规划的蓝图，不都已经实现了吗？将这一瞬化为永恒，让时空停留在这一刻，多好！

■ 本期卖出中国内地市场茅台（600519）300 股，755.36 元/股（得资
226 608.00 元）；中国香港市场中联重科（01157）100 000 股，3.44 港元/
股（得资 344 000.00 港元，合 278 605.60 元）。买入中国香港市场民生银行
（01988）70 000 股，8.81 港元/股（耗资 616 700.00 港元，合 499 465.33
元）。支付财务费用 10 000 元。净资产总值 12 620 809.82 元。

模拟实盘投资组合展示（2018 年 1 月 31 日）

	股数	成本	市价	市值	市值
中国内地市场					4 408 675.92
格力（000651）	46 000	20.05	55.22	2 540 120.00	2 540 120.00
茅台（600519）	1 400	268.97	755.36	1 057 504.00	1 057 504.00
50ETF 期权 10000989	1 222 200	0.463 5	0.663 6	811 051.92	811 051.92
中国香港市场					7 519 921.49
腾讯（00700）	3 000	166.68	461.80	1 385 400.00	1 122 035.45
中国太平（00966）	150 000	15.89	32.70	4 905 000.00	3 972 559.50
华泰证券（06886）	15 000	17.48	17.66	264 900.00	214 542.51
民生银行（01988）	170 000	7.87	8.81	1 497 700.00	1 212 987.23
中国人保（01339）	280 000	3.96	4.40	1 232 000.00	997 796.80
美国市场					3 683 991.33
网易（NTES）	580	194.43	324.26	188 070.80	1 191 221.64
京东（JD）	4 000	27.60	49.61	198 440.00	1 256 899.12
钜派投资（JP）	9 000	9.90	21.68	195 120.00	1 235 870.57
现金					8 221.08
信用杠杆					(3 000 000.00)
净资产总值					12 620 809.82

备忘

2018/1/31 中国银行外汇折算价：美元 633.39，港元 80.99。

专栏自 2007 年 4 月开启至今，

上证综指自 3525 点到 3475 点，−1.42%；

香港恒指自 20 520 点到 32 632 点，+59.03%；

道琼斯自 12 923 点到 26 195 点，+102.70%；

专栏投资组合自 100 万元到 1262.08 万元，+1162.08%。

乐观的投资者才有未来。

阅读林奇 28 年的思考

2018 年 2 月 28 日

出版社邀请我为《彼得·林奇的成功投资》一书的再版写个序言，能为这本伟大的投资经典作序，是我莫大的荣幸。这本书可以说是我的投资启蒙书，也是第一本将国外投资大师介绍到中国的书。

我第一次读到林奇的这本书是在 1990 年，距今已有 28 年之久。但即便今天读来，依然令人不忍释卷，其中许多文字放在当下的市场上仍然适用。岁月沉淀，披沙沥金，穿越时空，历久弥新，每每读起，仍有灵感的启迪、内心的感叹，这就是所谓经典的力量。

虽然我在 1995 年初次读到巴菲特，并由此改变命运，但实际上，我知道林奇比知道巴菲特还要早 5 年。

林奇这本书的第一版于 1989 年在美国面世，1990 年被翻译为中文，由经济日报出版社出版，当时书名译为《在华尔街的崛起》（*One Up On Wall Street*），定价 4.90 元。当时我还是学生，父亲买了这本书，如今这书上的下划线、着重号都是父亲当年读书时留下的印记。这么多年来辗转搬家近 10 次，甚至漂洋过海行程万里，这本粉红色封皮的书如今仍然伫立在家中的书架上，历经近 30 年的时空变迁依然能保存下来，堪称奇迹。

书里的很多内容我当时读来并不太明白。印象最深的是，林奇买的第一只股票叫飞虎航空，2 年时间从 7 美元涨到 32.75 美元，解决了他读研究生的部分学费。他自豪地写道："可以说，我是靠飞虎公司的'奖学金'读完的沃顿商学院的课程"。当年我父亲也绝对没有想到他儿子在读到这段话仅仅时隔8年之后，几乎与林奇有了相同的经历。

在1996年、1997年A股大牛市中，我取得了"满仓十倍"的回报，可以说我是用"长虹奖学金"去美国读了MBA。这里的"满仓"就是集中投资的体现，来源于巴菲特投资思想的启发；这里的"十倍"，就是林奇常说的Tenbagger（十倍股）。长虹是我投资生涯中的第一只十倍股。

林奇被称为"历史上最传奇的基金经理"。1977年他接手管理富达公司旗下的麦哲伦基金，1990年急流勇退。这13年间年化回报高达29%，麦哲伦基金的规模也从2000万美元增长到140亿美元。

这本《在华尔街崛起》如今被翻译为《彼得·林奇的成功投资》，重印数十次，发行达百万册，成为全球财经畅销书，是最受欢迎的投资名著之一。成为后来者反复学习、斟酌推敲的重要学习资料。今天为中国投资者广为人知的"十倍股（Tenbagger）""漂亮50（Nifty Fifty）"等名词最早就是由林奇的著作引入中国的。可以说，林奇为中国的投资者教育事业做出了巨大的贡献。

林奇这本书的副标题是"一个人怎样利用已有的知识在股票市场赚钱"。作为一个专业的投资者，林奇在书中告诫读者："在本书中，我要告诉读者的第一条投资准则是，千万不要听信任何专业投资者的投资建议！"他认为业余投资者具有很多内在优势，可以干得不比专业投资者差。

投资者可以分为业余投资者、专业投资者，也可以分为成功投资者、失败投资者。对于"业余投资者也可以成为一个成功投资者"的观点，我是认同的，因为我自己的成长历程就是一个现实的例证。在我的记忆中，中国第一批证券专业的大学生是1997年毕业的，而深交所、上交所都成立于1990年底。因此可以说，中国最早的一批证券从业人员都是业余出身。

20年前的1998年，我在报纸上发表过一篇题为《普通投资者有机会干得更好》的访谈。但基于这么多年来的亲历见闻，相对于"高手在民间"的说法，我认为"专业的人做专业的事"赢面更大。一个普通人可以有机会干得更好，但如果他一直干得不错，他就已经不再是一个普通投资者。

近30年过去了，林奇这个"业余投资者会干得不差"的观点，不知如今是否有变化。但股市上"七亏二平一赚"的情况并无改变，你认为将来会改变吗？

如何"由普通到成功"，林奇这本书可以说正是这条道路上的好帮手。他在书中写了如何寻找十倍股、13条选股标准等实用内容，还提到了股票的六种类型。

用心观察生活，从中发现投资的线索，也是林奇在书中多次提到的投资方法。无论是衣服还是袜子，无论是玩具还是食品，总之，最佳的投资对象很可能就在你的旅途中、在陪家人浏览的商店里。必须承认，这种"热爱生活投资法"对我影响至深，直至今日，我挑选投资对象的标准之一就是"在生活中可以遇见该公司的产品或服务"。当年我抓住投资生涯中的第一只十倍股——长虹，也是受到了林奇这个观点的启示。

业余投资者有成功的可能，但前提是超人的付出。林奇是一个非常勤奋的基金经理，据他自己估计，一年的行程是10万英里（约16万公里），拜访五六百位公司高管，每月2000次通话，阅读大量公司报告，持有的股票达到1400只。他是如此辛劳，以至于1990年46岁退休时已是白发苍苍，可以说林奇是不堪重负而退休的。

今天人们都津津乐道于林奇在13年中取得了29%年复利回报，但更多的细节很少有人深究。根据著名财经作家约翰·特雷恩《股市大亨》（*The New Money Masters*）一书的披露，林奇掌管麦哲伦基金共13年，其中后6年，年复利回报仅为2.2%。他将此归因于基金规模超过了50亿美元，规模过大拖低了回报。

前不久（2018年2月25日），88岁"跳着踢踏舞上班"的巴菲特公布了

2018 年致股东信，再次生动诠释了什么是老当益壮、宝刀未老。2017 财年，伯克希尔净利润 653 亿美元，增长 23%。过去 53 年，复合年增长率 19.1%，远超同期标普 500 指数的 9.9%。

二月伊始，道琼斯大跌千点迅速引发全球股市大跌，"黑色星期一"演化为"黑色一星期"，港股、A 股也未能幸免。凡此种种，引发了另一轮基于历史经验的"总结"：1988 年、1998 年、2008 年都是股市大灾之年，莫非 2018 年……

多年来，每当市场严峻的时刻，林奇的文字就会被再次广泛传播。"每当股市大跌，我对未来忧虑之时，就会回顾一下这 40 次大跌，来安抚自己那颗恐惧的心。我告诉自己，股市大跌其实是好事，让我们又有了一次好机会，以低价买入那些优秀公司的股票。"乐观的投资者才有未来，这也是我喜欢林奇的原因之一。

积极乐观、热爱生活、谦虚好学、努力向上，这就是林奇在书中道出的成功秘诀。我打算买一百本送给我的朋友们，因为正是秉承着这些启示，在我阅读林奇 28 年之后，我的名字有机会与心目中的英雄出现在同一本书上。书中自有黄金屋，相信今天的读者将来一定会续写出更多更精彩的故事。

■ 本期卖出中国内地市场 50ETF 期权 10000989（3 月到期）1 222 200 份，0.4366 元/份（得资 533 612.52 元）；美国市场 JP 7000 股，19.09 美元/股（得资 133 630.00 美元，合 845 797.72 元）。买入中国内地市场富安娜（002327）28 000 股，10.63 元/股（耗资 297 640.00 元）；平安（601318）8800 股，68.47 元/股（耗资 602 536.00 元）；中国香港市场民生银行（01988）68 000 股，8.20 港元/股（耗资 5 576 000.00 港元，合 450 875.36 元）。支付财务费用 10 000 元。净资产总值 11 307 717.35 元。

模拟实盘投资组合展示（2018年2月28日）

	股数	成本	市价	市值	市值
中国内地市场					4 291 166.00
格力（000651）	46 000	20.05	51.48	2 368 080.00	2 368 080.00
茅台（600519）	1 400	268.97	730.65	1 022 910.00	1 022 910.00
富安娜（002327）	28 000	10.63	10.63	297 640.00	297 640.00
平安（601318）	8 800	68.47	68.47	602 536.00	602 536.00
中国香港市场					7 457 111.35
腾讯（00700）	3 000	166.68	435.50	1 306 500.00	1 056 435.90
中国太平（00966）	150 000	15.89	30.23	4 534 500.00	3 666 596.70
华泰证券（06886）	15 000	17.48	15.79	236 850.00	191 516.91
民生银行（01988）	238 000	7.96	8.20	1 951 600.00	1 578 063.76
中国人保（01339）	280 000	3.96	4.26	1 192 800.00	964 498.08
美国市场					2 532 860.04
网易（NTES）	580	194.43	296.61	172 033.80	1 088 870.73
京东（JD）	4 000	27.60	47.49	189 960.00	1 202 332.82
钜派投资（JP）	2 000	9.90	19.09	38 180.00	241 656.49
现金					26 579.96
信用杠杆					(3 000 000.00)
净资产总值					11 307 717.35

> 备忘
>
> 2018/2/28 中国银行外汇折算价：美元 632.94，港元 80.86。
>
> 专栏自 2007 年 4 月开启至今，
>
> 上证综指自 3525 点到 3259 点，−7.55%；
>
> 香港恒指自 20 520 点到 30 883 点，+50.50%；
>
> 道琼斯自 12 923 点到 25 299 点，+95.77%；
>
> 专栏投资组合自 100 万元到 1130.77 万元，+1030.77%。

我们在 80% 的时间里是不赚钱的，所有的盈利都来自余下 20% 的时间。

我所亲历的神奇二八现象

2018 年 3 月 31 日

3 月，樱花盛开的季节，工作了 78 年、创立长江 68 年的超人李嘉诚以 90 岁的高龄退休。长江实业于 1972 年上市，如果有人那时买入，46 年来一路持有，除去分红之外，可以赚 1500 倍；如果以分红再投入，可以赚 5000 倍，年化投资回报 20%。

3 月最重大的新闻是美国挥动 301 大棒，对中国实施惩罚性关税 600 亿美元，引发中美贸易战。走牛十年的美国股市两日跌去的市值相当于 10 万亿元，同时全球股市大跌，A 股市场和港股市场也未能幸免。

熊市大跌景象再次呈现"业绩差的公司跌，业绩好的也跌"。刚刚报出 2017 财报的"优等生"也不例外，从今年高位算起，净利增加 62% 的茅台跌 15%，净利增加 42% 的平安跌 20%，净利增加 74%、引发市场一片惊羡的腾讯跌 14%，仅其一家就跌去 6000 亿港元的市值。

我曾经不止一次说过，"**我们在 80% 的时间里是不赚钱的，所有的盈利都来自余下 20% 的时间**"。眼下，考验时刻已经来临，人们正在经历的就属于这 80% 的部分，属于忍耐、等待的部分。这一现象在我整理新书《一个投资家的 20 年》(第 2 版) 时令人吃惊地再次出现。

自从 2007 年 4 月应邀为杂志撰写专栏，每月一篇坚持至今，再过一个月就整整 11 年了。2016 年曾将前 8 年的专栏集合成册，出版了《一个投资家的 20 年》，时间跨度为 96 个月；此次第 2 版是将前 10 年半的专栏集合成册，时间跨度为 126 个月。在今年初的年度信件"我们的使命"中，上述的惊人发现被称为"二八法则神奇再现"。

第 1 版收录 96 个月（8 年），其间经历了 4 次大调整，共有 77 个月不赚钱；

第 2 版收录 126 个月（10 年半），其间经历了 5 次大调整，共有 101 个月不赚钱。

无论是 77 除以 96，还是 101 除以 126，结果都是 80%！

这样的事情，如果不是我自己的亲身经历，简直令人难以置信。目前这个专栏仍然在继续，每月刊登在《中国金融家》杂志上，将来这种现象会不会再次发生，还有待观察。

80% 的时间不赚钱是有压力的，压力之下不变形，是很难的。这也就是我们对于投资的描述："知不易，行更难，知行合一难上难。"这种现实不仅仅对于管理人提出要求，也对于投资人提出要求，这种"钱人合一"的境界，如同武侠传说中的"剑人合一"一样重要。

达到这样的默契需要三观一致、理念认同，而前提是"认真"。随着时间的推移，我们日常收到的申请信件越来越多，相应的拒绝也越来越多，很多就是因为不够"认真"。这种拒绝超出了一些人的预想和理解范围，间或引发一些出离愤怒的质问："给钱还不要？！""我就不明白了，认真不认真与投资你们基金有什么关系？"

的确，"认真不认真"与"成功不成功"，并非完全对等的正相关关系。但是，一个认真的人尚且不能保证成功，不认真却成功的情况只能用"意外"来解释。随便的人最终多是得到随便的结果。

如何"让那些认真的得到认真的"？这个春天，我们准备尝试开两个"收费的免费班"，每个班只招十个人。一个是"巴菲特投资学"，共十次课，预交 10 万元，每上一次课退 1 万元；另一个是"杨式太极"课程，共二十次课，预交 2 万元，每上一次课退 1000 元。也就是说，如果认真则免费，如果缺课就很贵。录取的条件是看谁的文字能打动人。

相对于"杨老师，万一你有什么意外，我可承受不起"的关心，我们在投资中更承受不起的是"躲开八、抓住二"的"聪明"想法。这种"躲八抓二"的想法与"既然吃第七个面包时饱了，何必吃前六个"的想法如出一辙。

那么，在无法改变客观规律的情况下，有没有可能再多赚点钱？这是个值得关注的话题。

■ 本期卖出美国市场网易（NTES）300 股，280.39 美元 / 股（得资 84 117.00 美元，合 528 936.11 元）；京东（JD）2000 股，40.49 美元 / 股（得资 80 980.00 美元，合 509 210.34 元）。买入中国香港市场新华保险（01336）35 000 股，36.55 港元 / 股（耗资 1 279 250.00 港元，合 1 025 063.03 元）。收到网易 2017 年第四季度派息 0.38 美元 / 股，共 220.40 美元，合 1385.90 元。为便于统计，统一以 10% 税率计算，收到分红 1247.31 元（税后）。支付财务费用 10 000 元。净资产总值 9 894 194.37 元。

模拟实盘投资组合展示（2018年3月30日）

	股数	成本	市价	市值	市值
中国内地市场					4 016 478.00
格力（000651）	46 000	20.05	47.20	2 171 200.00	2 171 200.00
茅台（600519）	1 400	268.97	686.69	961 366.00	961 366.00
富安娜（002327）	28 000	10.63	10.97	307 160.00	307 160.00
平安（601318）	8 800	68.47	65.54	576 752.00	576 752.00
中国香港市场					7 587 605.86
腾讯（00700）	3 000	166.68	409.11	1 227 330.00	983 459.53
中国太平（00966）	150 000	15.89	25.95	3 892 500.00	3 119 060.25
华泰证券（06886）	15 000	17.48	15.10	226 500.00	181 494.45
民生银行（01988）	238 000	7.96	7.63	1 815 940.00	1 455 112.72
中国人保（01339）	280 000	3.96	3.67	1 027 600.00	823 415.88
新华保险（01336）	35 000	36.55	36.55	1 279 250.00	1 025 063.03
美国市场					1 259 061.23
网易（NTES）	280	194.43	280.39	78 509.20	493 673.70
京东（JD）	2 000	27.60	40.49	80 980.00	509 210.34
钜派投资（JP）	2 000	9.90	20.37	40 740.00	256 177.19
现金					31 049.28
信用杠杆					(3 000 000.00)
净资产总值					9 894 194.37

注：3月30日中国香港市场和美国市场复活节休市，以前一交易日收盘价计。

> **备忘**
>
> 2018/3/30中国银行外汇折算价：美元628.81，港元80.13。
>
> 专栏自2007年4月开启至今，
>
> 上证综指自3525点到3165点，-10.21%；
>
> 香港恒指自20 520点到30 093点，+46.65%；
>
> 道琼斯自12 923点到24 103点，+86.51%；
>
> 专栏投资组合自100万元到989.42万元，+889.42%。

好的投资都是在坏的时候做出的。

解决问题不容易

2018 年 4 月 30 日

二月以来，以特朗普挑起的中美贸易战为高潮，股市至今已大跌三个月。眼看着绿肥红瘦，"革命的红旗还能扛多久"的问题再次浮现，残酷的现实让人茫然，"梦想总是遥不可及，是不是应该放弃"⊖。

2018 年 4 月 21 日，北京下了一场春季里少有的大雨，这一天金石第二届投资人年会如期召开，与会人数较去年翻了一番，再次超出预期。天气的阴郁、股市的大跌、体力的劳累、事务的繁忙，这些都被淹没在志同道合的热情、一见如故的关怀之中，在懂你的人群中散步是一件多么美好的事。难怪有研究表明，长寿最重要的秘诀是与喜欢的人在一起。

今年的主题是"解决问题"。或许有人会问："谁不想解决问题呢？"但从多年的实践看，市场里绝大多数人属于"玩一玩"的性质。

会上提到了我们对于社会关系处理的方式：远宽近严，以德报德。那些主观认为我们应该对所有人都好的想法需要修正，因为我们只打算"珍惜那些珍惜我们的人"。人生所有的努力，只不过是希望能够多一些可以选择的权力。找到德才兼备的人，也不仅仅是赚钱的问题，更重要的是赚命，因为人生说到底时间有限、生命有限。

我们还提到了"衡量管理人水平的方法——穿越周期的表现"。某年某月

⊖ 出自歌曲《老男孩》歌词。

的表现或许有偶然因素，但一次又一次穿越周期的表现应该能够贴近真实。周期短则两三年，长则七八年。具体的衡量指标是"周期滚动收益率"。

以我们自己的数据为例，截至目前，最长的公开私募基金投资记录已有五年，回报表现与专栏相若。公开专栏的投资记录已有十一年，累计收益率858.49%，年化22.81%。如果以"五年周期滚动收益率"来分解这十一年，可以分为七个滚动周期：

第一个周期，2007年4月到2012年4月，从100万元到213万元，年化收益率16.3%；

第二个周期，2008年4月到2013年4月，从114万元到322万元，年化收益率23.1%；

第三个周期，2009年4月到2014年4月，从93万元到308万元，年化收益率27.1%；

第四个周期，2010年4月到2015年4月，从178万元到699万元，年化收益率31.5%；

第五个周期，2011年4月到2016年4月，从258万元到517万元，年化收益率15.0%；

第六个周期，2012年4月到2017年4月，从213万元到727万元，年化收益率27.8%；

第七个周期，2013年4月到2018年4月，从322万元到958万元，年化收益率24.4%。

上述期间，遭遇了重重困境，有2008年席卷全球的金融危机，也有2015年以来的熊市1.0、熊市2.0、熔断，有战争、政变、地震、海啸、洪水、核泄漏，也有明斯基时刻、修昔底德陷阱、货币超发、量化宽松、贸易战、金融战、阴谋论、崩溃论、世界末日论……无法一一尽言，回顾这些，忽然觉得活着，真是太不容易了。

尽管活着不容易，但当我们以每一个五年为周期衡量过去时，发现最差的一个周期年复利回报为 15.0%，最好的一个周期为 31.5%。看起来，还不错。

这里的回报高下，还揭示了另一个事实：好的投资都是在坏的时候做出的。现在，你是不是还在慨叹："市场都这么糟糕了，还能投资吗？"

在"知"的基础上，我们也列出了"行"的规划。假设一个普通家庭第一年投资 100 万元，随后的四年每年定投 20 万元，到第五年末结果会如何？以 2012 年 12 月到 2017 年 12 月数据为例，如果投资对象是上证指数，结果是 261.51 万元；如果投资对象是我们的基金，结果是 425.68 万元。考虑一个典型三口之家，这样的规划如果能坚持两个周期，应该可以达到"解决问题"的目标。

有人会问："这样的规划能实现吗？"的确，过去实现了，并不意味着未来一定能实现，但我也有一个问题："如果万一我们实现了，这个解决问题的名单上会有你吗？"

■ 本期卖出中国香港市场民生银行（01988）150 000 港元，7.41 港元 / 股（得资 1 111 500.00 港元，合 897 980.85 元）；美国市场网易（NTES）260 股，258.21 美元 / 股（得资 67 134.60 美元，合 425 586.37 元）；京东（JD）1800 股，36.62 美元 / 股（得资 65 916.00 美元，合 417 861.30 元）。买入中国内地市场格力（000651）5000 股，45.24 元 / 股（耗资 226 200.00 元）；平安（601318）8000 股，61.04 元 / 股（耗资 488 320.00 元）；中国香港市场华泰证券（06886）40 000 股，15.87 港元 / 股（耗资 634 800.00 港元，合 512 854.92 元）；新华保险（01336）18 000 股，36.08 港元 / 股（耗资 649 440.00 港元，合 524 682.58 元）。支付财务费用 10 000 元。净资产总值 9 584 886.46 元。

模拟实盘投资组合展示（2018 年 4 月 30 日）

	股数	成本	市价	市值	市值
中国内地市场					4 550 824.00
格力（000651）	51 000	22.52	45.24	2 307 240.00	2 307 240.00
茅台（600519）	1 400	268.97	671.68	940 352.00	940 352.00
富安娜（002327）	28 000	10.63	9.92	277 760.00	277 760.00
平安（601318）	16 800	64.93	61.04	1 025 472.00	1 025 472.00
中国香港市场					7 697 243.02
腾讯（00700）	3 000	166.68	391.40	1 174 200.00	948 636.18
中国太平（00966）	150 000	15.89	25.83	3 874 500.00	3 130 208.55
华泰证券（06886）	55 000	16.31	15.87	872 850.00	705 175.52
民生银行（01988）	88 000	7.96	7.41	652 080.00	526 815.43
中国人保（01339）	280 000	3.96	3.72	1 041 600.00	841 508.64
新华保险（01336）	53 000	36.39	36.08	1 912 240.00	1 544 898.70
美国市场					326 399.14
网易（NTES）	20	194.43	258.21	5 164.20	32 737.41
京东（JD）	200	27.60	36.62	7 324.00	46 429.03
钜派投资（JP）	2 000	9.90	19.50	39 000.00	247 232.70
现金					10 420.30
信用杠杆					(3 000 000.00)
净资产总值					9 584 886.46

注：因"五一劳动节"，A 股以前一交易日收盘价计。

备忘

2018/4/30 中国银行外汇折算价：美元 633.93，港元 80.79。

专栏自 2007 年 4 月开启至今，

上证综指自 3525 点到 3069 点，−12.94%；

香港恒指自 20 520 点到 30 669 点，+49.46%；

道琼斯自 12 923 点到 24 331 点，+88.28%；

专栏投资组合自 100 万元到 958.49 万元，+858.49%。

夫英雄者，胸怀大志，腹有良谋。

青梅时节论英雄

2018 年 5 月 31 日

　　五月初夏，南方的青梅熟了。小酌青梅酒是我偶尔独处时的爱好，这酒酸酸甜甜的，想一想都令人满口生津。这个爱好或多或少还是源于四大名著的影响，出自《三国演义》的典故——青梅煮酒论英雄。

　　话说曹操宴请刘备，以青梅煮酒，还提起当年行军途中望梅止渴的故事，酒至半酣，凭栏远望，空中云雨变化，状如蛟龙，曹操说："龙能大能小，能升能隐；大则兴云吐雾，小则隐介藏形；升则飞腾于宇宙之间，隐则潜伏于波涛之内……龙之为物，可比世之英雄。"

　　"夫英雄者，胸怀大志，腹有良谋，有包藏宇宙之机，吞吐天地之志者也。"在一一历数天下豪杰之后，最后一句："今天下英雄，惟使君与操耳！"吓得刘备连筷子都掉到了地上。

　　"胸怀大志，腹有良谋。"三十年前，我用铅笔在这段文字下划上横线，哪个少年心中没有一个英雄梦！

　　Who is your hero?（谁是你的英雄？）英雄在年轻人成长过程中具有榜样的力量。心中有了英雄作榜样，生命就有了目标，就会向那个方向进发。

　　很多年前我第一次去香港，站在中环高耸林立的大厦之间仰望，细数每一栋大楼的前尘往事，道出它们背后的历史起伏、家族兴衰。当地朋友好奇地说："看来你对这里很熟悉啊，是来了很多次吗？"其实是第一次来，但的确是很熟悉，因为早在根本不知道何时能来、是否能来香港之前，我就已经读遍了每一个香港成功企业家的故事。这背后的动力说到底是对幸福生活的渴望。

香港众多成功者中，李嘉诚无疑是独占鳌头的佼佼者。他拍卖会中的擎天一指、九小时买下"港灯"的传奇故事令人至今记忆犹新。在众多文字中，他有三句话给我的印象最为深刻：

第一，发展中不忘稳健，稳健中不忘发展；
第二，看准大势赚大钱；
第三，用心思考未来。

这些话至今依然具有指导意义。过去的三年、十年、二十年，中国的股市熊长牛短，这也造成了大家追求安全的倾向，以至于"过于稳健"。但常识告诉我们，这是以牺牲未来潜在回报为代价的。巴菲特曾说："我宁愿要跌宕起伏的 15% 的回报，也不要四平八稳的 7%、8% 的回报。"真可谓殊途同归，英雄所见略同。

对于社会上一些标榜"低风险高回报"的投资，建议看看前几天央行行长易纲的讲话："天上不会掉馅饼，对于那些又保本又有 10% 以上收益的投资，你要小心！"

有志者，立长志。看准大势赚大钱，用心思考未来，我们的大势、我们的未来是什么？不是下周某只股票是涨还是跌，不是下半年股市能到多少点，而是中国的未来会怎么样。

2017 年中国 GDP 增速 6.9%，达到 82.7 万亿元（相当于美国 GDP 的 63%）。如果以年均增长 5% 计算，中国 GDP 在 2027 年将达 135 万元，2030 年将达到 156 万亿元，届时成为世界第一大经济体是大概率事件。遥想十三年之后，面对"再造一个中国"的历史机遇，其中哪些是我们可以抓住的？

今年以来，过去的四个月大盘跌去 500 点，跌幅 15%。艰难时刻更需要的是俞敏洪那种"在绝望中寻找希望"的绝不服输的精神。

在刚刚过去的五月，5月10日，90岁的李嘉诚正式退休。5月5日，88岁的巴菲特和94岁的芒格主持了伯克希尔第53届股东大会，两位接近百岁的老人用五个多小时回答了58个问题。李嘉诚掌控的长江实业上市46年，为投资人创造了5000倍的回报。巴菲特掌控伯克希尔53年，创造了15 000倍回报。

遍观所有最终成功的人，他们坚忍不拔，他们始终如一，他们视涨跌如无物，他们闻毁誉于无声，他们用超越半个世纪的不懈努力，为股东创造了价值，为社会树立了楷模。他们用一生演绎了"胸怀大志、腹有良谋"的精彩，他们是我们真正的世之英雄。

■ 本期卖出中国香港市场民生银行（01988）88 000股，7.38港元/股（得资649 440.00港元，合530 917.20元）。买入中国内地市场平安（601318）8200股，61.45元/股（耗资503 890.00元）。收到分红：富安娜（002327）每10股2.5元（税前）；中国人保（01339）每10股0.394元（税前）；钜派（JP）0.60美元/ADR，合1200.00美元。为便于统计，统一以10%税率计算，本月共收到分红23 156.35元（税后）。今年至今累计收到税后分红24 403.66元。支付财务费用10 000元。净资产总值10 163 618.49元。

模拟实盘投资组合展示（2018年5月31日）

	股数	成本	市价	市值	市值
中国内地市场					5 303 622.00
格力（000651）	51 000	22.52	46.69	2 381 190.00	2 381 190.00
茅台（600519）	1 400	268.97	740.93	1 037 302.00	1 037 302.00
富安娜（002327）	28 000	10.63	12.46	348 880.00	348 880.00
平安（601318）	25 000	63.79	61.45	1 536 250.00	1 536 250.00
中国香港市场					7 422 450.38
腾讯（00700）	3 000	166.68	398.50	1 195 500.00	977 321.25
中国太平（00966）	150 000	15.89	27.73	4 159 500.00	3 400 391.25
华泰证券（06886）	55 000	16.31	15.21	836 550.00	683 879.63
中国人保（01339）	280 000	3.96	3.67	1 027 600.00	840 063.00
新华保险（01336）	53 000	36.39	35.10	1 860 300.00	1 520 795.25
美国市场					386 942.26
网易（NTES）	20	194.43	227.30	4 546.00	29 159.86
京东（JD）	200	27.60	35.39	7 078.00	45 401.12
钜派（JP）	2 000	9.90	24.35	48 700.00	312 381.28
现金					50 603.85
信用杠杆					(3 000 000.00)
净资产总值					10 163 618.49

备忘

2018/5/31中国银行外汇折算价：美元641.44，港元81.75。

专栏自2007年4月开启至今，

上证综指自3525点到3076点，−12.74%；

香港恒指自20 520点到30 341点，+47.86%；

道琼斯自12 923点到24 486点，+89.48%；

专栏投资组合自100万元到1016.36万元，+916.36%。

行情好时多赚钱，行情坏时多读书。

为什么要翻译投资经典

2018 年 6 月 29 日

六月，央行再次定向降准，但市场依然再次上演了千股跌停的景象，上证综指向下击穿 2800 点，重回 11 年前（2007 年初）的水平。

今年的前五个月，近 3000 只私募基金被清盘，约占私募证券基金产品总数的 10%，估计六月还会有不少清盘。在被人称为"至暗时刻"的当下，还有人会"相信美好的事情终将发生"吗？

风声鹤唳之中，有人惊恐慌张："行情不好，怎么办？"答曰："行情好时多赚钱，行情坏时多读书。"

很久没到温哥华了，故地重游，朋友邀请海边小住，看潮涨潮落，在岸边的礁石上随手抓几把海蛎子，加葱、姜白灼，简单而鲜美。小酌之间，谈到今年有三本新书面世，为什么百忙之中还要做这样的苦差事？

出书、译书，从财务上而言，都是不合算的，因为除了时间、精力的耗费之外，每出一本，还要买不少送人。印象里朋友中绝大多数人出书也都似乎不赚钱。

2015 年出版的《巴菲特之道》（第 3 版），其英文原版书 20 多年前曾经改变了我的命运。但当初出版社找我翻译时，我却犹豫逡巡了近半年之久。一是日常工作实在太忙，二是因为从美国毕业已有 15 年之久，英文功力不复当年的巅峰状态。

在数月的沟通中，编辑同志"晓以大义"，为了翻译好这部投资经典，希望找到这样的译者：①懂英语；②懂投资；③良好的中文驾驭能力；④最好与巴菲特有些渊源。这样才不辜负这样一本经典。我这才明白这家出版社为何能在财经出版界拔得头筹，可见各行各业的成功都不是与生俱来的。

翻译投资经典对于我而言，倒是符合"边际成本增量不大"的工作原则，反正我日常也是读书的，顺便翻译一下也行。但我还是低估了这一工作的难度。

近代思想家、翻译家严复先生曾谈道："译事三难，即信、达、雅。""信"（faithfulness）是指能够忠实准确地传达原文意思；"达"（expressiveness）是指表达通顺流畅；"雅"（elegance）是指典雅悦目，富有文采。翻译能达到"信达雅"的境界是很不容易的。

翻译工作多在起早贪黑、忙里偷闲中进行，有时顺畅无阻，有时拗口滞涩。在翻译《巴菲特之道》时，最高的纪录是心无旁骛专注一整天，翻译了8000字。我想如果今后以此为生、别无他务的话，应该一个月就可以翻译一本书。但即便如此，也无法养家糊口。

在翻译《巴菲特致股东的信》时的确是遇到了极大的挑战，巴老思维缜密、表述严谨，加之其风趣幽默的老顽童风格，要想既忠实原意，又照顾到中文读者的阅读习惯，的确让人煞费苦心。甚至，为推敲书中1%的难点所耗费的精力与时间，超过其他99%的总和。这本书的翻译难度相当于上一本的五倍之多，累得我眼都花了。更为"不幸"的是，2017年我"头脑发热"竟然答应了两本书的翻译工作，另一本是投资经典《戴维斯王朝》。

如今我已经翻译了四本书，今年又接受了新的任务。在成为"一个被投资耽误的作家"之后，有意无意间我又成了"一个被投资耽误的翻译家"。但玩笑之余，根本原因是，这些都符合我们始终强调的"一个中心，一个原则"。去年我们基金的表现位于顶尖的5%之列，2017年可以说是文武兼备、相得益彰的一年。

当下恐慌的市场，上证综指整体市盈率 TTM $^\ominus$ 约为 12.68 倍，而 13 年前（2005 年）所谓 998 点大底时为 17.1 倍。应该恐慌还是读书？读书吧。

喧嚣之外有桃园，繁华静处遇知音。在大跌不已、前景晦暗之时，手把故卷，再次翻阅，心中升起"噢，这个我曾经读过，只是当时没有读懂"的慨叹，这就是经典的力量。

一本经典或许 20 年之后还有人阅读。如果下一代年轻人必读的十本投资经典中，至少有三本是我翻译的，对此我已经很满意了。传播知识、泽被他人，这就是我为什么要翻译投资经典的原因。

■ 本期没有交易。收到分红：茅台（600519）每 10 股 109.99 元（税前）；中国平安（601318）每 10 股 12 元（税前）(其中 2017 年末期股息 10 元，平安成立 30 周年特别股息 2 元）；腾讯（00700）每股 0.88 港元（税前）2640.00 港元，合 2225.78 元；网易（NTES）0.23 美元 /ADR，4.60 美元，合 30.44 元。为便于统计，统一以 10% 税率计算，本月共收到分红 42 889.34 元（税后）。今年至今累计收到分红 67 293.00 元（税后）。支付财务费用 10 000 元。

$\ominus$　市盈率 TTM，又称为滚动市盈率，一般指在一定的考察期内（一般是 12 个月 / 4 个财季）的市盈率。

模拟实盘投资组合展示（2018年6月29日）

	股数	成本	市价	市值	市值
中国内地市场					5 109 500.00
格力（000651）	51 000	22.52	46.20	2 356 200.00	2 356 200.00
茅台（600519）	1 400	268.97	718.65	1 006 110.00	1 006 110.00
富安娜（002327）	28 000	10.63	10.73	300 440.00	300 440.00
平安（601318）	25 000	63.79	57.87	1 446 750.00	1 446 750.00
中国香港市场					6 932 929.34
腾讯（00700）	3 000	166.68	386.90	1 160 700.00	978 586.17
中国太平（00966）	150 000	15.89	24.30	3 645 000.00	3 073 099.50
华泰证券（06886）	55 000	16.31	12.45	684 750.00	577 312.73
中国人保（01339）	280 000	3.96	3.64	1 019 200.00	859 287.52
新华保险（01336）	53 000	36.39	32.33	1 713 490.00	1 444 643.42
美国市场					335 542.34
网易（NTES）	20	194.43	251.51	5 030.20	33 282.82
京东（JD）	200	27.60	39.31	7 862.00	52 019.71
钜派（JP）	2 000	9.90	18.91	37 820.00	250 239.81
现金					83 493.19
信用杠杆					(3 000 000.00)
净资产总值					9 461 464.87

备忘

2018/6/29 中国银行外汇折算价：美元 661.66，港元 84.31。

专栏自 2007 年 4 月开启至今，

上证综指自 3525 点到 2815 点，−20.14%；

香港恒指自 20 520 点到 28 713 点，+39.94%；

道琼斯自 12 923 点到 24 389 点，+88.73%；

专栏投资组合自 100 万元到 946.15 万元，+846.15%。

如果我们觉得别人的成功容易，只不过是因为没有看到别人背后的付出而已。

一生杠杆戴维斯

2018 年 7 月 31 日

我翻译的《戴维斯王朝》一书终于要与大家见面了，这是一本关于一个家族祖孙三代的投资故事。一个投资界如雷贯耳的名词——戴维斯双击（Davis Double Play），就出自戴维斯家族。

十多年前，当我第一次读《戴维斯王朝》时，最吸引我的地方是该书所描绘的宏大历史画卷。该书记录的戴维斯家族投资历程，经历了两次漫长的牛市、25 次调整、两次严酷的熊市、一次大崩盘、七次温和的熊市、九次衰退；二战、冷战、人类登月、石油危机、漂亮 50 的崛起与崩溃；一次总统遇刺、一次总统辞职、一次总统遭到弹劾；34 年的利率上升和 18 年的利率下降……

戴维斯家族打破了"富不过三代"的魔咒，在历经经济的盛衰兴替、股市的牛熊起伏之后，屹立华尔街五十年而不倒，的确值得我们认真研读。

很多年以前，以及很多年以来，在人们的印象里，美国股市很规范，似乎应该到处都是"巴菲特"，以至于我二十年前在洛杉矶遇见一位来自北京的朋友天真地抱怨："不都说美国股市规范吗？怎么我买了美股也亏钱啊？！"

当我们有机会读完《戴维斯王朝》这本书后，至少会得到一个印象："没有谁的成功是容易的。如果我们觉得别人的成功容易，只不过是因为没有看到别人背后的付出而已。"

戴维斯 1907 年出身于一个普通家庭，后来与企业家的女儿凯瑟琳结婚，以女方 5 万美元嫁妆做投资本金，在其 88 岁离世时创造了 9 亿美元的财富。

历时 47 年，年化复利回报率为 23.18%。

家族第二代谢尔比掌管的基金，20 年中有 16 年战胜标普 500 指数，累计收益 37.9 倍，年化复利回报 19.9%，超越同期标普指数 4.7% 的表现。

家族第三代克里斯掌管的基金，1995 年到 2013 年年化复利回报率为 11.95%，同期标普指数表现为 7.61%。

众所周知，股价（Price）＝每股盈利（EPS）× 市盈率（PE），后两个因子分别与公司盈利与市场估值有关，在不同的市场阶段，投资者给予股票的估值水平（PE）不同。对于同一个标的，在熊市中人们或许只愿意给 10 倍 PE 或更低的估值，而在牛市中却愿意给出 20 倍或更高。

所以，如果伴随着公司盈利的提升，恰好又遇见牛市中信心的提振，股价就会出现正向戴维斯双击效应。例如，每股盈利 1 元、PE 10 倍的股票，价格为 10 元；若公司盈利提升到 2 元，正好遇见牛市，PE 估值提升至 20 倍，此时的股价会达到 40 元。即在盈利上升 100% 的情况下，股价可以上升 300%。这就是著名的戴维斯双击理论。但当遇见公司盈利下滑，同时遭遇熊市时，就会出现极其惨烈的反向作用，可以称为"戴维斯双杀"。

老戴维斯正是靠着双击的绝技，以保险股为母矿，积累了巨大的财富，投资对象包括巴菲特的伯克希尔以及很多日本保险公司。他之所以投资金融类股，根本的原因是"金钱永不过时"。

书中还披露了很少有人留意的一点。在戴维斯的投资生涯中，他几乎始终保持一倍的财务杠杆，也就是有 100 万美元时，持股市值 200 万美元；有 1000 万美元时，持股市值 2000 万美元。杠杆可以说是双刃剑，他在担任美国驻瑞士大使期间，遭遇了 70 年代初的熊市打击，财富缩水严重。但尽管如此，整体而言，杠杆的运用对于戴维斯奇迹的产生有着不可忽视的巨大作用。

看到这里，一定会有人跳出来大声叫道："戴维斯使用杠杆，他根本就不是一个价值投资者！"如果戴维斯还活着，或许会云淡风轻地问："到底是投资成功重要？还是价值投资者的标签重要？"

■ 本期卖出中国内地市场富安娜（002327）28 000 股，9.77 元 / 股（得资 273 560.00 元）；中国香港市场中国人保（01339）280 000 股，3.48 港元 / 股（得资 974 400.00 港元，合 846 266.40 元）。买入中国内地市场分众 传媒（002027）30 000 股，10.72 元 / 股（耗资 321 600.00 元）；中国香 港市场中国银河（06881）100 000 股，4.07 港元 / 股（耗资 407 000.00 港元，合 353 479.50 元）；美国市场 FB 280 股，172.12 美元 / 股（耗资 48 193.60 美元，合 328 511.67 元）。收到中国太平每股分红 0.10 港元 （税前），收到 15 000.00 港元，合 13 027.50 元。

为便于统计，统一以 10% 税率计算，本月共收到分红 11 724.75 元（税后）。 今年至今累计收到分红 79 017.75 元（税后）。支付财务费用 10 000 元。

模拟实盘投资组合展示（2018 年 7 月 31 日）

	股数	成本	市价	市值	市值
中国内地市场					5 122 506.00
格力（000651）	51 000	22.52	44.20	2 254 200.00	2 254 200.00
茅台（600519）	1 400	268.97	723.54	1 012 956.00	1 012 956.00
平安（601318）	25 000	63.79	61.35	1 533 750.00	1 533 750.00
分众（002027）	30 000	10.72	10.72	321 600.00	321 600.00
中国香港市场					7 095 523.41
腾讯（00700）	3 000	166.68	357.60	1 072 800.00	931 726.80
中国太平（00966）	150 000	15.89	27.25	4 087 500.00	3 549 993.75
华泰证券（06886）	55 000	16.31	12.32	677 600.00	588 495.60
新华保险（01336）	53 000	36.39	36.32	1 924 960.00	1 671 827.76
中国银河（06881）	100 000	4.07	4.07	407 000.00	353 479.50
美国市场					646 714.06
网易（NTES）	20	194.43	254.16	5 083.20	34 649.63
京东（JD）	200	27.60	35.39	7 078.00	48 247.18
钜派（JP）	2 000	9.90	17.26	34 520.00	235 305.58
脸书（FB）	280	172.12	172.12	48 193.60	328 511.67
现金					201 453.17
信用杠杆					(3 000 000.00)
净资产总值					10 066 196.64

备忘

2018/7/31 中国银行外汇折算价：美元 681.65，港元 86.85。

专栏自 2007 年 4 月开启至今，

上证综指自 3525 点到 2869 点，−18.61%；

香港恒指自 20 520 点到 28 610 点，+39.42%；

道琼斯自 12 923 点到 25 418 点，+96.69%；

专栏投资组合自 100 万元到 1006.62 万元，+906.62%。

普天之下的失败无外乎两类：第一是不知，第二是知而不行。

红色信件

2018 年 8 月 31 日

8 月 30 日是巴菲特的生日，今年他老人家 88 岁。我曾经在 2011 年写过一篇《巴菲特，生日快乐》，时光如白驹过隙，一转眼又过去了七年，我们距离自己的人生目标更近了吗？

过去的一个月，整个世界继续在风雨之中飘摇。今年以来，土耳其货币里拉贬值四成、阿根廷比索大跌一半。各种坏和更坏的消息交相叠加，使得市场更是恐慌，继"五穷六绝"之后，传说中的"七翻身"毫无踪影，八月中 A 股更是下探至年内新低 2653 点。各大蓝筹也不能幸免，巨头如腾讯在过去半年蒸发一万亿港元市值之后，在八月的最后一个交易日再次遭遇 5% 大跌，市值蒸发 1500 亿港元。

巴菲特的那句"在别人恐惧的时候贪婪"，做起来也并不是一件容易的事，否则就无法理解当初年轻的巴菲特为何去参加卡内基演讲培训班，他对此评价："我参加卡内基的演讲班，并不是为了在讲话的时候腿不发抖，而是为了在腿发抖的时候依然能够讲话。"这样的故事，我们需要读很多年、很多次才会有身临其境的感受。

在腿发抖的时候还能讲话，在大众恐惧之时还能保持理性，这首先需要战胜自己内心的恐惧。老子说："胜人者力，自胜者强。"可见"自胜"是多么的难。

在这样的恐慌氛围中，我们给投资伙伴们发出了一封"红色信件"，提醒大家"超额投资回报"机会的出现。这是一个不成文的惯例，这样的信件最初是写在粉红色的纸上，以期引起关注，故此得名"红色信件"。历史上红色信件的出现，第一次大约是在2004年，当时A股已经深陷大熊市四年之久，两年之后迎来了2006年、2007年的大牛市。最近一次的红色信件发生在2016年7月，一年之后等来了收获季节。

实际上，我们并不知道何时牛市会重返，也无法确定股市是否会跌到2500点或2000点，就像我们看到一个人，无法确切知道多少厘米的身高或几十几公斤的体重一样，但这并不妨碍我们一眼望去，便知对方是胖是瘦，是个高还是个矮。

这封信的发出还验证了我们多年以来在投资者教育方面的工作成效，在"百亿级著名基金仅能募集几百万元"的募资寒冬里，一封信所带来的资金增量，超过了中国私募行业半数基金的资金存量。这就是"理念认同、配合默契"的力量，虽然并非每个人都能做到配合完美。

如果说"知行合一"是成功的关键，那么，普天之下的失败无外乎两类：第一是不知，第二是知而不行。"不知"又称无知，或自以为知。"知而不行"也就是大家常见的"我早知道……"之类抱憾的根源。

今天红色信件所表现出的勇敢都是为了将来硕果累累的那一天，说起"硕果累累"，恰恰与刚收到的一件礼物有关。去年"天南的午餐"的拍卖距今已近一年，16万元善款也在第一时间捐给了公益机构。鉴于良好的社会效果，今年的9月19日我们打算进行第二届"天南的午餐"的拍卖，这次除了有与去年一样的内涵之外，还增加了一件特别的礼物。

中国木梳第一品牌谭木匠专门为此次拍卖专门定制了名为"硕果累累"的梳子，由国家级工艺美术大师俞达洪先生耗时数月亲自制作。材质为黄杨木，以丰收硕果为主题，布局精巧、疏密有致，葡萄藤蔓延缠绕，八只松鼠活灵活现，寓意为八方来福；葡萄圆润饱满，寓意为收获多多。单这梳子的价格就是

9990 元。今年午餐拍卖的起价依然是 1000 元。

摩挲端详这件令人爱不释手的匠心之作，不由得让人想起《艰苦卓绝 & 硕果累累》一文中的描述，二者寓意如此契合，表情达意，深得我心。

"硕果累累"的景象是令人向往的，但请留意前面还有四个字——艰苦卓绝。

■ 本期没有交易。收到分红：新华保险（01336）每 10 股分红 5.20 元（含税），共 27 560.00 元（税前）。为便于统计，统一以 10% 税率计算，本月共收到分红 24 804.00 元（税后）。今年至今累计收到分红 103 821.75 元（税后）。支付财务费用 10 000 元。

模拟实盘投资组合展示（2018 年 8 月 31 日）

	股数	成本	市价	市值	市值
中国内地市场					4 749 360.00
格力（000651）	51 000	22.52	39.01	1 989 510.00	1 989 510.00
茅台（600519）	1 400	268.97	666.75	933 450.00	933 450.00
平安（601318）	25 000	63.79	62.82	1 570 500.00	1 570 500.00
分众（002027）	30 000	10.72	8.53	255 900.00	255 900.00
中国香港市场					6 763 579.65
腾讯（00700）	3 000	166.68	340.80	1 022 400.00	888 976.80
中国太平（00966）	150 000	15.89	25.53	3 829 500.00	3 329 750.25
华泰证券（06886）	55 000	16.31	11.80	649 000.00	564 305.50
新华保险（01336）	53 000	36.39	35.60	1 886 800.00	1 640 572.60
中国银河（06881）	100 000	4.07	3.91	391 000.00	339 974.50
美国市场					589 927.97
网易（NTES）	20	194.43	193.97	3 879.40	26 475.35
京东（JD）	200	27.60	30.99	6 198.00	42 298.87
钜派（JP）	2 000	9.90	13.50	27 000.00	184 264.20
脸书（FB）	280	172.12	176.30	49 364.00	336 889.55
现金					216 257.17
信用杠杆					(3 000 000.00)
净资产总值					9 319 124.79

备忘

2018/8/31 中国银行外汇折算价：美元 682.46，港元 86.95。

专栏自 2007 年 4 月开启至今，

上证综指自 3525 点到 2728 点，−22.61%；

香港恒指自 20 520 点到 27 841 点，+35.68%；

道琼斯自 12 923 点到 25 954 点，+100.84%；

专栏投资组合自 100 万元到 931.91 万元，+831.91%。

人生有限，如露如电。

投资回报的天花板

2018 年 9 月 30 日

刚刚过去的九月是一个"悲欣交集"的月份，从人生到股市，均无例外。

九月里，一系列名人陆续谢幕：常宝华（88 岁）、盛中国（77 岁）、单田芳（84 岁）、"吉祥三宝"之一的布仁巴雅尔（58 岁）、臧天朔（54 岁）、师胜杰（66 岁）……看到这些，不由得让人感慨：人生有限，如露如电。

九月里，伴随今年腾讯市值在高点跌去 1.4 万亿港元（至 3 万亿港元）、阿里跌去 1200 亿美元（至 4270 亿美元），刘强东的美国明州事件令京东股价雪上加霜，市值腰斩至 370 亿美元。与此同时，一些新晋公司——拼多多、蔚来汽车、海底捞、美团先后首次公开募股，陆续精彩亮相，其中美团市值高达 4 千亿港元，与上市不久的小米相比不遑多让。

以 70 倍市盈率首次公开募股的海底捞上市首日市值达到 1 千亿港元，其老板身价达到 600 亿元并不是最亮焦点，更吸引人的是一个励志的小插曲：伴随着这次上市，一个二十年前在海底捞创业之初找工作的四川小姑娘，在经过多年的拼搏与坚忍之后，身价暴增至 30 亿港元。

9 月 19 日进行的第二届"天南的午餐"拍卖，承蒙热心人士襄助，以 12.05 万元成交。该款项已全数捐给中国儿童少年基金会，用于贫困儿童的疾病医疗。

9 月 19 日恰巧也是我在北理工经管学院教授的 MBA"投资学"开课的第一天，这已经是第二个学期了。望着满满的教室，感受着同学们高涨的热情，我有太多的话题和故事想讲给他们听，只可惜课堂时间有限，挂一漏万，在所难免。

有同学提问："可以买什么股票？"让我想起了二十多年前年轻同事提出的近乎同样的问题，我当时反问他："你想投资多长时间？赚多少钱？"他沉吟片刻答："时间越快越好，回报越高越好！"这个真实的往事让同学们哄堂大笑。

今年以来，我在不同的场合不止一次提到"投资回报的天花板"。想通过投资多赚钱通常有两个路径，人们一般都会在"提高投资回报率"这个方面下功夫。人们在投资（或投机）过程中付出种种"努力"，包括"学习""研究"、打听、预测等，试图"提高投资回报率"。大家似乎默认："花的功夫越多，投资回报就会越高。"

有鉴于此，让我们看看世界上那些顶级投资家的业绩：

比尔·鲁安（1925—2005），巴菲特同学，红杉基金创始人，年化约15%；

沃尔特·施洛斯（1916—2012），巴菲特同学，年化约15%；

约翰·聂夫（1931—），市盈率鼻祖，年化约14%；

瑞·达利欧（1949—），《原则》作者，桥水创始人，年化约12%；

赛斯·卡拉曼（1957—），《安全边际》作者，年化约19%；

查理·芒格（1924—），伯克希尔副董事长，年化约14%；

李嘉诚，长江实业董事长，年化约20%；

巴菲特，伯克希尔董事长，年化约20%；

……

这些纪录从侧面印证了"一年赚五倍易，五年赚一倍难"的股市谚语。"五年赚一倍"，就是年化15%的回报。能保持每五年翻一番的成绩，就算得上是世界顶级的投资家水平。

作为普通人，一个人已有的所学、所思，未来的所学、所思，所有这些加在一起，大概率不会打破这些由前辈的智慧、努力和运气所凝结而成的投资回报天花板。

如果一个人经过努力，达到了与巴菲特一样的投资水平，是否还有机会赚更多的钱？对于这个问题，想必听过我课的同学们心中应该已经有了答案。

■ 本期卖出美国市场 JP 2000 股，8.51 美元 / 股（得资 17 020.00 美元，合 117 083.98 元）。买入中国香港市场中国银河（06881）30 000 股，3.67 港元 / 股（耗资 110 100.00 港元，合 96 888.00 元）；复星医药（02196）8800 股，30.75 港元 / 股（耗资 270 600.00 港元，合 238 128.00 元）。收到分红：中国平安（601318）2018 年中期股息，每 10 股分红 6.20 元（含税），共 15 500.00 元（税前）；网易（NTES）第二季度股息 0.61 美元 /ADR，12.20 美元，合 83.93 元。为便于统计，统一以 10% 税率计算，本月共收到分红 14 025.54 元（税后）。今年至今累计收到分红 117 847.29 元（税后）。支付财务费用 10 000 元。

模拟实盘投资组合展示（2018年9月28日）

	股数	成本	市价	市值	市值
中国内地市场					5 016 436.00
格力（000651）	51 000	22.52	40.03	2 041 530.00	2 041 530.00
茅台（600519）	1 400	268.97	726.04	1 016 456.00	1 016 456.00
平安（601318）	25 000	63.79	68.27	1 706 750.00	1 706 750.00
分众（002027）	30 000	10.72	8.39	251 700.00	251 700.00
中国香港市场					7 477 528.00
腾讯（00700）	3 000	166.68	324.40	973 200.00	856 416.00
中国太平（00966）	150 000	15.89	27.58	4 137 000.00	3 640 560.00
华泰证券（06886）	55 000	16.31	11.19	615 450.00	541 596.00
新华保险（01336）	53 000	36.39	38.25	2 027 250.00	1 780 980.00
中国银河（06881）	130 000	3.98	3.67	477 100.00	419 848.00
复星医药（02196）	8 800	30.75	30.75	270 600.00	238 128.00
美国市场					385 836.45
网易（NTES）	20	194.43	227.15	4 543.00	31 252.21
京东（JD）	200	27.60	25.77	5 154.00	35 455.40
脸书（FB）	280	172.12	165.68	46 390.40	319 128.84
现金					2 350.69
信用杠杆					(3 000 000.00)
净资产总值					9 882 151.14

备忘

2018/9/28 中国银行外汇折算价：美元687.92，港元88.00。

专栏自2007年4月开启至今，

上证综指自3525点到2807点，−20.37%；

香港恒指自20 520点到27 800点，+35.48%；

道琼斯自12 923点到26 450点，+104.67%；

专栏投资组合自100万元到988.22万元，+888.22%。

活着的时候，有人喜欢；离开的时候，有人怀念。

这样的人生才是幸福成功的人生。

西湖边上的源居六然

2018 年 10 月 31 日

西湖边上的源居六然是一间不大的酒店，位于便捷的北山路，一边依着山，一边跨过街去便到了西湖。这个名字有些特别，以至于我几次试图记住而不得。整个建筑由民国时期的老别墅改造而来，大约只有八九间客房，环境清幽。门前是一条曲折蜿蜒的小路，入得门来，院子里是一株柚子树，枝头已经有数只青皮的果实挂在上面。

重逢杭州，全是因为一年前对朋友说过"对杭州的满陇桂香是慕名已久了"的话。十月的杭州，空气中满是桂花的香甜。路的两边尽是高大的桂花树，如同北京街头常见的板栗树与柿子树。只是桂花的尺寸差别实在有些大，在北京，即便有桂花树，也是种在花盆里，与这里的高大相比简直是天差地别。

桂花的香味是氤氲隐约的，不强求时，隐隐袭来、暗香盈袖。如果你想仔细地闻一闻，却不知何去何踪。我"贪婪"地呼吸这心仪已久的桂香，只想吸，不忍呼，欲将那甜润深深地留在身体里。

在这样的氛围里，忽然觉得"花间一壶酒""往来无白丁"是何等的人生惬意。当年我刚参加工作的时候，人到中年的同事说："你如果能将中国的酒文化研究清楚了，也很了不得。"只是那时的我对于白酒并无什么兴趣，觉得喝得面红耳赤、胡言乱语的醉态，哪里有什么文化可言。这样的思路让我几乎错过了十多年来的"白酒黄金期"，尽管 10 月 18 日跌破 2500 点，尽管茅台十月大跌四分之一（从 730 元跌至 548 元），并极为罕见地出现跌停。

什么是文化？这个问题我思索了很久。最终的答案是，文化就是故事。

例如，酒店对面是西湖的镜湖厅，镜湖就是鉴湖，记忆里联结的是鉴湖女侠秋瑾。

再如，街边见到的海报上面是当红女星江疏影。"疏影"二字令人想起描写月光的那句"窗外疏梅筛月影，依稀掩映"。这朦胧唯美的文字出自《与妻书》，作者是黄花岗烈士林觉民。

林觉民有个堂兄林长民，曾任民国司法总长。他有个女儿叫林徽因，是国徽设计者之一，也是著名的建筑学家、诗人、作家。西湖边上有纪念林徽因的镂空雕像，林的先生是著名的建筑学家梁思成，是如雷贯耳的梁启超之子。

林徽因文字中提到的诗句"火车擒住轨……过山，过水……"，纪念的是"再别康桥"的浪漫诗人徐志摩。徐志摩有个表弟叫查良镛，查先生善写作，他的笔名叫金庸。我可以说是读着他的《射雕英雄传》长大的，书中最喜欢的人物是郭靖。并不聪明的郭靖，却成为最终的集大成者，这给我留下了长久的人生思考，并对未来的锦绣充满了希望。

十月，金庸老先生离开了，享年 94 岁。他的"侠之大者，为国为民"的情怀，他的"飞雪连天射白鹿，笑书神侠倚碧鸳"永远地留在了人们的心中。巴菲特老先生在八十多岁时对学生们说："等你们到了我这个年纪会明白，得到人们的爱，才是人生最幸福的事。"他老人家说的对，一个最终能谈得上成功的人，应该是活着的时候，有人喜欢；离开的时候，有人怀念。这样的人生才是幸福成功的人生。

西湖边上，见了一些洋溢认真的读者，见见喜欢的人、聊聊喜欢的事，人生快意，莫过于此。傍晚，满心欢愉回到酒店，细读门前的简介，建筑原名集艺楼，很多年前有位作家在此居住过，谈笑往来、品诗论茶、文艺交融。"六然"一词出自明末清初学者王夫之的"六然说"——自处超然，处世荡然，无事澄然，处事断然，得意淡然，失意泰然。

于是，伫立在竹影桂花下，心中有了新的目标。很多年后，或许酒店的简介中会写道："当年，作家、翻译家、投资家杨天南先生曾在此留住。"

路还长，我们都好好努力！

注：1. 2018年前三个季度私募产品清盘超过4000只，2018年10月更为惨烈，上证综指跌破2500点，市场涣散，熊气弥漫。

　　2. 该月，茅台股价自2001年上市以来首次出现跌停。

　　3. 茅台上市以来，十余年上涨100倍，成为价值投资的代表。

■ 本期卖出中国香港市场中国太平（00966）12 000股，25.80港元/股（得资309 600.00港元，合274 831.92元）；美国市场网易（NTES）20股，206.63美元/股（得资4132.60美元，合28 781.92元）；京东（JD）200股，23.08美元/股（得资4616.00美元，合32 148.59元）；脸书（FB）280股，150.68美元/股（得资42 190.40美元，合293 839.26元）。买入中国香港市场复星医药（02196）17 000股，23.50港元/股（耗资399 500.00港元，合354 636.15元）；美国市场阿里巴巴（BABA）270股，140.90美元/股（耗资38 043.00美元，合264 954.28元）。支付财务费用10 000元。

模拟实盘投资组合展示（2018 年 10 月 31 日）

	股数	成本	市价	市值	市值
中国内地市场					4 434 150.00
格力（000651）	51 000	22.52	37.75	1 925 250.00	1 925 250.00
茅台（600519）	1 400	268.97	538.50	753 900.00	753 900.00
平安（601318）	25 000	63.79	63.06	1 576 500.00	1 576 500.00
分众（002027）	30 000	10.72	5.95	178 500.00	178 500.00
中国香港市场					7 165 825.10
腾讯（00700）	3 000	166.68	261.80	781 400.00	697 199.58
中国太平（00966）	138 000	15.89	25.80	3 560 400.00	3 160 567.08
华泰证券（06886）	55 000	16.31	12.39	681 450.00	604 923.17
新华保险（01336）	53 000	36.39	36.40	1 929 200.00	1 712 550.84
中国银河（06881）	130 000	3.98	3.92	509 600.00	452 371.92
复星医药（02196）	25 800	25.97	23.50	606 300.00	538 212.51
美国市场					264 954.28
阿里巴巴（BABA）	270	140.90	140.90	38 043.00	264 954.28
现金					2 361.94
信用杠杆					(3 000 000.00)
净资产总值					8 867 291.32

备忘

2018/10/31 中国银行外汇折算价：美元 696.46，港元 88.77。

专栏自 2007 年 4 月开启至今，
上证综指自 3525 点到 2590 点，−26.52%；
香港恒指自 20 520 点到 24 840 点，+21.05%；
道琼斯自 12 923 点到 25 173 点，+94.79%；
专栏投资组合自 100 万元到 886.73 万元，+786.73%。

对好人好，对认真的人认真，追求有质量的发展。

唯其如此，才能以自己选择的方式度过一生。

有限座位论

2018 年 11 月 30 日

随着 11 月份过去，2018 年所有的教学任务都完成了，无论是大学里的 MBA 投资学授课，还是校外的巴菲特投资学以及太极班课程，全都结束了，终于可以松一口气了。

上周，应雪球财经的邀请参加了在上海举办的 2018 年度嘉年华，做了一个演讲，题为"人选钱——财富管理的 2.0 时代"。

改革开放四十年来，财富管理行业基本上处于 1.0 时代，也就是所谓的"有钱，任性"的时代。只是人们在付出了青春与金钱的代价之后，渐渐意识到在投资这个行业里好像也应该让"专业的人干专业的事"。

中国的股市参与者有一亿之众，这是全中国最聪明的一亿人，从来没有哪一个行业涌入过这么多聪明人，这也是绝大多数人不可能胜出的重要原因。依据我们提出的衡量投资成功的三个标准，按照帕累托法则，最终能成功的人大约仅有 1%，甚至更少。

更何况中国股市大约 80% 的参与者资金量在 20 万元以内，从这一点可以看出，或许绝大多数人根本也没把股市投资当回事，即便牛市来了也解决不了什么问题。

在"希望自己成为巴菲特"的道路上摸爬滚打多年之后，越来越多的人终于决定走投资成功的第二条道路——找到像巴菲特那样的人。只是像巴菲特那样经历过周期性考验并依然成功的人，在这个世间也是稀缺资源。

早在二十多年前，我就曾经读到过巴菲特说过的话："我们的座位是有限的，你可以站起来走人，但我不能保证你回来的时候还有座位。"当时读到这段话，心中极为震撼。看似平常的话语，其中蕴含的张力却力透纸背。

从这个"有限座位论"可以看出，巴菲特不仅仅是投资方面的专家，更是投资管理方面的专家。巴菲特为什么要提出"有限座位论"？其根本原因在于时间有限、精力有限、人生有限。一个人做好自己已是不易，将大家聚拢在一起做事更难，如果不是志同道合的人在一起，如果不是将有限的座位留给合适的人，即便成功可能也只是意外而已。

在《巴菲特致股东的信》中，他不止一次提道："我只愿意与喜欢、信任、欣赏的人打交道。"并说："与坏人打交道做成一笔好生意，这样的事我从来没见过。"我想这里所谓的"坏人"并非法律意义上的坏人，更多的是指不合适的人。

与不合适的人不打交道结果是零，与不合适的人打交道发生亏损，结果可能是负，还不如是零。

衡量投资成功的三个标准中的最后一条——"解决问题"，是当年一个小伙子的一句话的启发，正是他当年在我办公室里说"我炒股十年赚了两万多"，促成了这个标准的诞生。这个年轻人与我最初相识的时候是28岁，大约在八年前举家移居加拿大。

今年8月在温哥华再次相见时，他已44岁。走在路边的公园里，得知他又添一子，并从中关村IT男转行做劳务工作。他说："北京现在是回不去了，当年卖出的房子涨了好几倍。等孩子长大再有自由的时候，我估计也58岁了。"望着公园里数百年的大树，雄伟的树干需要三五人合围，顺着树干向上仰望，直指无垠的蓝天。想着眼前的人从28岁到58岁的人生，忽然觉得天地间，人的一生何其短暂、何其渺小。青春，很快就过去了。

我们在今年年会上提出"以德报德"，正是受到巴菲特"有限座位论"的灵光点化。对好人好，对认真的人认真，追求有质量的发展。唯其如此，才能以自己选择的方式度过一生。

■ 本期卖出中国香港市场中国太平（00966）38 000 股，26.05 港元 / 股（得资989 900.00 港元，合 877 843.32 元）。买入中国内地市场分众（002027）20 000 股，5.71 元 / 股（耗资 114 200.00 元）；中国香港市场中国银河（06881）70 000 股，4.21 港元 / 股（耗资 294 700.00 港元，合 261 339.96元）；复星医药（02196）10 200 港元，26.75 港元 / 股（耗资 272 850.00 港元，合 241 963.38 元）；美国市场 BABA 230 股，158.79 美元 / 股（耗资36 521.70 美元，合 253 303.55 元）。收到分红：华泰证券（06886）2018年中期派息，每 10 股 3.00 元（含税），收到 16 500.00 元。为便于统计，统一以 10% 税率计算，本月共收到分红 14 850.00 元（税后）。2018 年至今累计收到分红 132 697.29 元（税后）。支付财务费用 10 000 元。

模拟实盘投资组合展示（2018 年 11 月 30 日）

	股数	成本	市价	市值	市值
中国内地市场					4 536 770.00
格力（000651）	51 000	22.52	36.94	1 883 940.00	1 883 940.00
茅台（600519）	1 400	268.97	560.95	785 330.00	785 330.00
平安（601318）	25 000	63.79	63.28	1 582 000.00	1 582 000.00
分众（002027）	50 000	8.72	5.71	285 500.00	285 500.00
中国香港市场					6 990 999.12
腾讯（00700）	3 000	166.68	311.70	935 100.00	829 246.68
中国太平（00966）	100 000	15.89	26.05	2 605 000.00	2 310 114.00
华泰证券（06886）	55 000	16.31	13.05	717 750.00	636 500.70
新华保险（01336）	53 000	36.39	34.35	1 820 550.00	1 614 463.74
中国银河（06881）	200 000	4.06	4.21	842 000.00	746 685.60
复星医药（02196）	36 000	26.19	26.75	963 000.00	853 988.40
美国市场					550 659.90
阿里巴巴（BABA）	500	149.13	158.79	79 395.00	550 659.90
现金					14 248.37
信用杠杆					(3 000 000.00)
净资产总值					9 092 677.39

备忘

2018/11/30 中国银行外汇折算价：美元 693.57，港元 88.68。

专栏自 2007 年 4 月开启至今，

上证综指自 3525 点到 2573 点，−27.01%；

香港恒指自 20 520 点到 26 540 点，+29.34%；

道琼斯自 12 923 点到 25 400 点，+96.55%；

专栏投资组合自 100 万元到 909.27 万元，+809.27%。

想问芒格的一个问题

2018 年 12 月 31 日

2018 年过去了，这是"浪花淘尽英雄"的一年，这是 P2P 崩溃的一年，这是比特币坍塌的一年，这是公募私募基金大清盘的一年，这是自 1901 年有记录以来全球资产回报最糟糕的一年。

2018 年，在中国股市二十八年的历史上，是第二糟糕的年份，仅次于 2008 年。在全球股市中，A 股跌幅最惨。上证综指下跌 24.59%，深证成指下跌 34.42%，创业板下跌 28.65%，中小板下跌 37.75%。总市值减少 14.59 万亿元，中登公司记录投资者数量为 1.46 亿人，人均亏损 10 万元。我们的专栏在过去一年中非但没有距离当初的目标更近一步，反而在努力与煎熬之中下跌了 28.42%，如果从高位计算，更是下跌了 35%，这种打击几乎持续到 2018 年最后一个月的最后一天。

这样的情形令人想起熊市中流行的谚语："最好的投资就是不投资。"是啊，多想回到一年前，然后什么都不做。不做就不会有失败，但放到人生的长河中，这真的是智慧之言吗？

2018 年，是我们投资无果的一年，也是我们硕果累累的一年。

除了事业上的进展之外，我们的太极班，经过十里挑一的申请，十位同学全部学完传统杨式太极，这在太极教学史上也算是一个小小的奇迹。我们的巴菲特投资学班，经过二十挑一的申请，也取得了令人满意的效果。这里需要特别感谢投资界大家杨宝忠、一只花蛤、闲来一坐三位先生的热情支持，正是他们的无私奉献，让人更加坚信"好人会遇见更好的人"。

在这被称为"生无可恋"的至暗时刻，人们会想知道那些投资大师是如何度过他们的艰难时光的。

2018年4月，《证券市场红周刊》计划借出席伯克希尔股东大会的机会，采访芒格先生。事先负责人问我有什么问题希望当面提问，我想了两天，回复说："巴菲特和芒格的理念已经都写在书上了，我已经没有什么问题需要当面请教了。"

7月28日，受《证券市场红周刊》邀请，出席芒格专访视频品鉴会。在历时三个多小时的采访中，年近95岁的芒格精神饱满、思路清晰，提到了一生致富的三次投资，提到了中国人的聪明才智，提到了杠杆的运用等。

在采访中，记者提问说："您有什么失败的投资吗？"芒格想了想，提到了曾经错过的可以赚大钱的投资机会。当我看到这段时，忽然觉得我想问他一个问题。

在我们的"巴菲特投资学"课程中，第五课的题目是"智者芒格"，其中提到芒格在加入伯克希尔之前，曾管理过自己的投资合伙企业，也就是我们今天说的私募基金中的一种形式。芒格的投资在1973年、1974年的大熊市中遭受重击，这两年表现分别为−31.90%、−31.50%。有书评价，在随后的1975年，芒格奋起神勇，终于获得大丰收，取得了73.2%的回报。

掩卷沉思，1973年、1974年、1975年这三年回报分别为−31.9%、−31.5%、+73.2%，也就意味着这三年累计回报为−19.20%，也就相当于我们今天说的"净值1.00元的基金，经过三年之后，净值为0.8080元"。这个结果，如果放在今天中国的网络上，一定会成为嘲笑乃至谩骂的对象。而实际上，芒格今天却是最受尊崇、被认为最具智慧的投资大师。

明年，如果我还有机会向芒格提问，我一定会向他老人家请教："嗨，查理，您认为在1973～1975年大危机的三年中，您的表现算是投资失败吗？"

透过厚厚的眼镜片，闪着睿智的目光，芒格会说些什么呢？或许他的心情就像我们在看着 2018 年最后一丝夕阳时的感慨一样："是非成败转头空，青山依旧在，几度夕阳红。"

■ 本期没有交易。支付财务费用 10 000 元。

模拟实盘投资组合展示（2018年12月28日）

	股数	成本	市价	市值	市值
中国内地市场					4 314 530.00
格力（000651）	51 000	22.52	35.80	1 825 800.00	1 825 800.00
茅台（600519）	1 400	268.97	578.20	809 480.00	809 480.00
平安（601318）	25 000	63.79	56.67	1 416 750.00	1 416 750.00
分众（002027）	50 000	8.72	5.25	262 500.00	262 500.00
中国香港市场					6 066 388.23
腾讯（00700）	3 000	166.68	313.60	940 800.00	824 328.96
中国太平（00966）	100 000	15.89	21.30	2 130 000.00	1 866 306.00
华泰证券（06886）	55 000	16.31	12.51	688 050.00	602 869.41
新华保险（01336）	53 000	36.39	31.03	1 644 590.00	1 440 989.76
中国银河（06881）	200 000	4.06	3.50	700 000.00	613 340.00
复星医药（02196）	36 000	26.19	22.78	820 080.00	718 554.10
美国市场					476 597.77
阿里巴巴（BABA）	500	149.13	138.89	69 442.50	476 597.77
现金					4 248.37
信用杠杆					(3 000 000.00)
净资产总值					7 861 764.37

注：新年原因，美国市场数据选取的是12月28日数据。

备忘

2018/12/31中国银行外汇折算价：美元686.32，港元87.62。

专栏自2007年4月开启至今，

上证综指自3525点到2492点，−29.30%；

香港恒指自20 520点到25 799点，+25.73%；

道琼斯自12 923点到23 182点，+79.39%；

专栏投资组合自100万元到786.18万元，+686.18%。

2019

　　绝大多数人终其一生追求幸福的过程，就是一个将一手不够好的牌渐渐换成一手好牌的过程。巴菲特为我们树立了一个以身作则的好榜样。

将有限的生命用于与那些我们欣赏、信任、尊重的人打交道。

不要辜负了这场熊市

2019 年 1 月 31 日

1 月份依然是不平静的一个月。2018 年共有 13 981 只私募基金清盘，创历史之最；中国公布了 2018 年 GDP 数据，增速 6.6%，有史以来首次突破 90 万亿元；央行下调银行存款准备金率 1%；1 月 26 日，工行原董事长易会满出任中国证监会主席。1 月 30 日，300 多家上市公司集体公告商誉减值，总额达 3000 亿元之巨，据说"亏损少于 10 亿元都不好意思"，被称为"天雷滚滚"和"史诗级巨雷"。

其中最引人注目的是天神娱乐（002354）的预亏，其一口气宣布亏损最高达 78 亿元，而其总市值也不过 44 亿元，该公司股价已从之前的高峰下跌了九成。更令人称奇的是，该公司老板曾在 2015 年花了 234 万美元拍得巴菲特午餐，成为有史以来获此殊荣的第三位华人。不过，看来午餐效果有限，如果巴菲特知道今天的结果，一定也会有所惊诧吧。

狗年结束了，猪年来了。新春之际，央视财经频道采集新春话语，请我也说几句祝福的话。对着镜头，我做了如下表达：

过去一年错综复杂的形势，使得 2018 年的股市表现非常糟糕，众多专家进而论证 2019 年股市也一定不佳。我建议大家看看十年前的各种信息、评论、分析、判断，那时的"主流意见"几乎一致认定"2008 年第四季度比第三季度差，2009 年比 2008 年还差"。后来的事实是，2009 年迎来了一番波澜壮阔的行情。我们虽然不能确定 2009 年的情形在 2019 年是否会重演，但应该提醒大家，不要辜负这场熊市给我们提供的较好的投资机会。

不要辜负了这场熊市，这也是今年内部年度信件《我们的价值》一文的主题。我们虽然不确定当下是不是"最低的底部"，但处于底部区域却是确定的。所谓"模糊的正确"，所谓"一眼定胖瘦"，大约讲的也就是这个意思。

至于"大家"怎么看，就当"没听见、没看见"好了，因为如果你都听大家的，结果就会和大家差不多。历史一再证明：在股市上，所谓"大家"的大众，最终都不怎么赚钱。

至于"专家"们的看法，也不必太在意，因为一来，经济学家通常都不是成功的投资家（即便不算是失败的话）；二来，在一些"专家"的眼里，世界不是在崩溃之中，就是在奔向崩溃的道路上。"恐吓"恐怕更多的是他们维持生计的手段，用眼下的流行语来说就是"贩卖焦虑"。

对于希望成为我们投资伙伴的人，必须提醒的是，我们越来越感到将有限的生命用于与那些我们欣赏、信任、尊重的人打交道的重要性。人生有限导致了我们较高的准入门槛，虽然这并非完全指资金的门槛。有人会说"找你当然是信任你"，但现实是复杂的，我们的确遇见过，在最后签约的一刻忽然被问："万一你们是坏人，怎么办？"令人愕然相觑！

再如，数月前的一个申请邮件，洋洋洒洒本是不错，忽然夹着一句"先投 100 万元看看，等你们以后表现好了，再追加"，原本打算接纳的申请因为这一句泡汤了。根据过去的经验，我们表现好的时候，可能恰恰是"高"的时候，结果往往欠佳。正确的方式应该是无论好坏都坚持定投，更佳的方式是在我们不好的时候追加，以便取得超额回报。

留下不合格的印象还不如没印象。那些想着还有第二次机会的人或许没有想过，写申请文字固然费时、费事，但阅读也是需要时间成本的。什么都需要时间，但时间终究是有限的。

过去一年，在不同的场合，我讲过多次"读过"不等于"读懂"，因为很多问题被反复提及，有些甚至令人哑然。去年八月的一场见面会上，有读者站起来问："杨老师，您的书我都读了，想请教一个问题：您对中国的未来有信心吗？"

我，我……

你觉得，我对中国的未来有信心吗？

- 本期卖出中国香港市场中国太平（00966）20 000 股，20.92 港元 / 股（得资 418 400.00 港元，合 357 564.64 元）。买入中国香港市场中国银河（06881）100 000 股，4.00 港元 / 股（耗资 400 000.00 港元，合 341 840.00 元）。支付财务费用 10 000 元。

模拟实盘投资组合展示（2019 年 1 月 31 日）

	股数	成本	市价	市值	市值
中国内地市场					4 899 072.00
格力（000651）	51 000	22.52	41.31	2 106 810.00	2 106 810.00
茅台（600519）	1 400	268.97	683.58	957 012.00	957 012.00
平安（601318）	25 000	63.79	62.37	1 559 250.00	1 559 250.00
分众（002027）	50 000	8.72	5.52	276 000.00	276 000.00
中国香港市场					6 197 952.31
腾讯（00700）	3 000	166.68	348.10	1 044 300.00	892 458.78
中国太平（00966）	80 000	15.89	20.92	1 673 600.00	1 430 258.56
华泰证券（06886）	55 000	16.31	14.36	789 800.00	674 963.08
新华保险（01336）	53 000	36.39	32.12	1 702 360.00	1 454 836.85
中国银河（06881）	300 000	4.04	4.00	1 200 000.00	1 025 520.00
复星医药（02196）	36 000	26.19	23.40	842 400.00	719 915.04
美国市场					562 038.13
阿里巴巴（BABA）	500	149.13	167.71	83 855.00	562 038.13
现金					9 973.01
信用杠杆					(3 000 000.00)
净资产总值					8 669 035.45

备忘

2019/1/31 中国银行外汇折算价：美元 670.25，港元 85.46。

专栏自 2007 年 4 月开启至今，

上证综指自 3525 点到 2589 点，−26.55%；

香港恒指自 20 520 点到 27 892 点，+35.92%；

道琼斯自 12 923 点到 24 946 点，+93.03%；

专栏投资组合自 100 万元到 866.90 万元，+766.90%。

无疾而终、无疾到天年，是一种令人向往的善终。

无疾到天年

2019 年 2 月 28 日

2 月，香港公布 2018 年 GDP 为 28 453.17 亿港元（约合 24 000.98 亿元），同年深圳为 24 221.98 亿元，这是历史上深圳 GDP 首次超越香港，而四十年前改革开放之初，深圳 GDP 仅仅是香港的千分之二。很多历史交叉点往往在不经意间擦肩而过，永不再回头。

2 月，股市忽然之间热了，25 日跳空高开继续爆发，沪指当日上涨 5.6%，报收 2961.28 点，直逼 3000 点关口，两市单日成交量在阔别三年之后重回 1 万亿元。市场似乎全然忘记了一个月前还在担忧衰退，现在大家高谈阔论的是牛市来了。

清闲已久的证券营业部里忽然人头攒动起来，配资公司也开始纷繁忙碌。一些"两月赚超 20%"的新晋"股神"屡屡喜形于色，令那些去年标榜"不回撤、小回撤"的"赢家"纷纷偃旗息鼓。

这种寒后乍暖的景象好似即将到来的农历节气——惊蛰。春天来了，春雷响了，万物复苏了，股市涨了，亿万股民这一次的命运会有不同吗？"三根阳线改变世界观"的股市谚语再次得到验证。时光推移，阴阳变幻，莫测的是人心，不变的是人性。

春天来了，我们的太极班也打算再次起航。去年（2018 年）开了两个"收费的免费班"，其中一个传授太极。收到大约 100 份报名申请，最终录取了 10 位同学，有外省同学每周末坚持乘高铁来上课。内心的渴望，加上"如果认真就免费，如果缺课就很贵"的制度设计，令十位同学都学完了全套传统杨式太极。这样的教学和学习方式已被作为典型教学案例收录在新版的《世界太极蓝皮书》中。

提到太极，总是有人问："这能打人吗？"这个可以明确回答，我们学的、练的既不能打人（因为没有练习攻击），也不能"挨打"（因为没有练金钟罩、铁布衫）。至于别人能不能打，我们也不清楚。看看周围每年猝死的案例，有几个是被别人打倒的？我们学习太极只不过是将其视为追求健康的手段而已，能不自己猝然倒下就已经很好了，这年头，你还想打谁？

目前，从全世界范围看，参与人数最多的两种运动之一就有太极。我个人认为这是因为太极练习中要求的"放松、慢"无意中暗合了现代生活"紧张、快"节奏时代人们的内在需求。

太极是少有的在一天疲惫之余还适合练习的运动；太极是少有的"练身"重于"练体"、"练骨"重于"练肉"的运动。不过，师傅领进门，修行在个人，最终效果如何还在于自己。

至于社会上近来热议的所谓"传武打假"现象，实际上，所争的并不是传统与现代的问题，而是业余与专业的问题。设想一下，一个每天坚持练习三十分钟都保证不了的业余爱好者，与一个每天练习八小时、以击倒对方为目标进行强化训练的专业运动员，你觉得打起来谁能赢？

我甚至认为练太极的最高境界不是延年益寿，而是无疾到天年。大作家巴金老先生（享年101岁）晚年病重入院，依靠鼻饲维持，嘴巴长期合不拢导致下巴脱臼，只好切开气管用呼吸机。巴金本人想放弃这种生不如死的治疗，但家属和领导都不同意，因为"每一个爱他的人都希望他活下去"。这样的煎熬整整六年，以至于巴金说："长寿是对我的折磨。"

看了这个令人唏嘘感慨的故事，你还想着打倒谁吗？能够无疾而终、无疾到天年，对自己、对家人、对社会来说都是一种令人向往的善终。

■ 本期没有交易。格力（000651）派 2018 年中期分红，每 10 股派 6 元（含税）。为便于统计，统一按 10% 税率，获得分红 27 540.00 元（税后）。支付财务费用 10 000 元。

模拟实盘投资组合展示（2019 年 2 月 28 日）

	股数	成本	市价	市值	市值
中国内地市场					5 428 056.00
格力（000651）	51 000	22.52	44.79	2 284 290.00	2 284 290.00
茅台（600519）	1 400	268.97	750.19	1 050 266.00	1 050 266.00
平安（601318）	25 000	63.79	70.18	1 754 500.00	1 754 500.00
分众（002027）	50 000	8.72	6.78	339 000.00	339 000.00
中国香港市场					7 289 875.31
腾讯（00700）	3 000	166.68	338.60	1 015 800.00	865 766.34
中国太平（00966）	80 000	15.89	24.75	1 980 000.00	1 687 554.00
华泰证券（06886）	55 000	16.31	16.12	886 600.00	755 649.18
新华保险（01336）	53 000	36.39	38.50	2 040 500.00	1 739 118.15
中国银河（06881）	300 000	4.04	5.44	1 632 000.00	1 390 953.60
复星医药（02196）	36 000	26.19	27.73	998 280.00	850 834.04
美国市场					611 776.19
阿里巴巴（BABA）	500	149.13	182.89	91 445.00	611 776.19
现金					27 513.01
信用杠杆					(3 000 000.00)
净资产总值					10 357 220.51

备忘

2019/2/28 中国银行外汇折算价：美元 669.01，港元 85.23。

专栏自 2007 年 4 月开启至今，

上证综指自 3525 点到 2948 点，−16.37%；

香港恒指自 20 520 点到 28 744 点，+40.08%；

道琼斯自 12 923 点到 25 963 点，+100.91%；

专栏投资组合自 100 万元到 1035.72 万元，+935.72%。

有的人经常"犯错"，却是人生赢家；

有的人从来"都对"，却输掉了一生。

论术有道话唐朝

——读唐朝《价值投资实战手册》

2019 年 3 月 31 日

　　如果觉得这个题目读起来有些熟悉，那是因为我两年前曾经写过一篇《工匠精神话唐朝》，那是当时为唐朝的《手把手教你读财报2》一书写的序言，今天写本篇是因为老唐又有新书面世——《价值投资实战手册》。长此以往，我的专栏中或许会出现一个"话唐朝"系列，因为老唐是一位勤奋好学、乐于分享的人。

　　唐朝的这本新书分为三个部分，在最后一部分，有二十篇分别列举了A股公司的案例与分析，写了很多关于投资之"术"的内容。谈起原因，他解释说："市面上谈道的书太多了，所以写一本谈术的。"对我而言，这简直太好了，因为去年夏天在北京的一场读者见面会上，曾有读者向我提出："杨老师，您写了这么多关于投资之道的文章，以后是否有机会写一本关于投资之术的书？"如今老唐的这本可以弥补这个遗憾了，我打算将其列为我投资学课程的推荐参考书。

　　我的文字多是论道的，因为我与老唐的感觉相反，我认为市面上论术的书太多了。走在书店里，如果有机会看看股票投资类书架上的陈列，90%都是短线、寻牛、抄底、战胜庄家等关于"术"的书，但这些技术派的术与唐朝的基本面之术有着本质的区别。

但唐朝的投资体系绝非仅仅论术那么简单，例如刚刚披露第一季度业绩预告的分众（002027），净利润下滑 65%～75%。网上立刻有人匿名声称"老唐这样的大 V 也未必……"云云。但持此种质疑的人恐怕没有注意到，即便分众的股价跌到零，也并不影响老唐整体投资组合取得最终"跑赢大市、绝对盈利"的优异表现。

有的人经常"犯错"，却是人生赢家；有的人从来"都对"，却输掉了一生。这值得我们每个人思考。虽然，唐朝这本新书讨论的是投资之术，甚至详细进行了个股推演，但恐怕不会改变股市上绝大多数散户最终无法取得投资成功的命运。

唐朝的书不仅论术，其实也"论术有道"，就像我的书不仅论道，其实也"论道有术"。我们虽侧重不同，但这种术中有道、道中有术，就像一个太极图，实为一个整体。凡是没有看到这一点的人，应该属于没有读懂的一类，这也就是我们常说的"读过不等于读懂"。

实际上，老唐的书并不需要我做什么推荐，因为他的大名即便不是街知巷闻，在投资圈里说是如雷贯耳也不为过。倒是他在我这里有三个第一或唯一的纪录有些特别。

唐朝并不是他的真名，而多年以来凡是找我写序的新书，无论是否应允，首先第一条就是要求作者必须署真实姓名，背后的逻辑是"真名实姓才有责任感"。老唐在我这里是第一个用笔名的，实在是因为唐朝这个笔名相对于与其真名而言的知名度遥遥领先、一骑绝尘，就像知道鲁迅、矛盾、老舍的人远远超过知道周树人、沈雁冰、舒舍予的人一样。

我身边的人写书、出书的人越来越多，但就所知的朋友而言，老唐恐怕是第一个，也是唯一一个出书能赚钱的。我出书反正是不赚钱的，而且每出一本就亏的更多一些，因为总是拿来送人，例如下月投资人年会，估计又要送出去三五百本。唐朝出书的目的并非为了盈利，因为出书赚钱似乎比炒股赚钱难度大得多。

他独树一帜的"中翻中"风格为中国投资文学界做出了别样的贡献。目前，老唐正在准备的下一本书[○]也是令人满怀期待的，我打算主动请缨，毛遂自荐为他的下一本新书写个序言。主动要求为人作序，在我这里也是唯一的一次，这是老唐在我这里的又一个第一。

■ 本期无交易。支付财务费用 10 000 元。

○ 即 2020 年面世的《巴芒演义》。

模拟实盘投资组合展示（2019 年 3 月 29 日）

	股数	成本	市价	市值	市值
中国内地市场					5 754 782.00
格力（000651）	51 000	22.52	46.48	2 370 480.00	2 370 480.00
茅台（600519）	1 400	268.97	848.43	1 187 802.00	1 187 802.00
平安（601318）	25 000	63.79	75.60	1 890 000.00	1 890 000.00
分众（002027）	50 000	8.72	6.13	306 500.00	306 500.00
中国香港市场					7 188 509.82
腾讯（00700）	3 000	166.68	357.90	1 073 700.00	921 019.86
中国太平（00966）	80 000	15.89	22.85	1 828 000.00	1 568 058.40
华泰证券（06886）	55 000	16.31	15.37	845 350.00	725 141.23
新华保险（01336）	53 000	36.39	39.68	2 103 040.00	1 803 987.71
中国银河（06881）	300 000	4.04	5.07	1 521 000.00	1 304 713.80
复星医药（02196）	36 000	26.19	28.03	1 009 080.00	865 588.82
美国市场					608 708.40
阿里巴巴（BABA）	500	149.13	180.80	90 400.00	608 708.40
现金					17 513.01
信用杠杆					(3 000 000.00)
净资产总值					10 569 513.23

备忘

2019/3/29 中国银行外汇折算价：美元 673.35，港元 85.78。

专栏自 2007 年 4 月开启至今，

上证综指自 3525 点到 3047 点，−13.56%；

香港恒指自 20 520 点到 28 931 点，+40.99%；

道琼斯自 12 923 点到 25 861 点，+100.12%；

专栏投资组合自 100 万元到 1056.95 万元，+956.95%。

一代顶四代的芒格

2019 年 4 月 30 日

刚刚过去的四月份，股市经历了过山车行情，上证综指从 3090 点上冲 3288 点，月末收跌至 3078 点，A 股总市值从 56.16 万亿元上冲 59.27 万亿元，再到月末的 55.28 万亿元。中国基金报将此总结报道为："4 月煎熬！先涨 3 万亿，再跌 4 万亿。"

随着今年以来行情有所回暖，新开户人数增加，投资账户总数已达 1.5 亿之众。看行情、打听消息，这种忙个不停的景象忽然让我想起一个人——芒格。不过，查理·芒格可是个安静的人，在绝大多数时间里，他会沉浸在阅读与思考之中。

近年来，随着《穷查理宝典》等书籍的流传，伯克希尔副主席这位幽默又坚韧的老头儿声名远播，影响与日俱增，大有超越巴菲特的势头，很多喜欢他的人动辄提到"芒格的智慧"。

1924 年出生的芒格，如今已经是 95 岁高龄。同样名列福布斯富豪榜的他与巴菲特是相伴一生的黄金搭档，他们联手创造了半个世纪的伯克希尔投资奇迹。

在刚刚结束的金石第三届投资人年会上，我专门讲到了芒格，并在现场展示了十八年前与芒格的两张合影，我应该算是第一个见到芒格的中国人，那是 2001 年在奥马哈的纪念，当时芒格已经 77 岁。见到这张照片的朋友无不慨叹"太珍贵了！"其中一位大佬说："这是我见过的唯一一张芒格在笑的照片。"十八年时光飞逝如白驹过隙，如今他们还是旧时的模样，我们却已不再年轻。

当时巴菲特和芒格分坐在两张桌子旁边，找巴菲特合影的人需要排队，找芒格合影的人寥寥无几，可见当年即便在美国也没有几人真正了解芒格。我因此有幸与芒格拍了两张合影，而与巴菲特仅合影一张。当年还是胶卷时代，回家后冲洗出来一看，只见巴老先生低着头给我签字，心有不甘，才有了时隔三年之后再赴奥马哈，拍下了日后广为流传的三人照。

十多年前，我曾经想，当我们老去的时候，到底希望拥有什么？思考之后得到的答案是：①财务自由；②身体健康；③受人尊重。得其一者算小成，得其二者算中成，得其三者则大成。今天为什么有这么多人羡慕芒格，我想正是因为他做到了这三点。

关于芒格的成功，我在年会现场提到了两点：

第一，一代顶四代。回顾过去的一年，50岁甚至不到而离世的远不止一两个，人们因此会感慨："这样看来，芒格这一辈子等于别人活了两辈子。"这实际上低估了芒格。一个人从生而无知，进而从幼儿园、小学、中学，到大学，一路学习书本之后还要实践，等到了35岁能由知识进而悟得人生智慧，这样的人生效率已经是非常高了。但如果50岁而终，其真正的一代人生光辉岁月只不过15年而已。由是推之，两代至于65岁，三代至于80岁，四代至于95岁。所以，芒格迄今一代已经活了别人四代，并正在活向第五代的过程中。

第二，芒格的赚命大法。生命就是由时间组成的，芒格以"会走路的书架子"而著称，他之所以能提出那么多思维模式，全在于大量的阅读，据他自己说"一周阅览二十本书"，这都需要时间。那么芒格是如何赚到这些时间的呢？

2018年芒格对前去采访的中国媒体说："你不需要投很多东西才会变得富有，我这辈子只做了三次投资已经足以令我富有。"这三次投资的对象分别是：伯克希尔（芒格当年的成本是16美元/股，目前32万美元）、好事多、喜马拉雅基金。可见，芒格的赚命大法多半可以归结为我们之前总结的"投资成功的两条道路"中的第二条，也就是找到生命中的贵人。

智者芒格果然不负其名，他还有太多熠熠生辉的名言："我的剑只传给能够挥舞它的人""想得到一件东西最好的方式是让自己配得上""我不和四十岁以下的人谈投资"……

此次年会上，在给与会者的礼物中，有专门定制的扑克牌，小王就是芒格。愿我们能够沐浴在芒格的智慧阳光里，打好手中的牌。

■ 本期卖出中国香港市场华泰证券（06886）55 000 股，14.80 港元 / 股（得资 814 000.00 港元，合 698 249.20 元）。买入中国内地市场深红利（159905）200 000 股，1.847 元 / 股（耗资 369 400.00 元）；中国香港市场复星医药（02196）14 000 股，27.43 港元 / 股（耗资 384 020.00 港元，合 329 412.36 元）。支付财务费用 10 000 元。

模拟实盘投资组合展示（2019年4月30日）

	股数	成本	市价	市值	市值
中国内地市场					7 038 626.00
格力（000651）	51 000	22.52	55.82	2 846 820.00	2 846 820.00
茅台（600519）	1 400	268.97	974.04	1 363 656.00	1 363 656.00
平安（601318）	25 000	63.79	86.01	2 150 250.00	2 150 250.00
分众（002027）	50 000	8.72	6.17	308 500.00	308 500.00
深红利（159905）	200 000	1.847	1.847	369 400.00	369 400.00
中国香港市场					7 097 299.95
腾讯（00700）	3 000	166.68	387.40	1 162 200.00	996 935.16
中国太平（00966）	80 000	15.89	23.85	1 908 000.00	1 636 682.40
新华保险（01336）	53 000	36.39	43.38	2 299 140.00	1 972 202.29
中国银河（06881）	300 000	4.04	5.11	1 533 000.00	1 315 007.40
复星医药（02196）	50 000	26.54	27.43	1 371 500.00	1 176 472.70
美国市场					625 894.37
阿里巴巴（BABA）	500	149.13	186.04	93 020.00	625 894.37
现金					6 949.85
信用杠杆					(3 000 000.00)
净资产总值					11 768 770.17

备忘

2019/4/30中国银行外汇折算价：美元672.86，港元85.78。

专栏自2007年4月开启至今，
上证综指自3525点到3071点，−12.88%；
香港恒指自20 520点到29 738点，+44.92%；
道琼斯自12 923点到26 517点，+105.19%；
专栏投资组合自100万元到1176.88万元，+1076.88%。

有谁见过以百米冲刺速度跑完马拉松的人？

闲来一坐话慢富

2019 年 5 月 31 日

过去一个多月的股市，从 A 股康美药业 299 亿元现金"失踪"，到美国强加 25% 关税，乃至川普宣布美国进入紧急状态，受此种种影响，上证从近 3300 点跌破 2900 点，美股也是加剧动荡，单是 5 月 13 日一天市值就蒸发了 1.2 万亿美元（约合 8.3 万亿元）。此外，美国政府以一国之力打压一家公司（指华为），从"劫持"人质（指孟晚舟）到"劫持"邮件，从芯片硬件到操作系统，手段无所不用其极，为二战以来所罕见。总之，用风云突变来形容刚刚过去的五月份并不为过。

五月里，市面上有本新书问世，书名叫《慢慢变富》，这个名字似乎无法满足大部分股民内心的渴望，所谓"一万年太久，只争朝夕"，谁不想"快一点变富"呢？但看看过去的一个月，人们终将明白，想在股市上赚点钱实在太难了，这种市场的波澜起伏与人生的出乎意料正是我们无法"快富"的底层原因。

这本书的作者是投资业内广有声誉的张居营先生，如果大家对于这个名字感到有些陌生的话，那么提起网络上著名的"闲来一坐 s 话投资"，很多人或许会恍然惊曰："哦，原来是他！"

这本《慢慢变富》分为五个部分：思想篇、选择篇、估值篇、持有篇、修养篇。在这里，读者可以找到选股的"九把快刀"、选牛股的"四招"，也可以看到对于能力圈、护城河、安全边际的解读；有著名的十条军规，也有给女儿的股票嫁妆故事；解读了投资成功靠什么、也反思了投资中的教条主义。总之，读者可以根据喜好，各取所需。

曾经有人问巴菲特："既然你的投资方法这么好，为什么这么多年来，学习复制的人却不多？"对此，巴菲特笑着回答："因为很少有人愿意慢慢变富。"这个答案看似简单，却意味深长。

反过来想想，谁又能"快"多少呢？中国股市历史上上证综指首次突破3000点是在2007年初，整整十二年后的今天指数几乎依然原地踏步（2019年5月底上证综指2900点）。如果是进行指数投资的话，相当于十二年来没赚钱，更不用说大多数人还跑不赢大势了。

"快富与慢富"的话题值得长久的反思，就像"如果短期投机能赚钱，为什么还要进行长期投资呢"的话题一样。谁都希望快富，谁也都希望长久，但有谁见过以百米冲刺的速度跑完马拉松的人？

我曾经在不同的课堂上问过不同的学生："你们愿意富一次？还是愿意富很多次？"结果选择后者的同学为多，年轻的同学们未曾想过，这种"富多次"的背后蕴藏着多么凶险的人生。很多人生话题，随着年龄的增长、阅历的积累才会明了，才能看透。

从过往的经验看，富一次、慢慢富，可以享受和分享财富渐渐增长的乐趣，可以培养与财富增长相匹配的能力。"富多次"意味着痛不欲生很多次，"快富"意味着无法长久。我们今天顶礼膜拜的投资大师们，他们年轻时未尝不想快富，只不过历经磨难之后终于明白快富的可遇不可求。

常言道"一年赚五倍易，五年赚一倍难"，也就是说穿越周期之后，能够达到年化回报15%，就已经属于世界顶尖投资家的水平。即便是伟大如巴老，据说如果去掉保险浮存金的杠杆，年化回报也不到15%。

大师之所以是大师，并不是他们从来不犯错，而是他们知道如何避免致命之错，以及在犯错之后依然取得最终的、整体的胜利，这就是以丰补歉、积对防错的力量。

据报道，中国股民已达 1.5 亿之多，在历尽兴奋与恐慌之后，或许绝大多数人最终会想起陶渊明的那句"鸟倦飞而知还"。一心求"快富"的人们可以静下心来，闲来一坐，晴耕雨读，且听风吟，体会一下陶渊明的另一句"云无心以出岫"的轻松惬意，享受慢慢变富的人生旅程。

- 本期收到平安（601318）分红 1.10 元 / 股，共 27 500 元，以 10% 税计，得资 24 750.00 元。卖出分众（002027）50 000 股，5.60 元 / 股（得资 280 000.00 元）。买入中国太平（00966）15 000 股，20.23 港元 / 股（耗资 303 450.00 港元，合 266 762.90 元）。支付财务费用 10 000 元。

模拟实盘投资组合展示（2019 年 5 月 31 日）

	股数	成本	市价	市值	市值
中国内地市场					6 297 600.00
格力（000651）	51 000	22.52	52.85	2 695 350.00	2 695 350.00
茅台（600519）	1 400	268.97	898.50	1 257 900.00	1 257 900.00
平安（601318）	25 000	63.79	79.79	1 994 750.00	1 994 750.00
深红利（159905）	200 000	1.847	1.748	349 600.00	349 600.00
中国香港市场					6 421 421.12
腾讯（00700）	3 000	166.68	327.70	983 100.00	864 243.21
中国太平（00966）	95 000	16.58	20.23	1 921 850.00	1 689 498.34
新华保险（01336）	53 000	36.39	37.03	1 962 590.00	1 725 312.87
中国银河（06881）	300 000	4.04	4.24	1 272 000.00	1 118 215.20
复星医药（02196）	50 000	26.54	23.30	1 165 000.00	1 024 151.50
美国市场					515 094.27
阿里巴巴（BABA）	500	149.13	149.32	74 660.00	515 094.27
现金					34 936.95
信用杠杆					(3 000 000.00)
净资产总值					10 269 052.34

备忘

2019/5/31 中国银行外汇折算价：美元 689.92，港元 87.91。

专栏自 2007 年 4 月开启至今，

上证综指自 3525 点到 2909 点，−17.48%；

香港恒指自 20 520 点到 27 003 点，+31.59%；

道琼斯自 12 923 点到 24 928 点，+92.90%；

专栏投资组合自 100 万元到 1026.91 万元，+926.91%。

那些喜欢的，怎么都顺眼；

那些别扭的，怎么都抱怨。

人以群分

2019 年 6 月 30 日

终于又完成了一本翻译作品，名为《巴菲特的第一桶金》，目前已经进入最后修订阶段。

伏案久了，腿脚会发凉，或许是因为血液随着精气神都涌到了头脑中，在那里万马奔腾，以期思如泉涌。家常聊天时，对老妈说起这样的感觉，她说："当年你爸也是这样，即便不是冬天，有时写文章时脚下也套着棉鞋。"听罢不由感慨，虽然古希腊哲学家说"一个人不能两次踏进同一条河流。"但不同的人，跨越不同的时空，在人生的长河中却有着相同的体验。

实际上，我已经开始着手今年第二本的翻译工作，主题依然有关巴菲特。按照目前的规划，这项业余工作已经排到了 2023 年。

这看似与主业无关的业余工作，与其他诸如专栏写作、大学任教、教授太极、读者交流等活动一样，对我的核心工作产生了积极正面的促进作用。在"边际成本增量不大"的前提下，大大增加了理解与默契，减少了摩擦成本，从而令我们走在"人生综合回报最大化"的道路上。

修订工作结束后，估计面世还需要半年左右。我打算一边修订，一边将书中精彩的部分陆续分享在"天南读友会"群中。

我们原本是不建任何"群"的，但各地热情的读者自发建了不少以"天南"命名的群，短暂热度过后，大多渐渐"堕落"为炒股群，更为糟糕的是，我们还无法将其解散。有鉴于此，半年前我们终于自己建立了"天南读友会"，以微信群的形式亲自管理。随着经验的摸索，尤其是"约法三章"规则的建立，渐渐形成了一套行之有效的方法，效果显著，令"好人遇见更好的人"的理想多了一个化为现实的地方。

"约法三章"的第一项就是在群内全部使用真实姓名。网上的各种诋毁、诽谤、谩骂等负面行为，根本上是由"有自由之权利，无承担之责任"的匿名机制造成的，真名实姓可以减少90%此类现象。

"约法三章"的另一项是每个参与者每12个月都要写一篇心得体会，以表明自己在生活、工作方面的进步，以保证吐故纳新。加入一个集体，如果没有受益、没有进步、没有分享，既不关心别人，也不在意自己，那就没有必要参与，省得浪费自己的时间，也浪费他人的资源。

读友会是免费的，但"白得的，谁会珍惜呢"？所以，这里的免费也有代价，代价就是认真。需要认真写申请，之后也需要持续地进步。否则，即便加入了，将来也有被退群的可能。每个人都在用自己的言行给自己打分，不合适的，走着、走着就散了，也很正常。

想得到短线法宝、炒股秘籍的人就不要来了，一定会失望的；迫切想成为投资家的人，也不用来了，因为成功的投资家多是"野生"的，天赋异禀并非一个读友会可以培养出来的。

加入读友会也并非成为金石投资伙伴的必然保证，读友会仅仅是一个天南文字作品的品读论坛，绝大多数人可能终生都不会成为金石的投资伙伴。

俗话说"物以类聚，人以群分"，年轻的时候不明白，就像我们工作中曾经遇见的情况，当熊市中大家心情都不好时，有人会抱怨"亏了钱"，心中就想"如果有一天牛市来了就好了"。后来才明白，这真是年少时的天真想法。事实是，熊市中抱怨你亏钱的人，在牛市中会抱怨你赚得少，而且，在很多情况下，他们是同一个人。

那些喜欢的，怎么都顺眼；那些别扭的，怎么都抱怨。人以群分，在有自律有自由地方，遇见更好的人；人生有限，在余生很贵的岁月里，成为更好的人。

■ 本期收到茅台（600519）每 10 股分红 145.39 元，中国银河（06881）每 10 股分红 0.9 元 / 股，共 47 354.60 元，以 10% 税计，得资 42 619.14 元（税后）。本年度累计已收到分红 74 854.60 元（税前），67 369.14 元（税后）。买入 BABA 50 股，160.43 美元 / 股（耗资 8021.50 美元，合 55 145.41 元）。支付财务费用 10 000 元。

模拟实盘投资组合展示（2019年6月28日）

	股数	成本	市价	市值	市值
中国内地市场					6 746 194.00
格力（000651）	51 000	22.52	54.84	2 796 840.00	2 796 840.00
茅台（600519）	1 400	268.97	980.11	1 372 154.00	1 372 154.00
平安（601318）	25 000	63.79	88.48	2 212 000.00	2 212 000.00
深红利（159905）	200 000	1.847	1.826	365 200.00	365 200.00
中国香港市场					6 730 707.86
腾讯（00700）	3 000	166.68	350.80	1 052 400.00	925 796.28
中国太平（00966）	95 000	16.58	20.93	1 988 350.00	1 749 151.50
新华保险（01336）	53 000	36.39	38.13	2 020 890.00	1 777 776.93
中国银河（06881）	300 000	4.04	4.64	1 392 000.00	1 224 542.40
复星医药（02196）	50 000	26.54	23.95	1 197 500.00	1 053 440.75
美国市场					606 599.47
阿里巴巴（BABA）	550	150.16	160.43	88 236.50	606 599.47
现金					12 410.68
信用杠杆					(3 000 000.00)
净资产总值					11 095 912.01

备忘

2019/6/28 中国银行外汇折算价：美元687.47，港元87.97。

专栏自2007年4月开启至今，

上证综指自3525点到2977点，−15.55%；

香港恒指自20 520点到28 525点，+39.01%；

道琼斯自12 923点到26 580点，+105.68%；

专栏投资组合自100万元到1109.59万元，+1009.59%。

近期股市上又添了一个新名词——白马雷。

不到终点，别说永远

2019 年 7 月 31 日

七月底，暴风影音老板被抓，股价较之四年前的高峰已下跌了 95%。过去的一个月，继康美药业 300 亿元现金离奇不见之后，康得新 119 亿元也被爆失踪，港股承兴一天大跌 80%，拖累中国最大第三方理财诺亚当夜美股开盘大跌 22%，曾经号称同行老二的钜派在过去一年半暴跌 90%。股市上爆雷也爆出了新花样，继商誉雷、中药雷之后，股市上又添了一个新词——白马雷，范围涉及从药中"茅台"到榨菜"茅台"，有人问："下一个会是酱油吗？"⊖

7 月 22 日，万众瞩目的科创板开市，首批 25 家股票均呈现大幅上涨，当前平均市盈率约 120 倍。是高还是低，是火焰还是海水，以后自然知晓。

7 月 22 日同一天，《财富》杂志公布了世界 500 强公司名单，上榜的中国企业 129 家，美国企业 121 家，这是历史上首次中国超过美国。

但上述种种恐怕并非最为流行的话题，当下最受热议的莫过于文章与马伊琍的离婚。经过了五年前遗留的磕磕绊绊之后，二人终于到了"一别两宽，各自欢喜"的阶段。曾经的信誓旦旦，曾经的言笑晏晏，都化为过眼云烟，在且行且珍惜的路上，渐行渐远。

人生聚散，悲欢离合，见惯之后，个中缘由恐怕只能说是"不合适"吧。再多就不好说，也不便说了，正如俗话所说的"鞋合不合适，只有脚知道"。

巴菲特的那句"我们只想和喜欢、信任、欣赏的人打交道"，越读越觉得

⊖ 当时海天味业是最红的股票之一，市值约 2600 亿元，市盈率 60 倍。

内涵深厚，因为你不可能喜欢一个不了解的人，也不可能欣赏一个不合适的人。这也是我们无论对寻求投资合作，还是加入读友会的人都坚持要求写文字说明的原因，因为只有开诚布公、彼此了解，才可能认定合适与否，然后决定是否一路同行。

今年以来，清盘、爆仓、违约、跑路、通缉、落网等，摊上哪一件都让人五雷轰顶、夜不能寐。在如此动荡的市场环境中，令人愈加觉得安心也值钱。种种失败，主要原因可以归结为两个错配：人的错配、钱的错配。

合适的人在一起可以减少大量摩擦成本。很多人投资基金多是想找个帮自己赚钱的人，实际上，合适的投资人找到合适的管理人，不仅能赚钱，而且能赚命。"命"就是时间，省下打听消息、分析钻研的时间，避免日夜复盘的焦虑与"关灯吃面"的悲戚，做自己喜欢与擅长的事情，最终也就增大了人生成功的概率。

根据历史数据，长期而言，能达到年化 15% 的回报，已经属于世界顶级投资大师的水平。我们最长的公开产品记录至今已有六年半，目前看来达到了这个标准。虽然每年回报高低不一，虽然未来未必能重演过去，但过去已经成为确定的历史。

但即便如此，也并非每个投资人都赚钱。"好的时候"，有人趋之如鹜，有人冷静旁观；"不好的时候"，有人畏首畏尾，有人勇于牺牲。有人在盈利的基金中不赚钱，有人在不盈利的基金中赚钱，市场百态，世间冷暖，此中霄壤之别的奥妙值得深思。

由此引出另一个话题：什么样的人不应该来找我们？即便在符合相关法规的前提下，至少有这样几种情况不应该来找我们：第一，自己投资能获得更高回报。第二，能找到比我们更好的人。第三，有大把时间自己"研究"股票。第四，无法达到配合默契、沟通顺畅。

了解自己、了解对方，找到喜欢、欣赏、信任的人，"合适的人 + 合适的钱"，这是取得投资成功的最大保障。知己知彼需要不断地循环往复，合适就继续前行，不合适就一别两宽，不要轻易说"永远"，在波折不易的人世间，**不到终点，别说永远。**

■ 本期无交易。5月收到腾讯派息：每股 1.00 港元，共 2637.30 元，以 10% 税计，得 2373.57 元。本年度累计已得分红 77 491.90 元（税前），69 742.71 元（税后）。支付财务费用 10 000 元。

模拟实盘投资组合展示（2019 年 7 月 31 日）

	股数	成本	市价	市值	市值
中国内地市场					6 782 702.00
格力（000651）	51 000	22.52	55.40	2 825 400.00	2 825 400.00
茅台（600519）	1 400	268.97	974.18	1 363 852.00	1 363 852.00
平安（601318）	25 000	63.79	88.69	2 217 250.00	2 217 250.00
深红利（159905）	200 000	1.847	1.881	376 200.00	376 200.00
中国香港市场					6 805 340.98
腾讯（00700）	3 000	166.68	369.70	1 109 100.00	975 786.18
中国太平（00966）	95 000	16.58	21.93	2 083 350.00	1 832 931.33
新华保险（01336）	53 000	36.39	39.55	2 096 150.00	1 844 192.77
中国银河（06881）	300 000	4.04	4.23	1 269 000.00	1 116 466.20
复星医药（02196）	50 000	26.54	23.55	1 177 500.00	1 035 964.50
美国市场					653 091.12
阿里巴巴（BABA）	550	150.16	172.49	94 869.50	653 091.12
现金					4 784.25
信用杠杆					(3 000 000.00)
净资产总值					11 245 918.35

备忘

2019/7/31 中国银行外汇折算价：美元 688.41，港元 87.98。

专栏自 2007 年 4 月开启至今，
上证综指自 3525 点到 2935 点，−16.74%；
香港恒指自 20 520 点到 27 821 点，+35.58%；
道琼斯自 12 923 点到 27 001 点，+108.94%；
专栏投资组合自 100 万元到 1124.59 万元，+1024.58%。

某些特质属于天赋异禀，与生俱来。

伟大的投资者都是野生的

2019 年 8 月 31 日

八月里，动荡继续，香港暴乱已持续两个月，阿根廷汇率一天大跌 40%，中美贸易战愈演愈烈，人民币汇率破 7，百亿富豪戴志康失陷 P2P。

前晚朋友相聚，提到阿胶上半年净利润大跌 78%、股价腰斩纯属活该，原因有三：①提价；②囤货；③无疗效。另一位回应道："你看看另一个股价大涨的[⊖]，好像也是这三点原因：①提价；②囤货；③一级致癌物。说罢大家相视大笑。

如果说盈利升降是股价涨跌的原因，或许也过于简单，因为我们涉及的一些公司八月公布的上半年财报显示，业绩增长少则百分之二三十，多则百分之八九十，但在过去的一个月中这些公司的股价却跌去百分之二十，跌幅可谓不小。

这些表现再次演示了何谓熊市，所谓熊市就是如果公司利润下滑，估计你会继续下滑，所以，股价大跌；如果利润上升，估计你将会下滑，所以股价也大跌。投资成功是难的，难在人心莫测，难在莫名其妙。

自从《一个投资家的 20 年》第 1 版面世以来，除了如潮佳评之外，间或也有读者提出些疑问，例如，交易是否太过频繁；又如，看完这本书，还是不知道如何投资，等等。

能提出这些问题的人基本上都属于"读过不等于读懂"的情况。该书是

⊖ 暗指茅台，2019 上半年净利增长 26%，市盈率 35 倍，八月上破千元大关，市值 1.4 万亿元。

由专栏集结而成，当时的初衷实际上有两个：①巴菲特投资理念在中国是否可行？②中国股市到底是不是赌场？可以说，时至今日，当初的目标都已实现，所以，如果哪一天专栏不再继续，也算是完成了历史使命。

对于专栏组合的换手率，我们特地计算了一下过去五年的情况，分别如下：

2014 年，90.38%；

2015 年，80.30%；

2016 年，81.32%；

2017 年，35.28%；

2018 年，60.93%；

2019 年，9.99%（前 7 个月）。

这样的换手率有人说太高，也有人说太低，见仁见智。但可以悄悄地补充一句，在开户的券商那里，我们常年属于被"痛恨"的一类。

教人如何投资并非我们的目标，过去的二三十年我在这方面进行过多种尝试，虽然还在一定范围内继续，但基本上已不再抱有幻想。例如，我在北理工教授 MBA 的投资学课程，面对济济一堂的热情学子，我知道他们之中 99% 注定是不会成为投资家的，对于谁是那杰出的 1%，我也并无把握。

基金经理马克·赛勒尔在 2008 年面对哈佛的精英才俊时直言不讳地说："我不是来教你们怎样成为一个伟大投资者的，相反，我是来告诉你们，你们几乎已经没有机会成为一个伟大的投资者。"他进一步指出，成为伟大投资者所要具备的七个特质，一旦成年就再无获得的可能。换句话说，某些特质属于天赋异禀、与生俱来，后天难以习得。

翻开《一个投资家的 20 年》，可以看到一段话："我们的使命是帮助那些可以帮助的人取得投资成功，而不是帮助他们成为投资家。"这完全是具有自知之明的表述。即便投资业界公认的导师、伟大如格雷厄姆者，一生又能培养出几个巴菲特？反过来想想，巴菲特是被培养出来的吗？

久历之后恍然明白，为什么以前听说，厉害的师傅，都是师傅找徒弟，而不是徒弟找师傅。外在是条件，内在是根本，即便是教育培养，也是师傅领进门，修行在个人。

看看那些成功的企业家，无论是董明珠还是任正非，无论是马明哲还是陈东升，从马云到马化腾，从雷军到刘强东，有谁是商学院批量生产出来的呢？有一句话叫"伟大的企业家都是野生的"，同样，伟大的投资者也都是野生的。

■ 卖出深红利（159905）200 000 股，1.896 元 / 股（得资 379 200.00 元）；中国银河（06881）200 000 股，3.75 港元 / 股（得资 750 000.00 港元，合 677 475.00 元）。买入济川药业（600566）11 800 股，29.47 元 / 股（耗资 347 746.00 元）；华东医药（000963）11 800 股，28.84 元 / 股（耗资 340 312.00 元）；新华保险（01336）5000 股，31.30 港元 / 股，（耗资 156 500.00 港元，合 141 366.45 元）；阿里巴巴（BABA）250 股，173.96 美元 / 股（耗资 43 490.00 美元，合 308 252.77 元）。收到派息：中国太平（00966）每股 0.10 港元（9500.00 港元，合 8581.35 元），格力（000651）每股 1.5 元（76 500.00 元），新华保险（01336）每股 0.77 元（40 810.00 元），复星医药（02196）每股 0.32 元（16 000.00 元）。本期共计 141 891.35 元，以 10% 税计，得 127 702.22 元。至此，本年度累计已得分红 219 383.25 元（税前），197 444.93 元（税后）。支付财务费用 10 000 元。

模拟实盘投资组合展示（2019年8月30日）

	股数	成本	市价	市值	市值
中国内地市场					7 288 348.00
格力（000651）	51 000	22.52	55.49	2 829 990.00	2 829 990.00
茅台（600519）	1 400	268.97	1 134.50	1 588 300.00	1 588 300.00
平安（601318）	25 000	63.79	87.28	2 182 000.00	2 182 000.00
济川药业（600566）	11 800	29.47	29.47	347 746.00	347 746.00
华东医药（000963）	11 800	28.84	28.84	340 312.00	340 312.00
中国香港市场					5 422 871.22
腾讯（00700）	3 000	166.68	324.10	972 300.00	878 278.59
中国太平（00966）	95 000	16.58	17.56	1 668 200.00	1 506 885.06
新华保险（01336）	58 000	35.95	31.30	1 815 400.00	1 639 850.82
中国银河（06881）	100 000	4.04	3.75	375 000.00	338 737.50
复星医药（02196）	50 000	26.54	23.45	1 172 500.00	1 059 119.25
美国市场					986 408.87
阿里巴巴（BABA）	800	157.60	173.96	139 168.00	986 408.87
现金					41 484.25
信用杠杆					(3 000 000.00)
净资产总值					10 739 112.34

备忘

2019/8/30 中国银行外汇折算价：美元 708.79，港元 90.33。

专栏自 2007 年 4 月开启至今，
上证综指自 3525 点到 2894 点，−17.90%；
香港恒指自 20 520 点到 25 774 点，+25.60%；
道琼斯自 12 923 点到 26 405 点，+104.33%；
专栏投资组合自 100 万元到 1073.91 万元，+973.91%。

那些在暗夜中发出微光的人，那些在艰难中绝不放弃的人，都是我们应该以之为榜样的英雄。

侠之小者

2019 年 9 月 30 日

北京的金秋到了，一个多月前还是令人汗流浃背的三伏天，不觉之间已是微风送爽的时节。2019 级太极班顺利结束了，在最美好的季节里互道珍重，多少有些依依不舍。全班十六人全部学会，今年又完成了一件令人愉快的事，明年春天 2020 级太极班会继续。

9 月 19 日，"天南的午餐"拍卖活动圆满结束，历时三小时，经过 58 轮竞价，最终以 101 500 元成交。这已经是第三年举办类似活动了，这次我们打算将这笔资金全部赠予二孩家庭，以期引起社会对于中国人口下滑趋势的关注。

在实行了多年的计划生育政策之后，数年前虽逐步放开二孩生育许可，但人口出生情况未见乐观扭转。长期而言，如果缺乏成规模的年轻人口，整个社会将会缺乏创造力、消费力，并渐渐影响活力、竞争力。在这方面，我们非常赞同梁建章先生的主张。

我们计划将拍卖所得以 1000 元为一个单位，分别赠予 101 个家庭。目前收到的申请已远远超过这个数字，所以，此次未能获得资格的申请人也请谅解，因为我们的能力实在有限。

为了取得一举多得的效果，对于这 1000 元的处理方式，我们计划为每个获赠家庭在证券公司开立一个股票账户，统一投资 ETF，为期五年。希望

2024 年能看到参与者 100% 盈利，这多少能埋下一些财商教育的种子。为此，我们进行了"招聘券商"的活动，在十数家应聘券商中，最终选择由长江证券提供后续服务。

11 月份，我们将在北京举行一场大型的读者见面会，主题为"**长江后浪推前浪**"，既是对长江证券的感谢，也是对后胜于今的期许。无论是一辈新人在成长，还是一代更比一代强，都是我们衷心的祝愿。

实际上，我们知道 1000 元对于一个家庭而言无足轻重。但侠之小者，力所能及。即便是烛火微光，我们也希望在力所能及的范围内贡献纤毫之力，希望有朝一日，积跬步以至千里，积小流以成江海。

今年是新中国成立七十周年，难得与家人一起看了几场电影，都非常棒。其中由张涵予、袁泉主演的《中国机长》根据去年川航事故的真实故事改编。飞机在飞行途中遭遇了万米高空驾驶舱风挡玻璃爆裂脱落、机舱释压的极端罕见险情。生死关头，临危不乱，机长与机组人员显示出镇定、坚毅、勇气、责任、团结、理解、知识、智慧，最终得以确保机上全部人员的生命安全，创造了世界民航史上的奇迹。

很多事情，生死往往一瞬之间，胜败常常一纸之隔。任正非在华为内部的讲话中曾引用克劳塞维茨在《战争论》中的话："什么叫领袖？要在茫茫的黑夜中，把自己的心拿出来燃烧，发出生命的微光，带领队伍走向胜利。战争打到一塌糊涂的时候，将领的作用是什么？就是用自己发出的微光，带领队伍前进。"

在历尽了九死一生，穿越暗夜、冰雹、雪山、缺氧、绝望与奇迹，最终落地之后，机长以沉重、平静的语气广播："我是机长，我和机组人员为没有将大家送到目的地致以真挚的歉意。"没有顺利完成任务的机长获得的是一片掌声，因为他在几乎没有希望时依然没有放弃，他就是那个在绝望中发出微光的人。

当下流传的金句之一是：崇尚英雄才会产生英雄，争做英雄才能英雄辈出。那些在暗夜之中发出微光的人，那些在艰难之中绝不放弃的人，他们都是我们应该以之为榜样的英雄。

- 卖出中国银河（06881）100 000 股，4.12 港元 / 股（得资 371 624.50 元）。买入济川药业（600566）1700 股，28.29 元 / 股（耗资 48 093.00 元）；华东医药（000963）3200 股，26.08 元股（耗资 83 456.00 元）；中国太平（00966）5000 股，17.42 港元 / 股（耗资 87 100.00 港元，合 78 564.20 元）；复星医药（02196）5000 股，21.13 港元 / 股（耗资 105 650.00 港元，合 95 296.30 元）；阿里巴巴 80 股，168.33 美元 / 股（耗资 13 466.40 美元，合 95 246.50 元）。支付财务费用 10 000 元。收到派息：平安（601318）2019 中期分红，每 10 股派 7.50 元，共计 18 750.00 元（税前），以 10% 税计，得 16 875.00 元（税后）。至此，2019 年累计获得分红 238 133.25 元（税前），214 319.93 元（税后）。

模拟实盘投资组合展示（2019 年 9 月 30 日）

	股数	成本	市价	市值	市值
中国内地市场					7 510 553.00
格力（000651）	51 000	22.52	57.33	2 923 830.00	2 923 830.00
茅台（600519）	1 400	268.97	1 159.72	1 623 608.00	1 623 608.00
平安（601318）	25 000	63.79	87.60	2 190 000.00	2 190 000.00
济川药业（600566）	13 500	29.32	28.29	381 915.00	381 915.00
华东医药（000963）	15 000	28.25	26.08	391 200.00	391 200.00
中国香港市场					5 122 358.78
腾讯（00700）	3 000	166.68	327.90	983 700.00	887 297.40
中国太平（00966）	100 000	16.62	17.42	1 742 000.00	1 571 284.00
新华保险（01336）	58 000	35.95	30.88	1 791 040.00	1 615 518.08
复星医药（02196）	55 000	26.05	21.13	1 162 150.00	1 048 259.30
美国市场					1 047 711.51
阿里巴巴（BABA）	880	158.58	168.33	148 130.40	1 047 711.51
现金					19 327.75
信用杠杆					(3 000 000.00)
净资产总值					10 699 951.04

备忘

2019/9/30 中国银行外汇折算价：美元 707.29，港元 90.20。

专栏自 2007 年 4 月开启至今，

上证综指自 3525 点到 2921 点，−17.13%；

香港恒指自 20 520 点到 25 974 点，+26.58%；

道琼斯自 12 923 点到 26 926 点，+108.36%；

专栏投资组合自 100 万元到 1070.00 万元，+970.00%。

> 绝大多数人终其一生追求幸福的过程，就是一个将一手不够好的牌渐渐换成一手好牌的过程。

巴菲特资金超越主意的分水岭

2019 年 10 月 31 日

　　此刻的金秋，我在桂香四溢的西湖边写这篇译者序。这本《巴菲特的第一桶金》是我翻译的第五本财经投资类书籍，尽管有关巴菲特的书已是汗牛充栋，但对于有兴趣了解早期巴菲特投资人生的读者而言，这本还是开卷有益的。

　　今年已 89 岁的巴菲特，实际上名气大幅飙升大约发生在 65 岁以后，所以近二十年以来，每当他做出重大投资，例如 IBM、苹果、美国银行等，各种细节都会被媒体挖掘得纤毫毕现、展露无遗，令大家耳熟能详，但大众对于他早期的投资却记录不多、知之甚少，原因也很简单——当年有谁知道这个文质彬彬的年轻人将来能成大事呢？

　　如今巴菲特依旧宝刀未老，年复一年地为伯克希尔的股东们创造着数百亿美元的价值[⊖]，只是，动辄数十亿美元、数百亿美元的投资大手笔，让普通人看来只能是望洋兴叹，心中暗自慨叹："没那么多钱啊！"

　　《巴菲特的第一桶金》可以说在一定程度上能够弥补这种缺憾，因为这本书向我们展示了巴菲特从年轻时代开始，如何从几千、几万、十几万、几十万、一百万、几百万美元……一步一步，直至买下伯克希尔建立一个投资帝国的历程。从 1962 年以 7.5 美元 / 股买入伯克希尔起，到如今股价 31 万美元，可谓"合抱之木，生于毫末；九层之台，起于垒土"。

⊖　2019 年上半年公司净利润为 359 亿美元。

书中收集的案例有大家较为熟知的喜诗糖果、美国运通、《华盛顿邮报》，也有不太熟知的登普斯特、洛克伍德、霍希尔德－科恩等，作者还在每个案例的结尾专门总结出该章节的学习要点。

日前引人注目的新闻之一是，一位持股超过 20 年的机构投资者卖出了伯克希尔股票，其负责人指出，过去十年（2009～2019 年）伯克希尔上涨 323%，而同期标普 500 指数上涨 334%，他对于巴菲特手握巨资、坐失良机、回购不足、跑输大盘表示不满。

2019 年中期财报显示，伯克希尔持有现金达到惊人的 1220 亿美元之巨。有人推测这说明巴菲特不看好后市，也有人认为巴菲特廉颇已老。对于这种现象，用巴菲特自己多年前的话讲就是："我年轻的时候是主意比资金多，现在是资金比主意多。"

从"主意多过资金"到"资金多过主意"，分水岭是什么时候呢？《巴菲特的第一桶金》刚好可以回答这个问题。1969 年在结束合伙公司时，巴菲特给所有投资人两个选择：取回现金，或转为伯克希尔股票。以事后诸葛亮式的聪明来看，当然选择转为伯克希尔股票，但是当时公司除了一堆日渐衰败的纺织业务外，就是一堆不起眼的小公司。总之，当年巴菲特手中并非一手好牌，这再次印证了我们多次提到的观点：事后都易，当下最难。

绝大多数人终其一生追求幸福的过程，就是一个将一手不够好的牌渐渐换成一手好牌的过程。巴菲特为我们树立了一个以身作则的好榜样。

人们都知道巴菲特解散合伙公司的原因是股市过热。实际上，这仅仅是外在原因，内在原因是那个时候，巴菲特合伙公司掌控的资金已达到一亿美元之巨，越来越难以为这么多资金找到合适的投资对象。

也就是说，在解散合伙公司、拿回属于自己的 2650 万美元时，巴菲特以行动向世人发出了一个响亮的声音："从现在起，我再也不需要别人的钱了！"

1969 年，是巴菲特资金超越主意的分水岭。

■ 本期无交易。支付财务费用 10 000 元。

模拟实盘投资组合展示（2019 年 10 月 31 日）

	股数	成本	市价	市值	市值
中国内地市场					7 573 733.00
格力（000651）	51 000	22.52	58.61	2 989 110.00	2 989 110.00
茅台（600519）	1 400	268.97	1 187.07	1 661 898.00	1 661 898.00
平安（601318）	25 000	63.79	88.25	2 206 250.00	2 206 250.00
济川药业（600566）	13 500	29.32	24.25	327 375.00	327 375.00
华东医药（000963）	15 000	28.25	25.94	389 100.00	389 100.00
中国香港市场					5 173 209.00
腾讯（00700）	3 000	166.68	320.20	960 600.00	864 540.00
中国太平（00966）	100 000	16.62	17.81	1 781 000.00	1 602 900.00
新华保险（01336）	58 000	35.95	31.02	1 799 160.00	1 619 244.00
复星医药（02196）	55 000	26.05	21.95	1 207 250.00	1 086 525.00
美国市场					1 100 918.56
阿里巴巴（BABA）	880	158.58	177.37	156 085.60	1 100 918.56
现金					9 327.75
信用杠杆					(3 000 000.00)
净资产总值					10 857 188.31

> 备忘
>
> 2019/10/31 中国银行外汇折算价：美元 705.33，港元 90.00。
>
> 专栏自 2007 年 4 月开启至今，
> 上证综指自 3525 点到 2935 点，−16.74%；
> 香港恒指自 20 520 点到 26 859 点，+30.89%；
> 道琼斯自 12 923 点到 27 053 点，+109.34%；
> 专栏投资组合自 100 万元到 1085.72 万元，+985.72%。

小钱大思者败，这几乎是注定的结局。

大钱小思者胜

—— 《大钱细思》一书推荐序

一年前，我为投资经典《彼得·林奇的成功投资》一书作序，题为"阅读林奇 28 年"，没想到今天有幸为《大钱细思》这本新书作序，再次遇见了一段与林奇有关的为期 28 年的历史佳话。

被人称为"史上最伟大基金经理"的林奇当年为富达基金公司录用了一个年轻人，这位年轻人不负所望，经过 28 年的奋斗，管理的基金规模已达 400 亿美元。他就是今天被林奇称为"顶尖投资大师"的乔尔·蒂林哈斯特。林奇对其不吝赞美之词，称乔尔是"有史以来最伟大、最成功的基金经理之一"。

我大约在十年前读过乔尔的故事，他那时就已经被称为投资界的"超级巨星"，创造了神话般的纪录。感谢乔尔撰写的这本《大钱细思——优秀投资者如何思考和决断》，让我们有机会对顶尖投资大师的秘密一窥究竟。

乔尔的这本新书内容分为五个部分：投资心理、投资盲点、诚实有能力的受托人、赚得多不如活得久、价值几何。书中还有一章专门提到中国，甚至引用了孔夫子的一句话，但最终他还是承认自己对中国知之甚少，主要还是偏重投资于英语国家。

与巴菲特、林奇等主动管理型投资人一样，乔尔并不认同有效市场理论，他认为有效市场理论的假设条件过于"强大"，在真实的世界中，不可能所有人在同一时间得到所有的信息，完全公平、对等的信息披露是不存在的。

乔尔提到了一些上涨数百倍的股票投资案例，例如拥有怪物能量饮料的汉森公司十六年涨了 600 倍，CMGI 公司五年上涨千倍。这看起来令人心潮澎湃、心旌摇动，但如果你以为找到了乔尔这样的世界顶尖投资大师就可以动不动取得翻番回报的话，一定会大失所望。

1989 年乔尔管理的富达低价股基金起航，二十八年来他取得了年化 13.8% 的回报，这的确是世界顶级投资家的水平[⊖]，大幅跑赢同期标普 500 指数年化 9.7% 的表现。在穿越周期之后，乔尔"跑赢大势，绝对盈利"，再次演绎了我们所说的"职业和世俗的双重胜利"，这是非常了不起的成绩。

乔尔像林奇一样勤奋，翻起很多石头才能找到一件宝贝，难怪林奇称之为"投资界当之无愧的地质学家"。他在书中列出五类投资错误、四个价值要素中的陷阱、六件让人警惕的事，探讨了心理与概率，从英国曾经税率高达 99% 到凯恩斯与时俱进的投资方法，从安然到安达信，从 AIG 到俄罗斯石油的案例，从 2000 年纳斯达克市盈率 100 倍以上的闪闪放光到随后两年大跌 78% 的泡沫幻灭，等等，总之，乔尔的观察与细思涉及方方面面。

这本书的英文书名 Big Money Think Small 可以直译为"大钱小思"。像乔尔这样掌握大钱的人年复一年坚持细致入微的思考是值得的，因为 400 亿美元的基金规模，一年能为投资人创造 50 亿美元的盈利，为公司带来 6 亿美元的管理费，足以养活基金经理及其团队，并为富达基金公司创造可观的利润，这符合社会分工的社会法则。乔尔以多年的努力营造了一个了不起的多赢局面，诠释了什么是大钱小思者胜。

那么，反过来呢？

如今中国股民人数已达 1.5 亿，其中 80% 股民的资金在 10 万元以下。反躬自省，以一千、一万、十万元为本金，天天面对动荡起伏的市场、复杂多变的人心，每天十几个小时，殚精竭虑也好，担惊煎熬也罢，就算达到了顶级投资家的水平又如何？

⊖ 建议参阅《投资回报的天花板》一文。

　　与其天天琢磨怎么成为顶尖投资者，不如想想怎么才能多攒一些本金，怎样才能积小钱为大钱，因为对于绝大多数股民而言，小钱大思者败，这几乎是注定的结局。

■ 本期卖出格力（000651）1000股，57.87元/股（得资 57 870.00元）。买入中国太平（00966）1000股，18.16港元/股（耗资 18 160.00港元，合 16 307.68元）。支付财务费用 10 000元。

模拟实盘投资组合展示（2019 年 11 月 29 日）

	股数	成本	市价	市值	市值
中国内地市场					7 258 225.00
格力（000651）	50 000	22.52	57.87	2 893 500.00	2 893 500.00
茅台（600519）	1 400	268.97	1 139.20	1 594 880.00	1 594 880.00
平安（601318）	25 000	63.79	83.72	2 093 000.00	2 093 000.00
济川药业（600566）	13 500	29.32	22.57	304 695.00	304 695.00
华东医药（000963）	15 000	28.25	24.81	372 150.00	372 150.00
中国香港市场					5 218 053.50
腾讯（00700）	3 000	166.68	332.10	996 300.00	894 677.40
中国太平（00966）	101 000	16.64	18.16	1 834 160.00	1 647 075.68
新华保险（01336）	58 000	35.95	30.38	1 762 040.00	1 582 311.92
复星医药（02196）	55 000	26.05	22.15	1 218 250.00	1 093 988.50
美国市场					1 233 471.20
阿里巴巴（BABA）	880	158.58	199.39	175 463.20	1 233 471.20
现金					40 890.07
信用杠杆					(3 000 000.00)
净资产总值					10 750 639.77

备忘

2019/11/29 中国银行外汇折算价：美元 702.98，港元 89.80。

专栏自 2007 年 4 月开启至今，
上证综指自 3525 点到 2875 点，−18.44%；
香港恒指自 20 520 点到 26 507 点，+29.18%；
道琼斯自 12 923 点到 28 081 点，+117.29%；
专栏投资组合自 100 万元到 1075.06 万元，+975.06%。

你以为你是那只手，但也许你就是那张牌。

这也是我们为什么一直要努力的原因。

假若牛市来临

2019 年 12 月 31 日

2019 年过去了，上证综指收于 3050.12 点。12 月份大盘上涨了 180 点，晃晃悠悠重新站上了 3000 点，距离 2007 年初历史上首次突破 3000 点，几乎整整过去了十三年。

最后一个月的上涨令一些股市中人欢欣鼓舞，网络上不少人纷纷亮出 2019 年靓丽的投资成绩单，几乎都毫无例外地取得了"击败"巴菲特的业绩。于是，市场上对牛市即将来临的期待又多了起来。

根据历史的经验，牛市来临固然会很热闹，但能不能解决问题却是另一码事。这么多年过去，历史还会再次重演吗？假若牛市来临会如何？这让我想起很多年前的一部作品——《假若明天来临》。

大约三十年前，美国著名畅销书作家谢尔顿的大作《假若明天来临》（*If Tomorrow Comes*）被引入中国，我模糊记得小时候还看过同名的电视连续剧。主角是一位事业、爱情都令人羡慕的银行女职员，但随即遭人陷害，在历经家庭、工作的重重打击并深陷牢狱之后，依然不放弃对未来生活的向往。在狱中，她对于"假若明天来临……"这个命题念念不忘，最终精心构建下重重连环，置坏人于死地，快意恩仇，功成身退。这听起来，似乎像是一个女版基督山伯爵或肖申克的故事。

不囿于环境，不放弃理想，即便在绝望之中也不放弃对未来的希望，并为之做好相应的规划，这是《假若明天来临》所带给读者的。那么，今天摆在大家面前的问题是：假若牛市来临呢？

前几天，刚刚看到一份上交所统计年鉴（2019 卷），统计显示 10 万元以下的投资者占比 58.21%，10 万～50 万元的占比 28.71%，50 万～100 万元的占比 6.60%。也就是说 50 万元以下的投资者占比近九成，估计 20 万元以下的应该就占了八成。

看看网上晒出的"2019 收益率"，少则百分之三五十，多则百分之一两百，你追我赶，好不热闹。谁都知道"**200 万的 15% 多过 20 万的 100%**"，这应该算是常识。但芒格说过："所谓常识，就是**平常人没有的知识**。我们在说某个人有常识的时候，我们其实是在说，他具备平常人没有的常识。人们都以为具备常识很简单，其实很难。"○

近年来，我们在"投资管理成功"这个课题上花了大量功夫，因为我们早已知道"**投资成功**"不等于"**投资管理成功**"。人们都知道成功的路径是"知行合一"，自己能做到知行合一已经很难，管理意味着还有"外挂"。虽然也是基于理念认同的聚合，但让"外挂"们保持步调一致、配合默契乃至在暗夜中依然相信光明绝非易事。

近年流行语中有一句"投资是认知的变现"，我十月底在成都一所大学演讲的题目是"有知的坚持"。这其中的"变现""坚持"说到底都是"行"的问题，所以，无论是"认知的变现"还是"有知的坚持"，讲的都是知行合一。

阳明先生说："知而不行，即为不知。"那些投资 1 万、2 万、10 万元……，然后天天刻苦研究股市、追求提高炒股技能的人，假若牛市来临又能怎样？

实际上，更令人担心的是人们通常会实施的"倒金字塔形"投资大法，也就是股价越高投的钱越多。福兮祸所伏，一轮疯狂的牛市往往是大多数人遭受重创的主要原因。

○ "我们其实是在说"，这句很重要。

在上月新书《巴菲特的第一桶金》的序言中，我写下这样一句话："绝大多数人终其一生追求幸福的过程，就是一个将一手不够好的牌渐渐换成一手好牌的过程。"很多读者为之拍案叫绝，但是现实很现实，读过未必懂，我其实是在说，换个角度看，你以为你是那只手，但也许你就是那张牌。这也是我们为什么一直要努力的原因。

2020年到了，我们要为获得一手好牌而努力，也要为成为一张好牌而奋斗！

■ 本期没有交易。支付财务费用10 000元。

模拟实盘投资组合展示（2019 年 12 月 31 日）

	股数	成本	市价	市值	市值
中国内地市场					7 744 924.00
格力（000651）	50 000	22.52	65.33	3 266 500.00	3 266 500.00
茅台（600519）	1 400	268.97	1 182.26	1 655 164.00	1 655 164.00
平安（601318）	25 000	63.79	85.46	2 136 500.00	2 136 500.00
济川药业（600566）	13 500	29.32	23.96	323 460.00	323 460.00
华东医药（000963）	15 000	28.25	24.22	363 300.00	363 300.00
中国香港市场					5 669 392.79
腾讯（00700）	3 000	166.68	377.40	1 132 200.00	1 014 224.76
中国太平（00966）	101 000	16.64	19.36	1 955 360.00	1 751 611.49
新华保险（01336）	58 000	35.95	33.60	1 948 800.00	1 745 735.04
复星医药（02196）	55 000	26.05	23.50	1 292 500.00	1 157 821.50
美国市场					1 302 646.29
阿里巴巴（BABA）	880	158.58	212.19	186 727.20	1 302 646.29
现金					30 890.07
信用杠杆					(3 000 000.00)
净资产总值					11 747 853.15

备忘

2019/12/31 中国银行外汇折算价：美元 697.62，港元 89.58。

专栏自 2007 年 4 月开启至今，

上证综指自 3525 点到 3041 点，−13.73%；

香港恒指自 20 520 点到 28 211 点，+37.48%；

道琼斯自 12 923 点到 28 462 点，+120.24%；

专栏投资组合自 100 万元到 1174.79 万元，+1074.79%。

2020

在今天这样一个艰难的当下，让我们重温
瓦尔特的名言："谁活着，谁就看得见。"

人生如逆旅，你我皆行人。

英雄当如钟南山

2020 年 1 月 31 日

　　2020 年 1 月的这个春节注定将被人铭记。新冠肺炎的暴发，导致武汉封城，多省进入一级响应状态。人们被不断提醒不串门、不聚会，减少外出以避免更为严重的灾难性后果。关心股市的人们，从一个月前对于"牛市重来"的乐观憧憬，180 度大转弯，变为对下周开盘变数的担心。

　　有朋友问是不是应该"先卖出去，等跌了之后，再买回来"，问题是：聪明人这么多，你怎么可以肯定高价卖出去，然后还能低价再买回来呢？

　　近年来，不断有人质疑巴菲特，因为他过去十年未能跑赢标普 500 指数。手中正在翻译的投资经典《巴菲特的投资组合》已经完成了 95%，近日所见的内容讨论正是关于为什么获得超级收益越来越困难。书中以棒球业界的历史数据为例，解释了近年来杰出业绩日渐稀缺的原因，并非是击球手的水平下降，而是对手的整体防御能力提高。这同样解释了，伟大投资家之所以业绩表现似乎不如从前，并非是其投资能力下降了，而是股市参与者整体水平提高了。

　　在一个参与者整体水平日渐提高的市场里，获得超额收益的概率越来越低，这几乎是大势所趋，也是巴菲特鼓励人们投资指数的根本原因。

　　希望过上美好生活的人们通过各种方式、各种途径，眼观六路、耳听八方。仅过去的 30 天，重大的事件就有：澳洲大火、美伊动手、科比坠机、英国脱欧、意大利宣布国家紧急状态、多国叫停飞往中国的航班……每一件事单拎出来都是大事。

这种事事关心导致市场越来越"有效",也导致大家都很忙,在忙乱中遇见的不确定性导致流言、谣言的产生,所谓"萝卜快了不洗泥"。例如最近的流言是"双黄连对疫情有特效",结果一夜之间双黄连口服液被抢购一空,据说双黄莲蓉月饼也顺道被抢购。

流言传来传去,制造者不是蠢就是坏,辟谣也有成本。无知可以原谅,但无耻不可以。因为人生来都是无知的,所以需要后天的学习,但无知又乱说,应该归于无耻一类。

这样"非蠢即坏"的社会复杂现象,在各行各业都会存在,连我们这个专栏也不例外。专栏到如今已经坚持了十二年零九个月,会时不时遇见一些质疑,或是认为使用杠杆,或是认为纸上谈兵,或是认为交易频繁。实际上,这些问题都回复过,只不过静下心来阅读也是一件奢侈的事情。

专栏投资组合从 2007 年开始的 100 万元到上月(2019 年 12 月)底的 1174 万元,折合年化回报率 21.46%,这里的确包含了融资杠杆的运用,实际上,如果不用杠杆,年化回报率为 15.30%。这样的水平在投资世界中究竟处于何种位置,建议参阅《投资回报的天花板》一文。

至于在投资中是否运用融资杠杆的问题,在《负债投资——高手的游戏》一文中已有说明。简单地说,就是巴菲特的建议:普通人不要用杠杆。但上述 21.46% 与 15.30% 之间的距离到底说明了什么,值得好好思考。读过没读懂,这可以理解,但不懂可以不乱讲,这也是一种水平。

投资即生活,即便在流言纷乱中,还是要努力做一个逆行者。就像在这场疫情风暴中,人称国士无双的老英雄——钟南山,在提醒大家没事别到武汉的情况下,第一时间赶到现场,在人人自危的恐慌中,他是一个恐慌中的逆行者。

十七年前 2003 年 SARS 期间,很多人第一次知道他的名字,当年他 67 岁,现在他已是 84 岁高龄。再过十七年,他老人家应该是百岁了。再过十七年，我们多大了？人生如逆旅，你我皆行人。

屏幕上，老英雄含着泪，面容坚毅地说：面对这样的疫情灾难，"重要的就是一个士气，一个精神"。"武汉本来就是一个英雄的城市，肯定能够过关。"

他说的对，不必恐慌，勿信流言，要有士气，要有精神。相信中国能过关，英雄当如钟南山。

■ 本期没有交易。支付财务费用 10 000 元。

模拟实盘投资组合展示（2020年1月31日）

	股数	成本	市价	市值	市值
中国内地市场					7 478 375.00
格力（000651）	50 000	22.52	64.76	3 238 000.00	3 238 000.00
茅台（600519）	1 400	268.97	1 056.50	1 479 100.00	1 479 100.00
平安（601318）	25 000	63.79	83.52	2 088 000.00	2 088 000.00
济川药业（600566）	13 500	29.32	26.45	357 075.00	357 075.00
华东医药（000963）	15 000	28.25	21.08	316 200.00	316 200.00
中国香港市场					5 053 793.73
腾讯（00700）	3 000	166.68	378.10	1 132 200.00	1 003 015.98
中国太平（00966）	101 000	16.64	16.66	1 682 660.00	1 490 668.49
新华保险（01336）	58 000	35.95	29.93	1 735 940.00	1 537 869.25
复星医药（02196）	55 000	26.05	20.98	1 153 900.00	1 022 240.01
美国市场					1 250 584.29
阿里巴巴（BABA）	880	158.58	206.33	181 570.40	1 250 584.29
现金					20 890.07
信用杠杆					(3 000 000.00)
净资产总值					10 803 643.09

注：由于肺炎疫情导致闭市，中国内地市场数据取自1月23日。

备忘

2020/1/31 中国银行外汇折算价：美元 688.76，港元 88.59。

专栏自 2007 年 4 月开启至今，
上证综指自 3525 点到 3000 点，-14.89%；
香港恒指自 20 520 点到 26 557 点，+29.42%；
道琼斯自 12 923 点到 28 491 点，+120.47%；
专栏投资组合自 100 万元到 1080.36 万元，+980.36%。

巴菲特 90 岁，芒格 96 岁，两人加起来近两百岁，

他们用一生完美演绎了一部"巴芒演义"。

在严肃的历史中潇洒穿行

2020 年 2 月 28 日

　　投资界著名的隐士唐朝先生刚刚完成一本新书——《巴芒演义：可复制的价值投资》，这是一本表里俱佳的书。"巴芒"并非指巴西芒果，而是指巴菲特、芒格。《巴芒演义》是一本以西方投资历史为中心、以中国传统章回体形式写就的财经书，这种形式我还是第一次见到。

　　这本书记录了价值投资产生的历史背景、发展脉络，以巴菲特、芒格这对老搭档为核心，展现了一个个历史上伟大投资家活灵活现的故事，以及他们之间盘根错节、拐弯抹角的细腻交织，有着类似"七大姑的二舅的侄子在干吗"之类的细节，既有史海钩沉，也有投资理念与案例的讲述。

　　它覆盖了近一个世纪美国金融界的宏大历史，记述了财经大舞台上很多故事的来龙去脉，从格雷厄姆、多德到施洛斯、鲁安师生两代的流光溢彩，从蔡志勇到米尔肯玩转华尔街的精彩邪门，从香农、凯利到索普、尤金的象牙塔学术发展，从收购伯克希尔"错失千亿美元的错误"到《华盛顿邮报》的死里逃生……总之，这是一本严肃的具有史料价值的财经历史书。

　　老唐为了此书的写作，参考书籍达到 72 本之多，就像蚕需要吃进许多桑叶才能吐出丝一样，老唐也是消化融汇了很多书后，才能写出如此酣畅淋漓的锦绣文章。这也为大家节省了一一阅读并在大脑中将这些书相互串联、彼此印证的时间和精力。

《巴芒演义》的一个重大特色是**表达通俗**，以中国人的思维习惯写作。财经类书籍多枯燥无味，更由于多是舶来品的缘故，很多作品在翻译的过程中也多存在言不逮意、晦涩不明的问题，使得阅读体验大打折扣。

全书共四十二回，采用类似《三国演义》《封神演义》那样的目录。老唐再一次展现了其一贯卓越的"中翻中"才能，不但文字表述流畅，还将每一章的题目呈现为传统的章回体，带着浓郁的中国风在严肃的历史中潇洒穿行。

这本书是唐朝的第四本著作，本文也是我为他写的第三篇书序。记得最初他邀我为《手把手教你读财报2》一书写序，催稿甚急，以至"夜中不能寐"，害得我凌晨三点就披衣捉笔，终于在黎明时分完成了那篇《工匠精神话唐朝》。时光一晃已三年，如今读来，那是我写过的最佳书序，可谓"不负如来不负卿"，完成了我们彼此的心愿。

当市场还在担心疫情的蔓延、遭受节后大跌8%的折磨、关注4000亿蝗虫的去向时，老唐已经悄然完成了一本可以流传后世的新著。他曾经做生意受骗、投资爆仓，自谦"学历不高"、读书多又"话痨"，但在同样的环境中，他已练就了不一样的心态，就像苏轼的那首《定风波》中的描述："同行皆狼狈，余独不觉。"从东坡居士这首词中抽出四句，也正是对老唐很好的描述：

> 莫听穿林打叶声，
> 何妨吟啸且徐行。
> 一蓑烟雨任平生。
> ……
> 也无风雨也无晴。

不消沉、不放纵、不怨天尤人，嬉笑怒骂，快意恩仇，这正是老唐的潇洒。老唐是投资江湖中的隐者，从不抛头露面，从来隐姓埋名。提起老唐，你脑海中会出现什么形象？有人会想起"事了拂衣去，深藏身与名"，有人会想起"舟遥遥以轻飏,风飘飘而吹衣"。隐世高人,卧虎藏龙,存而不现,若隐若现,这是中华文化中最令人羡慕的一种状态,老唐做到了。

如今我要向老唐好好学习,不仅仅是投资知识和能力,还有潇洒的人生态度。看着他三竿而起的超脱,看着他与相濡以沫的人驰骋大好河山,不由得喟然感叹:"非无江海志,潇洒送日月!"

巴菲特日前公布了致股东信,伯克希尔持有1280亿美元现金,2019年净利润814亿美元。尽管2019年伯克希尔股价仅上升11%,大幅落后于标普31%的升幅,但自1965以来上涨了2.7万倍。

巴菲特90岁,芒格96岁,两人加起来近两百岁,他们用一生完美演绎了巴芒演义。如今,我和老唐加起来近百岁,如果谈到愿望的话,希望大家在下一个百岁时光里,学习英雄、争当英雄,谱写中国自己的演义。

■ 本期卖出格力(000651)5000股,59.20元/股(得资296 000.00元)。
买入券商ETF(512000)280 000股,0.958元/股(耗资268 240.00元)。
支付财务费用10 000元。

模拟实盘投资组合展示（2020年2月28日）

	股数	成本	市价	市值	市值
中国内地市场					7 001 257.00
格力（000651）	45 000	22.52	59.20	2 664 000.00	2 664 000.00
茅台（600519）	1 400	268.97	1 065.98	1 492 372.00	1 492 372.00
平安（601318）	25 000	63.79	78.50	1 962 500.00	1 962 500.00
济川药业（600566）	13 500	29.32	23.77	320 895.00	320 895.00
华东医药（000963）	15 000	28.25	19.55	293 250.00	293 250.00
券商ETF（512000）	280 000	0.958	0.958	268 240.00	268 240.00
中国香港市场					5 159 859.09
腾讯（00700）	3 000	166.68	388.10	1 164 300.00	1 046 356.41
中国太平（00966）	101 000	16.64	16.02	1 618 020.00	1 454 114.57
新华保险（01336）	58 000	35.95	29.75	1 725 500.00	1 550 706.85
复星医药（02196）	55 000	26.05	22.43	1 233 650.00	1 108 681.26
美国市场					1 256 221.72
阿里巴巴（BABA）	880	158.58	203.74	179 291.20	1 256 221.72
现金					38 650.07
信用杠杆					(3 000 000.00)
净资产总值					10 455 987.88

备忘

2020/2/28 中国银行外汇折算价：美元 700.66，港元 89.87。

专栏自 2007 年 4 月开启至今，

上证综指自 3525 点到 2913 点，−17.36%；

香港恒指自 20 520 点到 26 151 点，+27.44%；

道琼斯自 12 923 点到 25 088 点，+94.13%；

专栏投资组合自 100 万元到 1045.60 万元，+945.60%。

近两三个月的股市大跌，相当于跌去了巴菲特前七十六年积累的财富总和。

二十七年熊市见闻片段

2020 年 3 月 31 日

刚刚过去的三月可以称为"恐怖三月"，新冠疫情虽然在国内渐渐被有效控制，但在全球开始暴发蔓延，从封城到封国，从漫不经心到国家进入紧急状态，估计全球确诊人数很快会突破百万。市场从恐慌到更恐慌，美股大熊降临，十天熔断四次，道琼斯从 2 月高点 29 000 点跌至 3 月的低点 18 000 点，终结了美股十一年大牛市。这个三月，既有史诗性恐怖崩盘，也有史诗性报复暴涨。

今年以来大跌 90% 的股票屡见不鲜，连一些著名的公司也是跌得面目全非，如汇丰跌 30%、脸书跌 38%、可口可乐跌 39%、波音跌 74%、富国银行跌 50%。股神巴菲特的伯克希尔最大跌幅 30%，从 34 万美元跌至 24 万美元，单股跌去十万美元。历史上伯克希尔股价首次站上 10 万美元发生在 2006 年，那一年巴菲特七十六岁。换言之，近两三个月的股市大跌相当于跌去了巴菲特前七十六年积累的财富总和。

美国政府推出了 2.2 万亿美元刺激计划，祭出无限量宽松的法宝，各国也纷纷出台刺激政策。世界下一步往何处去，专家们莫衷一是。有人认为疫情过后，一切会回到正轨；也有专家认为全球或有数百万人最终因疫情死亡，全球大衰退无可避免。

未来是未定的，但过去是已知的，鉴往知来，或有所得，投资大家戴维斯大学专业学的就是历史。回顾来时的路，这样严重的熊市我已经遇见过不止一次。

自从 1993 年进入股市，屈指算来已是二十七年了。当年在北京东边东四十条的保利大厦办公，同样在这里办公的有证监会，这是这栋大楼闻名的重要原因之一。当然还有很多人才，例如后来涌金系的魏东。

从保利出来，步行穿过东二环的立交桥，对面就是著名的华夏证券东四十条营业部，那里有范勇宏、赵笑云、王亚伟。再后来华夏证券出了事，主体被今天的中信建投接管，时隔二十五年之后，前不久，他们来拜访我时竟然还找到了我当年的账户。

回望过去，很多人此生再也无缘相遇，世事沧桑，往事如烟渐渐湮灭在历史长河中。事后人们往往只关心"今年业绩如何如何"，几人能想到每一个当下实际上都是生死存亡的考验。"我还在！"这句话的分量，唯有亲历者才能体会。

1993 年春天，上证综指上涨达到 1500 点，这是"幸"还是"不幸"？看看二十七年之后的今天才 2700 点，多少英雄雨打风吹去，令人默然。那个春天随后的一年半，上证综指从 1500 点跌到 300 点，大跌了约 80%，这大约是我入市后遇见的第一个大熊市，可谓惨烈。放在今天，如同今年初 3000 点，明年会跌到 600 点，这样的情景如同噩梦之中的"万丈深渊失脚"一般。

好在那时年轻，手里也没多少钱，所以那次熊市对我造成的后果仅仅是"不高兴"而已，并没有造成致命打击。值得一提的倒是随之而来的牛市。1995 年秋天遇见《巴菲特之道》这本书，这是我第一次系统了解巴菲特的故事。在 1996 年初的时候我投入了全部身家，恰好遇见了随之而来的大牛市，大盘从 500 点涨到次年的 1500 点，我从中大赚十倍，奠定了财务自由的基础。必须承认，每一个最终成功的人在开始之处一定有运气的成分，1996 年、1997 年的牛市是我早期遇见的好运气。

中国今天还有不少资深投资者对这次熊转牛的大胜仗记忆犹新，但如今想来，1993 年春到 1997 年秋，从 1500 点跌到 300 点，再回到 1500 点，指数仅仅是回到了原地而已。

接下来呢？接下来自然是"好花不常开，好景难常在"，市场迎头撞上了 1998 年恐怖惊惧的亚洲金融危机，以后有机会再忆。在今天这样一个艰难的当下，让我们重温瓦尔特的名言："谁活着，谁就看得见。"

■ 本期卖出格力（000651）7000 股，52.50 元 / 股（得资 367 500.00 元）；平安（601318）7000 股，69.68 元 / 股（得资 487 760.00 元）；券商 ETF（512000）280 000 股，0.888 元 / 股（得资 248 640.00 元）；中国太平（00966）51 000 股，12.78 港元 / 股（得资 651 780.00 港元，合 595 531.39 元）。买入万华化学（600309）9000 股，41.15 元 / 股（耗资 370 350.00 元）；中国太保（02601）28 000 股，23.40 港元 / 股（耗资 655 200.00 港元，合 598 656.24 元）；国泰君安香港（01788）800 000 股，1.02 港元 / 股（耗资 816 000.00 港元，合 745 579.20 元）。支付财务费用 10 000 元。

模拟实盘投资组合展示（2020 年 3 月 31 日）

	股数	成本	市价	市值	市值
中国内地市场					5 711 720.00
格力（000651）	38 000	22.52	52.50	1 995 000.00	1 995 000.00
茅台（600519）	1 400	268.97	1 098.40	1 537 760.00	1 537 760.00
平安（601318）	18 000	63.79	69.68	1 254 240.00	1 254 240.00
济川药业（600566）	13 500	29.32	21.72	293 220.00	293 220.00
华东医药（000963）	15 000	28.25	17.41	261 150.00	261 150.00
万华化学（600309）	9 000	41.15	41.15	370 350.00	370 350.00
中国香港市场					5 528 387.54
腾讯（00700）	3 000	166.68	378.40	1 135 200.00	1 037 232.24
中国太平（00966）	50 000	16.64	12.78	639 000.00	583 854.30
新华保险（01336）	58 000	35.95	24.25	1 406 500.00	1 285 119.05
复星医药（02196）	55 000	26.05	25.43	1 398 650.00	1 277 946.51
中国太保（02601）	28 000	23.40	23.40	655 200.00	598 656.24
国泰君安香港（01788）	800 000	1.02	1.02	816 000.00	745 579.20
美国市场					1 207 697.81
阿里巴巴（BABA）	880	158.58	193.70	170 456.00	1 207 697.81
现金					13 496.02
信用杠杆					(3 000 000.00)
净资产总值					9 461 301.37

2020/3/31 中国银行外汇折算价：美元 708.51，港元 91.37。

专栏自 2007 年 4 月开启至今，
上证综指自 3525 点到 2757 点，−21.79%；
香港恒指自 20 520 点到 23 433 点，+14.20%；
道琼斯自 12 923 点到 22 166 点，+71.52%；
专栏投资组合自 100 万元到 946.13 万元，+846.13%。

备忘

战胜指数越来越难的两个原因。

从前少年巴菲特

2020 年 4 月 30 日

伴随着全球新冠疫情确诊病例突破 300 万例，资本市场四月令人拍案惊奇：A 股豫金刚石市值为 25 亿元，却爆出上年度亏损 52 亿元；美股挂牌的瑞幸咖啡被爆作假，开盘大跌 80%；五月原油期货"史诗级崩盘"，单日暴跌 300%，收于 -37 美元/桶（你没有看错，是负数），堪称可以写进教科书的案例，理论上不可能发生的事，却在现实中出现了。

五一到了，天气热了，北京城里到处有姹紫嫣红的亮色，也有柳絮纷飞的烦恼。窗外飘来的是当红的歌曲《少年》："我还是从前那个少年，没有一丝丝改变。时间只不过是考验，种在心中信念丝毫未减……"歌声里思绪亦如柳絮般飘舞。

截至本月，这个专栏已经整整十三年了，看着这些过往的起伏，心中涌起"逝者如斯，不舍昼夜"的澎湃，无论是作为当事人还是旁观者，都感慨万千。什么叫百折不挠？什么叫坚忍不拔？年年月月见证各式各样的刻骨铭心，时光就这样过去，有谁还会是当初那个少年？即便信念还在，丝丝黑发却也渐渐花白。

十三年来，专栏从 100 万元到 1048.65 万元，年化回报率 19.82%；如果去除杠杆，从 100 万元到 565 万元，年化回报率 14.25%。但这期间的人事变迁足以令当初遇见的人渐行渐远，有些已经散了，有些已经不在了。循着歌声，望着窗外，不由得想起金大侠的文字：你瞧这些白云，聚了又散，散了又聚，人生离合，亦复如斯。

上述看似"不错"的结果，其实伴随着近年来的表现不佳、逡巡不前，其间有从数年前最高的 1200 万元跌破 800 万元的纪录，大跌三分之一。也就是说，如果有人在我们"好"的时候加入，到今天还是亏的，这足以令人失望乃至疑虑重重。

通常人们对于坚忍不拔、百折不挠的品质都是敬佩有加的，原因在于，几乎所有最终成功的人都具有这样的品质，但历史也告诉我们，许多有同样品质的人并没有见到最终的成功，原因各异。

伯克希尔的股东大会又要召开了，由于疫情原因，这是巴菲特的第一次网络股东会。如果有机会，我想问一个问题："您认为自己在未来十年能跑赢标普 500 指数吗？"

这是一个很具挑战的问题，因为巴菲特在过去十年并未跑赢，2019 年伯克希尔股价上升 11%，同期标普上升 31%，可谓大幅跑输。为什么战胜指数越来越难？我个人认为有两个原因。

第一个原因，科技越来越发达。科技进步作为外在的原因，消除了人们获得信息的物理差距，使得无论是在六线城市还是在大都市，只要做个有心人，就可以拥有平等获得信息、知识、经验的便利。

第二个原因，聪明人越来越多。在外在原因的推动下，对成功心怀渴望的人越来越多，而且在素质上有了大幅提升，从而使得市场有效性大幅提高，进而趋向于消灭超额收益。如果你自认为是一个很努力的人，那么想一想，有千万个你在和你竞争是一幅怎样的画面。

科技的进步使得市场越来越趋向有效，这似乎是历史的必然，但市场是复杂的，人心是复杂的，所谓"反者道之动"。金融行为学的研究方兴未艾，说是行为学，实际上是心理学。与假设"参与者理性"的市场有效论不同，这派人士认为参与者水平参差不齐，不可能同样理性。

　　我曾经写过"事后都易，当下最难"。难在哪里？难在不确定"底"在何处；难在无法肯定低迷会持续多久；难在历经了太多艰难后，怀疑好日子是否还会再来；难在你打算坚持与忍耐，之后却忽然看到很多坚持与忍耐的人最终并未成功，此时，那个"种在心中信念"的火苗倏忽之间就灭了。

　　二十五年前初次读到《巴菲特之道》一书时，读到不到 10 岁的巴菲特发下誓言："我一定要非常、非常、非常富有！"

　　成功是稀缺的，成功注定属于像巴菲特一样的少数人。老人家在推崇指数基金之时，依然手握千亿美元现金，豪情在胸，志在千里。如今 90 岁的巴菲特以行动告诉大家："我还是从前那个少年，没有一丝丝改变。"

- 本期卖出格力（000651）18 000 股，54.83 元 / 股（得资 986 940.00 元）；茅台（600519）300 股，1271.95 元 / 股（得资 381 585.00 元）。买入东方财富（300059）30 000 股，17.94 元 / 股（耗资 538 200.00 元）；乐普医疗（300003）18 000 股，38.61 元 / 股（耗资 694 980.00 元）。收到分红：济川药业（600566）每 10 股分红 12.30 元（含税），专栏统一按 10% 税率计，得 14 944.50 元。支付财务费用 10 000 元。

模拟实盘投资组合展示（2020 年 4 月 30 日）

	股数	成本	市价	市值	市值
中国内地市场					6 051 720.00
格力（000651）	20 000	22.52	54.83	1 096 600.00	1 096 600.00
茅台（600519）	1 100	268.97	1 271.95	1 399 145.00	1 399 145.00
平安（601318）	18 000	63.79	74.76	1 345 680.00	1 345 680.00
济川药业（600566）	13 500	29.32	20.77	280 395.00	280 395.00
华东医药（000963）	15 000	28.25	19.79	296 850.00	296 850.00
万华化学（600309）	9 000	41.15	44.43	399 870.00	399 870.00
东方财富（300059）	30 000	17.94	17.94	538 200.00	538 200.00
乐普医疗（300003）	18 000	38.61	38.61	694 980.00	694 980.00
中国香港市场					6 020 340.84
腾讯（00700）	3 000	166.68	416.30	1 248 900.00	1 137 248.34
中国太平（00966）	50 000	16.64	13.14	657 000.00	598 264.20
新华保险（01336）	58 000	35.95	26.60	1 542 800.00	1 404 873.68
复星医药（02196）	55 000	26.05	29.90	1 644 500.00	1 497 481.70
中国太保（02601）	28 000	23.40	25.65	718 200.00	653 992.92
国泰君安香港（01788）	800 000	1.02	1.00	800 000.00	728 480.00
美国市场					1 260 680.34
阿里巴巴（BABA）	880	158.58	203.00	178 640.00	1 260 680.34
现金					153 785.52
信用杠杆					(3 000 000.00)
净资产总值					10 486 526.70

注：由于 4 月 30 日香港股市休市，使用前一日数据。

备忘

2020/4/30 中国银行外汇折算价：美元 705.71，港元 91.06。

专栏自 2007 年 4 月开启至今，

上证综指自 3525 点到 2849 点，−19.18%；

香港恒指自 20 520 点到 24 703 点，+20.38%；

道琼斯自 12 923 点到 24 386 点，+88.70%；

专栏投资组合自 100 万元到 1048.65 万元，+948.65%。

面对"高的更高、低的更低"的窘境，对于不断证明你"错"的潮流，到底追还是不追？

我做直播为减肥

2020 年 5 月 31 日

五月的最后一天，清晨起来，第一件事是称一下体重。本月初以来整整减去七斤，这或许是我在五月里最大的收获。能有这样的结果，多是因为这一个月来直播活动形成的"倒逼机制"。

压力与逼迫其实无处不在，连巴菲特也不例外。遭遇疫情以来，巴菲特的伯克希尔，以及可口可乐、富国银行至今尚有 20%～50% 的跌幅，而以纳斯达克、亚马逊为代表的"新经济"已经复原，甚至创出历史新高。

同样的现象也出现在中国企业身上。5 月 22 日，电商老大阿里（BABA）与势头迅猛的新锐拼多多（PDD）同一天发布财报，阿里净利润上升，拼多多亏损扩大一倍有余，但当日二者股价表现却大相径庭，阿里下跌 5%，拼多多大涨 15%，原因是市场认为阿里表现未达预期，而拼多多更具前景。截至五月底，就市值而言，阿里为 5500 亿美元，腾讯为 5100 亿美元，从未盈利的拼多多为 800 亿美元。

你或许认为今天拼多多 60 多美元贵，因为三月低点仅仅 30 多美元；你或许认为今天每股 2440 美元、市盈率 115 倍、市值 1.2 万亿美元的亚马逊贵，因为在三月低点时它仅仅 1600 美元……实际上它们原来就"贵"，你所认为的贵，只是现在变得更"贵"了而已。此价更比彼价高，就"价价比"而言，这已经算是成功了，成功的人们总结出很多理由用以支持自己成功的逻辑。

市场风格已经从"性价比"切换到了"价价比",这也是包括巴菲特在内的一直追求"性价比"的投资人面临的两难困境。面对"高的更高、低的更低"的窘境,你的投资风格到底改不改？对于不断证明你"错"的潮流,到底追还是不追？

如果追错了,也很麻烦,例如 2000 年的纳斯达克,从 5000 点崩盘之后,用了十五年时间才复原,二十年之后的今天为 9800 点。只不过二十年过后,早已物是人非,今天市场中的人多已不再是当初的那一拨人了。

五月初我在伯克希尔年会接受媒体采访时,被问到"为什么巴菲特持有 1300 亿美元却不去抄底"的问题,我的看法是："对于 90 岁的巴菲特而言,是再造新传奇,还是保住一世英名不付诸东流,他选择了后者。"

有老友看到我的视频说："杨老师明显发福了。"的确,在这段因疫情居家的日子里,体重增加明显。于是我考虑如何在不影响主业的情况下,运用我们一贯的"边际成本增量不大"的原则,达到多重目标。

恰好今日头条有人联系,于是答应每周三晚上做个直播,以好友唐朝的新书《巴芒演义》为开端,继而推出"天南解读巴菲特",之后再推出"天南解读六十年巴菲特股东信"。想着每周都要露面,这种无形的压力变成了一种"倒逼机制",目前看来成效明显。

实际上,好处还不止在减肥,例如有积累经验后,以线上直播方式替代将来的线下见面会,可以大大节省成本、提高效率。再如,讲解六十年股东信,一周讲一年的内容,一者可以深化自身学习,二者工作量也在力所能及的范围内,三者可以分享给社会。全部完成需六十周,估计也就到了 2021 年的秋季,届时顺势可以总结并汇集成册。

有人疑问："这样不耽误主业吗？"实际上,这样做反而是对专业能力的促进。能减肥、能提高、能分享、能流传,何乐而不为？人们通常以为理论高高在上、与日常生活无关,所谓远在天边,近在眼前,这次就是一个发生在眼

311

前的、理论与实践相结合的现在进行时案例。

■ 本期买入东方财富（300059）4000 股，14.27 元 / 股（耗资 57 080.00 元）。收到分红：平安每股分红 1.30 元（含税）；东方财富 10 股派 0.30 元，10 股转增 2 股；万华化学（600309）每 10 股分红 13.00 元；腾讯（00700）每股分红 1.20 港元。税前得 39 311.64 元，专栏统一按 10% 税率计 35 380.47 元。今年累计收到分红 50 324.97 元（税后）。支付财务费用 10 000 元。

模拟实盘投资组合展示（2020 年 5 月 29 日）

	股数	成本	市价	市值	市值
中国内地市场					6 154 399.00
格力（000651）	20 000	22.52	56.63	1 132 600.00	1 132 600.00
茅台（600519）	1 100	268.97	1 351.04	1 486 144.00	1 486 144.00
平安（601318）	18 000	63.79	70.89	1 276 020.00	1 276 020.00
济川药业（600566）	13 500	29.32	22.09	298 215.00	298 215.00
华东医药（000963）	15 000	28.25	22.49	337 350.00	337 350.00
万华化学（600309）	9 000	41.15	46.75	420 750.00	420 750.00
东方财富（300059）	40 000	14.86	14.27	570 800.00	570 080.00
乐普医疗（300003）	18 000	38.61	35.14	632 520.00	632 520.00
中国香港市场					5 397 927.20
腾讯（00700）	3 000	166.68	408.70	1 226 100.00	1 127 889.39
中国太平（00966）	50 000	16.64	11.61	580 500.00	534 001.95
新华保险（01336）	58 000	35.95	24.30	1 409 400.00	1 296 507.06
复星医药（02196）	55 000	26.05	24.05	1 322 750.00	1 216 797.72
中国太保（02601）	28 000	23.40	20.90	585 200.00	538 325.48
国泰君安香港（01788）	800 000	1.02	0.93	744 000.00	684 405.60
美国市场					1 269 533.20
阿里巴巴（BABA）	880	158.58	202.29	178 015.20	1 269 533.20
现金					137 030.49
信用杠杆					(3 000 000.00)
净资产总值					9 958 889.89

备忘

2020/5/29 中国银行外汇折算价：美元 713.16，港元 91.99。

专栏自 2007 年 4 月开启至今，

上证综指自 3525 点到 2843 点，−19.35%；

香港恒指自 20 520 点到 22 935 点，+11.77%；

道琼斯自 12 923 点到 25 257 点，+95.44%；

专栏投资组合自 100 万元到 995.89 万元，+895.89%。

年轻人获得机遇的三个内在条件。

李录如何赢得芒格的青睐

2020 年 6 月 30 日

被称为"中国巴菲特"的人有不少，但从德高望重的芒格那里得到这个称号的人只有一个，那就是李录。芒格不但称赞李录，他还用家族的资产投资了李录的基金，并称九十多年来"仅此一例"。

最早知道李录先生大约是在三十年前，至我二十多年前赴美读 MBA 时，听说他已经是更早几年那批留学生中出类拔萃的佼佼者。时隔二十年之后，我才知道他当年人生的升华源于得到了巴、芒的点化，尤其是与芒格的相遇。

李录 1966 年出生于唐山，1989 年赴美之后在哥伦比亚大学从学士读到博士，1991 年在哥大首次听到巴菲特的演讲，1996 年遇见芒格，1998 年创立喜马拉雅资本，2004 年芒格成为其投资合作伙伴，2015 年在北京大学光华管理学院开设价值投资课。

2008 年巴菲特投资了在港上市的比亚迪，幕后推手是芒格，而李录就是那个将比亚迪推荐给芒格的人。前年（2018 年），芒格首次接受中国媒体专访，94 岁的芒格专门提道："人的一生不需要做很多投资，我的财富主要来源于三次投资，一是伯克希尔，二是好事多，三是李录的喜马拉雅基金。"正是芒格的屡屡加持，使李录更加广为人知。

很多人好奇李录凭什么赢得"绝世好老头"芒格的另眼相看。近来李录出版了他的新书《文明、现代化、价值投资与中国》，这本书是过去多年思考、演讲、历程回忆的合集，可惜书中并未专门总结如何赢得偶像的青睐。联想到近年来遇见很多优秀年轻人的案例，倒是可以总结出一些经验。

我个人认为年轻人获得机遇应该具备三个内在条件：内心渴望、谦逊有礼、一定的学习能力。反观李录的成长，当年孤身海外，不但谈不上有什么资产，而且实际上是负资产（因身负贷款），生活的压力令他的内心如同少年巴菲特一样，对成功充满了渴望。

25岁的李录在哥伦比亚大学第一次聆听巴菲特演讲之后，找来所有相关书籍勤奋阅读，在遇见芒格之后，多次反复请教，经过了理论与实践的反复磨砺。终于有一天芒格主动表示："如果你能够与华尔街不同，我愿意投资你。"这句话如同暗夜烛光、天外来音，从此，李录的人生焕然一新。

试想一个人如果对什么都可有可无地"佛系"、满杯心态地恃才傲物、点也点不透地愚笨下去，恐怕遇见了贵人也会错过，这也就是芒格常说的："想得到一样东西最好的方式是让自己配得上。"

只有"配得上"的人，才是那种值得帮助的人，所谓天助自助之人，"天南四句"中"帮助可以帮助的"也是这个意思。在具备条件之后，如何让别人知道自己配得上？答案是提高沟通能力，无论是口头还是文字。

如何提高？我们今年再次开设了"巴菲特投资人生课"，在发出的录取通知书上有五个水印篆字：凡律即为迫。即将生活中的压力变为律己的动力，因为人无自律必有他律。

李录关注长期的可持续增长，他多次提到如果可以保持7%的年化回报，那么200年就可以增长75万倍，也就是1元变成75万元。一定有人好奇李录的历史回报率，可惜海外的私募基金多不对外公布业绩。一年多前，据"知晓内情"的业内人士透露，李录多年来的年化回报率为15%左右。如果可以保持15%的增长，那么200年1元可以变成1.38万亿元。1元在同样经历200年之后，7%的年回报率是75万元，15%的年回报率是1.38万亿元，差距如此之巨大！

　　茫茫人海，熙攘沉浮，阅人无数的芒格终于找到了自己可以"传剑"的人，久经沙场的李录终于证明了自己是那个"配得上"的人。在中国文化传统中，大德传道都是师傅找徒弟，如今芒格找到了李录，为这一传统又平添了一段现代佳话。

■ 本期买入华东医药（000963）5000 股，25.33 元 / 股（耗资 126 650.00 元）。收到分红：格力每 10 股派息 12.00 元；茅台 10 派 170.25 元；华东医药（000963）10 派 2.80 元；乐普医疗 10 派 2.00 元；太保（02601）每股派 1.20 元；国泰君安国际每股派 0.02 港元。税前得 24 000 元 + 18 727.50 元 + 4200 元 + 3600 元 + 33 600 元 + 14 614.40 元（即 16 000 港元），专栏统一按 10% 税率计，税后得 88 867.71 元。今年累计收到分红 139 192.68 元（税后）。支付财务费用 10 000 元。

模拟实盘投资组合展示（2020 年 6 月 30 日）

	股数	成本	市价	市值	市值
中国内地市场					6 750 510.00
格力（000651）	20 000	22.52	56.64	1 132 800.00	1 132 800.00
茅台（600519）	1 100	268.97	1 462.05	1 608 255.00	1 608 255.00
平安（601318）	18 000	63.79	71.39	1 285 020.00	1 285 020.00
济川药业（600566）	13 500	29.32	25.19	340 065.00	340 065.00
华东医药（000963）	20 000	27.52	25.33	506 600.00	506 600.00
万华化学（600309）	9 000	41.15	49.69	447 210.00	447 210.00
东方财富（300059）	40 000	14.86	19.51	780 400.00	780 400.00
乐普医疗（300003）	18 000	38.61	36.12	650 160.00	650 160.00
中国香港市场					5 873 847.05
腾讯（00700）	3 000	166.68	494.10	1 482 300.00	1 353 932.82
中国太平（00966）	50 000	16.64	12.26	613 000.00	559 914.20
新华保险（01336）	58 000	35.95	26.00	1 508 000.00	1 377 407.20
复星医药（02196）	55 000	26.05	26.35	1 449 250.00	1 323 744.95
中国太保（02601）	28 000	23.40	20.65	578 200.00	528 127.88
国泰君安香港（01788）	800 000	1.02	1.00	800 000.00	730 720.00
美国市场					1 337 323.21
阿里巴巴（BABA）	880	158.58	214.66	188 900.80	1 337 323.21
现金					89 248.20
信用杠杆					(3 000 000.00)
净资产总值					11 050 928.46

备忘

2020/6/30 中国银行外汇折算价：美元 707.95，港元 91.34。

专栏自 2007 年 4 月开启至今，

上证综指自 3525 点到 2978 点，−15.52%；

香港恒指自 20 520 点到 24 435 点，+19.08%；

道琼斯自 12 923 点到 25 690 点，+98.79%；

专栏投资组合自 100 万元到 1105.09 万元，+1005.09%。

读多不如读精，读过不如读懂。

读书和读友会

2020 年 7 月 31 日

全球新冠病例突破 1700 万，美国居四分之一，独占鳌头。受此拖累，美国第二季度 GDP 按"环比折年率"计算下跌了 32.90%，创下自 1947 年以来的最大跌幅。

国际摩擦进一步升级，而国内华东各地遭遇了自 1998 年以来的最大洪水。坏消息频出的七月，股市却出人意料地火了，就像近来流行的一个词——乘风破浪，这是受到了综艺节目《乘风破浪的姐姐》的带动。只是有谁知道在这靓丽的背后，有多少"姐夫"们的咬牙与辛酸？

一些两三个月前还担心世界即将崩溃的人，在庆幸自己现金为王的窃喜笑容尚未消失之际，忽然发现七月以来两周的上涨，抵得上过去两年的煎熬。

大盘上涨 10%，"三根阳线改变世界观"的现象再次发生，"刻苦"钻研如何一年赚三倍、十年赚 900 倍的人又多了起来，全然忘了即便是伟大企业如可口可乐，上市 100 年（1919～2019 年）累计上涨 46 万倍，取得了令人目眩的成绩，年化回报率也不过 15%，或许还略少一些。

15% 的年化回报看似普通，但如果能坚持三五十年，下一个巴菲特就是你！读的多了，见的多了，我深切感到：普通的投资者总是在想伟大的事，伟大的投资者总是在想普通的事。看来读书还是很重要的。

实际上爱读书的人还是不少的，到处都是各类读书会，经常在朋友圈中看到"今年读了六十本书""昨晚一夜读完了两本书"之类的信息，对于这种看似励志、实则令人焦虑的故事，我既心生钦佩又心存疑惑：先不说能不能记住内容，对于一个一年阅读六十本书的人恐怕光记住书名就是个挑战。

就所见而言，我倒是觉得，读多不如读精，读过不如读懂。囫囵吞枣式的读书，读与不读的区别恐怕不大。

日前一位老友送了我一本稻盛和夫的新书《心法》。欣赏之余，心中思忖：88 岁的企业经营之神，亲手创建两家世界 500 强公司，将其一生的心血化作了《干法》《活法》《心法》等有限的几本书，我辈凡夫俗子何德何能动辄得到他人一生的智慧？与其草草翻阅百本，不如阅读经典百遍。

有鉴于此，我准备用未来一年重读一下巴菲特六十年来给股东的信，如有可能以后每年读一遍，因为这些致股东信记录了巴菲特成长成功的进化轨迹，是其一生的智慧结晶。很多朋友听了这个规划很是兴奋，建议将其制作成音频节目放在"学习中心"里，供有意者选择。不过为了提高珍惜程度，这次不再免费。

这是一次新尝试，也符合我们一贯的"边际成本增量不大"的原则。如今人们不缺读物，不缺阅读的便利，但碎片化的只能叫信息，系统化的才叫知识。系统化的学习才能构建完整的知识框架，但这个过程一定多是枯燥无趣的。精彩与辉煌终归是少数，大家也要有个心理准备。

这样的安排，还顺便解决了一个困扰许久的有关"读友会"的问题。此次，凡是订阅了"天南解读巴菲特股东信"音频节目的读者，可以自动成为天南读友会成员，简化了很多流程。

我们乐见那些具有欣赏之情、进步之心、分享之愿的人欢聚一堂，能促进人们在各自生活序列中的提升，人生综合回报最大化就是我们最大的愿望。

■ 本期卖出格力（000651）5000 股，57.00 元 / 股（得资 285 000.00 元）。买入中国太平（00966）20 000 股，13.88 港元 / 股（耗资 277 600.00 港元，合 250 200.88 元）。收到分红：中国太平每股派 0.30 港元。税前得 15 000.00 港元，合 13 519.50 元，专栏统一按 10% 税率计，税后得 12 167.55 元。今年至今累计收到分红 151 360.23 元（税后）。支付财务费用 10 000 元。

模拟实盘投资组合展示（2020 年 7 月 31 日）

	股数	成本	市价	市值	市值
中国内地市场					7 433 955.00
格力（000651）	15 000	22.52	57.00	855 000.00	855 000.00
茅台（600519）	1 100	268.97	1 675.50	1 843 050.00	1 843 050.00
平安（601318）	18 000	63.79	76.23	1 372 140.00	1 372 140.00
济川药业（600566）	13 500	29.32	25.23	340 605.00	340 605.00
华东医药（000963）	20 000	27.52	27.67	553 400.00	553 400.00
万华化学（600309）	9 000	41.15	68.30	614 700.00	614 700.00
东方财富（300059）	40 000	14.86	26.77	1 070 800.00	1 070 800.00
乐普医疗（300003）	18 000	38.61	43.57	784 260.00	784 260.00
中国香港市场					7 145 416.27
腾讯（00700）	3 000	166.68	542.00	1 626 000.00	1 465 513.80
中国太平（00966）	70 000	15.85	13.88	971 600.00	875 703.08
新华保险（01336）	58 000	35.95	30.50	1 769 000.00	1 594 399.70
复星医药（02196）	55 000	26.05	37.10	2 040 500.00	1 839 102.65
中国太保（02601）	28 000	23.40	22.60	632 800.00	570 342.64
国泰君安香港（01788）	800 000	1.02	1.11	888 000.00	800 354.40
美国市场					1 544 339.28
阿里巴巴（BABA）	880	158.58	251.25	221 100.00	1 544 339.28
现金					126 214.87
信用杠杆					(3 000 000.00)
净资产总值					13 249 925.42

备忘

2020/7/31 中国银行外汇折算价：美元 698.48，港元 90.13。

专栏自 2007 年 4 月开启至今，

上证综指自 3525 点到 3298 点，−6.44%；

香港恒指自 20 520 点到 24 737 点，+20.55%；

道琼斯自 12 923 点到 26 227 点，+102.95%；

专栏投资组合自 100 万元到 1324.99 万元，+1224.99%。

每一个人有每一个人的长征，每一代人有每一代人的长征。

三代背影

——阿威开学了

2020 年 8 月 31 日

九月开学季，阿威上大学了。他在这个专栏中第一次出现是在 2010 年 5 月，那时他才 8 岁。

三四年前，出于综合考虑，家长希望他能在国内上大学，但也做了国内外两手准备。此次在陆续收到美国五六所大学录取通知的同时，也收到了心仪已久的来自国内 TH 大学的录取。阿威选择在国内上大学，终于如愿以偿，这实际上是我们家三代人一直努力的结果，三代人每一代都不能落下。

树立目标、实现目标，也体现了知不易、行更难，与投资成功一样。一年不行就五年，五年不行就十年，十年不行就二十年，一代人不行就两代人。前不久，有篇流传甚广的网文，提到"凭什么你十年寒窗抵得上别人几代人的努力"，实际上二者也不矛盾，一代人的十年寒窗不行，就几代人接力，像愚公移山一样，要有"子子孙孙无穷匮也"的精神。

当年我这一代出世时，阿威的爷爷远在南疆为国成边，这个印记也体现在我的名字里。相比之下，能看着孩子长大已经是件非常幸福的事了。

学习都是辛苦的，上小学时，我一度怀疑阿威书包重量有可能达到体重的三分之一。这二十年来，身边朋友的下一代基本都成长起来了，我似乎没有听说过"我孩子不爱玩，就喜欢学习"之类的话，可见人性相同，多是趋易避难。

二年级时，有一次我周末去接阿威，他拖着行李箱从校门出来，拉着我的手主动问："爸爸，学习有什么窍门吗？"十年过去了，我偶尔会举出这个当年不经意的小事，鼓励他在勤奋（work hard）的同时，也要方法得当（work smart）。

知"道"不易，就算是知道了，路也还是需要一步一个脚印。记得六年级一个夏日的傍晚，散步时阿威问："很多功课很烦人，可不可以不学？"我指眼前的高楼说："你看这楼有三十层高，住在高处的人都需要经过一层、二层……才能到自己的目的地。"他听了若有所思。

日子真快，可惜的是很多画面只能留在记忆中，没有来得及留下照片。他十二三岁时身高已经超过了我，房间的门框上有一道道短短的横线，那是妈妈每隔一段时间，记录一次他身高的印记。

阿威从小就住校，书包之外，需要专门带一个行李箱装衣物。五年级时我带着他骑自行车去买一个新行李箱，既无法提着，也不便抱着，最终的解决方案是，我骑车在前，他坐在后座上一手拉着把手，拖着箱子另一头的轮子在地上滚着走，我们就这样一路串街走巷回到家。我一直想将这个画面拍下来，但只是一直想、一直想……直到今天，他已经长成了一个大个儿，无法坐在自行车的后座上了。

身边的朋友相见时，少不了聊到孩子的教育，细节之外，我倒是认为在成长的过程中树立责任感最为重要，这两年我对阿威说的最多的就是"这是你自己的事，你认真想想"。每一个人有每一个人的长征，每一代人有每一代人的长征。一个人是否努力、怎么努力，终究都是自己的事，即便有他人的帮助，也多是锦上添花。

具体而言，责任感分为四个层次：一是对自己的责任感；二是对小家庭的责任感；三是对大家庭的责任感；四是对社会的责任感。

让孩子明白，学习知识与本领，将来得到一份社会岗位，能够养活自己，这是对自己的责任。随着年龄与能力的增长，将来能养活自己的妻儿，这是尽到对小家庭的责任。能力再进一步，可以对兄弟姐妹、父母亲朋多一些关怀，这是对大家庭的责任。如果能力还能更大些，在力所能及的范围里，为五伦之外的人做些贡献，尽一份社会责任就更好了。追求责任感的过程，实际上就是实现自我、创造价值的过程。

至于对阿威十年前进行的财商教育，上中学之后，随着功课越来越繁忙，后来没有再继续，但是高中学校有了相关的财经课程。他去年还在电脑上做了一个投资组合，回报比我高得多。今天他还提到了苹果成为史上第一个超过2万亿美元市值的公司，特斯拉股价达到了2200美元。

开学了，金秋时节里，阿威背着书包、拉着行李箱出发了。望着他的背影，想起三十多年前，去火车站送爷爷出差的情景。检过票后，我站在铁栅栏外，眼前熙熙攘攘人头攒动，爷爷也是这样背着挎包、拉着行李出发的。

- 本期卖出中国太平（00966）70 000 股，12.60 港元 / 股（得资 882 000.00 港元，合 780 746.40 元）。买入腾讯（00700）1000 股，542.50 港元 / 股（耗资 542 500.00 港元，合 480 221.00 元）；华东医药（000963）17 000 股，28.47 元 / 股（耗资 483 990.00 元）。收到分红：新华保险每股派 1.41 元。复星医药每股派 0.39 元，税前得 103 230.00 元，专栏统一按 10% 税率计，税后得 92 907.00 元。今年至今累计收到分红 244 267.23 元（税后）。支付财务费用 10 000 元。

模拟实盘投资组合展示（2020 年 8 月 31 日）

	股数	成本	市价	市值	市值
中国内地市场					8 023 479.00
格力（000651）	15 000	22.52	55.29	829 350.00	829 350.00
茅台（600519）	1 100	268.97	1 793.29	1 972 619.00	1 972 619.00
平安（601318）	18 000	63.79	77.69	1 398 420.00	1 398 420.00
济川药业（600566）	13 500	29.32	24.42	329 670.00	329 670.00
华东医药（000963）	37 000	27.96	28.47	1 053 390.00	1 053 390.00
万华化学（600309）	9 000	41.15	74.19	667 710.00	667 710.00
东方财富（300059）	40 000	14.86	26.65	1 066 000.00	1 066 000.00
乐普医疗（300003）	18 000	38.61	39.24	706 320.00	706 320.00
中国香港市场					6 536 175.17
腾讯（00700）	4 000	260.64	542.50	2 170 000.00	1 920 884.00
新华保险（01336）	58 000	35.95	31.75	1 841 500.00	1 630 095.80
复星医药（02196）	55 000	26.05	32.98	1 813 900.00	1 605 664.28
中国太保（02601）	28 000	23.40	22.23	622 440.00	550 983.89
国泰君安香港（01788）	800 000	1.02	1.17	936 000.00	828 547.20
美国市场					1 729 065.54
阿里巴巴（BABA）	880	158.58	286.40	252 032.00	1 729 065.54
现金					25 657.27
信用杠杆					(3 000 000.00)
净资产总值					13 314 376.98

备忘

2020/8/31 中国银行外汇折算价：美元 686.05，港元 88.52。

专栏自 2007 年 4 月开启至今，

上证综指自 3525 点到 3419 点，−3.01%；

香港恒指自 20 520 点到 25 512 点，+24.33%；

道琼斯自 12 923 点到 28 504 点，+120.57%；

专栏投资组合自 100 万元到 1331.44 万元，+1231.44%。

实际上，写作的秘诀就两个字！

读书改变生活，写作改变命运

2020 年 9 月 30 日

北京的秋天到了，不经意间，院子里山楂树上已挂满了红彤彤的果实。秋天也是个忙碌的季节，因疫情拖延的太极课和巴菲特投资人生课终于开课了，北理工 MBA 投资学课程也要开始了。这一切都是对于生命宽度的探索。

有热心伙伴发来一组统计，截至七月底，这个专栏历时 13 年 3 个月，年化回报 21.4%，去杠杆后年化回报 15.5%。目前，我们历时最久的基金产品也已有七年零七个月，年化回报 14.6%（费后），换言之，7 年 7 个月前的 100 万元成长为 280.3 万元。

收到上述信息，我们进行了深刻反思，因为近年来在前进道路上实在谈不上顺利。从专栏的走势图可以看出，刚刚走出 13 年来遭遇的第六次大调整，也就是刚跳出第六个大坑，所以只看近年表现的人都会得出庸庸碌碌的结论。没有高歌猛进的根本原因当然是能力有限，具体原因就是不敢为那些潮头冲浪的"好赛道"公司高价买单，遭遇的现实尴尬却是高的更高、低的更低。

内部讨论时，针对社会上有人认为教太极、读书学习这些活动拖累了工作表现，我们的灵魂拷问是："如果我们砍掉所有这些活动，甚至二十四小时盯盘，能不能将 15% 的年化收益提高到 25%？！"深思良久，大家一致认为："不能！"因为这里的每个人都明白世界顶级投资家的水平意味着什么。但凡做得足够长、足够大，都会遇见天花板，这属于"天道"所在，非人力可以改变。

"冲得猛"还是"活得久",我们倾向于选择后者。如果（此处划重点）我们未来的 7 年半依然可以取得同过去 7 年 7 个月一样的业绩,前后加起来 15 年可以到达年化 15% 左右回报的话,我们自己已经很满意了,至于别人家的如何,并非我们的追求。

对于高位介入的投资者,方法也是有的,那就是低位加码摊低成本。如果没有钱怎么办?这个问题,以前已经解答过了。

既然存在天花板的限高,如何令人生变得更有意义?如同无法改变长度,但可以增加宽度一样,我们的对策是"追求人生综合回报最大化",例如读书写作就是很好的方法,这也是答应为张磊先生新书《价值》写书评的原因。

这本书记录了张磊一路的成长史,也提到他的恩师——与巴菲特成就比肩的大卫·史文森最近 20 年的年化回报率为 11.4%,这还是在没有业绩费提成的情况下。好书能帮助读者认清现实,避免好高骛远。这本书之所以今天面世,疫情也是促进因素之一——有本事的人总是能变不利为有利、化劣势为优势,这些背后不明言的学问更值得我们留心学习。

疫情对我们也有促进作用。平时总是忙,这次疫情外出不便,打算认真从头到尾通读一遍巴菲特几十年来给投资人写的信。不料,消息传出,周围的朋友热情很高,我索性在网上做起了直播,后来发现,课程免费白得但能够坚持的不多,效果有限,于是不再免费,三五元学习一年信件解读,反而获得了多赢的结果。

相对于社会上读书追求数量,以至于"读书万卷依然过不好这一生"的现象,我们打算反其道而行之,多不如精,一周读一点,一年读一遍,十年读十遍。一年之后,我们考虑征集读书心得,评选出十篇优秀文章,各发奖金一千元。这样,读书不但能进步,还能赚钱,有利于形成良性循环。实际上,写作不是为别人,写作是为自己。历史上看,无论是巴菲特还是戴维斯,很多成功的人都是通过写作敲开人生幸运之门的。

很快，我们将会发起一项新的读书写作活动，主题是：读书改变生活，写作改变命运。通过每年征集一本书的读书心得，重奖第一名三十万元的形式，推动人们尤其是年轻人提高写作能力。

文字的力量可以穿越时空，当年我的命运就是被一本书改变的，今天的很多朋友也可以说是我"写来"的。2020 年是投资经典《巴菲特之道》传入中国 25 周年，今年我们打算指定这本书作为读书写作活动的阅读对象，相信四分之一个世纪以来，它改变了很多人，请让更多的人知道那些珍藏在心中的精彩故事吧。

至于有读者关心写作的秘诀，实际上写作的秘诀就两个字：多练！

■ 本期无交易。收到分红：中国平安，2020 年中期股息 10 派 8 元（含税）；国泰君安香港，2020 年度中期股息，0.034 港元 / 股。税前得 38 300.64 元，专栏统一按 10% 税率计，税后得 34 470.58 元。今年至今累计收到分红 278 737.81 元（税后）。支付财务费用 10 000 元。

模拟实盘投资组合展示（2020 年 9 月 30 日）

	股数	成本	市价	市值	市值
中国内地市场					7 444 200.00
格力（000651）	15 000	22.52	53.23	798 450.00	798 450.00
茅台（600519）	1 100	268.97	1 675.95	1 843 545.00	1 843 545.00
平安（601318）	18 000	63.79	76.73	1 381 140.00	1 381 140.00
济川药业（600566）	13 500	29.32	22.13	298 755.00	298 755.00
华东医药（000963）	37 000	27.96	24.93	922 410.00	922 410.00
万华化学（600309）	9 000	41.15	69.84	628 560.00	628 560.00
东方财富（300059）	40 000	14.86	24.15	966 000.00	966 000.00
乐普医疗（300003）	18 000	38.61	33.63	605 340.00	605 340.00
中国香港市场					6 097 202.65
腾讯（00700）	4 000	260.64	514.50	2 058 000.00	1 808 364.60
新华保险（01336）	58 000	35.95	28.90	1 676 200.00	1 472 876.94
复星医药（02196）	55 000	26.05	32.43	1 783 650.00	1 567 293.26
中国太保（02601）	28 000	23.40	22.18	621 040.00	545 707.85
国泰君安香港（01788）	800 000	1.02	1.00	800 000.00	702 960.00
美国市场					1 734 102.07
阿里巴巴（BABA）	880	158.58	289.36	254 636.80	1 734 102.07
现金					50 127.85
信用杠杆					(3 000 000.00)
净资产总值					12 325 632.57

2020/9/30 中国银行外汇折算价：美元 681.01，港元 87.87。

专栏自 2007 年 4 月开启至今（总第 162 期），

上证综指自 3525 点到 3224 点，−8.54%；

香港恒指自 20 520 点到 23 575 点，+14.89%；

道琼斯自 12 923 点到 27 769 点，+114.88%；

专栏投资组合自 100 万元到 1232.56 万元，+1132.56%。

备忘

没有那 80% 的牺牲，或许就没有最终昂扬胜利的新天地。

时隔三年神奇再现

2020 年 10 月 31 日

秋天的北京，最为浓郁的色彩莫过于枫叶耀眼的红色和银杏叶夺目的金黄。

美国总统大选在即，新冠疫情继续在全球蔓延，法德等国再次宣布封国，日本政府宣布将囤积近十年的受福岛核泄漏污染的上百万吨核废水直接排入大海。总之，秋日里的世界依旧喧嚣如昨，错综复杂。

数月之前，出版社编辑同志按照数年前的约定——每隔三四年更新一版——提醒我，距离第 2 版已经整整过去三年了。

故此，这一篇是第 3 版的最后一篇，也是整个专栏的第 163 篇。跨越十三年半，眼看着多少风流雨打风吹去，逝者如斯，起起落落、浮浮沉沉，浪花淘尽的英雄们很多已在人们的记忆中渐行渐远。

犹记十三年前的十月，A 股 6124 点，当年年轻的我们做梦也没有想到十三年后会是腰斩的 3200 点。犹记当年三位极其聪明的人——马云、郭广昌、潘石屹——乘着股市断崖前的高峰将自己的公司在港股骑牛上市，跃上人生的新高峰，但即便都很聪明、勤奋，也是各自发展不一。经过十三年的奋斗，潘石屹的 SOHO 中国从 600 亿港元市值干到了如今的 100 亿港元，而马云从当年 01688（上市又退市的阿里巴巴）的 1000 亿港元，干到了如今的 9 万亿港元（阿里巴巴和即将上市的蚂蚁金服）。

当下，资本市场上最引人瞩目的大势莫过于蚂蚁金服的 IPO，融资 2300

亿元（345亿美元）。这是全球史上最大的IPO，同时在沪港两地发行，以68.80元发行价计，估值2.1万亿元，A股代码688688，港股代码06688。蚂蚁授予员工激励计划1376.9亿元，人均826万元。据多家投行分析，上市后蚂蚁市值应达3万亿元。但愿蚂蚁这次不再重蹈当年01688的覆辙。⊖

在整理回顾资料时，一个神奇现象再次令人震惊地出现。实际上，它在四个月前就初露苗头，当时我对朋友预言："市场如无重大意外，估计当年的神奇二八现象可能会再次出现。"随着最终数据的出台，结果正如预期，如果我本人不是当事人，简直无法相信。

曾经写过《我所亲历的神奇二八现象》一文，记录了专栏前126个月所经历的五次大调整，如今又过了三年，专栏至今累计经历的大调整已达六次，细节如下：

第一次24个月，2007年10月～2009年10月；

第二次10个月，2009年11月～2010年09月；

第三次20个月，2011年04月～2012年12月；

第四次23个月，2013年02月～2014年11月；

第五次24个月，2015年05月～2017年05月；

第六次30个月，2018年01月～2020年07月。

第一版收录96个月（八年），其间经历了四次大调整，共有77个月不赚钱；

第二版收录126个月（十年半），其间经历了五次大调整，共有101个月不赚钱；

第三版收录162个月（十三年半），其间经历六次大调整，共有131个月不赚钱。

⊖ 相关故事请见《慷慨私有化的另面事实》。11月3日晚，原本申请于11月5日在上交所科创板上市的蚂蚁金服突然被叫停。

无论是 77 除以 96、101 除以 126，还是 131 除以 162，结果都是 80%！也就是说，尽管这个专栏的组合从十三年半前的 100 万元到今天的 1300 万元，年化回报 20.92%，但我们的确是 80% 的时间不赚钱，这到底是一语成谶，还是命中注定？！

冷静四顾，一路走来，投资的道路就像人生道路一样，绝无可能一路平坦，80% 应该就是成长的代价，没有那 80% 的牺牲，或许就没有最终昂扬胜利的新天地。过去如此，未来恐怕也是如此。

今年是抗美援朝七十周年，出现了不少文艺作品纪念当年那场无论怎么计算都不可能打赢最终却打赢了的战争，因为信仰的力量、牺牲的精神是无法计算的。新片《金刚川》反映的就是第五次战役中的一个片段，影片的英文名字叫 The Sacrifice——直译过来就是"牺牲"！

伟人有云："为有牺牲多壮志，敢教日月换新天。"俱往矣，人生如逆旅，那些牺牲的，无怨无悔，那些在新天地中奋斗着的，继续前行！

■ 本期卖出茅台（600519）100 股，1680.50 元/股（得资 168 050.00 元）。
　买入华东医药（000963）6000 股，28.21 元/股（耗资 169 260.00 元）。
　支付财务费用 10 000 元。

模拟实盘投资组合展示（2020 年 10 月 29 日）

	股数	成本	市价	市值	市值
中国内地市场					7 719 465.00
格力（000651）	15 000	22.52	58.78	881 700.00	881 700.00
茅台（600519）	1 000	268.97	1 680.50	1 680 500.00	1 680 500.00
平安（601318）	18 000	63.79	78.55	1 413 900.00	1 413 900.00
济川药业（600566）	13 500	29.32	22.25	300 375.00	300 375.00
华东医药（000963）	43 000	27.99	28.21	1 213 030.00	1 213 030.00
万华化学（600309）	9 000	41.15	79.64	716 760.00	716 760.00
东方财富（300059）	40 000	14.86	23.88	955 200.00	955 200.00
乐普医疗（300003）	18 000	38.61	31.00	558 000.00	558 000.00
中国香港市场					6 501 086.21
腾讯（00700）	4 000	260.64	597.25	2 389 000.00	2 071 740.80
新华保险（01336）	58 000	35.95	31.58	1 831 640.00	1 588 398.21
复星医药（02196）	55 000	26.05	32.40	1 782 000.00	1 545 350.40
中国太保（02601）	28 000	23.40	24.50	686 000.00	594 899.20
国泰君安香港（01788）	800 000	1.02	1.01	808 000.00	700 697.60
美国市场					
阿里巴巴（BABA）	880	158.58	305.51	268 848.80	1 807 524.25
现金					38 917.85
信用杠杆					(3 000 000.00)
净资产总值					13 066 993.31

备忘

2020/10/29 中国银行外汇折算价：美元 672.32，港元 86.72。

专栏自 2007 年 4 月开启至今（总第 163 期），

上证综指自 3525 点到 3250 点，−7.80%；

香港恒指自 20 520 点到 24 315 点，+18.49%；

道琼斯自 12 923 点到 26 391 点，+104.22%；

专栏投资组合自 100 万元到 1306.70 万元，+1206.69%。

推荐阅读

序号	书号	书名	序号	书号	书名
1	30250	江恩华尔街45年（珍藏版）	42	41880	超级强势股：如何投资小盘价值成长股
2	30248	如何从商品期货贸易中获利（珍藏版）	43	39516	股市获利倍增术（珍藏版）
3	30247	漫步华尔街（原书第9版）（珍藏版）	44	40302	投资交易心理分析
4	30244	股市晴雨表（珍藏版）	45	40430	短线交易秘诀（原书第2版）
5	30251	以交易为生（珍藏版）	46	41001	有效资产管理
6	30246	专业投机原理（珍藏版）	47	38073	股票大作手利弗莫尔回忆录
7	30242	与天为敌：风险探索传奇（珍藏版）	48	38542	股票大作手利弗莫尔谈如何操盘
8	30243	投机与骗局（珍藏版）	49	41474	逆向投资策略
9	30245	客户的游艇在哪里（珍藏版）	50	42022	外汇交易的10堂必修课
10	30249	彼得·林奇的成功投资（珍藏版）	51	41935	对冲基金奇才：常胜交易员的秘籍
11	30252	战胜华尔街（珍藏版）	52	42615	股票投资的24堂必修课
12	30604	投资新革命（珍藏版）	53	42750	投资在第二个失去的十年
13	30632	投资者的未来（珍藏版）	54	44059	期权入门与精通（原书第2版）
14	30633	超级金钱（珍藏版）	55	43956	以交易为生II：卖出的艺术
15	30630	华尔街50年（珍藏版）	56	43501	投资心理学（原书第5版）
16	30631	短线交易秘诀（珍藏版）	57	44062	马丁·惠特曼的价值投资方法：回归基本面
17	30629	股市心理博弈（原书第2版）（珍藏版）	58	44156	巴菲特的投资组合（珍藏版）
18	30835	赢得输家的游戏（原书第5版）	59	44711	黄金屋：宏观对冲基金顶尖交易者的掘金之道
19	30978	恐慌与机会	60	45046	蜡烛图精解（原书第3版）
20	30606	股市趋势技术分析（原书第9版）（珍藏版）	61	45030	投资策略实战分析
21	31016	艾略特波浪理论:市场行为的关键（珍藏版）	62	44995	走进我的交易室
22	31377	解读华尔街（原书第5版）	63	46567	证券混沌操作法
23	30635	蜡烛图方法：从入门到精通（珍藏版）	64	47508	驾驭交易（原书第2版）
24	29194	期权投资策略（原书第4版）	65	47906	赢得输家的游戏
25	30628	通向财务自由之路（珍藏版）	66	48513	简易期权
26	32473	向最伟大的股票作手学习	67	48693	跨市场交易策略
27	32872	向格雷厄姆学思考，向巴菲特学投资	68	48840	股市长线法宝
28	33175	艾略特名著集（珍藏版）	69	49259	实证技术分析
29	35212	技术分析（原书第4版）	70	49716	金融怪杰：华尔街的顶级交易员
30	28405	彼得·林奇教你理财	71	49893	现代证券分析
31	29374	笑傲股市（原书第4版）	72	52433	缺口技术分析：让缺口变为股票的盈利
32	30024	安东尼·波顿的成功投资	73	52601	技术分析（原书第5版）
33	35411	日本蜡烛图技术新解	74	54332	择时与选股
34	35651	麦克米伦谈期权（珍藏版）	75	54670	交易择时技术分析：RSI、波浪理论、斐波纳契预测及复合指标的综合运用（原书第2版）
35	35883	股市长线法宝（原书第4版）（珍藏版）	76	55569	机械式交易系统：原理、构建与实战
36	37812	漫步华尔街（原书第10版）	77	55876	技术分析与股市盈利预测：技术分析科学之父沙巴克经典教程
37	38436	约翰·聂夫的成功投资（珍藏版）	78	57133	憨夺型投资者
38	38520	经典技术分析（上册）	79	57116	高胜算操盘：成功交易员完全教程
39	38519	经典技术分析（下册）	80	57535	哈利·布朗的永久投资组合：无惧市场波动的不败投资法
40	38433	在股市大崩溃前抛出的人：巴鲁克自传（珍藏版）	81	57801	华尔街之舞：图解金融市场的周期与趋势
41	38839	投资思想史			